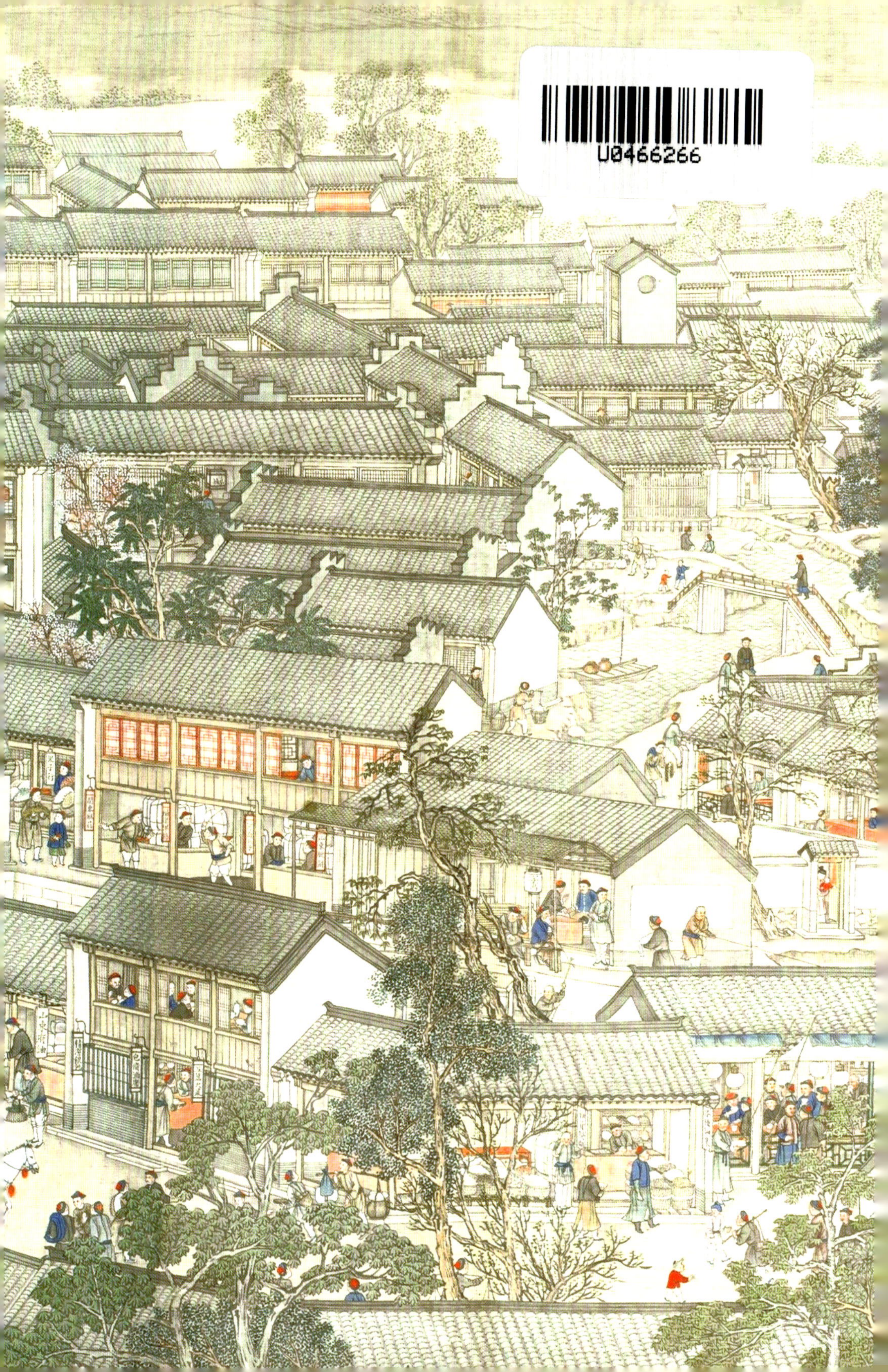

中国食货志

南门太守 著

中国文联出版社

图书在版编目（CIP）数据

中国食货志 / 南门太守著 . -- 北京：中国文联出版社，2024.10
ISBN 978-7-5190-5483-0

Ⅰ.①中… Ⅱ.①南… Ⅲ.①中国经济史 – 通俗读物
Ⅳ.① F129–49

中国国家版本馆 CIP 数据核字 (2024) 第 086914 号

中国食货志

著　　者：南门太守
责任编辑：张超琪　黄雪彬
责任校对：胡世勋　田宝维
封面设计：日㡣
版式设计：高　洁

出版发行：中国文联出版社有限公司
社　　址：北京市朝阳区农展馆南里 10 号　　邮编：100125
网　　址：http://www.clapnet.cn
电　　话：010-85923091（总编室）　　010-85923058（编辑部）
　　　　　010-85923025（发行部）
经　　销：全国新华书店等
印　　刷：北京顶佳世纪印刷有限公司
开　　本：787 毫米 ×1092 毫米　　1/16
印　　张：25
字　　数：350 千字
版　　次：2024 年 10 月第 1 版
　　　　　2024 年 10 月第 1 次印刷
书　　号：ISBN 978-7-5190-5483-0
定　　价：108.00 元

版权所有　侵权必究
如有印装质量问题，请与本社发行部联系调换

序言：用"食货"视角重读历史

在中国5000多年的文明史和2000多年的封建王朝史中，"治"与"乱"交替出现，探究治乱兴衰的规律与成因是历代治国者及历史学家尤其关注的问题。在总结历史规律方面有不同的研究方法和路径，其中一个方面不容忽视，那就是从经济、财政等视角出发进行分析与总结，通过这样的研究可以对历史发展的过程给出更丰富的解释，对未来提出可供借鉴的历史经验。

历史上各朝代存续时间或长或短，背后的原因自然不能用古代一些史家所说的"气数"去解释，也不能用偶然性事件来概括，而应重点考察历史发展的客观性与必然性。纵观中国封建王朝发展史，似乎有一些隐藏的规律可供把握。秦、隋等王朝的"短命"，很重要的原因就在于经济上的失败或失序，尤其赋税过重导致社会基础不稳、矛盾突出，最终使政权走向崩溃。唐朝的开局并不比它们好多少，但唐朝统治者敏锐捕捉到土地兼并严重这一突出的经济和社会问题，完善均田制并配套以相应的赋税制度，得到广泛支持，从而创造出贞观之治和开元盛世。但随着经济的发展、人口的增长，国家手中掌握的土地资源逐渐不够分配，矛盾开始上升；由于没能及时捕捉到这样的趋势，只采取了一些理财层面的改革，所以没能解决根本问题。随着均田制的名存实亡，以此为基础的赋税制度、兵役制度瓦解，唐朝最后只能走向灭亡。北宋经济发达，财政收入水平也很高，朝廷秉持"勒石三戒"的原则不折腾，但依然亡于北方弱小政权之手，原因不在于对手而在自身，尤其自身在经济、财政方面出现的问题。北宋建国之初就已埋下制度性弊端，其中以"三冗""三费"最突出，朝廷对这些问题虽有所重视但没能找到根本性解决办法，得过且过，问题不断累积，最后到了积重难返、无药可治的程度。有人说北宋后期的局面是"不变法得死，变法也得死"，这样的说法虽然太绝对，但一定程度上揭示了当时的两难困局。

回顾封建王朝的兴衰史，可以看到其兴亡往往是政治、经济、文化等因素综合作用的结果。在这些因素中，经济因素不是构成历史的唯一因素，但经济是一切社会发展的基础，也是文化、法律和政治等上层建筑赖以建立的基础，所以经济因素往往是推动历史变革的重要因素，在某些历史时期还是最重要的因素。用经济的视角解读历史，并不是把所有历史现象背后的原因都归于经济方面，而是找到一种思路与方法，多一种解释与印证，从而更好地把握历史规律。

以"纪""传"为主体的传统史书对经济、金融等问题虽然并不重视，但也记录有相关的内容，这主要指的是《食货志》。"食货"是《汉书》创造的概念，用来记述和探究与财政、经济有关的内容。

在《汉书》之前，《史记》中的《平准书》《货殖列传》也探讨的是经济问题，其中《平准书》重点探讨汉武帝时期平准均输政策的由来，《货殖列传》重点探讨商人的经济活动及其对社会生活的影响。《汉书·食货志》在对《史记》经济思想继承的基础上进行了新的发展，使体系更为系统和全面，被列入"食货"范畴的内容也更为丰富：有农业生产方面的，包括耕地、劳动力、粮食总产和单产等；有工商业方面的，包括商品交换、货币演变、国家专卖、市场调节等；有财政方面的，包括户口、赋税、劳役等。《汉书》之后，"食货"的概念被广泛沿用，除财政问题外，还用以记述和探讨与农业、手工业、商业以及土地、金融等有关的领域，与此相关的词语还有"国用""国计""货贿""财货""度支"等，尽管侧重点各有不同，但都可以纳入同一框架内。因此，中国古代"食货"所讲的重点虽是财政问题，但不能完全与现代意义上的财政概念等同，它的外延更广泛，是一个内容丰富、具有历史特色的特殊的社会经济概念。

司马迁将《货殖列传》排在《史记》列传的最后一篇，将《平准书》《河渠书》排在《史记》"八书"的最后两篇，而到班固修《汉书》时，《食货志》排在了10篇志书中的第4篇，在律历、礼乐、刑法之后，在郊祀、天文、五行等之前，这种排法不是随意的，体现出两汉之际经济和财政问题在社会生活中的重要性迅速上升。除《汉书》外，有《食货志》的正史还有《晋书》《魏书》《隋书》《旧唐书》《新唐书》《旧五代史》《宋史》《辽史》《金史》《元史》《明史》等，未单独设《食货志》的有《后汉书》《三国志》《宋书》《南齐书》《梁书》《陈书》《北齐书》《周书》《南史》《北史》及《新五代史》。除东汉外，缺少《食货志》的几乎都在大分裂时期，政权交替频繁、制度混乱、统计困难等可能是造成这种情况的原因。不过上述缺憾也有所弥补，如《后汉书》《三国志》没有《食货志》，其后的《晋书》不仅单设了《食货志》，而且包罗了东汉以来的所有内容，弥补了前史的不足；再如南北朝时期的正史里《食货志》短缺较多，其后的《隋书·食货志》不仅记述了隋朝的有关内容，还记述了梁、陈、北齐、北周等政权时期的经济情况，有些甚至追溯到汉魏，也弥补了之前的不足。

从形式上看，由《史记》发端、《汉书》正式开创的《食货志》在体例上保持了连续性，连缀起一部中国封建王朝的财政史、经济史；从内容上看，《食货志》的内涵越来越丰富、外延越来越广泛，篇幅也越来越浩大。《汉书·食货志》仅上下2篇，而到《宋史·食货志》时仅子目录就多达20余种，分门别类记述了农田、赋税、布帛、和籴、漕运、屯田、常平、义仓、役法、赈恤、会计、钱币、盐法、茶法、商税、市易、均输等，字数是《新唐书·食货志》的7倍。《明史·食货志》也十分浩繁，分6个部分，前3个部分着重记述户口、田制、赋役、漕运、仓库等，后

3个部分记述盐法、茶法、钱钞、商税、坑冶、市舶、马市、采造、织造、烧造、俸饷、会计等，不仅涉及传统"食货"的内容，也涉及与"食货"相关的各方面。除二十四史外，《通典》《通志》等类书也多设有"食货"专篇，所记内容十分翔实，重要性日益突显，如《通典》中的《食货典》不仅篇幅巨大，而且被列在全书首位。

纵观历代《食货志》，其内容不仅有"记"也有"述"，在记录历史的同时也提出了许多有关经济、财政问题的思想和见解。有人认为经济问题是中国传统史书中相对薄弱的方面，中国古代的历史学家普遍对经济问题不够重视或知之较少，但这只是错觉。中国传统史书对经济、财政等问题其实是重视的，一些著名的历史学家如司马迁、班固、司马光等本身也是经济学家。司马迁在《平准书》中提出"善者因之"的宏观经济管理思想与亚当·斯密"看不见的手"的理论异曲同工，但在时间上早了约2000年；司马光提出的"养本取财""财有专主"等财政思想也影响深远。与现代经济理论相比，中国古代用"食货"来概括财政及其他经济现象，站在理论体系的高度看可能存在一些不够严谨的地方，各种《食货志》虽以"食货"命名，但所讲的也并不完全是"食货"。对此，需要将历史文献与现代经济理论结合起来，既重视历史文献，又不唯文献是从，不纠结在历史文献的细枝末节里，只有这样对历史的总结与思考才能更加清晰与准确。

笔者长期从事金融工作，对中国古代经济、金融、货币、财税等课题都较为关注，在各类报刊上发表了数百篇与之相关的文章，不少文章被文摘类杂志和各种内参转载，有约30篇文章被全国各地各类学校联考、统考及中高考模拟考试试题选用。在撰写这类文章时，各朝代的《食货志》是我重点研读的史料。本书也是笔者学习、研究历代《食货志》的成果。取名《中国食货志》，一方面因为书中引用的史料很多来自各代《食货志》，所议话题亦不离"食货"范畴；另一方面，也想借此对历代先贤撰写《食货志》时筚路蓝缕、聚沙成塔的精神表达学习之意与敬佩之情。由于笔者水平有限，书中难免有错漏或不妥之处，还望读者朋友们批评指正。

南门太守

2023 年 9 月于北京

目录

序言：用「食货」视角重读历史 ... 001

第一章 春秋战国：重商主义遇挫

一、管仲的经济学 ... 004

二、别出心裁的贸易战 ... 009

三、齐国的「和平崛起」与衰落 ... 011

四、范蠡「两手抓」的经济观 ... 017

五、李悝的「改革依赖症」 ... 022

六、吴起的「妥协式」改革 ... 026

七、商鞅以法治推进改革 ... 032

八、秦国的「支付革命」 ... 036

九、重农轻商与「国家悖论」 ... 042

第二章 秦汉：经济路线大争论

一、操之过急的郡县制 ... 047

... 049

二、项羽是失败的改革家 …… 055

三、汉初的政策大争论 …… 060

四、经济学家司马迁 …… 065

五、汉武帝的扩张型财政 …… 069

六、人口跨越第一个阶梯 …… 072

七、输了辩论，也输了改革 …… 074

八、王莽「穿越式」经济改革 …… 077

九、汉光武帝的改革遗憾 …… 082

十、东汉末年财政大崩溃 …… 086

十一、两汉财政政策的误区 …… 089

第三章 魏晋南北朝：四百年经济混乱 …… 095

一、被粮食改变的历史 …… 097

二、曹魏的经济争霸战略 …… 102

三、曹操的节约型财政 …… 106

第四章　隋唐：经济繁荣与危机

四、蜀汉的经济危机 …… 108
五、汉末三国的「货币战争」 …… 112
六、「正始改制」的局限与失败 …… 116
七、一切向钱看的王朝 …… 121
八、不发行货币的时代 …… 128
九、民族融合背景下的改革 …… 133
十、北魏改革的金融短板 …… 138
十一、「恶钱」盛行的时代 …… 141
十二、江南的开发弥补了不足 …… 145
十三、「分久必合」的经济逻辑 …… 146

一、行政成本倒逼改革 …… 151
二、隋文帝向改革要效益 …… 153
三、「形象工程」拖垮财政 …… 157
…… 160

四、「孔子曲线」与盛世	164
五、历史上首次出现「房地产热」	169
六、从《卖炭翁》看盛世隐忧	173
七、理财高手刘晏	178
八、「两税法」的误区	181
九、成败皆由均田制	186
第五章 宋（上）：富而不强难立国	189
一、「勒石三戒」造就经济繁荣	191
二、乡村经济全面兴起	196
三、房地产热及其调控	201
四、土地兼并动摇募兵制	206
五、高薪制下的财政困境	212
六、走不出「采购怪圈」	216
七、争议中的变法	220

八、王安石变法中的舆论战 …… 227

九、司马光不是经济保守派 …… 230

十、南宋的短暂繁荣 …… 236

第六章 宋（下）：失败的金融创新 …… 241

一、茶与马的贸易战 …… 243

二、海外贸易全面兴起 …… 248

三、铜钱的「国际化」 …… 252

四、遭遇「钱荒」 …… 256

五、铁钱的尝试 …… 259

六、纸币的诞生 …… 263

七、蔡京的「积极财政」 …… 269

八、贾似道的新纸币 …… 274

第七章 元明：经济转型错失

一、元朝重走前朝失败的旧路 ⋯⋯ 279
二、高利贷泛滥的时代 ⋯⋯ 281
三、明初「重典治吏」的经济原因 ⋯⋯ 285
四、被迫实行的「低薪制」⋯⋯ 290
五、消费需求全面升级 ⋯⋯ 293
六、未能持续的「旅游热」⋯⋯ 299
七、三个治世未能催出一个盛世 ⋯⋯ 301
八、「闭关锁国」仍感觉良好 ⋯⋯ 305
九、马政见证兴衰 ⋯⋯ 310
十、一场不彻底的改革 ⋯⋯ 315
十一、陷入财政困局 ⋯⋯ 320
十二、通货紧缩最终导致明朝灭亡 ⋯⋯ 323

第八章 清：盛世的终结

一、盛世是怎样衰落的 …… 331
二、被鸦片打败的财政 …… 333
三、失败的咸丰币改 …… 340
四、全国范围的『乱收费』 …… 346
五、金融缺位的洋务运动 …… 350
六、中国本土银行姗姗来迟 …… 354
七、西方银行眼中的甲午战争 …… 358
八、大清国的『偿付能力』 …… 361
九、列强不再提开放通商口岸 …… 364
十、投资冲动下的金融风潮 …… 368
十一、一场股灾终结了封建时代 …… 373
 …… 378

第一章 / 春秋战国：重商主义遇挫

第一章　春秋战国：重商主义遇挫

中国古代长期以农业为主导，经济结构较为单一，造成这种局面的原因与所奉行的"重农轻商"政策有关。其实，商人在中国古代也曾有过辉煌，最早有关商人活动的记载出现在《易经》中，[1] 还有的古籍记载，舜早年听说顿丘一带的物价较贵，而传虚有大量岩盐，价格很低，就亲自带队去传虚购盐，然后去顿丘贩卖，部落获得了巨大利润。[2] 有学者指出，商代的建立便与商人有关。[3] 到春秋战国时期，齐桓公任用商人出身的管仲担任国相，范蠡、子贡、吕不韦等都是那一时期著名的商人。有人认为是儒家思想的确立造成了商人地位的转变，但孔子、孟子等对商人和商业活动并不贬斥，子贡是孔子的学生，孔子对他颇有赞扬，孟子则认为君王要施行仁政就必须保证商业繁荣。[4] 战国中期以后情况才开始改变，先是韩非等法家主张抑制商业，韩非认为商人本身不创造财富，是"邦之蠹也"，他首次提出农是"本"，商是"末"，要"重本轻末"。紧接着，商鞅在秦国变法，把法家"重本轻末"的主张通过一系列制度推行下去，影响了其后2000多年的历史。

---

[1]《易经》："神农氏作，列廛于国，日中为市，致天下之民，聚天下之货，交易而退，各得其所。"大意是，神农氏在中午开设集市，招引各地民众，集聚了各地的货物。交易之后，各自都得到了想要的东西，之后就离开了。

[2]《尸子》："顿丘买贵，于是贩于顿丘；传虚卖贱，于是债于传虚。"

[3] 如童书业在《中国手工业商业发展史》中考证："根据传说，殷代的祖先相土创作'乘马'，王亥创作'服牛'。王亥似乎曾驾牛车到黄河北岸去经营贸易。殷墟中发现海贝和玉等，都是远方的产物。《商书·盘庚》中说'具乃贝、玉'，贝、玉也就是所谓'货宝'，大概都是交易得来的。贝、玉可能已成原始的货币。"根据这些记载，童书业先生认为在殷代手工业已经很发达，比较正式的商业也已经开始兴盛。童书业先生指出："有人认为'商人'的'商'即是'商代'的'商'，其说法也不无理由。"

[4]《孟子·公孙丑上》："市廛而不征，法而不廛，则天下之商皆悦而愿藏于其市矣。"大意是，市场提供场地存放货物而不征租赁税，依照规定价格收购滞销货物，不使货物积压在货场，那么天下的商人都会高兴，愿意把货物存放在那里。

一、管仲的经济学

管仲大约出生在齐庄公五十六年（前739）。姓与氏如今合称"姓氏"，但当时是有严格区分的，管仲其实姓姬，"管"是他的氏。周王室也姓姬，管仲与周天子同宗，是贵族出身。管仲的父亲名叫管庄，做过齐国大夫，但不知何故很快家道中落了。管仲出生时家里很穷，考察一下他的童年和少年，除了贫困似乎没有太多可以说道的事。管仲后来有句常挂在嘴边的名言："生我者父母，知我者鲍子也。"鲍子名叫鲍叔牙，是齐国大夫鲍敬叔的儿子，家里很有钱，常接济管仲，还跟管仲一块做过生意，但管仲常欺负他，占他的便宜。鲍叔牙脾气好，对管仲始终很好，也从不说他的任何坏话。

青年时代的管仲仍然很不成功：跟朋友一起合伙经过商，但贡献少、索取多；帮朋友出谋划策，结果谁听他的谁倒霉；好不容易混到给齐王做事，结果"三仕三见逐于君"，被老板开除了三次；曾参加过三次战斗，三次都在战场上开了小差。别人都瞧不起管仲，只有鲍叔牙一直力挺他，鲍叔牙认为管仲看起来有些小贪心，那是因为他太贫穷；看起来有些愚，那是因为他"知时有利不利也"；看起来不那么勇敢，那是因为他家里有老母亲在。作为一个被后世所敬仰的人，管仲的出身有些平淡无奇，没让过梨也没砸过缸，没有"三岁读什么""五岁怎么样"，但他的经历很丰富：经过商、当过兵，大约也干过"公务员"，在社会这所大学里学到了很多，也积累了很多。

春秋时期齐国的疆域包括今山东省大部、河北省东南部以及河南省东北部一带，偏于一隅，在当时不是经济发达地区。该国由周武王的军师太公姜尚始封，第14代封君名叫姜诸儿，也就是齐襄公，司马迁在《史记》中对此人颇为不屑，认为他是个道德水准极差又性格暴躁、昏庸无能

第一章　春秋战国：重商主义遇挫

的人。[1] 襄公曾派2名大臣驻守葵丘，约定"瓜时而往""及瓜而代"，但到来年瓜熟时他们并未见到有人来替换，就这么一件普通工作安排上的事情，竟然促使二人直接造了反，结果齐襄公被杀。

经过一番混乱和争权，齐襄公的弟弟公子小白继位，即齐桓公。齐桓公是个有政治理想的人，他既想坐稳国君的位子、不重蹈哥哥的覆辙，又想在诸侯争霸中抢得先机，但摆在他面前的现实却与目标相距甚远。从外部看，齐国在当时还算不上一流强国，经济和军事实力都难助其称霸的雄心，在近年来的对外战争中屡尝败绩，近邻鲁国、卫国以及山戎等皆为强敌；从内部看，齐国内政混乱，国君权威不足，权力分散，齐襄公因一件小事就轻易被杀，就说明这个问题。

为了实现心中理想，齐桓公决定实施改革。改革和变法在当时还是个极为新鲜的概念，齐桓公知道要实现目标必须任用能人，他看中了鲍叔牙，但鲍叔牙认为自己的才能只够辅佐齐桓公做一名守成之君，无法实现称霸的梦想，于是推荐了好友管仲。管仲这时并不在齐国，而在鲁国。原来，齐桓公坐上王位前曾与他的另一个哥哥公子纠争夺王位，鲍叔牙支持齐桓公，管仲支持公子纠，双方多次交手，在一次战斗中管仲射出一箭正中齐桓公，幸好只射中了衣带钩。最后公子纠一派失败了，管仲跑到了鲁国，又被鲁庄公关了起来。

在一般人看来，管仲只是一个被人看不起的商人，一个连本职工作都做不好的人，更重要的，他还是一个"站错了队"的人，一个身陷异国囹圄里的囚徒，让这样的人当国相去治理整个国家，不是开玩笑吗？但齐桓公不是一般的君王，虽然他未必很幽默，却仍然决定给齐国、给自己开一次玩笑。齐国此时的情况已经没法再糟糕了，国家衰弱、经济萎靡、君王无威，家底薄自然包袱小，找个人试试也没什么不行，万一出现奇迹了呢？

于是，齐桓公费尽心思把管仲

[1]《史记·齐太公世家》："襄公之醉杀鲁桓公，通其夫人，杀诛数不当，淫于妇人，数欺大臣。"

从鲁国接了回来，在管仲还没有脱下囚衣时，便迫不及待地宣布了国相的任命。齐桓公此时最关心的是如何称霸，他向管仲求计，管仲让他别急，因为称霸之前必须先做好几件事。管仲认为，要称霸先得兵强，要兵强先得国富，而要国富先得民足，齐国当时离这些目标都差得比较远，所以要彻底改革。作为这场改革的设计师，管仲为改革做出了"顶层设计"，民足、国富、兵强就是其内在逻辑。

首先，解决"民足"的问题。

管仲认为"凡治国之道，必先富民"，作为一名商人，理财是他的强项，管仲用商人的眼光为齐国百姓找到了6条"致富之道"：一是辟田畴、利坛宅、修树艺、劝士民、勉稼穑、修墙屋，这叫作"厚其生"；二是发伏利、输墆积、修道途、便关市、慎将宿，这叫作"输其财"；三是导水潦、利陂沟、决潘渚、溃泥滞、通郁闭、慎津梁，这叫作"遗其利"；四是薄征敛、轻征赋、弛刑罚、赦罪戾、宥小过，这叫作"宽其政"；五是养长老、慈幼孤、恤鳏寡、问疾病、吊祸丧，这叫作"匡其急"；六是衣冻寒、食饥渴、匡贫窭、振罢露、资乏绝，这叫作"赈其穷"。以上这6条被称为"六兴之策"，概括来说就是通过全面搞活经济、鼓励生产、减轻赋税、调节贫富、加强社会救助等使百姓充分富足，在这一系列措施中尤其以大力发展手工业和商业、推行自由贸易、鼓励消费等最引人注目。这些办法收到了立竿见影的效果，齐国的经济出现了繁荣，百姓很快走上了致富路。

其次，解决"国富"的问题。

管仲认为"民足"不等于"国富"，在缺乏有效制度安排的情况下，社会财富只会向贵族、大臣等既得利益者集中，管仲深知这个道理，所以在搞活经济的同时推出了"四民分业""官山海"等措施，保证了国家财富的积累。经济发达、贸易繁荣才能为国家带来丰富的税收，同时对盐铁实行专卖，使国家增加额外收入，这样齐国的经济实力才能大为增强，成

第一章　春秋战国：重商主义遇挫

为"经济强国"。

最后，解决"兵强"的问题。

在齐国的军事建设方面管仲同样推行了改革，不仅扩充军备，而且从体制上加强了国家对军队的控制力。过去由于行政权、财权的分散，军队实际上分散地掌握在贵族、权臣们的手中，国君对外用兵必须与他们商量，常常遇到讨价还价的情况，这样的军队自然缺乏战斗力。为解决这个问题，管仲提出了"乡里建设"的构想，把齐国分为15个乡，每个乡分为10个连，每连分为4个里，每里分为10个轨，每轨由5户构成。如果每户征兵1人，每个乡就能征兵2000人，把5个乡的兵源集中在一起就是1万人，编为1个军。这样齐国的常备军就有了3个军，总兵力保持在3万人左右，这个数字在后世也许不值一提，但在当时的诸侯国里绝对是了不起的规模。不仅军队的数量可观，而且士兵按照"乡里制度"层层征召上来，打破了原有的权贵垄断，国家此时也有能力提供军费支出，所以这支军队牢牢地掌握在了国君的手中。

后人很看重管仲主持的这场改革，这是因为，这场改革不仅有系统的设计，更有科学的方法和可操作措施。管仲打破了当时的许多条条框框，在很多方面都实现了突破和创新，比如刺激消费、重视商业、强调国家干预经济等。中国人历来崇俭，认为艰苦朴素是一种美德，反对奢华和铺张浪费，但管仲不这么看，他说"非高其台榭，美其宫室，则群材不散"[1]，意思是，你不修高台亭榭，那木材不就没有销路了？管仲认为"俭则伤事"[2]，大家都不肯消费，就遏制了生产和流通，所以必须增强消费，提倡高消费甚至奢侈性消费，以刺激经济的发展。管仲的这些主张与20世纪30年代约翰·凯恩斯（John Keynes）在英国提倡的通过高消费刺激经济增长不谋而合，而管仲超前了2600多年。

如何刺激消费呢？管仲提出了几条具体措施，比如大兴土木以

[1] 见《管子·事语》。
[2] 见《管子·乘马》。

增加就业，尤其遇到灾年时，百姓无法通过务农而生活，国家就雇用他们修筑奢华的宫室楼台，目的不是让王室贵族奢侈享乐，而是通过这种方式把国家积累起的财富再分配给百姓。再比如，放开娱乐业以刺激消费，过去有些乐舞只能由特定阶层观赏，其实普通市民、商贾也喜欢，史书记载"齐有女闾七百，征其夜合之资，以通国用"[1]，齐国的娱乐业一下子繁荣起来了，后来孔子到齐国听完雅乐"三月不知肉味"。为刺激消费，管仲提出可以适当奢侈一些，人活着吃好些，死了要厚葬。当时在齐国宴会上流行一种煮鸡蛋，鸡蛋的外壳上都画着彩画，这个点子就是管仲想出来的。[2]

管仲生活的时代，奴隶制逐渐走向崩溃，商品经济兴起，政治上又呈现诸侯争霸的局面，内外部环境的变化对经济发展实现突破不仅提供了条件，也提出了迫切要求。管仲认为国家应全面干预经济，政府要对宏观经济进行干预和介入，实行国家调控，为此管仲主张"通轻重之权，徼山海之业"，提出"工立三族，市立三乡，泽立三虞，山立三衡"[3]，实行这些措施的目的，就是国家利用货币、价格和市场等手段来调控经济。

管仲很重视金融的作用，他敏锐地感到货币的力量已伸入到经济领域的方方面面，并正在向政治领域延伸。管仲认为，货币不仅具有价值尺度的职能，而且对生产、流通、分配和消费的调节具有控制作用，比如当金价下跌时百业就会凋敝，生产就会下降，流通就会萎缩，而这并不一定是物资不足造成的，而是不知道通过金融、货币手段调节社会需求和百姓消费购买力所致。[4]管仲因此提出，管理经济的密钥在于对社会总需求的恰当控制，使之既不超过也不低于商品总供应，这种控制

---

[1] 见《国语·齐语》。
[2]《管子·侈靡》："故尝至味，而罢至乐。而雕卵然后瀹之，雕橑然后爨之。丹沙之穴不塞，则商贾不处。"大意是，要提倡吃最好的饮食，听最好的音乐，把蛋品雕画了然后再煮食，把木柴雕刻了然后再焚烧，丹沙矿产的洞口不要堵塞，使商贾贩运不要停滞，让富人奢侈消费，让穷人劳动就业。
[3] 见《国语·齐语》。
[4]《管子·乘马》："俭则金贱，金贱则事不成，故伤事。侈则金贵，金贵则货贱，故伤货。货尽而后知不足，是不知量也，事尽，而后知货之有余，是不知节也。不知量，不知节，不可谓之有道。"

最好不通过行政手段，而应借助于经济手段。

十八世纪英国经济学家亚当·斯密（Adam Smith）提出，个人在经济生活中往往只考虑自己的利益，被一只"看不见的手"所推动，来实现分工和市场协作。[1] 根据这个思想，后来又引申出"看得见的手"的经济理论，认为国家和政府对经济应该进行适当干预和宏观调控。管仲的经济思想在强调"无形之手"左右市场行为的同时，也强调国家这只"有形之手"的作用，与现代经济学的某些看法十分相似。

二、别出心裁的贸易战

管仲是一位商人出身的政治家和改革家，他有着商人的头脑，熟悉商业操作，在治国理政中自然带有商人的特点，体现出商业智慧，所以管仲在齐国的经济改革某种程度上也是重商主义的实践。管仲上任后，齐国的商业活动立即蓬勃开展起来，管仲首先降低了商业税，[2] 一下子吸引了各国商人来齐国经商。在管仲主持下，齐国的商业活动空前活跃起来。在管仲眼中，商业不仅是致富的手段，还可用于国家间的博弈。管仲是最初发现并成功把握价格规律的商人之一，他总结出"物以稀为贵"的规律，[3] 并运用这个规律向其他国家频频发起贸易战。

鲁国与齐国为邻，也是齐国的传统竞争对手，管仲发现用贸易战的方式可以打击鲁国的实力，他选择的贸易对象是一种叫绨（tí）的纺织品。之前的纺织品

---

[1] 亚当·斯密在《国富论》中指出："因此，当每一个人企图尽可能地使用他的资本去支持本国工业，从而引导那种工业使它的产品可能有最大的价值时，每一个人必然要为使社会的每年收入尽可能大而劳动。的确，他一般既无心要去促进公共利益，也不知道他对之正在促进多少。他宁愿支持本国工业而不支持外国工业，只是想要确保他自己的安全；他指导这种工业去使其产品能具有最大的价值，他这样做只是为了他自己的利益，也像在许多其他场合一样，他这样做只是被一只看不见的手引导着，去促进一个并不是出自他本心的目的。"

[2]《管子·大匡》："弛关市之征，五十而取一。"根据这条记载，齐国当时只征收2%的商业税和关税。

[3]《管子·国蓄》："夫物多则贱，寡则贵，贵则散，散则轻，聚则重。"大意是，物品多则价格低贱，物品少则价格高。

要么用丝织成，要么用麻线或棉线织成，这种绨较为特别，经线用丝，纬线用绵，是丝与绵的混纺产品，它比绸缎厚实，更加耐磨，而且比绸缎便宜，所以深受消费者喜爱。鲁国是绨的主要出产地，绨是鲁国外贸中的"拳头产品"。管仲首先劝齐桓公穿绨做的衣服，以此带动齐国大臣们都来穿，上层社会的衣食风尚往往会流行起来，齐国国内于是掀起了一股"绨服热"，老百姓也纷纷穿绨做的衣服，致使绨在齐国价格大涨。当然，如果仅此而已那就太愚蠢了，因为这意味着齐国要花更多的钱向鲁国买绨。

管仲的计谋才刚刚开始，他看到齐国绨的卖方市场已经形成，就把鲁国及附近梁国的商人叫来，告诉他们齐国现在急需进口大量的绨，如果他们能从鲁国贩来1000匹绨，除正常盈利外，齐国还奖励他们300金。商人们一看竟有这样的好事，于是争着向齐国贩绨，而鲁国百姓更是纷纷投入到绨的生产中，梁国人看到有利可图，也加入进来，为此很多人放弃了粮食生产，有的改种桑棉，有的添置纺织机具，有的从事中间交易，个个摩拳擦掌，都准备大干一场。

管仲见此暗暗高兴，他要的就是这样的效果。当鲁国几乎全民投入到"绨业"中去的时候，管仲突然建议齐桓公改穿帛，"绨服热"在齐国瞬间降温，齐国上下又流行起帛做的衣服，齐国借势"闭关，毋与鲁、梁通使"，绨价迅速"跳水"，以成本价都卖不出去，损失惨重。更严重的是，鲁国和梁国的粮食种植面积已大幅减少，原本以为只要有钱就不愁没有粮食，结果发现不是那回事，"鲁、梁之民饿馁相及"，不得已花钱到齐国去买粮食，管仲又指使齐国商人抬高粮价，几十钱一石的粮食卖到了上千钱，鲁国、梁国实力大损，不得不向齐国屈服。

招数不一定非要多新鲜，实用就行，"绨战"的成功经验很快被管仲用在了代国、衡山国和楚国身上。代国的特产是狐皮，管仲如法炮制，让人到代国高价收购狐皮，代国人看到有利可图，都跑到深山老林里去捉狐狸，也荒废了粮食生产，等到狐皮贸易被齐国叫停后，代国经济也陷入了窘境，北方的离枝国乘机攻打代国，代国干脆向齐国投降。

衡山国也距齐国不远，该国以出产优质兵器著称。齐国突然加大了向衡山国订购各类兵器的数量，齐国的对手燕国、秦国、赵国得知后坐不住了，也纷纷增加了向衡山国购买兵器的量，加入这场"军备竞赛"中。衡山国挺高兴，借机提高兵器价格，同时发动百姓都去从事兵器生产。管仲这时派人悄悄去赵国大量购买粮食，致使各国间粮食贸易价格迅速上涨，大量粮食集中到齐国，有的国家出现了"粮荒"，其中衡山国的情况更为严重。这时，管仲突然下令断绝与衡山国的贸易往来，严禁一粒粮食运到衡山国，各国纷纷效仿这种做法，衡山国守着价格不菲的兵器却没有粮食吃，百姓纷纷逃亡，齐国趁机发兵攻打衡山国，衡山国向齐国投降。

楚国的实力比上面几个小国强大得多，综合国力甚至超过了齐国，但管仲依然敢向其挑起贸易战，他选择的贸易对象是鹿。管仲先派人从楚国大量买鹿，使楚国的鹿价很快上涨了5倍，楚国百姓看到这是一条发家致富的捷径，于是也都无心从事农业生产，男女老幼一窝蜂地投入到捕鹿、贩鹿的行列中。火候差不多了，管仲下令停止齐楚间鹿的贸易，楚国鹿价暴跌，而粮价狂涨，多达十分之四的楚国人口因此外逃，楚国元气大伤。

三、齐国的"和平崛起"与衰落

管仲领导了一场有声有色的改革，没用几年齐国就富裕起来，不仅富有而且还有了一支强大的军队，齐桓公终于可以用这支军队称霸天下了。齐桓公的称霸思路较为传统，"欲从事于诸侯"，[1] 潜台词是要拿武力来说话。管仲一再劝阻齐桓公不要用

---

[1] 见《国语·齐语》。

兵，最后齐桓公实在忍不住：不用兵，搞富国强兵还有什么用呢？

在齐桓公多次催促下，管仲才说出了他的称霸策略：现在周王室虽已衰微，但名义上还是诸侯的共主，与其武力征伐还不如奉天子以令诸侯，内尊王室、外攘四夷，对各诸侯国，国力衰弱的就扶持它，强横、昏乱的再去制裁它，天下诸侯将知道齐国并无私心，必将争相朝齐，到那时不必大动干戈就可以完成称霸的大业。

管仲想用和平的手段完成"大国崛起"，齐桓公想了想，还是接受了这个建议。齐桓公于是跑到洛阳拜见了周天子，此时的周天子是周僖王姬胡齐，孔子批评过他宫室奢侈，他待在洛阳其实日子并不好过，那些诸侯国早已失去了控制，平时没人来寂寞，有人来了又胆战心惊，现在来了个愿意听命称臣的，周僖王很高兴，对齐桓公大加赞赏，同时给予全力支持。齐桓公顺势提出以周天子的名义大会诸侯，周僖王同意，请齐桓公代他做会议主持人，开会地点由齐桓公自己定。那个时候诸侯间的会议很难开起来，交通不便是其次，大家能不能坐到一块是关键，没有绝对权威的人出面召集，会是开不起来的。同时，开会总要有个议题，千山万水跑来，不能喝喝茶、吃顿饭就打道回府了。

议题很快来了，这时宋国发生内乱，宋闵公被杀，他的弟弟御说出逃，齐桓公就以此为议题，邀请宋、鲁、陈、蔡、卫、郑、曹、邾、遂等国来北杏开会，商讨如何解决宋国的内乱，还要在这次会议上明确公子御说为宋国的新国君。公元前681年（齐桓公五年），齐国与宋、陈、蔡、邾等国会盟于北杏，齐桓公开了以诸侯身份主持天下会盟的记录。此次会盟也有一些国家故意不来，齐国于是挑了个实力最差的遂国来开刀，北杏会盟结束后齐国即出兵攻打遂国，轻松将其吞并，其余受到邀请而没来的国家无不惊出一身冷汗，以后齐国再招呼大家会盟，无故不来的就少了，齐国在诸侯间的威望大增。

《论语》说齐桓公"九合诸侯"，也就是召集了9次会盟，《春秋穀梁

第一章　春秋战国：重商主义遇挫

传》说得更详细，认为有15次，其中"衣裳之会"11次，"兵车之会"4次。[1]所谓"衣裳之会"是指纯粹的外交聚会，在和平友好的气氛中进行；所谓"兵车之会"是指带着兵去的，气氛比较严肃，但也不一定大打出手。在这些会盟中，齐桓公都打着"尊王攘夷"的旗号，因而受到了周天子的肯定和赏赐，齐桓公于是成为春秋时代的第一位霸主。对于那些挑战周天子或齐国权威的，齐桓公也出兵适当地教训一下。公元前656年，齐桓公曾率领各诸侯国的联军进入楚国，质问楚国为何不按时向周天子进贡祭祀用的茅草，在强大的军事压力下楚国不得不低头认错。

齐桓公在位42年，真正"动刀动枪"的只有2次，一次为保卫燕国击退山戎，一次为保卫邢国击退狄人，其他都是以和平的方式解决争端。"九合诸侯，一匡天下"，这种"和平崛起"的奇迹成为以后乱世争雄者们的梦想，曹操就曾对此进行过赞叹。[2]然而，晚年的齐桓公进取心减弱，整天被宠臣包围，他最喜欢的宠臣有3个，分别是公子开方、竖刁和易牙，齐桓公跟他们很对脾气，只要有他们陪着就高兴，一天看不着他们就难受。公子开方是卫国的公子，为讨齐桓公的欢心，他15年不回家探望父母，父亲死的时候都没回去奔丧，这让齐桓公相当感动，认为公子开方爱他胜过爱自己的父母。竖刁也是贵族家的孩子，很小的时候就被送到齐宫来服侍齐桓公，"竖"说明了他的职业，就是宦官。竖刁长大成人后可以做别的选择，但为了能继续服侍齐桓公，他毅然决然地阉割了自己，所以有的史书也把他的名字称"竖刀"，此举同样感动了齐桓公，认为竖刁这小子爱他

---

[1] 梳理《春秋穀梁传》的记载，11次"衣裳之会"分别如下：前681年春的北杏之会，前680年冬的鄄之会，前679年春的鄄之会，前678年十二月的幽之会，前667年六月的幽之会，前659年八月的柽之会，前658年九月的贯之会，前657年秋的阳谷之会，前655年夏的首止之会，前653年七月的宁母之会，前651年夏的葵丘之会。4次"兵车之会"分别如下：前652年正月的洮之会，前647年夏的咸之会，前645年三月的牡丘之会，前644年十二月的淮之会。

[2] 曹操在《短歌行》赞叹："齐桓之功，为霸之首。九合诸侯，一匡天下。一匡天下，不以兵车。正而不谲，其德传称。"大意是，齐桓公建立了功业，存亡继绝为霸首，他9次聚合诸侯捍卫中原，匡正天下、号令诸侯，依靠的却不是武力，行为磊落不欺诈，美德流传于身后。

胜过爱自己。易牙是厨师，专门侍候齐桓公的饮食，他烹饪的水平很高，很得齐桓公的欢心。一次，齐桓公一边品着乳猪肉一边随口说自己尝遍了天下美味，只是从来没有吃过人肉，感到遗憾。其实这只是齐桓公矫情一下，真弄块人肉估计他未必咽得下，但易牙不这么想，他觉得自己向齐桓公表忠心的机会来了。不久，齐桓公用午膳，易牙上了道肉汤，齐桓公喝完觉得鲜美无比，就问是什么肉做的，易牙跪到齐桓公面前，没开口先流下了眼泪，齐桓公很纳闷，追问怎么回事，易牙道出实情，原来这是用他4岁小儿子的肉做的，为了让国君身体安泰，他果断杀了心爱的幼子，做成汤给齐桓公吃。明白真相的齐桓公估计得差点儿吐出来，但紧接着齐桓公就被易牙的忠心所深深地感动了，认为易牙爱他胜过爱自己的亲生骨肉。

齐桓公被这3个小人包围了，不再励精图治，也不再想大会诸侯的事，只图安逸享受。管仲对这3个人很看不惯，多次提醒齐桓公远离他们，这引起竖刁等人的不满，利用一切机会诋毁管仲。周襄王七年（前645）管仲患了重病，齐桓公前往探望，病榻前问管仲谁能接替相位，对这个问题管仲没有正面回答。齐桓公于是问易牙怎么样，管仲说易牙为了讨好国君连自己亲生儿子都烹杀了，这种没人性的人不能当国相。齐桓公又提到竖刁，管仲认为，人都把自己的身体看得最重要，连自己身体都不在乎的人，还能在乎别的什么？齐桓公又提到公子开方，管仲依然摇头，认为连父母都能抛弃的，还有什么不能抛弃？管仲最后向齐桓公推荐了隰朋，他是齐国宗室，齐庄公的曾孙，"政治上"可靠，多次参加诸侯会盟，熟悉内政及外交事务，管仲认为他眼光远大又能虚心下问，是辅佐国君的最佳人选。齐桓公倒也肯听管仲的，打算让隰朋接管仲的班，竖刁等人极为不满，跑到鲍叔牙那里挑拨，说管仲应该推荐鲍叔牙才对，鲍叔牙不为所动，认为管仲推荐隰朋恰恰说明他一心为社稷宗庙着想，没有个人私心，让竖刁等人闹了个没趣。

管仲死后，隰朋接替了国相之位，齐桓公想起管仲临终前说的话，就

第一章 春秋战国：重商主义遇挫

把易牙等3人赶出了齐宫。可惜的是，10个月后隰朋也死了，鲍叔牙也在这时候死了，齐桓公身边的忠臣越来越少，小人自然又有了机会，齐桓公看不到易牙等人吃饭都少了滋味，就把他们3个人又召回宫里。不久齐桓公病重，要考虑接班人的问题了。齐桓公有6个儿子，没一个是嫡出，所以都有继承大位的机会。齐桓公先立公子昭为太子，但竖刁等人不喜欢公子昭，于是怂恿齐桓公另立公子无诡，太子昭担心被迫害，逃到了宋国，齐国因此发生了内战。

一代霸主齐桓公最后很可怜，在内战中易牙指使人堵住宫门，不让任何人进宫，以便自己随时可以假传君命。最后有2名宫女乘人不注意越墙进宫，发现齐桓公快饿死了，齐桓公还不知道外面怎么回事，宫女把易牙等人作乱、堵住宫门不让人进来的情况告诉了齐桓公，齐桓公追悔莫及。齐桓公最终还是饿死了，死了60天竟没人问没人理。齐桓公死后齐国的内乱未止，齐人最后杀了公子无诡，竖刁等人要么被杀要么逃亡国外，齐人把公子昭接回来当国君，也就是齐孝公。这场内乱让齐国从此衰落，随着晋国的崛起，春秋争霸的主场也换到了别处。

齐国在春秋时期最辉煌的一段就这么昙花似的过去了，其过程可用"一世而衰"来总结。辉煌与衰落的交替尽管也是一种规律，但辉煌来得这么快、之后的衰落又来得这么急这么彻底，为什么呢？

从管仲改革创造的经济奇迹看或不至于此，一个实力强大的国家即使出现易世之争，有足够厚实的"家底"也足以让其重振雄风。有人认为主要原因是用人不当，齐桓公晚年身边出现了竖刁等小人，他们最后祸乱齐国，正是因为小人弄权才导致齐国迅速由辉煌走向了衰落，有人甚至认为管仲没能帮助齐桓公选好人，作为相国负有更大的责任，这种看法在后世很有代表性。[1] 还有人认为，齐国迅速走向衰落的原因是制

---

[1] 如宋人苏洵在《管仲论》中指出："故齐之治也，吾不曰管仲，而曰鲍叔；及其乱也，吾不曰竖刁、易牙、开方，而曰管仲。"苏洵认为，齐国的崛起之功不在管仲而在鲍叔，败亡的原因也不是由竖刁等人所引起的，而在于管仲。

度建设问题，管仲改革多为人治而非法治，许多改革措施没有像商鞅变法的户籍制、什伍连坐制那样成为制度固化下来，今后无论谁执政都不影响政策的执行；齐国随着改革决策者和主要推动者的离去，改革事实上也消失了。

这些说法各有道理，但或许不是问题的要害。"管仲奇迹"以及齐国"和平崛起"未能持续，更重要的原因也许与改革措施本身相关。管仲善理财、以商治国，固然创造了经济的繁荣，国家财力因此大增，甚至打造出了数量可观、装备优良的军队，但这些繁荣和强盛又是脆弱的。齐国创造了对内对外贸易的繁荣，因此赚了很多钱，然而商业的本性重交易而轻生产，这增加了经济的不稳定性。又因为商业获利更容易，人们既然可以通过这条渠道致富，就会把它作为优先方向，不仅繁重的生产劳动不被大家羡慕，更不会冒着生命危险去战场上厮杀以搏取向上晋身的机会，这是以商治国的弊端，至少在那个时代"商战"不如"耕战"更为坚实牢靠。

《管子》一书所列举的许多"商战"成功的事例即使存在，也绝不是齐国崛起称霸的主要原因，这些故事都有一定的传奇性，其中的道理普通人稍微琢磨一下大概也会明白，靠这点小聪明和小把戏可以获利一时，却不能真的去征服列国。齐国"九合诸侯"靠的是数量可观的甲士和战车，由于国家实现了富裕，齐国置办这些家当不在话下，管仲为齐桓公训练了至少3个军的战士，齐国靠着它所形成的威慑力，才能让列国不战而服。但是，齐国虽然拥有大量的甲士和战车，却无法解决"为谁而战"的问题，如果是为国家和国君而战，话虽没错却有些空洞；如果是为自己而战，那在战场上拼死厮杀、取得战功，又能为自己带来什么呢？管仲没能解决这个问题。

管仲当然也明白机制的重要，他曾提出著名的"利出一孔"思想，强调国家对百姓和一切社会资源的绝对控制，强调百姓希望得到的一切都由国家来掌握、分配和赐予。[1]但在一个重商主义和自由贸易盛行的社会，很难完全控制人的思想、利益和欲望，自然也无法完全控制人的行动，"利出一孔"只是目标而不是措施，没有措施的目标又是不可靠的。在一个重商主义的社会里，即使也推出了功爵制度，在齐国也不会有太好的效果，齐军不是秦军，前者摆个阵式吓唬人没问题，却不如后者在战场上敢玩命。商鞅很聪明，他强调军功授爵，同时也强调重农轻商，不仅轻商，更抑商、贱商、侮商，把那些有上进心的人都赶到战场上去。

齐国的崛起具有一定的人为因素和偶然性，这为齐国的衰落埋下了伏笔。奸人、小人哪朝哪代都有，说他们凭一己之力就挫败了一国的时运，那只能说这个国家的"好运"本来就是脆弱的，奸人、小人充其量只是做了某种失败的替罪羊。苏洵的《管仲论》虽在后世影响很大，但论点却不足为训，因为他只看到了问题的表层，而没有触及根源和本质。现在有一句话："钱不是万能的，没有钱却是万万不能的。"也许这句话还应该反过来强调："没有钱是万万不能的，但有钱却不是万能的。"对一个国家来说民不富、国不富是"万万不能的"，但只有民富、国富也不是"万能的"，由民富、国富到兵强、国强再到实现持续强盛，中间往往还差着好几步。

四、范蠡"两手抓"的经济观

公元前536年，此时距管仲去世已经109年了。这一年，在楚国宛地三户邑（今河南省淅川县）诞生了另一位商人，日后也成为著名的政治家和改革家，这个人就是范蠡。范蠡出生时的楚国正由楚灵王执政，此人是春秋时期有名的穷奢极欲和昏暴之君，后来继位的楚平王宠信奸臣、大杀忠良，致使楚国国力江河

[1]《管子·国蓄》："利出于一孔者，其国无敌；出二孔者，其兵不诎；出三孔者，不可以举兵；出四孔者，其国必亡。"大意是：利禄出自1个渠道的话，这样的国家没有对手；利禄出自2个渠道的话，这个国家的军队就不会完全顺从指挥了；倘若利禄出自3个渠道，那么就不可以出兵作战了；如果利禄出自4个渠道，这样的国家就必然会灭亡。

日下，不但失去了晋楚争霸的强大实力，还屡屡被小国侵犯。

看到这种情况，范蠡与好友文种一起到了越国，正逢越王勾践被吴王夫差打败，越国正处于低谷期。勾践失败后，一开始想直接对吴国用兵，范蠡为勾践分析了形势，认为这样做不妥，提出了"国家之事，有持盈，有定倾，有节事"[1]的总体战略思想。所谓"持盈"，就是保持满盈、盛强的态势，使国家长盛不衰；所谓"定倾"，指在形势危难时能挽狂澜于既倒；所谓"节事"，指发展生产，积蓄力量，待时机到来后再谋求反攻。范蠡认为在反击吴国的条件没有达到的情况下不能急于求成，为此他建议不如忍辱求全以积蓄力量。范蠡陪同勾践一同前往吴国，同居于石屋，蓬头垢面，专司养马，忍受屈辱，历尽艰辛，打消了吴王夫差的疑虑和戒心，勾践后来被赦免回国。

暂时化解了迫在眉睫的危机，为越国的复兴赢得了宝贵时间。回到越国后，范蠡发挥在经济方面的专长，建议勾践大力发展生产，尤其是农业生产，劝农桑、务积谷，减轻刑罚、赋税，宽恤民力。在当时，发展农业生产最关键的是劳动力资源，越国规定"壮者无娶老妇，老者无娶壮妻"[2]，还规定女子到17岁、男子到20岁时必须嫁娶，否则将追究其父母的责任，同时还根据生育子女的数量发放一定奖励。在范蠡主持下，越国经过近20年的精心准备，国家实力慢慢强大起来，君臣同心，士气高昂，而吴王夫差却不断犯战略性失误，多次举重兵北上参与中原争霸，致使国力严重消耗。

公元前476年（周敬王四十四年），吴王夫差又北会诸侯于黄池，吴国主力被夫差带走了，留下一些老弱军卒与太子留守，范蠡认为时机成熟了，建议勾践发兵伐吴。此战，吴军仓促应敌，结果大败，吴国太子被杀。夫差闻讯由黄池紧急回师，这时才吃惊地发现吴国与越国之间攻守之势已易位，双方存在巨大差距，无奈之下只得被迫求和。范蠡再次分

---

[1] 见《国语·越语下》。
[2] 见先秦佚名著《勾践灭吴》。

第一章　春秋战国：重商主义遇挫

析了形势，认为虽然打了胜仗，但一下子也灭不了吴国，于是建议勾践答应吴国的求和。不久，越国再次兴兵攻打吴国，于公元前473年（周元王三年）11月又将吴国打败，吴王夫差成为俘虏。勾践本想把夫差流放，但夫差悔恨交加，无地自容，拔剑自刎，吴国灭亡。之后，勾践"北渡兵于淮以临齐、晋，号令中国，以尊周室"[1]，成为春秋时期新一代霸主。

范蠡作为勾践的头号功臣，因功被任命为上将军，位极人臣。但具有商人头脑的范蠡深知商场上无时无刻不面临风险，知道在危险还没有到来时就得未雨绸缪。范蠡认为"大名之下，难以久居，且勾践为人，可与同患，难与处安"[2]，为此范蠡做出了一个让时人惊讶不已的决定：辞官去职。包括勾践在内，所有人对范蠡的这个决定都不理解，勾践百般挽留，但范蠡去意坚决，最后"装其轻宝珠玉，自与其私徒属乘舟浮海以行"[3]。

功成名就后的范蠡放弃了在越国的荣华富贵，泛舟三江五湖，开始了经商生涯。与管仲一样，范蠡在商业上也有着过人的天赋，他离开越国后首先来到齐国，变易姓名，自称"鸱夷子皮"，在海边结庐而居，与家人一边耕地一边经商，结果神奇地富了起来，很快"致产数十万"，这让范蠡在当地出了名，齐人"闻其贤，以为相"，但别人求之不得的高位在范蠡看来如同畏途，范蠡喟然而叹，认为"久受尊名，不祥"，在短暂担任齐相后范蠡再次辞官，离开前将之前赚到的家财全部散尽，"分与知友乡党"。范蠡后来定居在陶地（今山东省定陶区），在这里又一次白手起家，开始了商业经营，不久又"致赀累巨万，天下称陶朱公"。都说创业艰难、成功不易，可范蠡不断创造着商业传奇，他在19年里的3次创业都取得了成功，"三致千金"。

作为一名政治家、改革家，范蠡在治国方面取得了成功；作为一名商人，范蠡在商业方面也取得了

[1] 见《史记·越王勾践世家》。
[2] 见《史记·越王勾践世家》。
[3] 见《史记·越王勾践世家》。

成功。取得这样的成就并不偶然，因为范蠡不是普通的商人，他有一整套科学的经商理念，并将这些理念灵活地运用到了治国中。

第一，坚持"农末俱利"的思想。

范蠡重视商业，但对农业也十分重视。范蠡认为年岁有丰厚和灾害之分，农产品有时候会贱卖，有时候贵卖，过贱则使农民受到伤害，不利于农业发展；过贵则使商家受到伤害，不利于商业发展，为此要有一个合理的价格，使农业、商业实现"双赢"。[1]范蠡强调"农末俱利"，这里的"末"指商贾，"农"指农民。范蠡曾在齐地做过开垦荒地的农夫，后来又在陶地经商，深知农商之甘苦。作为一名商人，他不但考虑商利，更关心农民的利益和农业的发展，"农末俱利"的思想通俗地说就是农业、商业要"两手抓、两手都要硬"，这是一种以天下为己任的体现。

第二，注重诚信和仁义。

范蠡主张"买卖公道""童叟无欺"，他提出"务完物"，也就是货物应当完好且牢靠，还强调"腐败而食之货勿留"[2]，通过重视商品的质量来赢得消费者喜爱，维护良好的商业信誉。范蠡重视盈利，但不以聚财为终极目的，不唯利是图，他轻财好施，多次将经商所得散于他人，被誉为"富好行其德"[3]。

第三，坚持薄利多销的原则。

在经商实践中，范蠡一般情况下只取十分之一的利润。[4]春秋时代交通运输极为不便，货物周转成本很高，加上战争、匪患等，经营风险也很大，这就意味着价格偏离价值的幅度较大，只追求10%

[1]《史记·货殖列传》记载，越王勾践向范蠡问计，范蠡说："六岁穰，六岁旱，十二岁一大饥。夫粜二十，病农；九十，病末。末病，则财不出；农病，则草不辟矣。上不过八十，下不减三十，则农末俱利"。范蠡这段话的大意是：一般说来，六年一丰收，六年一干旱，十二年有一次大饥荒；出售粮食，每斗价格20钱，农民会受损害；每斗价格90钱，商人要受损失。商人受损失，钱财就不能流通到社会；农民受损害，田地就要荒芜。所以粮食每斗价格最高不超过80钱，最低不少于30钱，那么农民和商人都能得利。

[2]见《史记·货殖列传》。

[3]见《史记·货殖列传》。

[4]《史记·越王勾践世家》："复约要父子耕畜，废居，候时转物，逐什一之利。"这里说的是范蠡在经商中主张薄利多销，不求暴利，这在当时是一种非常人性化的主张，符合中国传统思想中经商求诚信、求义的原则。

的利润无疑是个很低的标准，但这样一来可以扩大货物的销量，同样可以增加盈利。范蠡还提出"无息币"，即不使用需要支付利息的钱，他认为"财币欲其行如流水"[1]，也就是要力求加快商品的周转次数，使等量的资本在一定周期内能做更多的生意，从而增加利润。

第四，及时捕捉市场信息。

商场如战场，只有准确掌握市场信息、预测市场走势才能提早做出规划，把握主动。范蠡提出天旱的时候预先准备好船只，在天涝的时候预先准备好车辆，发大水时大家都购买船只，车辆便宜，而水灾过后车辆又成了抢手货，低价购置的车辆可以卖个好价钱。[2]范蠡对商品的价值规律有深刻认识，他提出"贵上极则反贱，贱下极则反贵"，即物价贵到极点一定会下跌，物价贱到极点也一定会上涨，所以他认为物价上涨时不能惜售，必须加快货物和资金的周转。

第五，注重对流通环节实施调节。

范蠡辅佐越王后，通过一系列改革，使越国百姓很快达到平常年份里"具有三年之食"的目标，但农业丰收未必意味着各方都得利，范蠡发现还存在"谷贱伤民，谷贵伤末"的问题，为此他特别重视流通环节的作用。范蠡的办法是通过经济手段而不是行政命令的方式调节市场丰歉，在丰年将多余的粮食收购并储藏起来，等到歉收缺粮时再以较低的价格粜出，范蠡发明的这种调节市场供需的办法称为"平粜齐物"，被以后历代所借鉴。

第六，采取灵活多变的经营术。

范蠡还把商业思维运用到谋略应用中，在与强敌交锋中他主张采取灵活多变的战术，不拘于形式，敌变我变，"后则用阴，先则用阳；近则用柔，远则用刚"。[3]同时，还发挥商业经营中的务实精神，强调

---

[1] 见《史记·货殖列传》。

[2]《史记·越王勾践世家》："旱则资舟，水则资车，物之理也。"大意是，旱灾的时候就储备船只，水灾的时候储备车马，这些都是事物发展的规律。

[3] 见《国语·越语下》。

"审备则可战，审备慎守，以待不虞，备设守固，必可应难"[1]。范蠡深知实力的重要性，为此主持重建了越国的都城，为麻痹对手，在建城时特意同时修建了一大一小两座城池，其中小城是专门建给吴国看的，而大城也建得残缺不全，面向吴国的一面还故意不修城墙，以此迷惑对手。而暗地里，越国加强军队训练，对作战勇敢的将士给予重奖，提高了军队的士气。

宋人黄震评价："春秋战国近五百年，以功名始终者惟范蠡一人。"[2]但总体而言，范蠡的历史地位并不算很高，因为从统治者的立场看范蠡"弃官经商"的行为属于对政治责任的逃避，所以历代的帝王们大多不喜欢范蠡这样的人，这也是《史记》等不为范蠡单独立传的原因。不过，司马迁评价说："范蠡三迁皆有荣名，名垂后世，臣主若此，欲毋显得乎。"[3] 司马迁对范蠡的成就还是给予了肯定。范蠡病逝于公元前448年（周贞定王二十一年），时年88岁，在那个时代属于高寿。

春秋时期出现了很多杰出人物，与范蠡同时代的还有伍子胥、孙武、文种等人，相对于范蠡，他们的结局大都不怎么好，只有范蠡在官场和商场同时取得了很高成就且有一个相对圆满的结局，这与他"功成不居"的选择有关。

五、李悝的"改革依赖症"

就在范蠡去世前的5年，即公元前453年，赵、韩、魏三家灭掉晋国智氏，晋国公室名存实亡，晋国遂一分为三，这件事被视为春秋与战国两个历史时期的分水岭。公元前403年，魏文侯被周威烈王正式册封为侯，魏国正式成为封建国家。魏文侯不仅是魏国的开国君主，也是魏国最有抱负的领导者，在位期间拜李悝为相，在全国范围内推行经济改革，使魏国呈现文化鼎盛、经济繁荣、

---

[1] 见《吴越春秋·勾践伐吴外传》。
[2] 见黄震《黄氏日抄》卷五十九。
[3] 见《史记·越王勾践世家》。

第一章 春秋战国：重商主义遇挫

军事强大的局面，奠定了魏国作为"战国七雄"的基础。

李悝所主持的这场改革，目标是富国强兵，所以经济领域是其改革的重要方面。当时农业占据绝对主导地位，生产粮食的多少决定了综合国力的强弱，如何提高粮食产量是一个重要课题。除此之外，在粮食丰收的情况下受商业流通因素的影响会出现"谷贱伤农"的情况，农民的收入未必会因此而增加，这会挫伤其从事农业生产的积极性，如何实现农业的稳定发展也是一个难题。针对上述2个问题，李悝在改革中分别采取了措施。

一方面，李悝提出"尽地力"，具体来说就是统一分配耕地，督促农民积极耕作，增加粮食生产。[1]李悝算过一笔账："以为地方百里，提封九万顷，除山泽邑居参分去一，为田六百万亩，治田勤谨则亩益三升，不勤则损亦如之。地方百里之增减，辄为粟百八十万石矣。"[2]百里之地有农田600万亩，耕种尽心与不尽心，每亩有3斗的增减，算一下总数就是180万石，这是一个巨大的数字。

另一方面，李悝又提出用"平籴法"解决丰产与歉收情况下粮价波动的问题。丰收年景百姓手中的余粮很多，这时由国家以平时的价格收储粮食，等到歉收年景粮食短缺时再以平价卖给百姓，既防"谷贱伤民"又防"谷贵扰民"。在具体操作上，李悝根据丰收或歉收的程度不同分别制定了相应的余粮收购和"国储粮"投放比例："是故善平籴者，必谨观岁有上中下孰。上孰其收自四，余四百石，中孰自三，余三百石，下孰自倍，余百石。小饥则收百石，中饥七十石，大饥三十石。故大孰则上籴三而舍一，中孰则籴二，下孰则籴一，使民适足，贾平则止。小饥则发小孰之所敛，中饥则发中孰之所敛，大饥则发大孰之所敛，而粜之。"[3]重视农业生产，照顾从业者的切身利益，无疑可以让他们更稳定地依附在土地上，从而夯实农业发展的基础，史

---

[1] 按照冯友兰先生的解释，其"着重的并不是农业技术，而是推行封建制的生产关系，以提高农民的积极性，并采取一种措施保证粮价稳定，以保障农民的生活"。见冯友兰《中国哲学史新编》，人民出版社2001年出版。

[2] 见《汉书·食货志》。

[3] 见《汉书·食货志》。

书称"魏用李克（悝）尽地力，为强君，自是以后，天下争于战国"[1]。

李悝的改革不仅在经济领域，也涉及政治层面，主要体现在人才的选拔和官吏任用方面。魏文侯视李悝为老师，经常就如何用人的问题向其请教。有一次，魏文侯问李悝："先生尝教寡人曰'家贫则思良妻，国乱则思良相'，今所置非成则璜，二子何如？"这里说的两个人分别是魏成子和翟璜，李悝没有正面回答这个问题，而是着重讲了他对人才认定标准的看法："居视其所亲，富视其所与，达视其所举，穷视其所不为，贫视其所不取，五者足以定之矣！"[2] 也就是说，判断一个人只要看他平时亲近哪些人、富裕时结交哪些人、显贵时推举哪些人、不得志时不做哪些事、贫穷时不要哪些东西就行了，总的来说就是"举贤以德"。针对当时用人上存在的一些不合理现象，李悝提出了"淫民"的概念，具体来说就是"其父有功而禄，其子无功而食"，这是贵族世袭制所带来的弊端，李悝认为应该"夺其禄以来四方之士"，他还提出"为国之道，食有劳而禄有功，使有能而赏必行"。这些主张得到了魏文侯的支持，魏文侯本人就是一位"贤君"，《战国策》说"周衰，世主无如魏文侯之贤者"，对他的评价极高。魏文侯能知人善任，拜子夏、田子方为师，任用李悝、翟璜为相，起用乐羊、吴起为将，治下还出现了西门豹等有行政专长的人才，一时间魏国人才济济。

李悝还被视为法家的始祖，这得益于他撰写的著名法家著作《法经》，它是中国历史上第一部较为系统的封建成文法典。[3] 从前人的论述和评论来看，《法经》的规定系统而严密，《盗法》涉及的是公私财产受到侵犯的情况，《贼法》涉及的是危及政权稳定和人身安全的情况，《囚法》规定了有关审判、断狱的程序，《捕法》讲的是如何追捕罪犯，《杂法》涉及的是狡诈、越城、赌博、

---

[1] 见《史记·平准书》。

[2] 见《史记·魏世家》。

[3]《法经》现在已散佚，据《晋书·刑法志》记载，其分为盗、贼、网（囚）、捕、杂、具等6篇。李悝编制这部法典的目的是"使这君生无废事，死无遗忧"，在逐步废除世卿世禄制的情况下更有效地保护封建制度，维护封建秩序的稳定。

贪污、淫乱等犯罪行为如何处罚，《具法》规定了如何定罪量刑。《法经》提出了"王者之政，莫急于盗贼"的立法精神，体现了"不别亲疏，不殊贵贱，一断于法"以及"轻罪重刑"的立法原则，它先列罪名、后定刑制，这种"以罪统刑"的方法被后代所广泛接受，使《法经》成为历代法典的蓝本。商鞅曾拜李悝的继任者公叔痤为师，对《法经》十分崇拜，后来正是带着《法经》到秦国去实行变法的，以至于后人评价说"是以秦魏二国，深文峻法相近"[1]。

综上所述，李悝在魏国主持的这场变法活动是一项内容丰富、系统全面的综合性改革，在魏文侯大力支持下，这场改革总体上也进展得较为顺利，取得了切实成效，《汉书》总结称李悝的改革"行之魏国，国以富强"。从地理上看，魏国西有秦、韩，南有楚国，北有赵国，东有齐国，周边"列强"环伺，地势易攻难守，稍有不慎即有亡国之危，很难有太大作为，但魏文侯在位50年间却不断向外拓展势力，向西攻占了秦国的河西之地，向北越过赵国伐灭了中山国，向东打败了齐国的大军，向南不断出击楚国，使楚国在中原的土地几乎全部丧失，魏国在中原地区站稳了脚跟，成为战国时代第一个新兴的霸主。

如果魏国的综合性改革能持续发力，魏国的国力继续上升，那么未来统一天下的不是秦国而应该是魏国了，但魏文侯以后的魏国却逐渐黯淡下来，虽然其一直位列"战国七雄"之中，但慢慢地走了下坡路，李悝主持的改革没能使魏国实现持续强盛。究其根源，应该说这场改革虽然找准了问题，也采取了对策，但改革的力度和深度还远远不够。

从经济方面看，重视农业、调节市场都是正确的，但从当时的情况看农业发展中更深层次的问题是如何建立重农、扶农的"长效机制"。随着商业的发展，商人获利更加容易，要解决百姓弃农经商的倾向不能仅凭号召和鼓励，还应该有更为切实有力的措施，比如对非农业生产者进行抑制，对比一下随后的商鞅变法就会

[1] 见董说《七国考》。

发现，李悝改革在这方面的力度和深度都还不够，至于花了很大精力推行的"平籴法"，在未对商人进行限制和管理的情况下其实很难发挥更大的作用，商人反而利用国家的平籴政策去谋取更大的利益，百姓受益是有限的。李悝推出的《法经》规定虽然系统而细密，但其中的许多规定未必能得到真正贯彻执行，比如《法经》专门为太子立了法，规定太子有赌博行为要处鞭刑，不改正受杖刑，仍不改的就要废黜，在当时的政治体制下这样的规定更多的是一种形式。而即使所有的规定都能得到很好的执行，其也多停留在律法的技术层面，对于维护封建秩序有很大的作用，但对于解决经济和社会发展中面临的深层次矛盾和问题则帮助有限。

在历史转折的关键阶段，李悝洞察到改革的契机，针对经济和社会发展中存在的问题提出了改革的主张，也推行了一些改革的措施，但这场改革总体来看还缺乏足够的深度，它之所以取得了不错的效果，与魏文侯本人的作用密不可分，魏文侯是一位有雄才大略又有忧患意识的君主，他能充分理解并全力支持这场改革，这在一定程度上弥补了改革措施本身的不足。魏文侯去世后魏武侯继任，他虽然也能征善战，但缺乏战略眼光和政治智慧，也缺乏对深化改革的理解和支持，他辛苦征战了十几年，魏国的国势非但没有因此更加强大，反而四面树敌、危机重重。在用人方面魏武侯远逊色于魏文侯，他放弃了用人唯贤唯德的原则，重回用人唯亲唯贵的旧路，重用了善于逢迎的公叔痤等人，致使吴起、范雎等一流人才纷纷离开了魏国。因人而兴又因人而废，这暴露了李悝改革的不足，根源就在于改革本身对于改革者过分依赖，使改革患上了"依赖症"，这提醒了以后的改革家们。

六、吴起的"妥协式"改革

春秋战国时期可以称得上一个"火热"的改革年代，不仅商人们积

第一章 春秋战国：重商主义遇挫

极参与改革，就连带兵打仗的将领一不小心也会成为改革家，吴起就是其中有代表性的一位。作为中国古代最著名的军事家之一，吴起在战国时代与孙武齐名，创造了至今都让人难企及的惊人战绩，同时他又是与商鞅齐名的改革家，他在楚国领导的改革比商鞅在秦国推行改革仅早了22年。[1]

吴起是战国时代的卫国人，少时"家累千金"，但仕途不顺，"游仕不遂，遂破其家"，引起了乡党的耻笑，吴起一怒之下"杀其谤己者三十余人"，之后与母亲诀别，誓言："起不为卿相，不复入卫！"吴起到了鲁国，拜曾申为师，曾申的父亲曾参是孔子的弟子，所以吴起在鲁国学习的是儒术，或许想利用这个来博取功名，但他的特长还在用兵上，不久齐人攻打鲁国，鲁穆公想起用吴起为将，只不过吴起娶齐女为妻，因而受到猜疑，吴起"欲就名，遂杀其妻"，得到了将军之位，之后率领鲁国军队大破齐军，初步显示出名将的风采。这时有人向鲁穆公进言："夫鲁小国，而有战胜之名，则诸侯图鲁矣。且鲁卫兄弟之国也，而君用起，则是弃卫。"鲁穆公因此又犹豫起来，最后"谢吴起"。有功之臣受到了不公正对待，吴起的办法是再次出走，他听说魏文侯重用贤才，于是来到魏国，魏文侯问李悝吴起是个什么样的人，李悝回答说"起贪而好色，然用兵司马穰苴不能过也"[2]，魏文侯于是拜吴起为将，让他率兵攻打秦国，攻占了秦国的河西之地，魏文侯任命吴起为西河郡守。

吴起善带兵，"与士卒最下者同衣食，卧不设席，行不骑乘，亲裹赢粮，与士卒分劳苦"，[3]有个士卒生疮，吴起亲自用嘴为他吸脓，"卒母闻而哭之"，所以吴起麾下的士卒个个愿意死战。公元前389年，秦惠公派50万大军攻打魏国，吴起率领没有立过军功的5万人就将其打败。据《吴子》统计，吴起指挥的

---

[1]《史记》的作者司马迁似乎不太喜欢吴起，认为他"刻暴少恩"，但仍然把他与孙武、孙膑在《史记》中合为一传，因为吴起确实取得了十分骄人的军事成就。

[2] 见《史记·孙子吴起列传》。

[3] 见《史记·孙子吴起列传》。

大战有76场，其中全胜的有64场，余下的也尽是平局。[1]这种惊人战绩堪称前无古人、后无来者。战国时期的著名军事家尉缭子曾说，只要给吴起7万人马他就能纵横天下，没有任何国家和军事集团能将其打败。[2]唐朝开始设置武庙，以周朝开国丞相吕尚为主祭，仅选10位不同时代的名将配列左右，吴起位列其中。

吴起效力魏国的这段时间，魏国正在国相李悝的主持下推行改革，吴起也参与其中，他的改革活动主要集中在军事方面。在此之前，各国一直沿用的是动员兵制，有战事时临时从百姓中征召士卒；吴起首创了募兵制，也就是所谓的"武卒制"，士卒不再临时征召，而是在平时通过选拔而组建，实现了"农兵分离"。《荀子》一书曾介绍过吴起选拔士卒的一种办法：让被选者穿上3层护甲，头戴铁盔、腰佩剑，再肩扛长矛，背负十二石弓和50支箭，还有3天干粮，带着这些负重如果半天时间能"趋百里"就中选，一旦选中，将享受免除全家徭役等待遇，立功后还能迅速获得军职升迁。[3]正是由于有这些先进的制度，当时的魏军才十分强大。

但是，吴起的事业没能在魏国发展下去，原因是支持改革的魏文侯死了，对改革有不少看法的魏武侯继位，还有人忌妒吴起的军功和地位，想方设法排挤他，吴起感到再待在魏国很危险，于是找机会离开了。这时南面的楚国正走到了生死存亡的关头，楚国曾是春秋时代的大国之一，战国初期楚惠王在位时也曾取得过辉煌，但之后楚国内政、外交均陷于衰败。从外部看，韩、魏、赵组成的"三晋联军"接连攻打楚国，楚国节节退败，丢失了大量土地，靠着"厚赂于秦"的办法争取到秦国的支持，这才勉强不至灭国。从内部看，屈、景、昭等世袭大贵

---

[1]《吴子·图国》："与诸侯大战七十六，全胜六十四，余则钧解。辟土四面，拓地千里，皆起之功也。"《吴子》又名《吴起兵法》或《吴子兵法》，一般认为它是吴起创作的军事著作，被收入宋人所编的《武经七书》中。

[2]《尉缭子·制谈》："有提十万之众而天下莫当者谁？曰桓公也。有提七万之众而天下莫当者谁？曰吴起也。有提三万之众而天下莫当者谁？曰武子也。"

[3]《荀子·议兵》："魏氏之武卒以度取之，衣三属之甲，操十二石之弩，负服矢五十个，置戈其上，冠胄带剑，赢三日之粮，日中而趋百里，中试则复其户，利其田宅。"

第一章 春秋战国：重商主义遇挫

族在楚国拥有很大势力，他们占据要职，对下盘剥、欺压百姓，对上架空君王。公元前402年，楚声王被"盗"所杀，其子楚悼王继位，楚悼王是一位有作为的君王，他想改变内外窘境，但苦于楚国没有这样的人才，恰在这时吴起因在魏国无法立足而来到了楚国，楚悼王大喜，立即重用了吴起。

吴起是一流的名将，威名早已传播列国，但在楚悼王眼中现在楚国存在的主要问题还不是军事方面，楚国还不具备借用吴起的军事才能去攻城略地的实力，现在首先要解决的是政治、经济方面的问题。楚悼王先命吴起去守宛地，吴起在这里推行了他的改革，包括重用贤能之士、改革吏治、裁汰庸碌无能之人、整治贪腐、推行耕战等，很快取得了明显成效。经过这次"改革试点"，楚悼王进一步确认了吴起的才能，更加坚定了由吴起在楚国全境推行一场综合性改革的决心，于是他把吴起召回郢都，任命他为令尹，这一职务相当于国相，楚悼王让吴起全面主持改革活动。

战国初期有3场大的改革，分别是李悝主持的魏国改革、吴起主持的楚国改革和商鞅主持的秦国改革，它们面临的改革任务其实大同小异，要解决的都是奴隶社会向封建社会大转型过程中产生的政治、经济问题，这一时期由于生产力的发展和生产关系悄悄发生了变革，急需要统治政策的调整和制度重建。

所以，吴起在楚国推行改革的许多做法与李悝相似，比如强化法令、移民垦殖、奖励耕战、抚恤庶人、富国强兵等，吴起还发挥他在军制改革方面的特长，将"武卒制"移植到楚国，还加强了都城的城防，将原来的"两版垣制"改革为"四版垣制"，也就是将城墙的高度增加一倍，并确立为一项法令。这些改革措施很快见到了成效，楚国内部出现了"私不害公，谗不蔽忠，言不取苟合，行不取苟容，行义不顾毁誉"[1]的局面，虽然这些有过誉之辞，但总体来说楚国的面貌为之一新。吴起是在公元前383年（楚悼王十九年）前后开始

[1]见《战国策·秦策》。

推行改革的，只有2年时间，楚国已经有能力主动向对手发起进攻了，当年楚国军队攻击魏国，"战于州西，出梁门，军舍林中，马饮于大河"，[1]此处的"大河"即黄河，春秋时代楚庄王也曾"饮马黄河"，是其名列"春秋五霸"的标志性事件，现在的楚国似乎又回到了鼎盛阶段。

但相对于之前的魏国和之后的秦国，此时的楚国存在问题更为复杂和严重，楚国在"马饮于大河"的同时面临着内部的种种掣肘，由于世袭贵族权势太大，造成"大臣太重，封君太众"的局面，楚国虽然幅员辽阔、土地众多，但土地和财富多掌握在贵族们手中，国家仍难以强盛，贵族们不仅在经济上享受特权，在政治上的权力也很大，形成"上逼主而下虐民"的格局。由于有在宛地的实践经验，吴起对这些问题也十分清楚，在分析改革面临的艰难形势时，吴起曾对楚悼王说："荆所有余者地也，所不足者民也。今君王以所不足益所有余，臣不得而为也。"[2]虽然明知不可为，但吴起还是以极大的勇气推行着改革，并把改革最重要的内容放在破除特权上，在楚悼王的支持下他推行了一系列打击权贵的措施：规定凡已传了3代以上的旧贵族，将其爵禄收回，取消对其按例供给的制度；没收贵族多余的财产，将一部分贵族充实到地广人稀的偏远之地垦荒；任用贤能的人才，"罢无能，废无用"，"塞私门之请"，裁汰"不急之官"[3]；削减官吏的俸禄，用省下的钱"抚养战斗之士"。

准确地说，吴起推行的这些措施应该属于"变法"。"变法"虽然也是改革的一种，但由于要触动更深层次的矛盾和问题，所以较一般的改革要难得多。吴起推行的这些措施针对的是那些势力强大的权贵阶层，这才是这场改革的"重头戏"，它们能否顺利推行下去关系到这场改革的成败。吴起推行的这场改革虽然有楚悼王的全力支持，但在楚王以下的各个层面上均遭到了抵制和反对，楚国贵族们反对最为强烈，他们"皆甚苦之"，贵族屈宜臼攻击吴起改革是

---

[1] 见《战国策·齐策》。
[2] 见《吕氏春秋·贵卒》。
[3] 见《战国策·秦策》。

"祸人",是楚国的灾难,甚至批评支持吴起的楚悼王"逆天道",那些被吴起剥夺了世袭贵族特权的人、移往偏远地区的贵族们以及被削减了俸禄的官吏,无不对吴起恨之入骨,必欲除之而后快。

改革面临的特殊形势和任务,造成了这场改革在策略和方式上与商鞅改革有所不同,商鞅后来主持的改革更多内容涉及普通百姓和社会、经济生活的各方面,属于"自下而上"式的改革,而吴起主持的这场改革是"自上而下"式的,其基础不如商鞅改革稳固,有些改革措施由于不能惠及百姓反而会增加百姓的负担,因此还会遭到百姓的反对,比如"四版垣制"就加剧了百姓的负担。[1]

这也是一场不彻底、不全面的改革,即便在破除特权方面也如此。商鞅改革中以强力手段废除井田制,坚决镇压了一批反对改革的旧贵族,因而改革较为彻底,但吴起改革在这方面也显得不够,对于反对改革的一些旧贵族和官吏,也只是把他们迁移至偏远地区、削减他们俸禄而已。造成这些问题的原因,一种可能是吴起以及支持吴起的楚悼王权威还不够,只能被迫选择妥协;另一种可能是,吴起想用妥协的态度换取贵族势力的支持,让他们不至于激烈地反对改革。考察吴起一生的经历,可以看出他确实是一个"识时务"并善于把握机遇的人,正因为如此,也许后一种可能更大,也就是说,这是一场"妥协式"改革。

问题在于,在现实利益面前妥协并不能换来对手的支持和配合,这使吴起成为一位孤独的改革者:在改革中失去特权的贵族反对他、诅咒他,被削减了收入的各级官吏暗中抵触他,由于改革不坚决、不彻底,普通百姓在改革中并没有得到多少实际利益,因而对改革是麻木的,因为个别改革措施而使利益受到影响的一部分人,则对改革产生了反感情绪。唯一支持吴起的人是楚悼王,不幸的是,吴起推行改革还不到3年楚悼王就死了。

公元前381年(楚悼王二十一年),也就是楚军"马饮于大

[1]《吕氏春秋·义赏》:"鄢人之以两版垣也,吴起变之而见恶。"

河"的这一年，魏国攻打赵国，赵国向楚国求救，楚悼王命吴起率军去救赵国，吴起率领的楚军横扫中原，胜利地完成了任务，但还没有归师，楚悼王死了。吴起到郢都后进宫料理楚悼王的后事，旧贵族屈宜臼、阳城君等人终于等来了机会，他们纠集在一起突然向吴起发起攻击。一代名将竟保护不了自己，他在宫中四处逃奔，最后来到灵堂，扑倒在楚悼王的遗体上大喊"群臣乱王"，对他恨之入骨的贵族们没有因此住手，他们继续射箭，不仅当场射杀了吴起，而且也射中了楚悼王。楚悼王的儿子楚肃王继位，虽然以射伤国君遗体的罪名诛杀了作乱的贵族70余家，但对吴起推行的改革也不再提了。

七、商鞅以法治推进改革

春秋战国时期的几次重要经济改革都取得了一定成效，但也都存在这样和那样的不足。经过若干次探索、失败和总结，终于迎来了又一次重要改革，这就是商鞅在秦国的变法。

商鞅是战国时期卫国国君姬妾生的公子，姓公孙名鞅，因为后来被秦孝公赐予商於15座城邑为封地，号为"商君"，所以史称商鞅。商鞅年轻时特别喜欢刑名之学，侍奉魏国国相公叔痤，做了中庶子。公叔痤知道他的能力，想向魏王推荐。不巧的是公叔痤病了，病得很严重，魏惠王亲自看望，公叔痤虽然趁机推荐了商鞅，却没有引起魏惠王的重视。商鞅最终离开了魏国，他听说秦孝公正下令寻访有才能的人，想重振秦国，于是西去秦国，通过秦孝公的宠臣景监见到了秦孝公。经过一番试探，秦孝公最终认定商鞅是一位难得的治国之才，于是力排众议，任命商鞅为左庶长，让他负责变法。

公元前359年（周显王十年），商鞅主持下的第一个变法法令出台了，叫作《垦草令》，拉开了变法的序幕。初期的变法措施有：刺激农业生产；

第一章 春秋战国：重商主义遇挫

抑制商业发展；削弱贵族、官吏的特权，让贵族也加入农业生产中；实行统一的税租制度等。之后，变法的法令又不断推出：下令把每10家编成一什，每5家编成一伍，互相监视检举，一家犯法，十家连带治罪；不告发奸恶的处以拦腰斩断的刑罚，告发奸恶的视为斩敌首级，隐藏恶人视为投降敌人；一家有2个以上的壮丁而不分家的，赋税加倍；有军功的人，各按标准升爵受赏，王族里没有军功的不能列入家族的名册；为私事斗殴的，按情节轻重分别处以轻重不等的刑罚；致力于农业生产，让粮食丰收、布帛增产的可免除自身劳役或赋税；没有军功的人，即使很富有也不能显示荣耀；明确尊卑爵位等级，各按等级差别占有土地、房产，服饰也按爵位、等级决定。上述改革措施都是以法令形式颁布的，重视法治、依法推进改革是商鞅变法的一个重要特点。

至少在春秋之前，法治还不是维护上层建筑及人与人交往规范的主要手段，那时人们主要依靠的是"礼治"。礼的起源与祭祀有关，[1]据《史记》记载，尧舜时期"修五礼""典三礼"，那时的礼常与乐联系在一起。[2]按照孔子的论述，夏有夏礼、殷有殷礼，它们与三皇五帝时代的礼一脉相承并有所损益，只是由于年代久远，在孔子生活的时代这些就已无法"征之"了。对礼进行系统整理和改造的是周朝，即所谓"周公制礼"。西周的第二位国王周成王继位时年幼，由周文王的儿子周公旦摄政，《尚书大传》记载："周公居摄三年，制礼作乐。"到周公摄政第5年时，新营造的都城洛邑建成，周王举行盛大庆典，在典仪上册封天下诸侯的同时，颁布了周公所制的各种礼，内容不仅包括祭祀、朝觐、封国、巡狩等政治活动，还包括饮食、起居、丧葬等日常生活，涵盖了方方面面。这套礼制成熟而完整，它的施行维护了"尊尊、亲亲、长长"的社会秩序，颁布后轻易不得修改，周王有权惩罚违礼的贵族。

礼的最大不足并不在约束性，

[1]《说文解字》解释："礼，履也，所以事神致福也。"
[2] 除《史记》外，《礼记·乐记》也记载："昔者舜作五弦之琴，以歌南风；夔始制乐，以赏诸侯。"

而是它的涵盖面有限。《礼记》说"礼不下庶人",《孔子家语》解释:"所谓礼不下庶人者,以庶人遽其事而不能充礼,故不责之以备礼也。"礼重点调节的是上层贵族间的秩序,规范下层百姓行为是它薄弱的地方。为弥补这个不足,刑就出现了,夏朝有《禹刑》,商朝有《汤刑》,周朝有《九刑》,它们主要是一些制裁违法犯罪行为的刑事法律,内容较为简单。这一时期的刑法还有一个特点,那就是不向百姓公布。《左传》说"刑不可知,威不可测",那时候的刑法全都秘而不宣。直到公元前536年子产在郑国执政时,经过激烈的争论后才"铸刑书于鼎,以为国之常法",这就是《铸刑书》,是中国古代第一次正式公布成文的刑法。它的内容已无法考知,但能铸刻在一只鼎上,说明不会太复杂。

把"法"从"礼"中剥离出来成为独立而丰富的体系并广泛推行,这件事发生在战国末期,魏国、楚国、秦国等纷纷进行了这方面的尝试,而其中以秦国的商鞅变法最为成功。商鞅变法首先是"创法",《秦律》包含《田律》《厩律》《工律》《军爵律》《置吏律》《仓律》等等,内容涉及政治、军事、经济以及普通人的日常生活,公开颁布、统一施行,从这时起,完全依靠"以礼治国"才开始向以礼与以法结合治国转变。

商鞅是个"性恶论"者,[1]商鞅认为人出于天性都"好利避害",所以从惩罚与奖赏两个方面可以实现对人的"法治"。在惩罚方面,商鞅所推行的法以严苛著称,他把消灭犯罪的希望寄托在重刑上。《商君书》说"重刑,连其罪,则民不敢试。民不敢试,故无刑也","轻罪重刑"是商鞅推行律法的显著特征。《史记》说秦国的法律曾严苛到"弃灰于道者被刑",商鞅亲自参与执法,曾在渭水边一天杀了700多名囚犯,渭水都被染红了。[2]还有饱受诟病的连坐制度,让商鞅几乎成为酷吏的始祖。

---

[1]《商君书》中多次就人性问题进行过探讨,比如,"人情好爵禄而恶刑罚""民之性,饥而求食,劳而求佚,苦则索乐,辱则求荣,此民之情矣""民生则计利,死则虑名""羞辱劳苦者,民之所恶也。显荣佚乐者,民之所务也"。

[2]《史记·商君列传》:"一日临渭而论囚七百余人,渭水尽赤。"

第一章　春秋战国：重商主义遇挫

有人认为严刑峻法是商鞅变法的败笔，它导致了之后秦朝的速亡，这样的说法并不准确。商鞅变法发生在秦孝公时期，这一时期并没有出现百姓因反对律法而起的大规模反抗，反而是秦国较为稳定和崛起最快的时期之一，100多年后秦朝走向灭亡与这一时期的律法改革关系不大。商鞅以重典治乱世，是基于当时混乱的社会秩序做出的，要看到这样的时代背景。

在奖赏方面，商鞅提出"因天下之货，以赏天下之臣"[1]，废除了世卿世禄制，奖励军功，按军功大小赏赐二十等爵，这在当时是一项了不起的制度创新。废除了贵族的井田制，"开阡陌封疆"，国家承认土地私有，允许土地自由买卖，奖励耕织；对于积极垦荒的给予重奖，生产的粮食和布帛达到一定数目，还可免除本人的劳役赋税。《商君书》说"苟可以利民，不循其礼"，"治民"和"利民"都是商鞅变法的基础，二者无法偏废。无论是通过经济改革使农民增加收入，还是通过军功爵位的设立提高农民的政治地位，目的都是让那些遵法守法的百姓获得实际利益。《商君书》说"王者刑赏断于民心"，威刑不是商鞅"以法治民"的全部，也不是目的。在"重刑"的同时，"利民"才是商鞅"以法治民"的本意。

新法施行一年后出现了很多问题，有些人觉得执行新法给自己带来很多不便，也有的人觉得自己的利益受到了损害，所以对新法有所抵触。这时秦国太子触犯了新法。要不要按照新法来对太子进行处罚，成为众人瞩目的焦点。商鞅认为新法不能顺利推行，就是因为上层的人抵触它，所以商鞅坚决主张处罚太子。可太子毕竟是国君的继承人，未来秦国的主人，又不能施以刑罚，于是就处罚了负责教导和监督太子的老师公子虔和公孙贾，其中对公孙贾处以墨刑。这一下引起了更大的震动，没有人再敢违抗新法了，新法推行10年后，大多数人已经接受了新法。新法取得很大成效，国家实力更强了，百姓也更富裕，社会秩序也有了好转，出现了路不拾遗的景象，山林里也没有了盗贼，百姓也勇于为国家打仗，不敢为私利而争斗。看到秦国富强起来，周天

---

[1] 见《商君书·赏刑》。

子把祭肉赐给秦孝公以示敬重，各国诸侯也都向秦国祝贺。

商鞅权威正盛时，有人劝他见好就收，以避免将来可能遭受的变故。以商鞅的智慧应该能预测到秦孝公死后秦国会有一场风暴，而他将处在这个风暴的核心。提前安排退路是人之常情，但商鞅不以为意，仍埋头于变法，他不想为保全自己而成为变法的逃兵，更不想让那些反对变法的人找到攻击变法的借口。秦孝公临终前甚至想传位给商鞅，但商鞅辞让不受。[1]这件事如果是真实的，更说明商鞅变法不带有任何功利之心，变法不仅是商鞅的信仰，更是他唯一的追求。历代的改革者恐怕很少有人能达到这样的境界。

秦孝公死后，太子嬴驷继位，嬴驷本来就对商鞅不满，又受到一些在变法中利益受损的贵族们的挑唆，要治商鞅的罪。商鞅在秦国无法立足，只得逃亡。商鞅的下场有些悲惨，他被追捕后受到车裂的酷刑，但这并不是商鞅变法的失败，也不是"以法治国"的失败。变法的很多做法在商鞅死后仍被坚持了下去，秦国变得更加强大，最终催生出中国历史上第一个大一统的封建王朝。

八、秦国的"支付革命"

对于战国时期秦国的经济改革，人们往往聚焦于商鞅变法，其实秦国在经济领域还有一个表现突出的地方，那就是它的币制。中国有5000年使用货币的历史，但在春秋战国时期货币发展还属于较为初级的阶段，各诸侯国币制十分混乱，影响到商品交易和经济往来。秦国统一天下前就已适时推出了领先各诸侯国的货币，为秦国的进一步崛起做出了重要贡献。

货币是一种固化的物质文明符号，是所有者之间关于交换权的契约。原始社会末期，随着社会分工的出现，一个人所生产的东西越来越无

---

[1]《战国策·秦策》："孝公行之八年，疾且不起，欲传商君，辞不受。"

第一章　春秋战国：重商主义遇挫

法满足自身需求，需要将劳动产物的剩余部分拿去与人交换。最初的形式是以物易物，但这样做比较困难，因为许多物品之间难以确定合理的交换标准，不得不寻找一种能够为交换双方接受的物品作为媒介，于是一般等价物出现了。

一般等价物的出现标志着原始货币的诞生，它承担着商品交换过程中的支付职能，是以物易物的"升级版"。充当过早期一般等价物的物品有很多，大到牛、羊等牲畜，小到贝壳、珍稀鸟类羽毛，以及粮食、盐、布帛等生活物资，甚至宝石、沙金、看起来比较稀奇的石头等，都担负过这样的职能。[1] 在这个阶段，贝壳曾长期作为一般等价物的首选，不仅在中国，在世界其他很多地方也都如此，欧洲人最早从西非购买奴隶使用的就是贝币，亚洲、澳洲、美洲等很多地方也都使用过，西方殖民者当年刚进入美洲时，已被欧洲人视为珍宝的金银在印第安人的眼里一文不值，为获得珍贵的皮毛，西方殖民者不得不把贝壳串起来与印第安人做交易。贝币也是中国最早的货币，至少商朝中期以后人们在流通中已广泛使用贝币了，当时的人们把拥有贝币作为追求财富的目标。[2] 这一阶段也是汉字发展成形的时期，所以诞生于这一时期的汉字，凡与商品交易支付有关的差不多都带有"贝"字偏旁。

贝壳虽然具有天生易分割的自然状态，且坚固耐久、便于携带，但它作为货币也有缺陷，那就是来源不稳定，对于上古时代的中国来说这一点相当致命。由于天然贝壳有限，而商品交易日趋增多，所以人们又用其他材料制作一些仿造的贝壳充当货币，玉贝、铜贝、木贝、石贝、陶贝、骨贝、蚌贝等大量出现，其中由青铜铸造的贝币成为最早的金属铸币。随着冶炼技术的不断成熟，金属在人们日常生活和商品交易中的作用越来越突出。

与贝壳以及充当一般等价物的

---

[1]《盐铁论·错币篇》："古者市朝而无刀币，各以所有易所无，抱布贸丝而已。"

[2]《尚书·盘庚》："兹予有乱政同位，具乃贝玉。"《尚书·孔传》："此我有治政之臣，同位于父祖，不念尽忠，但念贝玉而已，言其贪。"

其他各类物品相比，金属作为货币优势更加明显，它更容易储存，也方便分割，同时具有实用价值，又无法从自然界直接大量获取，制造它需要人工，金、银、铜等金属由于冶炼困难而显得稀有珍贵，这些都符合成为货币应具备的条件。青铜等金属应用于商品交换和支付，开始是以称重的形式出现的，与粮食、布帛一样属于一般等价物，[1]由于较为珍贵，它们一开始多用于赏赐或惩罚；后来随着青铜冶金技术的不断提高，青铜的应用领域越来越多，用青铜仿铸贝币后，铜币的时代正式开启了。

青铜可以仿铸贝壳，也可以铸造任何东西，人们慢慢地不再仿铸贝壳，而铸造一些更常用、更具地方代表性的东西，比如一些农具、生活中常用的工具等。东周以后，统一的王权被诸侯割据所取代，各诸侯国都拥有铸币权，他们纷纷铸造了各种青铜币，有的仿铸工具的刀，称为"刀币"；有的仿铸农具，其中仿铸最多的是"钱"，"钱"字的本意是铲一类的农具，这类铜币所流行的地区之前多以布帛作为交换媒介，所以习惯地称这种"钱币"为"布币"；有的仿铸车轮等圆形物，铸造出"圆钱"；有的继续仿铸贝壳，但在上面添加了一些表意的笔画，看起来像一只蚂蚁，还有两个鼻孔，被形象地称为"蚁鼻钱"。从春秋到战国，各诸侯国最通用的铜币主要是以上4种，它们各有特定的流通区域，其中"刀币"主要流行于燕国、齐国、中山国等地，"布币"主要流行于韩国、赵国、魏国等地，"圆钱"主要流行于周王室、秦国等地，"蚁鼻钱"主要流行于楚国。

上述货币都没有统一的计量单位，分不清官铸、私铸还是盗铸，铸造的标准不一，结果造成了种类的千差万别，如"刀币"就有齐刀、齐明刀、尖首刀、明刀、直刀、针首刀、圆首刀等，"布币"也有首穴布、平首布、斩布、锐角布、方足布、尖足布、圆足布、三孔布等，加上各诸侯国的计量单位也不一样，有朱、两、甾、刀、镒、镇等，造成这一时期货币形态的五花八门。

---

[1]《史记·平准书》指出："虞夏之币，金为三品，或黄或白或赤，或钱或布或刀或龟贝。"这里的"黄"指黄金，"赤"指的是红铜，"白"指的是白银。

第一章　春秋战国：重商主义遇挫

货币是支付工具，币制的混乱制约着商品交换和流通，也加大了交易成本。春秋战国时期，不仅"四大货币区"之间的商品流通因币制问题受到极大限制，而且同一货币区内也因不同形制的货币同时在流通，增加了交易的困难。在这种情况下，作为支付工具的货币需要进行一次大的革新。在各诸侯国中秦国不具备先发优势，但它的创新精神最强，尤其到了战国中后期，秦国适应经济社会的转型，成功地进行了商鞅变法，"坏井田，开阡陌，急耕战之赏"，同时"初行为市"，大力发展商品经济，又建立起税收制度，将"钱"作为税收的重要标准之一。[1] 这里的"钱"就是秦国当时常用的铜币，是一种"圆钱"，这种铜币并非首创于秦国，它的形制也比较多，一般是圆形、中间有圆孔，与流行于其他诸侯国的"布币""刀币"相比它并没有特别优势，这种状况到秦惠文王时发生了改变。

秦惠文王嬴驷虽然杀了改革家商鞅，但他本身也是一位改革家，是一位有雄才大略的诸侯王。秦惠文王掌权后实施了一系列重要改革，比如，在此之前秦国的国君都称"公"，秦惠文王的父亲就是秦孝公，从秦惠文王开始自称为"王"。秦惠文王当政期间北扫义渠、西平巴蜀、东出函谷、南下商於，使秦国的地盘不断扩大，为秦统一中国打下坚实基础，同时他又继续推进商鞅变法中的一些做法，继续改革创新，他推出的新货币"半两钱"迅速成为一种先进的支付工具。

"半两钱"的名字来自它的重量，这种钱不仅重量是统一的，都是半两重，而且在上面铸有"半两"2个字。[2] 此前的各种铜币上也多铸有文字，但基本上是地名，是铸造地的标识；将重量铸造在钱币上，无疑极大地方便了使用。此外，"半两钱"还有一项重要创新，它将中间的圆孔变成了方孔。不要小看这个小小的变化，它带来的结果是革命性的，"圆钱"中间通常有孔，为的

---

[1] 如《后汉书·南蛮传》记载，秦孝公十四年（前348）"其君长岁出赋二千一十六钱，三岁一出义赋千八百钱"，说明"钱"在国家经济生活中发挥的作用到此时已十分广泛。

[2]《汉书·食货志》："铜钱质如周钱，文曰'半两'，重如其文。"

是用绳索或木条串联方便，圆孔的缺点是串起来的铜钱更容易活动，"钱串"不容易固定，在携带途中铜钱之间更容易产生摩擦，青铜不停地摩擦容易减重。同时，与圆形圆孔相比，圆形方孔也更符合审美情趣，方孔两边又各铸一个字，显得更为匀称，加上"上法圆天以顺三光，下法方地以顺四时"[1]的观念在当时也深入人心，"半两钱"的设计更符合"天圆地方"的理念时尚。

在推出这种新货币的同时，秦国还加强了对货币的管理，最重要的一条就是由国家收回铸币权，规定任何人不得私铸。在出土的秦简中，《金布律》《封诊式》《法律问答》等都涉及这方面内容，《封诊式》中还记录了一个案例，说有人私铸"半两钱"，被邻居扭送到了官府。国家垄断铸币权是货币制度成熟的另一项标志，不仅有利于规范金融秩序，也有利于提升国家的经济实力。

在急需要一种方便、快捷和通用支付工具的情况下，标准统一、设计美观、理念先进的秦国"半两钱"没有理由不脱颖而出，正在崛起的经济大国和军事大国秦国，手中如今更有了一个锐利的货币武器，如同战无不胜的秦军一样，秦币也开始了它的远征。从考古发现的情况看，秦在战国时期推出的这种"半两钱"不仅在关中本土的秦人都邑旧址附近大量出土，而且也出现在其他六国的旧地。山西晋城的高平有秦赵长平之战旧址，在其附近一个叫靖居村的地方曾出土秦国"半两钱"2万枚，在山西临汾的安泽也出土了大量秦国"半两钱"，在山西河津曾发现秦国"半两钱"2000枚，这几个地方战国时期属于赵国和魏国，以前流行的货币主要是"布币"。考古还发现，河南颍阴、南阳，湖北宜城等地也有大量的秦国"半两钱"，说明秦国"半两钱"在楚国经济区也广泛使用。辽宁铁岭曾出土过2只燕国陶罐，里面全是战国时期的货币，有"刀币""布币"等，其中也有130枚秦国"半两钱"。除了这些传统经济区，秦国的"半两钱"还以极

---

[1] 见《庄子·说剑》，大意是，对上效法于天而顺应日月星辰，对下取法于地而顺应四时序列。

第一章 春秋战国：重商主义遇挫

快的速度占领着一些经济相对落后、此前货币流通较少的地方，如西南的巴蜀地区和西北的义渠地区，四川、甘肃、重庆、内蒙古等地都发现了大量秦国"半两钱"，在这里的许多地方，秦国"半两钱"是所在区域出土的年代最早的金属货币，也就是说，秦国"半两钱"推出后，在迅速挤压传统的"刀币""布币""蚁鼻币"市场的同时，也在开辟着新的流通领域。

有人把这种现象理解为秦国军事力量强大所带来的产物，认为随着秦国占领地区不断增多，秦币使用范围也在不断扩大，这当然是有道理的。不过反过来说，秦币优势地位的确立其实也是促成秦国综合实力提升进而强化秦军战力的一个重要方面，由支付工具创新带来的这场"金融革命"所获得的收益无法估量，所提升的既有硬实力也有软实力，秦国最终扫灭六国，谁能说其中没有秦币的突出贡献呢？

比较有趣的是，秦国的"半两钱"还是一种药材，这看起来有些荒诞，但中国古代一些著名的医典，如葛洪的《肘后方》，孙思邈的《千金方》，宋朝的《圣济总录》《本草衍义》《鸡峰普济方》，李时珍的《本草纲目》等都有相关记载。[1] 清朝医家钱秀昌所著《伤科补要》，里面有一个治疗跌打损伤的药方叫"万灵膏"，里面就有"半两钱"这种材料。在具体运用中，"半两钱"一般不是直接去煮，通常的做法是，先经过煅烧，然后用醋去激淬，反复多次，钱币容易粉碎，最后研成粉末，才加入药用。

为什么"秦半两"能治病？一般比较流行的说法是，秦始皇时铸造的"半两钱"中含有某种能促使人体骨质愈合的特殊物质。只有秦始皇用来铸造"半两钱"的铜矿中含有这种特殊物质，此矿在秦始皇时已被采尽，所以，以后各朝代铸造的铜钱都不含有这种特殊物质，也就没有这种特殊疗效。还有一种说

[1]《本草纲目》记载："半两旧钱，味辛性平，可明目，可用于金疮止血。"此前，南宋进士罗大经在《鹤林玉露》中记载："今世有一样古钱，其文曰半两，无轮郭，医方中用以为药。"《本草纲目》中还记载了两个医案：一个是说，有人坠马折断了腿，医生取来半两钱研末和酒给他服下，很快就痊愈了；另一个是说，有人患了眼疾，几乎失明，医生也是用半两古钱研末口服和敷眼，眼睛很快就能够视物了，我们常说"见钱眼开"，这是另一个版本的"见钱眼开"。

法，铜钱中含有铜、铁、锡、钡、钙、钠、金、银等多种元素和一些特殊的物质，铜钱放到一定时候，铜会氧化，有的会生出铜锈，里面的成分发生一些改变，产生碳酸铜、硫酸铜等成分，碳酸铜具有消毒灭菌以及收敛伤口的作用，硫酸铜可以起到对皮肤黏膜消毒的作用，正是这些成分，使它具备了一定的药用价值。[1]

九、重农轻商与"国家悖论"

在整个春秋战国时期的经济发展史中，从管仲的重商主义到范蠡的"农末俱利"，再到商鞅的"重农轻商"，勾勒出经济管理思想在这一时期发生的巨变。此后，"重农轻商"成为历代经济政策的主基调，其间虽然也有过政策的调整和改变，商业也曾断续地得到过一些繁荣，比如唐诗中有"客行野田间，比屋皆闭户；借问屋中人，尽去作商贾"[2]的句子，宋朝的商业也有过一定繁荣，但那些都是特定历史条件下出现的，相对于2000多年的历史长河而言是短暂而零散的。

对中国古代大多数商人来说，如果只是自身没有受到重视还算是幸运的，出于抑制商业发展的目的，有许多时候他们受到的不只是轻视和怠慢，还有打压甚至侮辱。秦朝建立后称商人为"贾人"，编户管理，一入市籍三代都不能改，政府征发戍边，他们是首先被遣戍的对象，地位形同罪犯；汉初立"七科谪"，规定有7类人不享有正常的人身权利，国家可以随时把他们发配充军，这7类人中除罪吏、亡命、赘婿之外的4类人指的全是商人及其子孙；唐初把商人归入"贱类"，规定商人不仅不能做官，而且不能与士人比肩而立；宋朝规定"工商杂类"等9种人不得进入官学、不得与士人平等交往，等于断了商人从政的途径；清朝虽然商人

[1]《本草纲目》记载："古文钱，但得五百年之外者即可用。"根据这一说法，不仅"半两钱"，其他铜钱也一样有药用价值，年代越久药用价值越大，"半两钱"是铜钱的鼻祖，所以在很多药典里都提到了它。
[2] 见姚合《庄居野行》。

可以出来做官，出现了所谓的"红顶商人"，但他们只能算官僚体系的附庸，不仅微不足道，而且政治地位十分脆弱。此外，商人的经营活动经常受到限制，如商鞅变法就禁止商人从事粮食贸易，"使商无得籴，农无得粜"[1]。

在多重因素限制和打压下，中国古代商人的处境可想而知。中国古代至少经历过10多个主要王朝的更迭，一个王朝新兴，首先想到的是如何总结前代失败的教训，对包括经济政策在内的大政方针进行调整，以免再走弯路，但无论被认为相对成功的王朝还是速亡的政权，在经济的总体政策取向上都坚持了"重农轻商"这项基本国策，这又是为什么呢？显然这不是偶然的，分析其中的根源，至少有几个方面：

第一，中国传统观念中素有"重义轻利"的思想。

在甲骨文里就有"义"字，最早它由"羊"和"我"两部分组成，"羊"表示祭祀品，"我"的意思是兵器，结合起来指的是出征前的祭祀仪式。人们都希望在战争中取胜，而获胜则意味着一种正义，"义"慢慢地被引申为合适的、正义的。孔子进一步丰富了"义"的内涵，他在许多言论里都谈到了"义"，认为"义"就是正义、道义，是人的基本修为。孔子心中的理想人格有圣人、仁人和君子等多个层次，其中君子是他最看重的，因为这是普通人经过努力而可以达到的。[2]孔子将"义"提到至高无上的地位，他强调"义"不以任何事物为目的，但所有事物必须以"义"为目的，认为不坚守"义"就会"苟患失之，无所不至矣"，所以在"义"面前要有坚定的信念，要"见利思义，见危授命"，即使贫穷、即使面临危险也要义无反顾地把"义"作为自己人生的追求。这样的思想经过发展，逐渐形成了一套轻视商业和商人的价值体系，人们以读圣贤书继而入仕为人生的正确规划，大多数人往往是在不得已的情况下才会去从事商业活动。

[1] 见《商君书》。
[2] 孔子提出"圣人吾不得而见之矣，得见君子者，斯可矣"，对于如何成为君子，孔子给出了几个条件。《论语·卫灵公》记载："君子义以为质，礼以行之，孙以出之，信以成之。"大意是，要想成为君子必须把义作为根本，用礼加以推行，用谦逊的语言去表达，用忠诚的态度去完成。

第二,统治者出于维护政权稳定的需要。

"重农轻商"政策缘起于战国,当时耕战思想占据政治思想的主流,韩非认为如果商人得势,既有钱又有地位,那将对耕战之士不公平。《吕氏春秋》更道出了统治者的心里话:"民农则朴,朴则易用,易用则边境安,主位尊。"商业活动会增加人员、物资的流动,在相对封闭的大一统社会里,流动性的增加意味着增加了新的不稳定。同时,在统治者看来商人还危害到封建等级制度,也是俭朴的社会风尚走向荒淫奢侈的破坏性力量,所以对商人无不保持高度警惕。

第三,由封建土地私有制所造成。

在封建土地私有制下,皇帝是名义上天下土地的总拥有者,但实际上土地的所有权在皇帝及其以下大大小小的地主手中,获得地租是维持政权及地主阶层生活的主要来源,所以必须把足够的人口牢牢拴在土地上。然而,同样是古代,为什么春秋以前对商人并不排斥甚至出现过"崇商"呢?这也与土地制度有关,春秋之前土地虽然也是私有制,但是奴隶主私有制,农奴不同于农民,他们没有多少自由,包括经济活动的自由,商业对稳定政权的种种不利在奴隶制度下并不存在。类似的情况也出现在封建社会的欧洲和德川幕府时期的日本,当时他们那里封建主阶层统治下的农民更像农奴,在哪里居住、在土地上耕种什么都有严格规定,国家对人既然能控制到这种程度,也就没有必要专门去限制商业活动了。

第四,由中国独特的地理环境所造成。

中国幅员辽阔,先民们很早开始就生活在黄河、长江流域,魏晋之前主要经济带尤其集中在长江以北,这里以平原为主,四季分明,物产丰富,可以满足人们的基本生活需求,又因为物产的地域性差异不明显,所以物资交流的依赖性不高,早期商业活动往往以奢侈品为主,而不是生活必需的粮食等物资。反观欧洲,希腊、罗马等文明古国都处在半岛之上,境内多山,物产有限,只有通过贸易才能保证生活所需,从而形成了重商的传统。所以，中国古代"重农轻商"的传统有着深刻的政治、文化以及地理原因，大多数朝代选择了这项基本国策。

"重农轻商"政策带来的影响也是深远的。从积极的方面说，它稳定了农业的发展，保证了大一统王朝的延续，使中国成为世界四大文明古国中唯一没有中断过历史的国家。但从消极方面说，"重农轻商"造成了经济结构的单一，一直到资本主义开始萌芽的明代，农业在经济结构中的占比仍高达90%以上，在那个关键时期中国没能完成经济结构的转型，从而没有赶上世界工业化革命的潮流，最终沦为半封建、半殖民地国家，经历了近代以来的百年屈辱。此外，"重农轻商"以及科举制度的推行也造成了中国古代商业文化、创新意识和科学精神的普遍缺失，使近代以来中国在科学技术上处于落后的局面，与生产关系落后一样，这也是造成近代以来中国积贫积弱的重要原因。

对于这些问题，中国历代统治者没有察觉到吗？是他们无视问题的存在还是自身无知？对于中国历代统治者来说，不是他们无视或无知，而是他们陷入了一种矛盾中，这种矛盾用诺贝尔经济学奖获得者道格拉斯·诺斯（Douglass North）提出的理论可进行解释。道格拉斯·诺斯在1981年提出国家其实具有双重目标，一方面通过提供产权获取租金的最大化，另一方面试图降低交易费用以推动社会产出的最大化，但这2个目标经常是冲突的，所以国家的存在是经济增长的关键，然而国家又是人为经济衰退的根源。诺斯的上述观点被称为"国家悖论"或"诺斯悖论"，其科学性还有待讨论和检验，但用它揭示古代中国"重农轻商"现象的产生却很恰当。

这是一种博弈，站在这个角度可以更好地分析中国历代统治者的心理：不发展商业，国家难以真正富强；发展商业固然有可能实现富裕，但由此对统治带来的冲击也难以预料。能不能实现富裕是未知的，不利影响却是现实的，在"两害相权取其轻"的心理下，绝大多数统治者都选择了对商业的抑制。

第二章 / 秦汉：经济路线大争论

第二章　秦汉：经济路线大争论

秦国通过改革，从一个边陲小国异军突起，于公元前221年建立了大一统王朝，但仅经历"两帝一王"的短短14年就灭亡了。汉继秦而立，十分在意总结秦朝速亡的原因，针对秦朝经济方面政策的失误，汉朝建立之初展开了一场"路线之争"，经过一番争论，汉朝最终选择了"无为而治"的政策，对包括工商业在内的经济活动很少干预，使商品经济迅速恢复和发展，出现了"文景之治"。汉武帝继位后出于强化中央集权、建立大一统王朝的需要，对内、对外连续推出了多项重大举措，创造了盛世繁荣。但是，连年征伐也给国家财政带来了巨大压力，为解决问题，汉武帝调整了管理经济的思路，接连推出多项政府直接干预经济的措施，大幅增加财政收入，同时也带来很多弊病，突出的表现是加重了百姓的负担并使财富更加集中，引发的社会矛盾越来越严重。汉武帝驾崩后，就政府应不应该继续干预经济又进行了一场大辩论，以此为转折，汉朝的经济路线又一次出现新的调整，但汉朝最强盛的时代也过去了。

一、操之过急的郡县制

公元前221年，秦国将领王贲从燕地南下攻打齐国，俘虏了齐王田建，齐国灭亡，秦国在齐国旧域内分设了齐郡和琅琊郡。在此之前，战国七雄中的其他五国已先后被秦国所灭，秦国统一了天下。秦王嬴政认为王号不足以彰显功业，所以自称"始皇帝"。

秦国能迅速崛起，除了商鞅变法和半两钱的推行，还与一项重要的制度有关，那就是郡县制。郡和县都是古代的行政单位，郡在县之上、县受郡管理是一般常识，但最初却不是这样的，而是"周制，天子地方千里，分为百县，县有四郡"[1]，这说明了两点：一是至少在周朝的时候设立郡和县就已经成为制度；二是县在郡之上，郡受县的管理。但考察先秦史料，在春秋之前并没有关于县、郡作为行政单位的任何记载，县作为一级行政单位最早出现在春秋时期的楚国，楚武王在位时灭掉了商朝国王武丁后裔所建立的权国，将其改为县，通常认为这是"设县之始"。郡的出现还要更晚一些，是在春秋的后期，最早的记载出现在公元前650年（晋惠公元年），晋惠公与秦国的使者有过一次谈话，其中提到"君实有郡县，且入河外列城五"[2]。公元前493年（晋定公十九年）赵简子伐齐，出师前曾发布过"克敌者，上大夫受县，下大夫受郡"[3]的誓词。这些都说明一个事实，那就是早期县比郡更大。[4]

郡开始管辖县的情况出现在战国时期，1900年出土的敦煌战国遗书《鹖冠子》里记载了当时行政区划的一些情况："五家为伍，伍为之长，十伍为里，里置有司，四里为扁，扁为之长，十扁为乡，乡置师，五乡为县，县有啬夫治焉，十县为郡，有大夫守焉。"按照这个说法，到战国时期郡开始管辖县，每个郡下辖的县有10个左右。这一点得到了许多史料的印证。《史记》记载，战国时魏国与秦国争战，魏国不敌秦国，曾"纳上郡十五县"给秦国，说明当时魏国的上郡管辖着15个县。《战国策》记载，张仪游说秦惠王时曾说："西攻修武，逾羊肠，降代、上党。代三十六县，上党十七县。"代郡和上党郡都属韩国，代郡下辖36个县，上党郡下辖17个县。《战国策》还记载："赵攻燕，得上谷三十六县。"说明燕国的上谷郡有36个县。这些史料也说明两点：一是到战国时期郡县制已相当普遍了；二是郡辖县定为定制，每个郡所辖县的数目不等，少则10多个，多则数十个。

---

[1] 见《说文解字》。
[2] 见《国语·晋语》。
[3] 见《左传·哀公二年》。
[4] 但也有不同看法，认为郡与县在当时其实是平级的，所不同的是县设置在内地，郡设置在边地，如清代学者姚鼐就认为"郡远而县近，县成聚富庶而郡荒陋"。

第二章 秦汉：经济路线大争论

当时各国对郡县的管理体制也大致相同，郡里一般设守、尉、监等官职，各有执掌。县里设令、长治理地方，并与郡形成上下的对应关系，县接受郡里的管理，定期到郡里汇报情况，郡、县的主要长官都由国君任免。上计制也形成于此时，郡、县每年要将户口、田地、赋税、治安等情况写成上计簿，逐级上报，对于郡里的上计簿国君通常把它们分成左卷和右卷，左卷发回郡里，右卷自己持有，下一年度结束时国君凭右卷来考评官吏的政绩，决定黜陟奖惩。

那么，在郡县制之前行政如何区划、官吏如何考评呢？有一套完全不同的制度，即分封制。天子把土地分给亲属、功臣或者先代贵族，所封之地称为诸侯国或封国，由诸侯进行管理，诸侯服从天子的命令，为天子镇守疆土并向天子交纳贡赋。在诸侯国内部，诸侯又对卿大夫等贵族进行再分封，卿大夫则把所得到的土地和人民分赐给士，卿大夫、士服从诸侯的命令，承担赋税、征战等义务。在这种体制下没有郡、县这样的行政设置，只有封国、封地，天子把整个国家分封为若干个诸侯国，诸侯再把诸侯国分封为大小不一的封地，诸侯、卿大夫以及士直接管理封国和封地，他们都实行世袭制，死后其职禄由嫡长子继承，庶子再往下分封，推演无穷，世袭罔替。

与郡县制相比，分封制最大的不同不在于名称和形式，而在于管理体制。在分封制下，天子一旦把诸侯国分封出去，没有特殊情况该国以后的诸侯之位就由诸侯们的血缘关系去确定了，诸侯国中的各种封地也是如此。而郡县制打破了世袭的制度，诸侯任命某一地的长官，并不取决于上一任长官的血缘关系，而取决于官吏的能力、政绩，取决于诸侯本人的意志。这两种体制有着显而易见的区别，对诸侯来说分封制是一种分权和授权管理，诸侯对本封国内的实际控制能力其实是有限的；而郡县制是一种全权管理，更有利于诸侯的集权，所以实行郡县制无疑更有吸引力。但是，从夏、商一直到西周都实行的是单一的分封制，春秋时期虽然出现了郡县制，但仍以分封制为主，各诸侯国通常也只是在新占领的地区设置郡和县。之所以如此，是因为早期的交通、通信条件十分低下，经济发展水平不高，人口数量也有限，天子虽然拥有整个国家，却无法有效地统治如此广大的地区，不具备实行郡县制的物质条件；分封制以血缘、感情为纽带，将广袤的国土交给诸侯去管理，从而能建立起相对稳固的统治体系。

周天子用分封制管理国家，开始的200多年对国家基本实现了有效管理，周天子在诸侯中也具备足够的权威，但随着经济的发展和人口的增多，逐渐出现了一些新问题。一方面，有些诸侯国经济实力不断壮大，封地不断向外突破，各诸侯国间原来的一些无人或地广人稀的地带消失了，各国间的矛盾冲突加剧，不断爆发战争。另一方面，各国诸侯经过若干代继承演变后，对周王室的感情也逐渐淡漠，周天子逐渐失去了对诸侯国的控制力和影响力。周王室逐渐衰落的过程也是分封制逐渐式微的过程，既然郡县制的好处显而易见，各国诸侯自然愿意大力推行，只是由于体制的惯性以及世袭贵族强大的政治势力，传统的分封制还没有消失，到战国时期，两种体制呈现出并行的局面。

第一个在本封国内全面推行郡县制的是秦国。《史记》记载，秦国首次设立郡县是在秦武公十年（前688），这一年秦国"伐邽，冀戎，初县之"[1]。一开始秦国的做法也与各诸侯国一样，采取分封制与郡县制并行的办法，秦孝公在位时任用商鞅进行变法，推行重农抑商、军功爵位、连坐法等一系列改革措施，其中一项重要政策是按军功赏赐爵位，破除分封世袭。秦国的爵位有20等之多，标准简单，易于理解和操作，比如只要斩获一个敌人的首级就可获得公士一级的爵位、田一顷、宅一处和仆人一个，斩杀的首级越多获得的爵位就越高。而要兑现这些规定，国家必须掌握大量的爵位、田地以及仆人等资源，在分封制下这些都是世袭的，要打破它们必须实行郡县制。《史记》记

[1] 见《史记·秦本纪》。

第二章　秦汉：经济路线大争论

载，在商鞅主持下秦国"并诸小乡聚，集为大县，县一令，四十一县"[1]，郡县制在秦国得到了全面推行。

商鞅说"行赏而兵强者，爵禄之谓也"[2]，国君直接掌握郡县，不仅控制了各项资源，而且也加强了中央集权，郡县制的全面推行还为细化行政管理创造了条件，秦国建立起严格的户籍登记制度，"四境之内，丈夫、女子皆有名于上，生者著，死者削"，在此基础上秦国又完善了"户籍什伍"制度，"令民为什伍，而相收司连坐"，通过重刑连坐把百姓编连在一起，限制人口自由流动，在稳定小农经济的同时对基层社会的控制能力也大为增强。

所以，商鞅变法是一套综合性改革，各项政策之间具有很强的关联性，郡县制无疑是改革的核心之一，没有郡县制的施行其他很多改革政策就难以推进。商鞅变法取得了明显成效，以农为本增强了国家的经济实力，军功爵位制强化了军队的战斗力，也吸引了其他各国人才的大量涌入，郡县制和连坐法强化了中央集权和对社会的控制，这些措施综合作用，让不占天时和地利的秦国迅速崛起。秦国的崛起是制度的胜利，秦国不断对外扩张，通过战争陆续获取了大量新的土地，每得到一地，秦国的郡县制就及时跟进，使秦国越来越强大。

秦朝统一天下后，如何管理这个庞大的国家？今后实行分封制还是郡县制？围绕这些问题，秦朝初年展开了一场激烈争论。当时大多数官员都认为应该实行分封制，他们提出："诸侯初破，燕、齐、荆地远，不为置王，毋以填之。请立诸子，唯上幸许。"[3] 但是廷尉李斯认为："周文武所封子弟同姓甚众，然后属疏远，相攻击如仇雠，诸侯更相诛伐，周天子弗能禁止。今海内赖陛下神灵一统，皆为郡县，诸子功臣以公赋税重赏赐之，甚足易制。"[4] 最后，秦始皇力排众议，采纳了李斯的意见，决定在全国范围内推行郡县制。《史

[1] 见《史记·秦本纪》。
[2] 见《商君书·错法》。
[3] 见《史记·秦始皇本纪》。
[4] 见《史记·秦始皇本纪》。

记》记载，秦始皇"分天下以为三十六郡，郡置守、尉、监"[1]，到秦朝灭亡时全国共设置了48个郡，下辖约1000个县。

郡县制虽然在当时是一项先进的制度，但对物质条件也有一定要求，比如国君直接管理到郡守、直接任命县令，国家要随时派人去下面巡视检查，郡里要定期到首都上计，这些都要求有便利的交通，为解决这个问题，秦始皇下令征调大批人力修建通往全国各地的道路。再比如，要对全国的官吏进行考核，各种标准就需要统一，为此秦始皇又下令统一度量衡，既是为了方便交流和融通，也是郡县制得以贯彻执行的重要条件。还有，在分封制下诸侯替天子守边、守境，天子不用考虑那些遥远边陲的安全问题，现在这些问题也摆在了秦始皇的案头，他得通盘考虑军队如何在各地驻防。

秦朝统一后，秦始皇一连推出了好几项重大工程，"除道，道九原抵云阳，堑山堙谷，直通之"，还"使将军蒙恬发兵三十万人北击胡，略取河南地"，同时"发诸尝逋亡人、赘婿、贾人略取陆梁地，为桂林、象郡、南海，以适遣戍。西北斥逐匈奴。自榆中并河以东，属之阴山，以为四十四县，城河上为塞。"[2]，类似的记载还有很多，有人将其归为好大喜功，有人认为这是暴政，是秦朝灭亡的主要原因，如果笼统去看倒也不错，但如果认为秦始皇不惜代价修筑驰道只是为自己出巡方便则是个误解，包括不断调兵谪戍在内，其实都可以看作是郡县制的"配套工程"。当时被集中起来从事非生产性建设的劳动力至少在200万，这还不算各地临时抽调修建道路的人，而当时全国的人口还不到2000万。为了保证各项工程顺利进行，秦朝只能不断加重税赋，《汉书》称秦朝"力役三十倍于古，田租口赋、盐铁之利二十倍于古，或耕豪民之田，见税什五"[3]，所以《汉书》总结说秦朝将天下的资源耗尽，也没能满足其没有止境的欲望。[4]

说起秦始皇的儿子，人们一

---

[1] 见《史记·秦始皇本纪》。
[2] 见《史记·秦始皇本纪》。
[3] 见《汉书·食货志》。
[4]《汉书·食货志》："竭天下之资财以奉其政，犹未足以澹其欲也。"

第二章　秦汉：经济路线大争论

般熟知的是扶苏和胡亥，其实秦始皇还有21个儿子，剩下的这些儿子都没有被分封，也没有多大的政治影响力，秦始皇死后赵高擅权，他们也没有什么人能站出来反对。对于这些，汉朝建立后进行了认真总结，汉朝实行了郡县制，但同时也推行分封制，把刘氏宗亲分封到各地，形成一个个王国、侯国，王国与郡相当，侯国与县相当，使郡县与封国杂处，互相牵制，更好地维护中央集权的稳定。

汉朝的做法一直被后代所沿用，虽然制度各有不同，但一直到清朝分封制都没有完全消失。在中国古代，一个王朝初建时道路往往不平坦，经常会遇到一些坎坷，如秦二世时的农民起义、汉初的吕后专权、晋初的"八王之乱"和明初的"靖难之变"，除秦朝外其余几个王朝都挺过了这一关，它们所依靠的主要力量正是分封出去的藩王。秦朝推行郡县制的方向无疑是正确的，但它在一定程度上又脱离了当时的现实条件，操作中有些急于求成求快，结果适得其反了。

二、项羽是失败的改革家

秦始皇废除了西周以来的分封制，改行郡县制，将全国设为36个郡，后来扩大到46个，郡下再设县，置郡守、县令等官员进行管理，用封建官僚制度代替原来的贵族世袭制。但六国贵族没有完全被消灭，他们不甘心失败，发起了复国运动。另一方面，秦朝建立后继续推行商鞅变法的一些政策，重税、重徭役，百姓生活十分困苦，贫穷的人只能穿牛马之衣，吃得如狗食，[1] 社会矛盾十分尖锐。

"秦失其鹿，天下共逐之。"反抗秦朝统治的力量风起云涌，它们来自不同方面，既有陈胜、吴广这样的普通农民，也有项羽那样的六国旧贵族，还有刘邦等趁乱而起的基层官吏，尽管起兵抗秦的原因不同，但

---

[1]《汉书·食货志》："贫民常衣牛马之衣，而食犬彘之食。"

目标都是一致的,就是尽快推翻秦朝的统治。公元前210年,秦始皇死在第五次东巡途中,继位的秦二世胡亥3年后被逼自杀,继立的子婴自动贬去帝号,复称秦王,这等于向外面宣布,本朝建立的皇帝制度已经失败。

但这仍不能阻挡灭秦势力的步伐。公元前207年十月,刘邦率军连破武关、峣关,兵临咸阳,在位仅46天的秦王子婴携带"传国玉玺"、兵符等向刘邦投降。一个多月后,各路反秦势力中最强的项羽率大军也赶到咸阳,项羽杀了子婴,纵火焚烧秦朝宫室。这时各路反秦势力、六国贵族、秦朝降将等手中都有军队,但以项羽的力量最强,在巨鹿之战中项羽曾大破数十万秦军,手中现有的军队至少40万,足以让其他势力放弃与之争衡的念头。从名义上说项羽是楚怀王熊心的部将,熊心对项羽一向防范,先用宋义牵制他,后又提出先入咸阳者为王,引起项羽的不满。项羽杀子婴后虽拥熊心为义帝,作为天下新的名义上的共主,但项羽又自称西楚霸王,是事实上的最高权力者。

此时,项羽无疑是距离皇帝宝座最近的人,如果他愿意,可以废掉名义上的义帝,将嬴政发明的皇帝称号重新拾起,建立一个新的王朝,做这个新王朝的皇帝。秦朝虽然灭亡了,但皇帝制度仍是一项创新,它是在结束春秋战国分裂割据局面的基础上诞生的,是管理大一统王朝的新方案,如果项羽有足够的政治眼光,应该看到这是一份政治遗产而非阿房宫那样作为一种暴政的标志非烧不可。

但正如韩信的评价,项羽只有"匹夫之勇"和"妇人之仁",[1] 杀伐是他的强项,政治、用人则是他的不足。项羽少时"学书不成",还辩解说"书足以记名姓而已"[2],这让他成了"读书无用论"的受害者。以什么样的模式治理天下?这样的问题对项羽来说似乎太过深奥,他大概觉得秦朝失败了所以秦朝的

---

[1]《史记·淮阴侯列传》:"请言项王之为人也。项王喑噁叱咤,千人皆废;然不能任属贤将,此特匹夫之勇耳。项王见人恭敬慈爱,言语呕呕,人有疾病,涕泣分食饮;至使人有功,当封爵者,印刓敝,忍不能予,此所谓妇人之仁也。"

[2]见《史记·项羽本纪》。

一切制度都是失败的，包括皇帝制度、郡县制度等，所以项羽最后选择了另一种简单方式来治理国家，那就是恢复秦朝之前的制度。秦朝之前是东周，实行的是分封制，周王分封诸侯，诸侯治理诸侯国，这才有了春秋五霸、战国七雄，项羽出身于楚国贵族，在他的血液里始终有复仇、复国的情结，自称"西楚霸王"就是对春秋战国时代争霸争雄的向往。

公元前206年，项羽以"西楚霸王"的身份开始了他的治国安排，他定都彭城，废除了秦朝的郡县制，将全国重新划分为19个诸侯国，刘邦、章邯、司马欣、黥布、吴芮、田市等18个各有一定实力的人分别被封为诸侯王，最后一个是项羽自己的"西楚霸王"。周天子分封天下，国都周边为王畿之地，为天子直接掌管，诸侯分封到全国各地，项羽的这个安排与之十分类似，他后来把楚怀王熊心杀了，成了真正的最高统治者，形同周天子，同时自己还直接掌管一个诸侯国和一支强大的军队，是天下无可争议的霸主。

项羽分封的这18个诸侯王，成分十分复杂，大致可分为三类：一是起兵反秦的势力，除项羽、刘邦外还有张耳、吴芮、黥布、司马卬等；二是六国复国的贵族，包括赵王歇、魏王豹、韩王成、燕王韩广等；三是秦朝的降将，包括章邯、司马欣、董翳等。与周朝以及后来汉朝的分封都不同，项羽分封的全是"异姓王"，除黥布外几乎也都不是自己的嫡系，表面看这是一次"大公无私"的分封，但其实项羽在其中也做了很多盘算。比如，项羽把原来的六国都分别肢解，将其一分为若干份，避免诸侯国实力太大，同时把那些最具实力的竞争者分封到偏远地区，刘邦被封为汉中王，又将章邯、司马欣、董翳三位秦朝降将分封在关中，以监视和阻击刘邦。项羽将自己的封国放在当时最好的西楚地区，范围多达9个郡，在19个诸侯国中呈现"一枝独秀"的局面。

这次分封是在各诸侯王兵权在握情况下进行的，分得满意的人不会感激，认为这是自己战功所得和实力使然，分得不满意的则会心生怨气，他们不敢直接挑战项羽，但一到封地就纷纷用自己的手段去争取利益诉求。

六国复国运动中表现突出的还有齐国贵族田荣、赵国旧将陈余等人,他们因为得罪过项羽或失职等原因没被封王,项羽为削弱齐国将其一分为三,分别封田市为胶东王、田都为齐王、田安为济北王,田荣不满,起兵分别打败了项羽封的齐地三王,田荣自称齐王,同时挑动陈余造反,陈余起兵击败项羽所立的常山王张耳,自立为代王。仅几个月时间分封令就受到了严重挑战,项羽大怒,起兵征讨田荣、陈余,田荣战败被杀,项羽将其降卒全部坑杀,又强迫齐地百姓迁往北海,遭到奋发反抗,齐人在田横的领导下继续对抗项羽,项羽再攻,却久攻不下。

刘邦及时捕捉到起兵的时机,率兵攻入关中,项羽分封3名秦朝降将防范刘邦,忽略了关中百姓对秦朝的憎恶,结果刘邦起兵以后势如破竹,一口气竟然打进了项羽的都城彭城。之后项羽与刘邦间发生了"楚汉战争",项羽所分封的其他那些诸侯王并没有完全站在自己一边,他们中有的作壁上观,有的暗中支持刘邦,有的干脆也打出反抗项羽的旗帜,项羽虽然军事才能异常突出,打了一场又一场胜仗,但始终无法把刘邦彻底消灭。公元前202年,项羽被围垓下,手中的军队只有数万人,而刘邦此时用来围困他的人马就多达40万,项羽自刎而亡,临死前之所以"不肯过江东",大概是因为他也知道力量的天平已完全倾斜,自己再无翻身的可能。司马迁在《史记》中将项羽的传记列入本纪,将其视为帝王,不仅是对这位悲剧英雄的礼赞,更是对他曾建立的那段统治秩序的认可,尽管这段时间非常短暂,但它不应该成为历史的空白。

项羽身上有突出的优点与缺点,关于他的失败历代以来有过许多探讨与分析,刘邦建立汉朝后曾就此专门与臣下进行过讨论,刘邦将其归结到用人上,刘邦说:"夫运筹帷幄之中,决胜千里之外,吾不如子房;镇国家,抚百姓,给馈饷,不绝粮道,吾不如萧何;连百万之众,战必胜,攻必取,吾不如韩信。三者皆人杰,吾能用之,此吾所以取天下者也。项羽有一范增而不能用,此所以为我禽也。"[1]

---

[1] 见《汉书·高帝纪》。

第二章 秦汉：经济路线大争论

对刘邦的说法"群臣悦服"，这确实道出了实情，刘邦手下人才济济，而项羽身边即使有过几个真正的人才，如范增、韩信，最后不是废弃不用就是逃到了对手那里。除了用人项羽还有一些性格缺陷，比如遇事犹豫、好杀戮等，这也都是他失败的因素，有人还认为项羽当初在鸿门宴上不杀刘邦是重大失误，后来定都四战之地彭城更是一招败棋。

这些说法都有道理，但它们也都只是项羽失败的某一方面原因，秦朝灭亡后项羽错误地推行分封制无疑也是这些原因中的一个，在某种程度上这个因素比性格、用人、战术等更为致命。周朝通过分封制实现了30代、37王的统治，时间长达791年，项羽重新推行这项制度，为什么几个月后就发生了严重叛乱、短短4年就失败自杀了呢？这恐怕是因为时代已发生了巨变，最大的变化来自生产力水平的提高以及生产关系的变革，原始落后的生产条件更适合井田制，以井田制为基础的分封制度适应了当时生产发展的需要；随着生产力不断发展，经济上协作、交换不断增加，统一的国家和市场才能最大化地减少生产的成本。同时，人口不断增多也要求旧有的治理模式必须做出调整，西周初年分封，各诸侯国之间往往互不接壤，中间有大片尚待开发的土地；随着人口的增长，各国之间的距离越来越接近，为了争夺利益，各国之间频繁地爆发了冲突和战争，到战国晚期周朝的分封制其实已经消亡了，割据混战是社会的真实状态。

历史给了项羽一次机会，但又要求他必须具备足够的创新精神和主动改革的意识才能治理好这个国家，由于自身能力的局限，项羽无法看到历史发展的趋势在哪里，反而逆潮流而动，试图复活已被历史淘汰的旧制度。由于出现了方向性错误，所以无论为推行分封耗费多少心思，也都无法设计出真正切实可行的方案来，最终的失败也就是必然的了。刘邦打败项羽，立即将分封制和郡县制结合起来，又提出"非刘氏而王者，天下共击之"[1]，避免单独实行分封制或郡县制的弊端，通过一系列的制度创新，终于找到了一条适合当时历史环境

---

[1] 见《汉书·王陵传》。

的发展道路,从而开启了又一个数百年的新王朝。

三、汉初的政策大争论

从秦末至汉初,社会先后经历了两场剧变:先是秦朝灭亡,汉朝统治者汲取其亡国教训调整统治政策;其后西汉国力渐起,新形势带来了社会的新变革,又需要有新的思想和学说来引领社会实践。

有人把汉初的政策特征归纳为"黄老政治","黄"指的是黄帝,"老"指的是老子,相传他们创造了黄老学说,该学说是道家最重要的流派之一,奉《黄帝内经》《道德经》等为重要经典。道家以道为核心,把合于道作为终极追求目标,主张大道无为、道法自然等,具有朴素的辩证法思想,对中国人的精神文化以及性格的养成有潜移默化的影响,西方学者评论说:"中国人性格中有许多最吸引人的因素都来源于道家思想。中国如果没有道家思想,就像是一棵深根已经烂掉的大树。"[1]

同样是道家,黄老学说与庄子等其他学派还有所不同,比如庄子主张游世、出世,而黄老学说主张入世,提出"道生法",将法、术、势、利、力等应用于社会现实,具体政治主张包括因天循道、君逸臣劳、清静无为、因俗简礼、休养生息、宽刑简政、刑德并用等,成为一个现实主义的思想学派和政治流派。

秦朝统一中国,以更激进的法家思想来统治天下,法家在政治上反对世袭、奖励军功,提出以郡县制实现中央集权,在经济上主张重农轻商、废除井田,在律法上主张严刑峻法,但秦朝的速亡使法家遭受重大挫折,有人认为正是法家的许多做法加速了秦朝灭亡。汉朝建立后,在反思秦朝灭亡教训的基础上建立新的统治思想成为当务之急,刘邦让著名思想家陆贾总结秦亡教训,陆贾提出"事逾烦天下逾乱,法逾滋而奸逾炽"[2],

---

[1] 见英国科学史家李约瑟《道家与道家思想·引言》。
[2] 见陆贾《新语·无为》。

认为"道莫大于无为",这一思想被刘邦接受,黄老学说主张的与民休息、无为而治成为汉初主要的统治思想。

刘邦之后的几位皇帝都以黄老思想治国,朝中重臣如曹参、陈平等也无不奉黄老之学为圭臬。汉惠帝及吕后执政时"海内得离战国之苦,君臣俱欲无为",朝廷虽"刑罚罕用",但"罪人是希",出现了"民务稼穑,衣食滋殖"的局面;[1]汉文帝劝趣农桑、减省租赋,史书说他"惩恶亡秦之政,论议务在宽厚,耻言人之过失",在他治下"吏安其官,民乐其业,畜积岁增,户口寖息"[2];汉景帝的母亲窦太后好"黄帝老子言",汉景帝及"诸窦不得不读黄帝、老子,尊其术"。[3]

汉初"无为而治、与民休息"的政策使社会经济得到迅速复苏和发展,《史记》称赞"故百姓无内外之徭,得息肩于田亩,天下殷富,粟至十余钱,鸣鸡吠狗,烟火万里,可谓和乐者乎"[4],《汉书》也夸赞说"国家亡事,非遇水旱,则民人给家足,都鄙廪庾尽满,而府库余财,京师之钱累百巨万,贯朽而不可校。太仓之粟陈陈相因,充溢露积于外,腐败不可食"[5],这些景象与秦朝刚灭亡时"自天子不能具醇驷,而将相或乘牛车"[6]形成巨大反差。但任何政治思想都必须与时俱进,要根据形势变化不断创新和发展,否则就会由先进变为落后。黄老学说虽然受到尊崇,也取得了公认的成效,但随着形势发展,其局限与不足也越来越多呈现出来。

从外部看,秦末以来匈奴在北方崛起,屡屡进犯河套以及山西、陕西北部一带,所到之处劫夺财产、掳掠人口,严重威胁到汉朝统治,汉高祖刘邦也曾试图以武力解决边患,但公元前200年(汉高祖七年)平城之战的失利动摇了刘邦的想法,建信侯刘敬献策"以适长公主妻之,厚奉遗之"[7],刘邦采纳。汉初60

[1] 见《汉书·高后纪》。
[2] 见《汉书·刑法志》。
[3] 见《史记·外戚世家》。
[4] 见《史记·律书》。
[5] 见《汉书·食货志》。
[6] 见《汉书·食货志》。
[7] 见《史记·刘敬传》。

多年里，朝廷都"以兄弟之盟为约"，每年"赠送"给匈奴大量财物，并将多位宗室之女远嫁匈奴，此举一定程度上使边患有所缓和，但也刺激了匈奴贵族的胃口，他们依靠汉朝提供的财物过起了豪华奢侈的生活，稍不满意仍纵兵叩边，单靠和亲无法保证边境安宁，但在休养生息思想指导下，军事不是国家的优先方向，贸然与匈奴决战并无获胜把握。

从内部看，汉朝建立后采取分封制与郡县制并行的办法，本意是避免秦朝因实行郡县制削弱了对天下实际控制能力的弊端，然而由此也使分封的诸侯王势力不断增强，吴、楚、齐3个封国相加就接近"天下之半"，汉初人口总数约1300万，其中各诸侯国人口之和就有850多万。在处理与诸侯王的关系上朝廷遵循的也是黄老之术，主张"以柔克刚"，幻想"以静制动"，对诸侯王平日言行多"睁一只眼、闭一只眼"，吴王刘濞故意称病不朝，有违藩王之礼，汉文帝不加责怪反赐予几杖，允许其不与朝会。

汉文帝和汉景帝在位时期被称为"文景之治"，其间国家经济实力确实大为增强，人民生活也得到很大改善，但从总体形势看，国家仍面临着外有强敌、内有忧患的局面，所以只能称为"治世"而非"盛世"。匈奴力量如果继续壮大，对汉朝的统治将构成直接威胁，而随着诸侯王经济实力的一步步增强，他们的政治野心也会不断膨胀，中央集权不仅事实上已被削弱，而且正在积蓄着越来越大的政治危机。

形势逼人，形势不等人。虽然只是短短几十年时间，但形势的变化却足以用一场新的翻天覆地来形容。对治政者来说，不认清形势、把握变化并因势而变就会被历史所抛弃，汉朝就会成为另一个短命王朝。无为而治的黄老学说显然已不适应新形势的需要，但用什么思想来代替它又成为一个问题。许多人把目光再一次投向法家，在治乱与政治方面法家确实有其独到之处，往往会收到立竿见影的成效。所以，在黄老学说仍占主流的情况下，贾谊、晁错等著名思想家也走上了历史前台，他们提出的许多见解都带有法家思想的特征。

第二章　秦汉：经济路线大争论

　　针对诸侯王势力不断坐大的现实，贾谊向汉文帝提出"仁义恩厚者，此人主之芒刃也；权势法制，此人主之斤斧也"[1]，他认为施仁义主要是对普通百姓而言，对势力强大并随时可能反叛朝廷的诸侯王必须依靠权势和法制，具体办法就是"割地定制"，即在原有诸侯王封地之上分封更多的诸侯，以分散他们的力量。贾谊的许多思想又被晁错所借用，汉景帝时晁错提出削藩的建议，他在《削藩策》中指出现在削藩对方要造反，但不削藩对方也要造反，如果现在削藩，对方马上造反，准备不充分，造成的祸患小；不削藩，对方会晚些造反，准备得充分，造成的祸患大。[2] 晁错还提出重农抑商、强化法令、加强集权等建议，其法家思想的特征更为明显。

　　但无论贾谊还是晁错都没能成为时代剧变中力挽狂澜的人物，贾谊在朝中受排挤被贬谪为长沙王太傅，并在长沙郁郁而终，年仅33岁。晁错削藩的主张在汉景帝支持下倒是付诸了行动，但迅速引发以吴王刘濞为首的"七国之乱"，七国诸侯王提出"请诛晁错，以清君侧"[3]，汉景帝无奈，竟然下令将晁错腰斩。贾谊、晁错的失败是秦朝法家失败的继续，他们的主张并非一无是处，但一种思想要指导实践，除正确之外还必须符合当时的形势，汉初政治的总体形势是"干弱枝强"，朝廷没有树立起足够的权威，激进的改革只能带来夭折的命运，汉朝刚建立时法家未能成为统治思想，现在看来也一样难以成功。

　　此时思想领域里的斗争已相当激烈，淮南王刘安召集众多门客，大约于汉景帝晚年编撰出一部《淮南子》，它的横空出世引起天下瞩目，因为它不是一部普通的学术著作，也不是一部可有可无的杂书，它提出了许多治国理政的思想主张，《四库全书》将《淮南子》归为杂家，这部书确实也很杂，但它所倡导的核心思想还是比较清楚的，那就是黄老学说，这大概正是刘安耗费巨资编撰它的

[1] 见贾谊《新书·制不定》。
[2] 晁错《削藩策》："今削之亦反，不削亦反。削之，其反亟，祸小；不削之，其反迟，祸大。"
[3] 见《汉书·晁错传》。

目的，以刘安为代表的一些人仍然希望黄老学说成为国家的主导思想。

然而只有最高权力才能去解释统治思想，刘安作为一名诸侯王，其所编撰的《淮南子》无法挽回黄老学说逐渐式微的大势，在法家不能成为新的统治思想的情况下，儒家脱颖而出。儒家的历史虽然源远流长，但在秦朝和汉初它都不是处于主导地位的统治思想。秦始皇重法家，丞相李斯趁机提出"今诸生不师今而学古""道古以害今"[1]，儒学因此受到打压，甚至发生了"焚书坑儒"事件。汉高祖刘邦同样不喜欢儒生，汉朝建立后继续执行秦朝制定的《挟书律》，禁止儒生以古非今，规定有私藏《诗》《书》及百家书籍者诛族，致使儒家学说几至断绝。

公元前191年（汉惠帝四年），朝廷下令将《挟书律》废除，百家学说得以复苏，其中尤以儒学复苏最快，但传统的儒学已无法直接用来解释当时的社会现象，也无法满足治政者的期待，以董仲舒为代表的儒家对儒学开始了大幅度改造，其重点是从天命观点对皇权的合理性进行解释，提出"天者，百神之君也，王者之所最尊也"[2]，还提出"天子受命于天，诸侯受命于天子"[3]，为维护皇权和"大一统"，董仲舒还提出"尊王攘夷"，这尤其契合当时的形势。不过，在强调"君权神授"的同时董仲舒又提出上天以天象为示警，通过异灾谴告来鞭策约束帝王的行为，从而形成一整套完整的政治思想体系。汉武帝刘彻向董仲舒请教如何治国理政，董仲舒连上"天人三策"，将自己的政治思想全盘推出，与颇显消极的黄老学说和颇显激进的法家相比，被改造后的儒学既充满吸引力又显得更为切实可行，所以它被汉武帝所接受。汉武帝下令设立太学，大量培养儒学之士，将儒学提出的治国理念逐一付诸实施，虽然当时有没有真的"罢黜百家、独尊儒术"至今仍有争议，但儒学"一家独大"的局面确实就此形成。

从汉初的这场思想论争中可以看出，汉武帝接受儒学并进而将其

---

[1] 见《史记·秦始皇本纪》。
[2] 见董仲舒《春秋繁露·郊义》。
[3] 见董仲舒《春秋繁露·顺命》。

作为指导统治的"儒术",既非个人好恶,其过程也不是一场水到渠成的自然嬗变,其间有过较长的求索和激烈的论争过程,儒学最终胜出,除其本身所提出的主张更适应新形势以外,还与以董仲舒为代表的新一代儒家积极改造并主动作为密不可分。

四、经济学家司马迁

在汉朝初年的这场路线之争中,司马迁提出的一些看法也引人注目。司马迁不仅是伟大的历史学家,他对经济也有着深刻见解。看《史记》,有人说它是一部了不起的史学巨著,也有人把它当文学作品看,其实它里面还蕴藏着丰富的经济学,这主要集中在《货殖列传》和《平准书》中,在这两篇重要文献里,司马迁提出了许多值得思考的经济问题。

第一,崇奢,还是崇俭。

司马迁认为人天性是逐利的,而且没有什么不对,所谓"富者,人之情性,所不学而俱欲者也"[1]。这句话有石破天惊的意味,因为在此之前的诸子百家和统治者无不重义贬利,《论语》说"君子喻于义,小人喻于利",《道德经》说"罪莫大于可欲,祸莫大于不知足,咎莫大于欲得",就连司马迁的老师董仲舒也说"正其谊不谋其利"[2],意思是正人君子只端正他的义却不谋取私利。

但是,道德的高标准无法掩盖人性的现实,经济决定道德而非道德决定经济,哲学可以理想化,经济学必须务实。在现实中重义轻利的人是有的,他们被称为君子,但社会上不可能人人都是君子,人因为自私或欲望所以才有了理想,在一个人人利他的社会里理想也就消失了。站在经济学的角度,司马迁认为不能回避欲望、利益,享受、逐利是人的本性,不用学习即人人拥有且无法抑制,"若水之趋下,日夜无休时,不召而自

[1] 见《史记·货殖列传》。
[2] 见《汉书·董仲舒传》。

来，不求而民出之"[1]。

既然逐利是客观的、享受是正当的，那么鼓励致富、鼓励消费也就是自然的，这一点司马迁的看法也与大多数人不同。之前诸子百家多崇尚节俭、克制欲望，继而抑制消费需求，司马迁则认为"耳目欲极声色之好，口欲穷刍豢之味"，美好的东西"皆中国人民所喜好"[2]，正是因为大家自觉追求这些东西，同时也努力创造这些东西以换取别人的成果，所以经济才得以繁荣。司马迁的这些看法与西方古典经济学中的"经济人"的概念十分相似，只是早了约2000年。[3]

第二，富国，还是富民。

自从有了国家，百姓的一切行为无不与国家产生关联，尤其是经济活动。出于强化集权的需要，历代统治者往往最关心富国强兵，当然也认识到实现"上富"必须先"下富"，孔子说"百姓不足，君孰与足""民不富，难以施仁"，虽然也强调了民富，但只把这个看作实现国富的手段。

也有人认为国富与民富其实是相矛盾的，商鞅说"民弱国强，民强国弱，故有道之国务在弱民"[4]，赤裸裸地道出了心机。商鞅变法的核心就是对人和一切资源的全方位控制，民富不富是次要的，首要的是国富。商鞅或许认为早他200多年的管仲虽然通过改革创造了经济奇迹，但由于过分强调富民而削弱了国家的力量，所以"春秋五霸"之首的齐国仅昙花一现。

孔子是儒家，商鞅是法家，在民富还是国富的问题上儒家更容易赢得人心，而法家更容易为统治者悄然接受。司马迁既不是严格意义上的儒家，又讨厌法家的做法，《史记·货殖列传》引用了管仲说的"仓廪实而知礼节，衣食足

---

[1] 见《史记·货殖列传》。

[2] 见《史记·货殖列传》。

[3] 亚当·斯密是西方古典经济学的代表人物之一，他在1776年出版的《国富论》一书中提出，人们每天需要的食物不是来自面包师、屠户的恩惠，而出自他们为自己谋利的打算，这就是"经济人"的概念，是古典经济学的理论基础，而司马迁的认识与此相同。

[4] 见《商君书·弱民》。

而知荣辱",并进一步阐释为"礼生于有而废于无",国家不仅要富裕更要安定,那就得让百姓"知礼节",百姓只要富足了自然会"知礼节"。"货"指的是财富,"殖"指的是增长,财富的增长首先来自经济个体,人们通过劳动获得了财富,不仅实现了富裕而且会更渴盼稳定,这是国家安定的基础。国富、民富不是对立的,也不是因为国富所以才要"使民富",它们其实是融合于一体的。

第三,重农,还是重商。

如何实现民富、国富呢?传统的看法是要"重本抑末","本"是农业,"末"是农业之外的其他各业,包括手工业、商业等,只有大力发展农业才能民富国强。为什么有这样的认识?因为在一些人看来直接从事生产的人才创造了财富,像商人这样靠从事交易而致富的人是"蠹虫"。司马迁不同意这种看法,他引《周书》上的话"农不出则乏其食,工不出则乏其事,商不出则三宝绝,虞不出则财匮少",说明各行业的重要:农是农业,工是手工业,商是商业,虞是从事山林渔猎的人,农、工、商、虞四业互相无法替代。

在这四业之中司马迁更强调商业,《史记·货殖列传》就是为成功的商人们立传,其中包括范蠡、子贡、白圭、猗顿、卓氏、程郑、孔氏、师氏、任氏等人,这些"企业家"在商业上都很成功,但他们的社会地位并不高,不仅顶着"为富不仁"的帽子被舆论歧视,还经常受到政策的打压。汉初规定商人不得为官、不得占田,后来更将商人视同亡命、赘婿这一类人而进行贬斥。司马迁肯定了商人的价值,进一步指出"夫用贫求富,农不如工,工不如商",这种看法与现代经济学中的"克拉克定理"[1]十分相近。

[1] "克拉克定理"又称"配第-克拉克定理",由英国经济学家威廉·配第在《政治算术》一书中首先提出,后由英国经济学家科林·克拉克对其归纳并加以验证。克拉克在1940年出版的《经济进步的条件》一书中以配第的研究为基础,对40多个国家和地区不同时期三次产业的劳动投入产出资料进行了整理和归纳,总结出随着经济发展和人均国民收入水平的提高,劳动力首先由第一产业向第二产业转移,然后再向第三产业转移的演进趋势,这是"克拉克定理"的主要内容。

司马迁反对歧视商人，认为"富者得势益彰"。他举例说，孔子之所以"名布扬于天下"，这与他的学生子贡有很大关系，众所周知子贡是个成功的商人，很富有，正是因为他有条件对老师进行不遗余力的宣扬，孔子在后世才这么知名。司马迁甚至提出了"素封"的概念，认为这些成功的商人虽然没有爵位、没有官职，但他们是"千金之家"，在社会上的影响力一点儿都不比王侯、高官小。[1]

第四，干预，还是不干预。

国家要对经济进行管理，怎么管？管仲认为必须全面加强管理，"以轻重御天下之道"，通过货币、价格、税收等手段控制物资流通，对盐、铁等战略性物资实行国家专营，他的主张被称为"轻重论"。司马迁不同意这种观点，他认为在国家管理经济上有5种方式：一是"善者因之"，通过实行自由经济政策，顺其自然，国家不干预；二是"利道之"，通过一些手段，如物质利益、经济杠杆等引导经济向有利的方向发展；三是"教诲之"，通过教化手段影响人们，鼓励人们从事某些经济活动；四是"整齐之"，通过法律、行政等强制手段规范、整治人们的经济活动；五是"与之争"，通过直接干预、介入经济与民争利。司马迁认为第一种方式最好、最后一种方式最差，他的"善因论"与管仲的"轻重论"刚好相对，一个主张国家不干预经济，一个主张干预。

作为太史令出身的历史学家，司马迁本应专注述史，但他对经济问题的关注和思考显然也十分深入与深刻，这与当时的社会背景有很大关系。汉初无为而治，对经济活动较少干预，经济得到了快速恢复和发展，出现了"文景之治"。但从汉武帝起逐步改变了不干预的经济政策，推行重农抑商、移民屯垦、假民公田，不仅收回了货币发行权、盐铁经营权，还实行均输、平准、算缗、告缗、酒榷等一系列重大经济政策，加强了对经济的管控。司马迁写《平准论》，

[1]《史记·货殖列传》："今有无秩禄之奉，爵邑之入，而乐与之比者，命曰'素封'。"张守节正义："言不仕之人自有园田收养之给，其利比于封君，故曰'素封'也。"

第二章　秦汉：经济路线大争论

叙述的就是汉初以来经济政策的变化，对汉武帝实行的强化国家干预经济政策进行了评议，他认为由于国家强化了干预，汉初以来几代人辛勤积累的财富可能一耗而空。司马迁认为应该"善者因之"，是一种自由主义经济理论，与亚当·斯密提出的"看不见的手"异曲同工。

后代有学者说"读中国书未读《史记》，可算未曾读书；读《史记》未读《货殖列传》，可算未读《史记》"[1]。然而，司马迁倾注了极大热情和智慧为治政者们上的这一课长时间里鲜有知音和共鸣，班固著《汉书》时就对他的《货殖列传》和《平准书》提出了批评，认为汉武帝所实行的经济政策是正确的、英明的，司马迁的经济思想从崇奢到重商、到国家不干预都是错误的。[2] 在这场"班马之争"中，后代统治者显然更喜欢班固，重农轻商、国家干预经济成为历代政策的主流，从而限制了市场经济乃至科学技术在中国的发展，一直到明代资本主义也只"萌芽"而不"结果"，都不能不说与此有关。

五、汉武帝的扩张型财政

汉武帝刘彻是西汉第七位皇帝，15 岁继位，他是一位有雄才大略的皇帝。公元前 135 年（建元六年）窦太后去世，汉武帝掌握了大权，陆续推出一系列政治改革措施，如通过推恩令削弱诸侯王的势力、通过设立刺史加强对地方的控制，这些措施加强了中央集权。在军事上，汉武帝以军事手段代替带有屈辱性质的和亲政策，以彻底解决匈奴在北方的威胁，使西汉的实际控制范围不断扩大。

汉武帝推动的内外政策需要强有力的经济基础做保障，为了解决战争造成的财政亏空，汉武帝也想了一些办法，如号召百姓为国

---

[1] 见潘吟阁《史记货殖传新诠》。
[2] 班固在《汉书·司马迁传》的赞语中，在对司马迁史学成就给予赞扬的同时，又指出"其是非颇缪于圣人"，具体而言有 3 项不足："论大道则先黄老而后六经，序游侠则退处士而进奸雄，述货殖则崇势利而羞贱贫。"班固认为"此其所蔽也"。

家捐献，还设置所谓"武功爵"，通过出售爵位的办法筹钱，但这些措施效果有限，还容易造成官员趁机贪腐。汉武帝后来采纳右内使郑当时的建议，下令实施盐铁官营，由国家垄断盐、铁等重要物资的生产。汉武帝任用郑当时为大农令，任用盐商东郭咸阳、冶铁商孔仅为大农丞，由他们负责此事。

在汉武帝的"经济班底"中，桑弘羊是最突出的一位。桑弘羊是商人的儿子，13岁时因为精通算学而被朝廷选中成为郎官，并进而加侍中。在当时，人们进行数字方面的计算，一般要借助于筹码、筹算等工具，而桑弘羊由于家庭的耳濡目染，在计算方面有着过人的天赋，可以不用通过工具的辅助，完全凭借心算就能进行复杂的运算。侍中是秦朝所置的官职，本是一种加官，也就是"兼职"，拥有此职就可以往来于一些普通官员不能进入的机要之地。西汉也设侍中，并越来越显要，主要职责是侍从于皇帝左右。桑弘羊担任侍中，主要任务是陪比他大4岁的太子刘彻读书，这段"同学"的经历对桑弘羊格外重要，桑弘羊因此没有再像父辈那样成为一名商人，而是走上了仕途。公元前115年（元鼎二年）汉武帝提拔桑弘羊为大农丞，负责推行经济改革。5年后，由于在理财方面表现出的卓越才能，汉武帝任命桑弘羊为治粟都尉，代理大农令，掌握财经大权。自此开始，直到汉武帝去世，桑弘羊一直是西汉朝廷经济方面的负责人，独掌财经权长达23年，汉武帝所取得的文治武功，离不开桑弘羊在经济方面的大力支持。

汉朝初年，为修复战争创伤实行了休养生息的政策，在经济领域推行无为而治，宽松的环境对于缓和矛盾、促进经济恢复发展起到重要作用，西汉的国力逐渐强大起来，经济也得到较快发展。但是，经过几十年发展后，社会经济在取得进步的同时，也逐渐产生了一些问题。由于推行无为而治，所以西汉初年朝廷对经济领域内的活动较少干预，盐、铁、茶、酒等重要物资都放开经营，甚至还默许民间铸币，这使得商业活动和手工业

第二章　秦汉：经济路线大争论

十分繁荣，一些大商人应运而生，这些商人快速致富，而国家得到的却只有微薄的收益，商业活动的巨额利润要么被商人们占为己有，要么被地方势力利用，成为地方势力割据坐大的经济资本。

经济发展的红利被商人和地方势力拿去了，朝廷反而很穷，遇到哪里发生叛乱，朝廷甚至没有钱平叛，反过来还要向大商人们去借钱打仗，有些商人还不愿意借。[1]汉武帝无法容忍这种情况再继续下去，推行盐铁官营就是改变这种状况的一项重要举措，在桑弘羊等人的努力下，盐铁官营取得了立竿见影的效果。桑弘羊担任大农令后，进一步对各郡国的盐铁官进行整顿，增设了新的盐铁官，使全国设置的盐官达到35处，分布于27个郡国；铁官达到48处，分布于40个郡国。这些盐铁官都由朝廷统一管理，盐和铁的生产经营全部纳入国家专管专营的范围内。

桑弘羊代理大农令后，又立即奏请汉武帝，设置大农部丞数十人，让他们"分部主郡国"，以此监管、指导各郡国的财经工作，改变以往分散管理、多头管理造成的弊端，建立起"垂直领导"的财经管理体系。公元前104年（太初元年）大农令改称大司农，在桑弘羊的推动下，大司农进行了组织机构和人员的扩充，除已有的令丞外，还增加了太仓、均输、平准、都内、籍田等5个负责专项工作的令丞，使财经管理更加细化，分工更为明确。

桑弘羊独掌财经大权后，所推行的重要改革举措还有算缗、告缗、移民垦耕、均输、平准、酒类专卖、币制改革等，每一项措施都在经济领域内产生重大反响，通过这些改革，朝廷控制经济的能力一步步增强，财政收入也不断增加。桑弘羊在经济领域里不断改革创新，缓解了朝廷的财政危机，实现了"官用饶足，民不困乏"的目标。同时，一些富商大贾逐渐失去了经济控制权，"损有余，补不足，以齐黎民"[2]，对于抑制兼并、缓和贫富差距起到积极作用，

[1]《史记·货殖列传》："吴楚七国兵起时，长安中列侯封君行从军旅，赍贷子钱，子钱家以为侯邑国在关东，关东成败未决，莫肯与。"
[2] 见《盐铁论·轻重》。

也削弱了地方势力，达到了多重目的。

六、人口跨越第一个阶梯

　　这一时期，全国人口总数实现了一次飞跃。中国的人口总数由商周时期的千万左右发展到清末的4亿，其过程并非等量增长，中间经历了几次反复和爬升，重要的梯级有1000万、5000万、1亿等。造成人口梯级性增长的原因，除政治、军事甚至气候变化等因素外，经济因素无疑更为重要。关于人口增长的规律，英国人口学家罗伯特·马尔萨斯有一个著名理论，认为人口在"无妨碍条件下"每25年会增加一倍。[1]如果按这个速度计算，即使把西汉时期的公元元年中国人口总数假定为1000万，到5世纪初的东晋时总人口就会突破1万亿了，但事实上这两个时期的人口数却没有太大差别。这是因为，马尔萨斯提出的人口增长规律是在"无妨碍条件下"下进行的，事实上，这种条件又是不存在的。人口与生活资料如果分别按照几何级数率与算术级数率增长，只需要经过200年，人口对生活资料的比例将会达到256∶9，300年达到4096∶13，这当然是自然界所难以维系的。所以，生活资料是制约人口自然增长的最主要原因。

---

[1] 在1798年发表的《人口学原理》中，罗伯特·马尔萨斯做出一个著名预言：男女两性之间的情欲是必然的，且几乎保持现状；食物为人类生存所必需的。从这两个前提出发，他断言在这两者中间，人口增殖力比土地生产人类生活资料力更为巨大。人口以几何级数（即2、4、8、16、32、64、128等）增加，生活资料以算术级数（即1、2、3、4、5、6、7等）增加，因而造成人口过剩。在另一部著作《人口论》中，罗伯特·马尔萨斯断言"大不列颠人口翻一番的时间极有可能不超过25年"。

[2] 见赵文林、谢淑君《中国人口史》，人民出版社1988年出版。

　　先秦时期的人口总数一直处在低位徘徊阶段，有学者估算，夏代的人口约1300万，经过近2000年的发展，到战国末期仍大体保持在这一水平，秦统一时人口总数估计为2000万左右。[2]2000年的时间不可谓不漫长，但人口总数却基本保持了稳定，原因就是生活资料

第二章 秦汉：经济路线大争论

供给的约束。这一阶段是中国传统农业的萌芽期，出现了粟、黍等被驯化栽培的农作物，青铜农具代替了石质农具，又初步掌握了物候知识和天文历，农业经济有了初步发展，为养活上千万人口提供了物质基础。但总体来说，这一阶段的农业生产还处在粗放和落后阶段，作物品种单一，青铜农具存在很多缺陷，缺乏水利基础设施保障，生活资料的增长受到极大制约，加上战乱、自然灾害等，人口始终维持在同一水平。

中国第一次人口梯级出现在汉代，公元2年（汉平帝元始二年）全国总人口数达到了5900多万。[1]西汉末年人口数虽然锐降，但到了东汉初期又快速回升，75年（汉明帝永平十八年）人口总数为3400多万，88年（汉章帝章和二年）为4300多万，105年（汉和帝元兴元年）为5300多万，157年（汉桓帝永寿三年）为5600多万。[2]两汉300多年间人口总数大体在5000多万上下波动，较夏商周三代有了质的突破，除了统一王朝带来的社会稳定以及战争的减少外，生产的发展，尤其是农业技术的突破性进步是最关键原因。

汉代进入中国传统农业的形成期，农业由粗放逐步向精细发展，农具进入铁器时代，出现了铁犁壁、二人三牛的耦犁以及铁耙、耧车、风车、水车、石磨等先进生产工具，畜力成为生产的主要动力，耕作的速度和质量都大为提高，农作物品种也更为丰富，通过丝绸之路等途径的传递，大量新品种农作物被引进，对水利建设和农业生产经验的总结也更加重视，出现了更为精确的历法，这些使得徘徊了2000年的劳动生产率得到质的飞跃。

夏商时的粮食亩产量缺少文献记载，《管子》说春秋时期粮食亩产约2石左右，[3]《汉书·食货志》有关于战国时期粮食亩产的记载则只有1.5石。由于计量单位的变化，这些数据需要进一步分析，据现代

[1] 见《汉书·地理志》。
[2] 见《后汉书·郡国志》。
[3] 《管子·轻重甲》："一农之事，终岁耕百亩，百亩之收，不过二十钟。" 1钟为10石，100亩产量为200石，亩产即2石。

学者考证,到战国后期大豆的亩均产量约61.5公斤,粟的亩均产量约108公斤。[1]

到了汉代,粮食亩产量有了突破性提高。《前汉纪》谈及西汉文帝时的亩产:"今农夫五口之家,其服作者不过二人,其能耕者不过百亩。百亩之收,不过三百石。"即亩产3石。《史记·河渠书》讲五千顷耕地"今溉田之,度可得谷二百万石以上",5000顷合50万亩,即亩产4石。汉末嵇康《养生论》:"夫田种者,一亩十斛,谓之良田,此天下之通称也。"1斛即1石,这里说亩产10石,不是粮食的普遍产量,而是"良田"。但不管怎么说,汉代粮食单产较先秦时期有了较大提高,据现代学者考证,汉代粟的亩产量超过了140公斤。[2]不要小看这亩产几十公斤的增量,它至少多养活了2000万人。

七、输了辩论,也输了改革

在汉武帝时代,桑弘羊等人推行的经济改革使综合国力空前强大,但也存在着不少问题,有的问题还十分严重。比如,桑弘羊有一个重要改革思路是"以商治商",通过引入商人参与改革,达到强化商业控制的目的,但由于对改革的过程难以有效把控,结果出现了官商勾结以公济私、侵害百姓的问题,"为吏既多不良矣,又侵渔百姓"[3],反而激化了社会矛盾,扩大了贫富差距,百姓对此多有怨言。

盐铁官营后,弱化了市场竞争,所生产出来的产品往往质量较差,"县官鼓铸铁器,大抵多为大器,务应员程,不给民用。民用钝弊,割草不痛,是以农夫作剧,得获者少,百姓苦之矣"[4]。由于缺乏竞争,这些质次的产品价格往往还

---

[1] 见吴慧《中国历代粮食亩产研究》,农业出版社1985年出版。
[2] 见吴慧《中国历代粮食亩产研究》,农业出版社1985年出版。
[3] 见《盐铁论·疾贪》。
[4] 见《盐铁论·水旱》。

第二章 秦汉：经济路线大争论

挺高，"盐、铁贾贵，百姓不便，贫民或木耕手耨，土耰淡食"[1]，"土耰"是木质的原始农具，百姓宁愿用木头做的简易农具和双手去耕种，也不愿意购买生产出来的铁制农具；宁愿吃淡食，也不愿意购买价格昂贵的食盐。为了完成生产和销售任务，官员们强迫百姓购买，强买强卖的事情经常发生。还有桑弘羊着力推行的均输平准，是由国家在各地统一征购和运输货物，目的是抑制商人对货物的垄断，保证市场价格稳定。但在操作中，负责均输平准的官员经常出于私心而滥用权力和市场垄断地位，经常胡乱收购产品，致使物价产生波动，"万物并收，则物腾跃"[2]，违背了贱买贵卖的基本原则，没有起到平抑物价的作用。

改革为朝廷带来收入的增加、对经济控制力的增强，这些都是实际的成效，但经济领域里随之出现的成本高、效率低、资本周转慢以及营私舞弊等情况也不容忽视，化解这些风险与矛盾同样是改革者需要承担起的任务，也同样需要通过改革、创新去解决，但桑弘羊在这方面并没有给予足够重视，致使矛盾和问题不断累积。

汉武帝到晚年已经觉察出隐藏在盛世之下的危机。公元前90年（征和三年），贰师将军李广利受命讨伐匈奴，兵败投降。次年，桑弘羊联合其他大臣上了一份奏疏，奏请在轮台（今新疆维吾尔自治区轮台县）屯田，以备与匈奴长期作战。汉武帝看完这份奏疏后颁下一道著名的《轮台诏》，在诏书中反省了自己派遣李广利北伐匈奴的过失，否决了桑弘羊等人力主战争升级而提出的屯田轮台的计划，汉武帝明确表示，眼下最紧要的不是对外用兵，而是"禁苛暴，止擅赋，力本农"。这份《轮台诏》是汉武帝针对现实问题而作出政策调整所释放出的明确信号，汉武帝没有否定之前的改革，但意识到改革已经进入到"深水区"，改革需要深化，也需要调整，解决改革中产生的问题与推行新的改革措施同等重要。不过，历史没有给汉武帝留太多时间，《轮台诏》颁布不久，即发生了马通、马

---
[1] 见《盐铁论·水旱》。
[2] 见《盐铁论·本议》。

何罗等谋刺汉武帝事件，汉武帝虽然躲过了谋杀，但精神上也受到打击，几个月后汉武帝驾崩，弥留之际向霍光、金日䃅、上官桀、桑弘羊等大臣托孤。

随后继位的是只有8岁的汉昭帝刘弗陵，霍光以大司马、大将军身份辅政，掌握朝政大权，桑弘羊改任御史大夫。这时，朝廷里形成了两种针锋相对的观点，一种以桑弘羊为代表，坚持国家继续干预经济的政策，主张通过强化对经济的控制进一步增强国力；一种以霍光为代表，主张对经济不要管得太严，休养生息，关心民情，免除田租。两种观点势均力敌，都无法说服对方，于是朝廷举办了一场辩论会，公开讨论应该施行哪种经济政策。

汉昭帝始元六年（前81）二月，这场辩论会在京城长安召开。参加会议的有3个方面的人员：一是以桑弘羊为代表的政府官员，是干预政策的"正方"；二是各地的民意代表、知名人士，即所谓"贤良方正"，多达60人，是干预政策的"反方"；三是丞相田千秋，是辩论会的主持人。这场辩论会不仅参加的人数众多，而且会议开的时间也很长，一直到这一年的七月才结束，历时达5个月。会议讨论得也十分激烈，作为这场辩论会的主角，桑弘羊一共发言114次，对他所主张的经济政策进行了辩解。

这场历史上著名的辩论会被称为"盐铁会议"，会议的记录经整理后多达10卷60篇，这就是著名的《盐铁论》。这场辩论会虽然议题广泛，但其实质就是要不要实行以政府为主导的宏观经济调控。霍光虽然没有参加辩论，但他的主张最后占了上风，会议辩论的结果，认为应当坚持汉武帝晚年轮台罪己诏中制定的政策，对国家干预经济的政策重新进行调整，推行与民休息，把公田交给贫民耕种，贷给农民种子、口粮，免除部分赋税、徭役，降低盐价，同时与匈奴保持友好关系，这些措施都是对前一阶段推行的一系列重大经济政策的调整，对于恢复经济、缓和内外部矛盾起到了积极作用。"盐铁会议"后，霍光采纳李延年等人的建议，"议罢酒榷、盐、铁"，桑弘羊所主导经济改革中的主要措施先后被废止，而桑弘羊本人则卷进了燕王刘旦的谋反事件，尽管这件事扑朔迷离，桑弘羊在其中究竟发挥了什么作用仍有争议，但结果是明确的，桑弘羊因为此案而下狱，最终被处死，并付出了灭族的代价。

桑弘羊是历史上著名的理财家、改革家，他以商人后代所特有的天赋和敏锐，推出了一系列经济改革措施，很多措施推出后马上就收到了实实在在的成效，桑弘羊为"汉武盛世"的形成作出了突出贡献，因此受到了汉武帝信任和重用。但是，任何改革都需要与时俱进，改革只有"进行时"，对改革来说"变"才是常态，只有不断地"变"，才能捕捉新的改革机遇，才能发现和解决改革中出现的矛盾与问题。桑弘羊独掌财经大权20多年，前期积极求变、谋变，在他的主持下新的改革措施不断推出，但当改革出现新问题、新情况后，桑弘羊却没能跟上变化，变得迟钝和保守，仍固守和坚持原有的做法，这是桑弘羊和他的改革走向失败的根源。

八、王莽"穿越式"经济改革

西汉缔造出文景之治、汉武盛世、昭宣中兴等辉煌，经过近200年的发展，到公元前1世纪末，各种问题也扑面而来。王朝的兴衰莫不首先与经济有关，西汉也不例外。

西汉末年，土地方面首先出了问题。一部分农民由于生活穷困而失去土地，一部分富豪大量购置土地，造成越来越严重的土地兼并现象。土地兼并加剧了穷富不均，产生了大量流民，衍生出流民暴动等社会问题。在政治层面，汉宣帝以后再无英主，几任皇帝皆昏聩，朝廷政治腐败，地方加重盘剥，使各种社会矛盾越积越深，尽管个别有识之士曾做过革新的努力，但都因积重难返而成为徒劳。刘邦一手缔造的西汉王朝国运如此衰败，当然与"世纪末"之说还扯不上关系，但作为一个延祚仅200年的王朝，其衰亡也似乎未到必然阶段，是什么原因让它过早地呈现出疲态呢？

警鉴于秦朝速亡的教训，西汉初年在经济、社会领域均采取了无为而治的国策，国家对经济较少干预，鼓励商业、手工业的发展，这些政策使经济社会很快得到了恢复和发展。随着经济发展到一定程度，相应的政策也应做出调整，但是西汉的经济政策虽然也有过一些争论和调整，但"少干预"的思想一直占据了主流。正是长期实行宽松的政治经济政策，让国家对经济和社会的控制力不断减弱，朝廷里有外戚专政，地方上出现了大批富豪，贫富差距拉大，社会矛盾丛生，各地风起云涌的民变就随时会把这个王朝葬送。

在这种情况下王莽出现了，他出身于一个政治家族，作为外戚的王氏在西汉末年一直雄居权力的核心，该家族先后有9人被封侯，5人担任过"一人之下、万人之上"的大司马。王莽不是一个躺在祖荫里食俸禄的庸人，也不是一个书呆子，他很有政治头脑，经过一番努力在38岁时也担任了大司马一职，登上了权力的巅峰。

当时从朝廷官员到民间对王莽的印象都非常好，在大家眼里王莽礼贤下士、谦恭俭让，他曾把自己的土地和得到的赏赐分给下属和贫民，经常拿俸禄接济穷人，《汉书》说他给人的印象不仅勤奋好学，而且道德品质良好，行事又稳重得体，简直成了众人心中的"道德楷模"。[1]所以，当公元8年王莽接受孺子婴禅让称帝建立所谓"新朝"时，并没有遇到朝野上下的反对和非议，得到的是一片赞扬和支持。称帝前，先晋爵安汉公，王莽辞让，"吏民以莽不受新野田而上书者前后四十八万七千五百七十二人，及诸侯、王公、列侯、宗室见者皆叩头言"，[2]在古代王朝更替中这是绝无仅有的一次。

---

[1]《汉书·王莽传》："勤身博学，被服如儒生。事母及寡嫂，养孤兄子，行甚敕备，又外交英俊，内事诸父，曲有礼意。"

[2] 见《资治通鉴》卷三十六。

大家之所以支持王莽，除了他超高的"人气"之外，希望来一次变革，以解决丛生的社会经济问题也是重要的一个方面，大家都对他寄予了厚望。王莽没有让众人失望，他上台后立即推行了一场全面改革，其内容涉及之广泛、改革力度之大在古代历次改革中恐怕都难有与之匹敌者。这是一场重要的改革，也是一场经过深思熟虑的改革，它的第一刀就砍向了要害，那就是土地问题。

王莽在他的"始建国元年"即下诏，在天下实行"王田制"，规定凡天下的土地皆称"王田"，私人不得买卖，一家有男丁8口可"受田一井"，也就是900亩，一家男丁不足8口拥有土地超过900亩的，要把多出的部分分给宗族邻里，没有土地的人按上述标准享受王田。土地是农民的命根子，这项改革措施可谓力度空前，不仅宣布"土地国有化"，而且实行平均主义分配，在土地兼并已经十分严重的西汉末年，这项政策的推出意味着大量土地的实际控制权将发生变迁。对那些豪族来说，除了土地他们还有一项重要财产——奴婢，失去土地的农民卖身为奴，成为豪族的"私产"，王莽下诏禁止这种买卖。

以上两项措施都是针对土地兼并和贫富分化而实施的，对于国家控制经济能力不断减弱的情况，王莽也推出了新的措施，集中起来称为"五均六管"。所谓五均，即在长安、洛阳、邯郸、临淄、宛、成都等城市设五均官管理市场，工商各业都要先申报再经营，并按照新税制纳税，对市场上物价也进行管理，在每季度中间的那个月，由市官评定出标准物价，称为市平，物价比市平高时市官有权按市平出售，低时听由市民买卖，谷、帛等生活必需品出现滞销时，市官按价收购。所谓六管，是指国家对盐、铁、酒、铸钱、五均、赊贷等6项实行管制，不许私人经营，同时控制山川大泽，有进入采集者须纳税。

为什么要对赊贷进行管制呢？因为在贫富分化的情况下，民间高利贷盛行，也慢慢成为一种严重的社会问题，王莽下诏建立了"官贷"制度，百姓因祭祀、丧葬无力操办时，可以向官府"贷款"，分别在10天或3个月内归还的不收利息，因生产需要也可以申请"贷款"，年利率不超过

10%。这些改革措施不仅超前、力度大,而且考虑得很细致,设计了操作的路径,如果都能落实的话,对经济发展将产生巨大作用,在化解社会矛盾方面的作用更是无法估量。

但是,轰轰烈烈的改革未能收到预期的效果,各项改革措施一推出就遇到了阻力,都不得不半途而废。在土地改革方面,王莽的想法很好,但他忽视了一个前提,那就是土地从哪里来?国家的手里没有现成的土地,按照"8口之家平均900亩"的标准,需要的将是大量的土地,让"超标"的家庭把多余的土地让出来,这等于与虎谋皮,势必遭到激烈反抗,尽管王莽为此颁布了严刑峻法,希望以威权推动改革的进行,也查办了一些人,但由于涉及面实在太广,不久就发现根本无法压制。

让政策制定者始料未及的是,这项改革措施不仅大土地拥有者反对,那些即将失去土地的农民也反对,因为过去他们还可以把土地卖给豪族,然后卖身为奴,现在这一条也禁止了,他们很有意见。"五均六管"也没能行得通,这项政策需要有人操作执行,朝廷没有现成的人手,只得依赖那些大商人,这些人手里有了权,不替朝廷着想,反而想方设法从中牟利,再好的政策也难以落地,旧的问题没有解决,新的官商勾结的问题又出现了,朝廷的收入没有增加多少,百姓的负担却又加重了很多。

王莽之所以钟情于"王田制"和"五均六管",与他的改革思想密不可分。在这场改革中,王莽主张一切"师古",一部《周礼》成为他改革政策的依据和出处,"王田制"其实就是"井田制"的影子,为了让所有制度都回到过去,他甚至花了很大精力,召集一帮文人学士按照《周礼》的记载整理出一套新的礼乐制度,至于官名、官制、地名以及行政区划等,也都试图恢复到周代,能改就改。以货币为例,当时使用的货币是五铢钱,王莽认为这不符合古制,于是在10多年时间里接连推出了多次大的币制改革:第一次增加了错刀、契刀两种刀币,另铸所谓的"大钱",让它们与五铢钱通用;第二次废刀币、大钱,另铸所谓"小钱"与五铢钱通用；第三次推出金、银、龟、贝等币种，称"宝货"；第四次废除通行的各币种，推出货布、货泉两种货币。经过这几次币制改革，一般百姓都弄不清手里的"钱"哪些才是合法货币了。

改革措施一哄而上又"一哄而下"，"王田制"和"禁奴婢令"颁布仅3年，由于阻力太大，王莽不得不下诏收回，其他改革措施后来也陆续夭折，新王朝面临的社会问题更加严重，天下陷入大乱。23年（新莽地皇四年），农民起义军攻入长安，王莽死于乱军之中，前后共在位16年，"开国皇帝"也是"末代皇帝"。

王莽推行的这场改革失败了，反思其原因，根本之处可能与新王朝的建立方式有关。王莽以禅让手段建立了新的王朝，所任用的重要官员仍来自前朝，这种特殊的王朝更替方式意味着新王朝只是换了个名字而已，之前面临的所有社会矛盾和问题都没有改变，王莽即使不改革，仍然难逃失败的命运。但是从改革的技术层面分析，这场改革的失败仍然有许多教训可以总结：

第一，重病切忌"下猛药"。

西汉末年已到百弊缠身的程度，各方面的矛盾和问题都很突出，整个国家就像一个重病号，只考虑"对症下药"还不够，还应当"辩证施治"，要充分考虑病人的承受力，把调理的重点放在增强抵抗力上，不能急于求成。王莽改革一上来就给出了最猛的药，用了最大的力度，改革的激烈程度似乎仅有清末的戊戌变法可有一比。这些药也许是对路的，但用在这样的病人身上就不合适了。有人说王莽是理想主义者，虽然失败也是值得肯定的，但改革中的过分理想和过分的保守对社会的损害是一样的。这场改革没有主攻方向，不分轻重缓急，重大改革措施不停地推出，社会当然难以承受。

第二，政策切忌"一刀切"。

这场改革的几项主要措施，无论土地改革还是工商业改革、币制改革,最后都招来了压倒性的反对,不仅改革中失去利益的人反对,那些看起来在改革中似乎获利的人也出来反对,这就是改革措施不细致、没有区分各种情况所造成的。土地私有制已经实行了几百年,突然不分所有情况全部改行"国有制",当然推行不下去,如果政策再细致一些,区分不同的情况,照顾不同人群的现实需求和关切,那就更容易得到理解和支持。

第三,改革切忌"瞎折腾"。

改革是对现实秩序和利益结构的重新调整,需要付出智力成本和社会成本,所以任何改革措施的推出都应该坚持审慎和必要的原则,该改的一定要改、要大力改,没有必要的则不要浪费宝贵的改革精力和改革资源。这场改革中推出的大量改地名、改官员、改行政区划的内容,实际上没有多大必要,改革后反而造成了混乱和不便,降低了百姓对改革的认同和支持。至于币制,更是此次改革的败笔,仅仅为了币制的"复古",就一再去动经济领域里最敏感的这根神经,造成更大的混乱,因此得不偿失。

九、汉光武帝的改革遗憾

两汉交替之际是一段经济大破坏时期,从6年到25年,20年间,生产严重倒退,"农商失业,食货俱废,民涕泣于市道"[1],而官吏又"挠乱州郡,货赂为市,侵渔百姓"[2]。为应对经济和财政收入下滑,王莽推行一系列改革,由于脱离实际,结果不仅没能扭转经济困局,反而火上浇油,致使广大中小工商业者及普通百姓都深受其害,经济困境与农民战争相互交织,互相激发,使经济恶化的趋势变得不可逆转。为维持朝廷运转和镇压农民起义,赋税不断加重,名义上的"三十税一"变成了实际上的"十税五"。这一阶段大饥荒、大战乱又遇到大瘟疫、大蝗灾,百姓流离失所,"其死者则露尸不掩,生者则奔亡流散"[3]。

---
[1] 见《汉书·食货志》。
[2] 见《资治通鉴》卷三十七。
[3] 见《后汉书·隗嚣列传》。

第二章 秦汉：经济路线大争论

据57年（汉光武帝建武中元二年）的人口普查结果，全国总人口数已下降到3100万，较西汉高峰时期减少了2000多万，而这时已经是东汉建国30多年后了，印证了史书关于两汉交替时期人口减半的记载。[1]

25年（建武元年）六月，刘秀即位称帝，建立东汉，之后经过11年东征西讨而统一了天下。摆在刘秀面前的局面可谓千疮百孔、百废待兴。在恢复经济过程中，他首先遇到的就是土地兼并的问题。西汉时期，土地兼并日益严重，王莽在改革中虽然也涉及土地，颁布了王田令，禁止土地买卖，但这些措施十分空洞，王莽也不愿意与正在崛起的地方豪强势力为敌，所以土地向大地主集中的现象越来越严重。

刘秀深知要激活农业生产、增加朝廷税赋，就必须对土地兼并给予抑制和打击。一开始，刘秀试图通过案比解决这一问题。所谓案比，就是清理户籍和人口，具体方法是，每年八月左右将县内民众集中到县衙户曹，统一案验、登记，如韦昭在《辩释名》中所述："户曹，民所群聚也。"《后汉书·礼仪志》也记载："仲秋之月，县道皆案户比民，年始七十者，授之以王杖，铺之以糜粥。"人口情况弄清楚了，有助于算赋、口赋、力役等征收，但田赋才是税赋大头，如果不弄清土地的情况，仍然无法保证正常税收，更无法做到税收公平。

39年（汉光武帝建武十五年）六月，刘秀下诏命"州郡检核垦田顷亩及户口年纪"[2]，在全国范围内实施度田，具体内容包括丈量和核实垦田数目、登记土地占有者的户口和年龄等，对这些重要信息重新登记，对不实者予以更正，作为征收田赋和征发徭役的依据。与此配套的措施还有释放奴婢等，对于在战乱中被迫卖身为奴的，规定"欲去留者，恣听之。敢拘制不还，以卖人法从事"[3]。通过这些措施，让土地、人口这些生产力要素重新回到朝廷掌握，增强国家对经济的控制能力，增加税收基数，提高财政收入。

---

[1]《汉书·食货志》："及莽未诛，而天下户口减半矣。"
[2] 见《后汉书·光武帝纪》。
[3] 见《后汉书·光武帝纪》。

度田令下达后，度田检户工作迅速在全国范围内展开。出乎刘秀意料的是，度田令的实施并不顺利，最大的问题是官吏不敢度田。各州郡派官吏进京汇报度田工作，刘秀在一堆公文中发现一块牍书，上面写有"颍川、弘农可问，河南、南阳不可问"的字句。刘秀不解其意，将陈留吏叫来询问，陈留吏说自己也不知道，这块牍书是在洛阳长寿街捡到的。刘秀的儿子刘庄这时只有12岁，在帷幄后插话："吏受郡敕，当欲以垦田相方耳。"意思是，这是郡里的官员在教陈留吏怎么核查土地。刘秀问："即如此，何故言河南、南阳不可问？"刘庄分析说，郡里的官员认为河南是帝城、南阳是帝乡，这两个地方的田亩和宅第即便有问题也不能核查。刘秀听完大怒，让人去调查核实，果然跟刘庄说的一样。[1]

刘秀于是在全国范围内进行了核查，发现度田不实的问题不仅出现在河南、南阳，在全国其他地方也都存在类似问题。《资治通鉴》记载："帝以天下垦田多不以实自占，又户口、年纪互有增减，乃诏下州郡检核。于是刺史、太守多为诈巧，苟以度田为名，聚民田中，并度庐屋、里落，民遮道啼呼；或优饶豪右，侵刻羸弱。"这段记载表明，负责度田的地方官吏不仅趁度田之机扰民，而且不敢得罪豪强，用隐瞒、欺诈等手段取悦豪强，使度田的结果有利于后者，这样一来，朝廷和百姓的利益受损，不仅没有达到度田的目的，反而会起到相反作用，激化社会矛盾。

针对问题，刘秀采取了果断而严厉的措施，"遣谒者考实二千石长吏阿枉不平者"[2]。很快，在度田中发现的问题陆续上报，其中一个案件颇引人注目：前汝南郡太守欧阳歙"度田不实，赃罪千余万"[3]。欧阳歙是知名学者，深得刘秀敬重，刚被提拔为大司徒。为警示官

---

[1] 此事见《后汉书·刘隆传》。这块牍书出现在刘秀面前，显得很蹊跷。牍是古人写字用的木简，《说文解字》："牍，书版也。"按理说，隐藏在官场中的这种"潜规则"是绝对不能让天子知道的，但又"恰如其分"地到了刘秀的案头，应该不是失误或巧合，也不大可能是从街上捡来的，极有可能是有官吏看到度田不实的情况，在婉转地报告给刘秀。不管是哪种情况，现在刘秀终于知道他下达的度田令在执行中存在着偏差。

[2] 见《资治通鉴》卷四十三。

[3] 见《资治通鉴》卷四十三。

员，刘秀下令将欧阳歙处死，为欧阳歙求情的有一千多人，欧阳歙的学生礼震请求替欧阳歙一死，但刘秀毫不动摇，欧阳歙最终死于狱中。除了欧阳歙，刘秀还处理了其他在度田中贪赃枉法或工作不力的官员，试图用强硬手段将度田工作推进下去。

就在这时，由度田激化出来的矛盾突然引发民变，史书记载："郡国大姓及兵长、群盗处处并起，攻劫在所，害杀长吏。郡县追讨，到则解散，去复屯结。青、徐、幽、冀四州尤甚。"[1]与其他农民起义不同，在这些民变中"郡国大姓、兵长"发挥了重要作用，这些人多是地方豪强，他们利用百姓对度田不实的不满情绪，以暴力与朝廷对抗，度田与反度田斗争是这些民变爆发的原因。

面对各地爆发的民变，善于"以柔术治国"的刘秀保持了冷静，采取"软硬结合"的办法予以应对和弥补：硬的方面，调动朝廷军队对民变进行镇压，严令各地官员以最快的速度将民变平息下去；软的方面，继续惩治不法官吏，处死了河南尹张伋等"郡守十余人"，以安抚百姓，同时"遣使者下郡国，听群盗自相纠擿，五人共斩一人者，除其罪"，对参与民变的人进行分化，在民变已平息的地区，"徙其魁帅于它郡，赋田受禀，使安生业"[2]。通过这些措施，这场因反度田而引发的民变很快得到平息，但轰轰烈烈的"度田运动"也因此受到打击，虽然没有诏令停止度田的相关记载，但此后有关度田的记载也少之又少。一般认为，看到度田中存在的严重问题，刘秀选择了妥协。刘秀度田取得了一些成效，刘秀在位30多年，户数、口数都增长了约1倍，豪强地主也有一些收敛，政局总体稳定，这些构成了"光武中兴"。但度田并没有达到事先预定的目标，多数历史学家的看法是，这次度田总体来看是失败的。[3]

---

[1] 见《后汉书·光武帝纪》。

[2] 见《后汉书·光武帝纪》。

[3] 如张传玺所著《中国古代史纲》认为："对捕获的大姓兵长，迁徙到他郡、县，给予优厚的田宅安排，不予处罚。这实际上是一种妥协政策，度田不了了之，反度田斗争也就平息下来。"翦伯赞主编的《中国史纲要》也认为："度田虽然取得了一些成就，但是豪强势力并没有被根本削弱，土地兼并仍在继续发展，广大农民生活仍然很痛苦。"

度田为什么失败？官吏执行不力、与豪强勾结只是表面原因，深层次的原因，与刘秀建立东汉政权的立国基础有关。桓谭曾对刘秀说："臣谭伏观陛下用兵，诸所降下既无重赏以相恩诱，或至虏掠，夺其财物，是以兵长渠率，各生狐疑，党辈连结，岁月不解。"[1]桓谭此说，针对的是刘秀对豪强、豪族势力过于依赖的问题。刘秀为尽快实现天下统一，对西汉以来快速崛起的世家大族势力采取了拉拢、利用政策，又大封功臣，形成新的豪族势力。刘秀以豪族为政治盟友，现在又要从经济上限制和打压这些豪族，势必造成激烈反弹。

刘秀在度田上的妥协，为整个东汉王朝埋下了政治隐患。刘秀选择妥协，表明他对豪族势力继续给予依赖，这构成了整个东汉时期政治格局的特点。从刘秀开始，东汉皇帝们热衷于同功臣豪族联姻，由此培养出外戚势力；当其坐大时，为维护皇权，皇帝通常选择扶持宦官集团予以平衡。这种复杂的政治格局决定了国家政策的走向，也决定了度田这样的改革举措难以真正推行下去。刘秀之后的汉明帝、汉章帝等也进行过度田，对土地兼并也有过一定抑制，但其力度都是有限的，与豪族势力扩张和土地兼并的速度相比显得远远不够。

十、东汉末年财政大崩溃

东汉中期以后土地兼并严重，社会财富逐渐向豪族聚拢，失地和流亡的人口增加，大量土地被隐匿，朝廷税收的基数被侵蚀，财政日趋窘迫，形成了田野空、朝廷空、仓库空的"三空之厄"[2]，通过挤压皇室支出的方式增加政府支出也不现实。汉武帝当年曾通过盐铁专营等一系列垄断工商业的政策增加朝廷收入，同时打压豪强士族，解决钱的问题。但强人之所以称强人，是因为他们

---

[1] 见《后汉书·桓谭传》。
[2]《后汉书·陈蕃传》："夫安平之时，尚宜有节，况当今之世，有三空之厄哉！田野空，朝廷空，仓库空，是谓三空。"

第二章　秦汉：经济路线大争论

在历史中也只偶尔出现一个，东汉中期以后朝廷对豪强士族的优势已不复存在，没有能力直接向他们要钱，只能通过借租税、减官俸等形式温和地"借钱"，卖官鬻爵其实也是一种"借钱"的方法，只是增加了给对方的回报。

到汉桓帝、汉灵帝在位时，这种财政危机达到了顶峰，除了因土地兼并严重和自然灾害频发造成的生产力下降因素外，还遇到了一桩十分耗钱的事情，那就是平息所谓"羌乱"。东汉中后期，与长安近在咫尺的凉州刺史部所属的陇西、金城一带不断爆发羌人起义，朝廷派兵前往镇压。汉桓帝刘志在位时，调段颎等名将前去平息"羌乱"，段颎等人在军事上虽然节节取胜，但军费开支让朝廷招架不住，对羌作战变成了个大坑，进一步把东汉朝廷引向崩溃边缘。在段颎后来上给朝廷的一份报告里记述了前代对羌作战的财务支出情况：在永初年间的14年里花费了240亿钱，到永和年间的7年里花费80多亿钱，上述21年里共花费320多亿钱，平均每年超过15亿钱。[1]当时东汉一年的税收也不过60亿钱左右，意味着在这20多年里每年都要拿出25%的税收扔到这个无底洞里。

汉灵帝在位时宠信宦官，为解决财政困难，宦官们一开始想到的是加税，他们怂恿汉灵帝下诏全国每亩田地在正税之外另加10钱的"修宫钱"，用于皇室专用，但这项制度遭到了基层的激烈反对，收了一阵，没敢再坚持。汉灵帝痛切感到钱不够花，偏偏他又是一个爱享受、爱折腾的皇帝，很在意皇室专用支出能否得到保障。西汉时，财政体系一度实行"收支两条线"制度，田赋、徭役、算赋以及市租、关税、专卖收入、山泽园池收入中划出一部分为政府收入，另一部分为皇室收入，两项收入和支出均由不同的部门单独核算。东汉以后收入不再细分，支出仍分为政府和皇室两大块，政府支出由大司农管理，皇室支出由少府管理，它们都是九卿之一，是中央政府9个主要部门中

[1]《后汉书·段颎传》："伏计永初中，诸羌反叛，十有四年，用二百四十亿；永和之末，复经七年，用八十余亿。费耗若此，犹不诛尽，余孽复起，于兹作害。"

的2个。皇室支出不仅种类繁多，而且在整个财政支出中占有很大比重，日常项目包括饮食、被服、车马、器物、医药、娱乐、赏赐以及宫室陵墓建设等，支出分列在一定程度上可以避免皇室支用的无度，因为财政支出多少往往根据收入能力来确定，官俸、军费、文教事业、救灾赈济再加上皇室支用，核算为多少基本取决于能收多少，在收入相对固定的情况下支出也相对固定，要增加其中的一项就必须减少其他项目的支出，而其他支出又多是刚性的，大量减少并不现实。也就是说，在财政总收入本就有限的情况下，通过"节流"来保障皇室支出是不现实的，现实的途径只能是"开源"。

汉灵帝发现，手中只有一种资源可以换钱，那就是官位和爵位。汉灵帝于是就在皇家园林西园设立了专门机构卖官鬻爵，卖一个品秩二千石的官员2000万钱，卖一个品秩四百石的官员400万钱，明码标价、童叟无欺，同时"以德次应选者半之，或三分之一"[1]，也就是在群众中口碑比较好的可以享受5折优惠，但最低不能少于三分之一。二千石大约相当于九卿，四百石相当于县丞。一时拿不出这么多钱也没关系，可以先付一部分，剩下的分次付，相当于分期付款；如果连"首付"都拿不出来，也没关系，可以先上任再交钱，但价钱翻一番，相当于零首付按揭贷款；对竞争比较激烈的官位，汉灵帝让宦官们拿到西园公开叫价，谁出的钱多归谁，相当于"拍卖"。

汉灵帝作为皇帝带头买官卖官，折射出东汉末年朝廷财政已经山穷水尽的现实。从战国到晚清，2000多年里由国家出面卖官一直延续不断，战国时秦国有"入粟拜爵"，唐朝有"纳资助国酬官"，宋朝有"进纳授官"，元朝有"入粟补官"，清朝有"捐纳"，在这些卖官行为里当数汉灵帝最不受约束，也最赤裸裸。卖官大体分国家行为和私相授受两种，国家行为的卖官活动不仅为私相授受起到了很坏的表率，而且造成了大量的制度漏洞，是官员私下里卖官无法禁绝的

---

[1] 见《后汉书·灵帝纪》李贤注引《山阳公载记》。

一个重要原因。买官卖官至少有三重危害：一是冲击了吏治，破坏了正常的官员升迁秩序，大量官员通过不正当渠道获得升迁，降低了官员队伍的整体素质，对那些有能力、有业绩但不肯花钱买官的官员来说也是一种不公；二是纵容了贪污腐化，花钱买官的人往往视买官为投资，一旦掌权必然疯狂贪腐，把钱捞回来；三是败坏了社会风气，让统治者失去民心，通过买官卖官所结成的贪腐集团一旦在政治上形成气候，还会造成政治上的黑暗，加速王朝的崩溃。

在选官方面中国古代原本也有严密的制度，如汉代的察举制、隋唐以后的科举制，但这些制度一来随时会被最高统治者打破，二来它管理的通常是初任官员的资格选拔，初任之后的升免大权则交给了拥有人事权的部门和个人，这就难以避免其中的随意性和主观性，为买官卖官留下了空间。但这还不是问题的关键，2000多年的历史经验表明，要禁绝买官卖官的现象仅以人治的办法难以行得通，更不是严办一批卖官的人和买官的人就能刹住这种歪风，必须在制度上着眼和着手，具体来说就是在选人用人时用竞争性的制度和规则去取代个人决定，比如实行公推公选、公开选拔、竞争上岗等，真正地用制度规范选人和用人。更为重要的是，只有减少买官者的预期得利，买官卖官的现象才能减少以至禁绝。资源或权力的垄断可以分为两个层面，一是市场的垄断，二是人为的垄断，开放市场的垄断就会减少人为的垄断，如果市场的垄断得不到消散，只集中在少数人手中，自然会激起人为垄断的竞争，围绕官位的买卖就是这种竞争最集中的体现。

十一、两汉财政政策的误区

从汉武帝时期的扩张型财政，到东汉末年的财政大崩溃，两汉在407年历史中时常为财政问题所困扰，究其原因，是在财政主导思想时常陷入误区。

过日子花钱，对家庭来说叫理财，对国家来说就叫财政。无论家庭还是国家，自古以来就有"量入为出"的基本原则，强调根据收入来决定开支的限度，但仔细分析一下，对这条原则也不能机械地理解和执行。"量入为出"的出处是《礼记》[1]，它提出国家必须实行财政管理，每年的年底，粮食收获完了，宰相要根据当年的收成情况来确定第二年的支出安排。这种预算安排与现代财政管理在顺序上有所不同，这种安排强调"国用"对应的不是本年度"丰耗"，而决定于上一年度，这与当时的收入水平和结构有关。《礼记》是西汉戴圣所作，但所讲的是秦汉以前的礼仪，是春秋战国甚至更早的制度，那时还处在原始农业阶段，粮食不仅是家庭的主要收入，也是国家的主要储备，国家的财政安排都围绕着粮食来进行，所以只能先"收"后"支"。

对于支出的原则，《礼记·王制》提出"以三十年之通制国用，量入以为出"，也就是要做好统筹计划，既考虑丰年，也要考虑饥年，"三年耕，必有一年之食"，每3年储备起1年的支出，以30年为周期的话，就可以储备起10年的支出了。强调储备也与当时的生产力水平有关，在农业技术还很落后的情况下，完全靠天吃饭，"天有不测风云"，常有"凶旱水溢"，如果没有足够的储备，遇到自然灾荒就无法度过。《礼记·王制》说"国无九年之蓄曰不足，无六年之蓄曰急，无三年之蓄曰国非其国也"，按照这个说法，平时如果没有储备起3年的"国用"，连国家都不配称，有了充足的储备才能"民无菜色，然后天子食，日举以乐"。

所以，最早的"量入为出"在操作中"入"与"出"其实并不相等，一般情况下"入"要大于"出"，以保证特殊情况下"出"可以大于"入"，入不敷出的情况是不存在的。这个理念既通俗易懂，又符合长期以自然经济为主导的农业社会

---

[1]《礼记·王制》："冢宰制国用，必于岁之杪，五谷皆入然后制国用，用地小大视年之丰耗。以三十年之通制国用，量入以为出，祭用数之仂。"

第二章 秦汉：经济路线大争论

的具体情况，同时它也与儒家文化的义利观、财富观、价值观相契合，所以成为各个朝代制定财政政策的核心原则。但是，也有人对"量入为出"提出过质疑。这是因为，对一个国家来说支出结构一旦形成就会在一定时期内相对稳定，而收入由于受自然因素的影响而会经常发生波动，如果能按照"以三十年之通制国用"的原则平衡收入，这个矛盾将会缓解，但管理者往往更看重眼前和即期利益，当收入大幅度增加时往往忘记了储备的重要性，当收入锐减时只能用杀鸡取卵、涸泽而渔的办法增加收入，古代王朝兴衰的周期律，从经济学角度看其实就是这个道理。

汉初经过数十年的休养生息，国家经济得到恢复和快速发展，财政收入大增，汉武帝面对不断增长的国力，想到的不是把财力储备起来，而是激发起了向外扩张的雄心。经过连年征战，国家财政吃紧，为增加收入汉武帝推出了均输、平准、盐铁官营等一系列强化经济控制的政策，以保持收入的增长，因"收"而"支"最后变成因"支"而"收"，陷入恶性循环，是汉朝由盛而衰的一个重要原因。

片面地理解和执行"量入为出"可能造成理念的异化，或者成为某种行为的借口，所以有人提出了另一种理念，根据支出的多少来决定收入，即"量出为入"。据史书记载，汉高祖时就曾提出过"量吏禄、度官用，以赋于民"[1]，即先核定支出，再根据支出决定税赋征收的多少。这里没有进一步说明该项政策是如何操作的，考虑到它记载在《史记》里，而司马迁写这段话的主要动机在于批评汉武帝时期的经济政策，因而汉高祖有没有真正推行过"量出为入"其实无法断定。

还有人认为财政预算只能"量出制入"，有人认为"量出为入"就是"量出制入"，但从字面上理解，"量出为入"多少还有"量力而行"的意谓，而"量出制入"更强调了人为和被迫，"力"可行时得办，不可行时也得办。支出好算，增加收入就困难多了，在两汉时代，最容易想到的办法是加税，不断增加税赋科目和征

[1] 见《史记·平准书》。

收标准，但这通常又是困难且危险的，往往加速了政权的灭亡，是一种饮鸩止渴式的做法，而东汉末年汉灵帝通过卖官鬻爵的办法增加收入，是更危险的做法，最终也将东汉王朝引向了更大的混乱，开启了三国大分裂的时代。

无论是"量入为出"还是"量出为入"，还是对经济民生极具破坏力的"量出制入"，站在任何单一的立场，看来都无法解决复杂的财政管理问题。西方早期财政管理思想中也认同"量入为出"的理念，如英国经济学家亚当·斯密提出有限、"廉价"政府的观念，指出政府应该厉行节约，应"量入为出"，政府预算的不平衡都是因为计划不周所造成的。后来市场经济发展到一定阶段，对财政的职能定位有了新的思考，如英国经济学家约翰·凯恩斯认为财政政策过于稳健将减少社会总需求，损害公共福利，所以他提倡用赤字财政代替财政稳健，也就是"量出为入"。约翰·凯恩斯主张的核心是国家对经济进行干预，而财政、税收就是干预经济的最有力手段，通过国家干预可以使经济在短时期内得到快速发展，这尤其适用于大规模经济危机来临时，所以他的主张在二战之后被很多国家采用，形成了国家垄断资本主义。但是约翰·凯恩斯的主张也有明显弊端，由于过多地关心了短期效果，往往忽视了长期效应，有些为短期效果所推出的措施对长期发展不仅效果不明显，甚至还有负作用。另外，这种"量出为入"的政策仍然无法有效地解决抑制政府发展冲动的问题，在缺少有效制约的情况下，往往会变成为了追求短期业绩而好大喜功，不顾财政的承受能力。

说到底，"量入为出""量出为入"更多地适合于家庭理财，一个国家的财政管理具有更多的复杂性和制约因素，也承担着更多的职能和使命，不能用一句简单的理念来概括，更不能片面理解和异化。国家财政管理的体制必须与国家的经济形态相适应，不同时期的财政管理原则取决于不同阶段经济社会发展对财政的需求，都不应该一成不变。应当把"量入为出"与"量出为入"的思想结合起来,不要把它们看作一对矛盾,而要吸收其中的有益之处:"量入为出"强调了量力而行,不要脱离实际做不可能的事;"量出为入"强调了积极作为,不要因循保守、怠政懒政。在财政管理中既要尊重客观现实又要发挥主观能动性,通过预算管理实现财政收支均衡,在社会总供给大于社会总需求时适当增加财政支出,反之则减少财政支出。同时还要按照社会公平原则和市场效率原则安排好财政支出,优化资源配置,发挥财政手段在促进经济社会发展中的作用。

第三章

魏晋南北朝：四百年经济混乱

第三章 魏晋南北朝：四百年经济混乱

"魏晋南北朝"虽然只有5个字，但作为一个历史概念，却包含了太多的信息量，其间存在的朝代或国家竟然多达数十个。"魏"通常指曹魏，后世以其为三国时代的正统，蜀汉、孙吴则是同期存在的割据政权；"晋"指统一的政权西晋，以及西晋政权南渡后建立的割据政权东晋，与东晋同期存在的还有北方的所谓"五胡十六国"；"南北朝"指的是南方的宋、齐、梁、陈四朝，以及同期存在于北方的北魏、东魏、西魏、北齐和北周。由曹魏政权建立开始，到隋朝建立终结，时间跨度达360多年，考虑到东汉末年和隋朝初年天下事实上也处在分裂状态，所以这一段以大分裂为主体的历史时期约400年之久。这一时期，由于大规模战乱，使经济遭到严重破坏，最困难的时候，人们需要为争取基本生存条件而苦苦奋斗。这一时期不少城市被严重破坏，商品经济发展缓慢。但这一时期江南开发的步伐加快，各民族经济交流加强，各民族相互学习、取长补短，这些为新的大一统王朝的建立和经济恢复奠定了基础。

一、被粮食改变的历史

粮食，有时也是历史发展背后的那只看不见的手。"兵马未动，粮草先行"这句话通俗易懂，最早可以追溯到明朝万历年间的鼓词底本《大唐秦王词话》。对一支军队来说，要想在战争中取胜，就必须拥有充足的后勤保障，没有饭吃，军心自乱；对于一个时代来说，如果普遍缺少粮食，人们忍饥挨饿，那历史的进程就将改写。粮食的这种重要性，在汉末三国时代表现得尤为突出。

（一）曹操军粮中的"人肉干"

194年（汉献帝兴平元年），天下大旱，还闹起蝗灾，加上已经持续了十几年的战乱，粮食生产遭受毁灭性打击，产量锐减。这一年粮价暴涨，谷子一斛售价高达50万钱。在之前的汉桓帝时代，谷价每斛只要50钱，三四十年光景粮价涨了上万倍！粮食基本上退出了交易市场，有价无市。身在长安的汉献帝刘协命令侍御史侯汶调出太仓的米和豆子为难民熬粥，但救不了那么多的人，饿死者仍然无数。汉献帝怀疑有人从中克扣粮食，于是亲自坐在大锅边看着熬粥。最后经过计量，证实是侯汶作弊，于是责打侯汶50杖。[1]这只是杯水车薪，灾民太多，无济于事。各地都出现了人吃人的惨状，田野里、道路边白骨堆积。

这场粮荒最严重的时候，曹操正在兖州跟吕布作战，曹操指挥大军在濮阳城外进攻吕布。从军事角度看曹军已逐渐占据上风，如果再给曹操一些时间，有把握把吕布从濮阳城中赶走。但粮食危机打乱了曹操的部署，尽管吕布在城中也缺粮，可城外的曹军情况也好不到哪里去。秋粮还没有跟上，双方都无力再打下去了，曹操只得从濮阳撤军。

这次粮荒严重的程度超乎想象，曹操手下的将领程昱也是兖州本地人，看到曹军缺粮，程昱于是回到自己老家兖州东阿县弄粮食。程昱弄粮食的方法不是向老百姓买，因为有钱也没人肯卖，程昱的办法是"略其本县"，也就是纵兵去抢。但即使这样，把全县粮食抢光也仅够曹军"供三日粮"。这些粮食分发到士兵手里，大家惊讶地发现里面有一种恐怖的东西，史书上说是"人脯"，[2]也就是人肉干。粮食不够，就连军中也到了人吃人的地步，普通百姓可想而知。这件事让程昱的个人形象

---

[1]《后汉书·孝献帝纪》："是时谷一斛五十万，豆麦一斛二十万，人相食啖，白骨委积。帝使侍御史侯汶出太仓米豆，为饥人作糜粥，经日而死者无降。帝疑赋恤有虚，乃亲于御坐前量试作糜，乃知非实，使侍中刘艾出让有司。于是尚书令以下皆诣省阁谢，奏收侯汶考实。诏曰：'未忍致汶于理，可杖五十。'"

[2]《三国志》引《魏晋世语》曰："初，太祖乏食，昱略其本县，供三日粮，颇杂以人脯。"

大受影响，曹魏建国后程昱担任的职务一直都是部长级的九卿，以他的资历和贡献早应该进入三公行列，但由于程昱抢过自己的家乡，给部下吃过"人脯"，被认为触碰到了人伦的底线，所以程昱到死都没有成为三公，只是死后被追赠了车骑将军的头衔。

（二）被粮食左右的大决战

200年（汉献帝建安五年），曹操又在官渡与袁绍展开决战，经过最初的几次交锋，双方陷入了长时间对峙。对曹操来说这更为不利，因为官渡更靠近曹操的核心区，压缩了曹操的战略纵深，为曹操的后勤补给制造了更大困难。曹军的粮食眼看接济不上了，这个问题相当严重，一旦不能给士兵开饭，即使思想政治工作做得再好，部队也没有战斗力，更何况曹军这边士气本来就成问题，士卒叛逃事件时有发生，如果再没有饭吃，定会不战而败。

前线缺粮，辛苦的不仅是阵前厮杀的部队，负责运粮的人也同样很难，为了保证供应，不分昼夜地从后方紧急运粮上前线。为了给他们鼓劲，曹操专门向他们训话，说再过15天就能打败袁绍，到时候就不再烦劳大家了。曹操说这话的时候心里未必有把握，为了稳定军心，他必须装出胜券在握的样子。曹操的压力实在太大了，加上头疼，弄得他常常睡不着觉。现在他满脑子装的都是粮食问题，整天愁眉不展，虽然夸下15天破敌的海口，但他知道除非奇迹发生，否则那是不可能的。

这天晚上，曹操正在军帐中洗脚，卫士进来禀报，说外面有个自称是他老朋友的人要见他，来人自报名字叫许攸。曹操不禁脱口而出道："吾事济矣！"曹操来不及擦脚穿鞋，光着脚跑了出来迎接许攸。双方相见，顾不上寒暄，谈话直奔向主题。许攸开门见山地问曹操还有没有军粮，曹操含含糊糊地说大概还可以吃1年，许攸一听，毫不客气地让曹操重新回答。曹操见瞒不过，只得说可以吃半年。许攸有点儿不高兴，认为曹操仍没有据实回答，曹操这才笑道："向言戏之耳。其实可一月，为之奈何？"[1] 其实这也是虚的，曹操之前说 15 天可以破敌的时候已经传达出了实情：他的粮食恐怕只有 10 多天了。

许攸这才告诉曹操打败袁绍的方法：你孤军独守，外无救援而粮草将尽，这是非常危险的，现在袁绍有 1 万多车辎重粮草在故市、乌巢一带，守卫的士兵警备不足，如果以一支奇兵发起突然袭击，出其不意把粮草烧了，用不了 3 天袁绍必然大败！[2] 曹操大喜过望，按照许攸说的做了，果然不出 3 天就大败袁绍。都说官渡之战是以少胜多的经典战例，在"以少胜多"的背后，起关键作用的其实是粮食。

（三）赤壁之战因粮食而改变

208 年（汉献帝建安十三年）发生了另一场大决战，即赤壁之战，这一次进攻的是曹操，防守的是孙权和刘备。这场战役前后可分为两个阶段：前一阶段，曹操亲率大军南下，刘表的儿子刘琮投降，曹操轻松得到荆州，追击刘备，取得当阳大捷；后一阶段，曹操率军沿长江东进，与孙刘联军交战于赤壁，曹军大败。曹操在这两个阶段里判若两人，先胜后败，胜得很威武，败得很窝囊，让人看不懂。最让人看不懂的是：曹操追击刘备，在当阳长坂坡把刘备击溃，刘备往东跑，曹操却往南边去了，没有乘胜追击。如果曹操紧追不放，刘备、诸葛亮等人恐怕不战死也得当俘虏，后面的孙刘联军也就不存在了。

南边有什么东西在吸引着曹操吗？真的有，这就是江陵。江陵即今湖北省荆州市，位于长江边上，即春秋战国时楚国的郢都。在汉代，江陵曾长期作为荆州刺史部的治所，刘表把治所迁往襄阳后江陵的政治地位才有所下降，但经济地位没变。江陵承接荆州南北，交通便捷，刘表

---

[1] 见《曹瞒传》。

[2]《曹瞒传》："公孤军独守，外无救援而粮谷已尽，此危急之日也。今袁氏辎重有万余乘，在故市、乌巢，屯军无严备；今以轻兵袭之，不意而至，燔其积聚，不过三日，袁氏自败也。"

在这里建立了强大的后勤基地,储存了由江南各郡调集起来的粮食,是江南的"大粮仓"。此次南征,曹操在后勤保障方面也做了充分准备。但是,后方的粮食运往前线要经过长途运输,耗费巨大的人力物力不说,途中对粮食本身也有很大消耗。如果能在前线直接获取粮食,那将是最理想的状况。《孙子兵法》提出"因粮于敌"的思想,认为在前线就地取粮,其效率不可同日而语。[1]曹操本人对"因粮于敌"很感兴趣,他曾亲自进行过计量测算,认为在"千里运粮"的情况下,与"因粮于敌"所产生的效果比应该是1∶20,也就是在前线就地取粮1斤,相当于从后方向前方运粮20斤。[2]在曹操眼里,江陵等于有20个"大粮仓",这是根本无法拒绝的诱惑,在它面前,刘备的价值都足以黯然失色。可是,如果不去江陵绕这样一个大弯,也许后面的赤壁之败在很大程度上会避免。

(四)被粮食逼出来的发明

231年(蜀汉建兴九年),诸葛亮第四次北伐,与魏军对垒于祁山附近。这里远离双方的后勤基地,加上天下起了连阴雨,运输困难,双方都担心粮食供应问题。怕什么来什么,负责留守汉中的李严派手下参军狐忠、督军成藩突然来到前线向诸葛亮报告说,由于阴雨连绵,粮食无法供应,李严已报告后主,后主诏令诸葛亮回师。诸葛亮尽管心有疑虑,同时也不甘心,但军粮供应不上已成事实,除了退兵没有任何办法。

第四次北伐后诸葛亮对粮食问题更加重视,尤其在解决粮食的运输问题上下了很大功夫。为了提高运粮的效率,诸葛亮在秦岭山中的斜谷修建了粮仓,把粮食尽量往那里集中,这样一旦重开战事,就可以最大程度减少运粮的距离。为了运粮,诸葛亮还发明了木牛流马。木牛和流马是两种不同的东西,它们的名字虽然挺怪异,但不是传说。木牛大概是这样的:腹部是方形的,头部是弯

---

[1]《孙子兵法·作战篇》:"善用兵者,役不再籍,粮不三载,取用于国,因粮于敌,故军食可足也。"

[2]《孙子兵法·作战篇》曹操注:"转输之法,费二十石得一石。"

曲的，每天行程较短，适合运输大批物资，不适宜运送少量的东西。单独行驶，每天能走数十里，结队行驶，每天能走20里。每一木牛能载一个人吃一年的粮食，每天走20里，不会觉得疲劳。流马大概是这样的：形制小于木牛，盛粮食的工具是两个可拆卸的木箱，每个木箱可以盛米二斛三斗，它更为精巧，行动速度也更快。木牛比流马大得多，适合运送大批物资，运送少量的东西不够划算，可以用流马。

一般认为，木牛流马都是一种人力推动的四轮车，木牛体量较大，流马算是它的"简装版"。之所以有了木牛后再推出流马，是因为有些地方道路不好，木牛运行不方便，于是进行了简化。既然是一种车子，为什么起了个"木牛流马"的名字呢？现在流行的网络词汇里把"有没有"称为"有木有"，推测一下，古人会不会也这么用过，"木牛"即"没牛"，也就是不用牛也能拉着跑。这并不是臆想，20世纪60年代出版的一部农业科技史著作里面就持这样的观点。[1]至于"流马"，可能得名于它特有的方囊。

这是一个了不起的发明，类似于今天的集装箱，算是"微型集装箱"，属于模块化的设计思路。行进中，由于方囊连着方囊，像是流动的马，所以叫流马。制作大批量的木牛流马也是一项浩大工程，唐人杜佑在《通典》中记载，诸葛亮命人在景谷县西南25里的白马山建立制造基地，专门制造木牛流马。不过，蜀汉综合实力较弱，诸葛亮虽然想了许多办法，但仍始终受到粮食问题的困扰，成为北伐失败的重要原因之一。

二、曹魏的经济争霸战略

战乱加天灾，使人口锐减、土地荒芜、农业面临崩溃。"国家之要，唯在谷帛"，[2]吃穿问题已经上升为成就霸业的首要问题。最早想出解决办法的是曹操，他的办法就是

---

[1] 见刘仙洲《中国古代农业机械发明史》，科学出版社1963年出版。
[2] 见《三国志·司马芝传》。

搞屯田。通过战争手段曹军收复了大量无主土地,曹操手下一部分人认为应该赏给有功的将士,这也是以往的惯例,有人甚至提出恢复古代的井田制,大力推行土地私有化。荀彧、毛玠等有识之士反对这么做,枣祗建议效仿古人利用这些土地搞屯田,这项建议被曹操采纳。

196年(汉献帝建安元年)曹操颁布《置屯田令》,从定国安邦的战略高度充分肯定了秦皇汉武奖励耕战、实行屯田的历史经验,阐述了屯田积谷的重要意义,下令开始屯田。曹操搞屯田没有一下子铺开,先在当时的临时国都许县附近搞试点。具体做法是,把已经找不到主人的土地收归国有,把丧失土地的流民组织起来,由国家提供耕牛、农具、种子,获得的收成由国家和农民分成。当时能集中起来的土地很多,流民也很多,土地和人手都不发愁,屯田很容易就搞了起来。这项工作由司空府负责,担任司空的是曹操,就是说屯田这项工作是不折不扣的"一把手"工程。在许县试点期间,曹操任命枣祗为屯田都尉,任命自己的堂妹夫任峻为典农中郎将,具体管理屯田事务。条件具备、领导重视、利国利民,这么好的事应该一呼百应、一蹴而就,但事实却不是这样。屯田试点刚一铺开就遇到了挫折,被组织起来的屯田户不太适应新的生产方式,有不少屯田户逃亡了。[1]

为什么屯田户不买账?核心问题是税赋太重。汉代农业税的比例大部分时候是十五税一或三十税一,即6.7%或3.3%,而曹魏屯田户的税负是收成的一半,即50%,如果使用官家的牛,还要达到60%,所以大家积极性不高。另外,屯田户实行半军事化管理,农户们既要从事繁重的农业生产,还要参加军事训练,危急时刻还要像正规部队一样打仗,风险大,人身自由不多。针对这些问题,梁国相袁涣提出采取措施调动屯田户的积极性,不能过于勉强,曹操接受了建议,对屯田制度尽量加以改进,包括合理安置劳力和分配生产资料、取消屯田户的徭役等,保证屯田制的

---

[1]《三国志·袁涣传》:"是时新募民开屯田,民不乐,多逃亡。"

健康发展。同时，为防止屯田户逃亡，加强了日常管理，比如推行了连坐法，一人有事，全家、全族乃至全屯的人跟着承担责任，屯田户逃亡事件大为减少。

为减轻屯田户的负担，曹操下令对屯田以外的普通农户严格收税，增加国家收入。在这些税收中，有一种是按年、按户收取的，先对农户的土地、宅屋、车辆、牲畜甚至奴婢等私人财产进行清查，根据财产多少划定若干等级，不同等级按不同标准交税，类似于"财产税"，也可以称为"战争税"。清产划等有点像划成分，这项工作在曹操统治区全面铺开，包括曹操本人都是清产划等的对象。曹操家乡谯县给曹操、曹洪二人评为同一等级，曹操知道后对人说自己家根本没有曹洪家有钱。[1] 这说明，为保证国家税收的公平，也为了减轻屯田户的负担，包括曹操在内的所有人都没有免税的特权。

许县屯田试点十分成功，当年"得谷百万斛"。曹操下令将这一制度全面推广，由于这个办法非常好，孙吴和蜀汉也随后跟着实行，不过仍然以曹魏的屯田规模最大、时间最长、效果最好。当时天下有13个州，曹魏控制区最鼎盛时涉及11个州，共91个郡国，根据现存史料统计，有17个郡国有民屯，8个郡国有军屯，3个郡国既有民屯也有军屯，共计郡国28个，占总数的1/3，当然实际比例肯定比这个高得多。

曹魏的屯田分民屯和军屯两种，民屯在曹魏的腹地，军屯在曹魏与吴蜀交界的地区，配备的屯田官级别都很高，郡国配品秩二千石的典农中郎将或比二千石的典农校尉，县配品秩六百石的典农都尉。品秩二千石相当于朝廷的部长和地方上的郡太守，品秩六百石相当于县令，这些屯田官单独设署治事，不隶属于所在的郡县。

曹操自己身体力行抓屯田工作，他不仅关心打仗，也很重视各地的户籍、人口、土地等情况，亲

---

[1]《魏略》："初，太祖为司空时，以己率下，每岁发调，使本县平赀。于时谯令平洪赀与公家等，太祖曰：'我家赀那得如子廉耶！'"

第三章 魏晋南北朝：四百年经济混乱

自过问屯田事务，尤其对大型水利工程建设很关心。曹魏时期，睢阳渠、白沟、平虏渠、泉州渠、新河、利漕渠、白马渠、鲁阳渠、广清渠、成国渠以及摩陂、芍陂、郑陂等一大批水利工程纷纷上马，以当时的生产效率这些工程个个都很浩大，如果曹操不拍板并给予支持很难完成。曹操还亲自参加劳动，他跟铁匠一块打过铁。在他的带动下，曹魏的官员、将领都很重视农业工作，著名将领夏侯惇在战斗中失去一只眼睛，曹操让他继续发挥余热在山东搞屯田，夏侯惇身体力行，积极组织军民修水库，还亲自担土修坝。

魏蜀吴三国中曹魏屯田时间最长，前后达70年，取得的成就也最大，所以它的综合国力远超吴蜀。虽然最后统一天下的是晋朝，但那也是在继承了曹魏政治、经济遗产的基础上诞生的。曹魏屯田培养出一大批"农业干部"，先后在"农业系统"任职的有枣祗、任峻、国渊、袁涣、韩浩、裴潜、徐邈、卢毓、严匡、郑浑、杜松、王昶、毛曾、仓慈、李胜、石苞等人，可称得上人才济济。他们有的专门从事农业工作，有的从农业领域起步后来担任了更重要的职务，相比于其他朝代，三国尤其是曹魏可以说是"农业干部"最吃香的时代。

在曹魏众多"农业干部"中成就最突出的人是邓艾，他的身世很传奇，因为他就出身于屯田户，与农奴无异，父亲早逝，小时候放过牛，但他天姿聪慧，自学成才，被选拔到基层屯田系统工作。邓艾是个有远大志向的人，他很重视调查研究，在掌握第一手资料的基础上写出了著名的《济河论》，对水利建设和农业生产提出了自己的见解，受到当时还是曹魏重臣的司马懿的注意。

司马懿让邓艾担任淮南一带屯田工作的总负责人，邓艾开河道、举屯田，在北起淮水、南至钟离、西至横石、东到沘水源头的广大地区大兴水利工程，拓宽了淮阳、百尺等河流，在颍水两岸形成了大大小小的人工水库，还开挖300多里水渠，灌溉农田2万顷，使淮南、淮北连成一体，粮食产量连年丰收，除自用外，每年还可向国家积粮500万斛，6年得谷3000万斛，相当于10万大军5年的军粮。邓艾也因此受到了司马懿进一步的重视，从一名纯粹的"农业干部"成长为司马懿的主要助手和当时最著名的将领之一。

三、曹操的节约型财政

为了克服严重的经济困难，曹操带头节俭，反对奢侈浪费。在起兵之前曹操就有这样的思想，在担任济南国相时，他主张禁淫祠，其中一个重要的原因就是避免浪费，反对给百姓增加额外负担。占领冀州后，为了恢复生产，曹操专门下达了《整齐风俗令》，针对诸多社会弊端提出了革新和兴弊除害的具体措施。

曹操"雅性节俭，不好华丽"，带头节俭。曹操要求后宫妻妾及宫人不能穿太华丽的衣服，这方面规定得还特别具体，比如要求"侍御履不二采"，也就是规定她们穿的鞋不能有两种以上的颜色。在曹操的起居室里，帏帐屏风"坏则补纳"，能修就修，能补就补，衣被等物也是能朴素就朴素，"无有缘饰"。[1]攻城拔邑得到的奢侈品以及"四方献御"的东西，曹操从不留给自己，都奖励给有功人员。

古人的衣帽不能乱穿乱戴，而是有讲究的，要体现不同的身份地位，为此有一套很复杂的衣服鞋帽标准制式，但当时"天下凶荒，资财乏匮"，完全按礼仪规范来就会增加很大负担。曹操亲自动手发明了一种帽子，"拟古皮弁，裁缣帛以为帢，合乎简易随时之义"，[2]这种帽子用材很普通，只是通过颜色来"别贵贱"，既实用又节约。

曹操的夫人卞氏主持后宫也极尽节俭，曹操死后她曾对身边的人说："吾事武帝四五十年，行俭日久，不能自变为奢，有犯科禁者，吾且

---

[1] 见《三国志·武帝纪》注引《魏书》。
[2] 见《太平御览·服章部》注引《傅子》。

能加罪一等耳，莫望钱米恩贷也。"卞夫人请亲戚吃饭，"菜食粟饭，无鱼肉。其俭如此"。[1] 曹操对子女们要求也极为严格，有时甚至到了苛刻的程度，有一次曹操看到曹植的妻子穿着华丽的衣服在外面行走，曹操大为恼怒，居然下令将其处死。

曹操还禁止厚葬，他下令"民不得复私仇，禁厚葬，皆一之于法"，他要求墓葬不能占用良田，应该"居瘠薄之地"，并且"因高为基，不封不树"[2]。曹操临死前所立遗嘱中，更是对自己的后事进行了具体安排，要求"敛以时服，无藏金玉珍宝"[3]。曹操交代说，天下还没有完全安定，古代的葬仪不必完全遵守，我有头痛的毛病，很早就开始戴头巾，我死后丧服跟平时穿的一样就行。曹操甚至具体规定，文武百官来吊孝只要哭十五声就行，葬礼完毕即脱去丧服，驻守在各地的将士都不要离开驻地，各级官员要认真履行职责。入殓时不必再换衣服，不要用金玉宝器来陪葬。

向曹操提出"奉天子以令不臣"建议的毛玠平时生活十分节俭，"常布衣蔬食"，官俸所得及赏赐都用来"抚育孤兄子"以及"振施贫族"，以致"家无所余"。曹操非常欣赏这一点，平定柳城后，在分赏所缴获的器物时，曹操专门把素色屏风、素色凭几赏给毛玠。曹操对毛玠说："君有古人之风，故赐君古人之服。"曹操任司空、丞相期间，毛玠担任东曹掾，主持官员选拔，权力很大。曹操之所以把这么重要的工作交给毛玠，很大程度上看中的正是毛玠身上俭朴清廉的品格。毛玠没有辜负曹操的期望，《三国志》记载："其所举用，皆清正之士，虽于时有盛名而行不由本者，终莫得进。务以俭率人。"这样的用人标准进一步带动了风气转变，天下士人"莫不以廉节自励"，即使那些贵宠之臣也"舆服不敢过度"。[4]

孝廉出身的和洽曾拒绝过大将军何进的征召，后依附荆州牧刘表，曹操夺取荆州后担任丞相掾

[1] 见《三国志·武宣卞皇后传》。
[2] 见《三国志·武帝纪》。
[3] 见《三国志·武帝纪》。
[4] 见《三国志·毛玠传》。

属，后担任侍中、郎中令等职。和洽认为"民稀耕少，浮食者多。国以民为本，民以谷为命"，提出"消复之术，莫大于节俭"。和洽带头节俭，平时"清贫守约"，虽身居高位，但生活清苦，"至卖田宅以自给"，魏明帝得知后"加赐谷帛"。[1]与和洽类似的还有大臣张范，他性格恬静，不爱名利，"救恤穷乏，家无所余"，不收别人的馈赠，实在拒绝不了，"亦终不用，及去，皆以还之"。[2]

曹魏崇尚节俭的大臣还有很多：司马朗"虽在军旅，常粗衣恶食，俭以率下"；梁习"勤劝农桑，令行禁止……而居处贫穷，无方面珍物"；鲍勋"内行既修，廉而能施，死之日，家无余财"；华歆"素清贫，禄赐以振施亲戚故人，家无担石之储"；夏侯惇"性清俭，有余财辄以分施，不足资之于官，不治产业"；荀彧、荀攸"皆谦冲节俭，禄赐散之宗族知旧，家无余财"；崔林"贫无车马，单步之官"；王观"治身清素，帅下以俭，僚属承风，莫不自励"；满宠"不治产业，家无余财"。[3]类似记载在《三国志》等史书中俯拾皆是。在曹操亲自带动下，曹魏阵营涌现出一大批勤俭节约、廉洁自律的官员。可惜的是，到了魏明帝时代，崇尚节俭的风气逐渐淡化，开始兴起"浮华"风气，在某种程度上，这也是曹魏政权短命的原因之一。

四、蜀汉的经济危机

214年（汉献帝建安十九年）夏，刘备率部攻入成都。由于入城前后一连实施了几项重大的错误决策，导致了一场严重的金融危机，几乎让刘备所有的辛苦努力都付诸东流。面对这样大的问题，就连诸葛亮都束手无策。

刘备这一年53岁了，作为一名创业者，不算年轻。所以事业终

---

[1] 见《三国志·和洽传》。
[2] 见《三国志·张范张承传》。
[3] 以上见《三国志》各人传记。

第三章 魏晋南北朝：四百年经济混乱

于有了起色的刘备一定有点儿小激动，策马进入成都城的时候，脑海中大概会闪回到故乡涿州郡楼桑村里的那棵桑树吧。

益州牧刘璋出城投降，这是一次和平接收，按理应是一片忙碌而热烈的气氛，但刘备看到的却是混乱不堪。需要大家各司其职做好工作时，不少人一进城却急着跑到府库去抢东西，没时间办正事。刘备一向温和而又克制，尤其是对部下，但这一次不由得生气。刘备刚要发作，左右提醒他不能怪大家，因为命令是他自己下的，在围攻成都时刘备曾与众人约定"若事定，府库百物，孤无预焉"，[1]就是说府库里的东西都归大伙，我不要。刘邦攻破咸阳之际尚约法三章，刘备向来以仁义自许，他怎会下达这么缺心眼儿的命令？难道是史书记错了？仔细一想，并非不可能。性格沉稳而克制的人往往也有轻浮和任性的一面，成都在眼前，梦想将实现，喝完酒，一高兴，顺口说了那样的话，不是不可能。更何况在史书中，刘备因为喝高了而言行失当的情况有好几回。刘备高兴，就随口一说，过后兴许就忘了。可这样的承诺大伙儿怎能忘？一入城，"士众皆舍干戈，赴诸藏，竞取宝物"。[2]更不靠谱的事情还在后面。进了城，刘备下令举行盛大的庆祝活动，同时大赏群下。刘备这次赏赐，出手极为阔绰，赏赐按功劳大小分不同等级，最高一档4个人，分别是诸葛亮、法正、张飞和关羽，赏赐标准是：黄金500斤，白银1000斤，钱5000万，锦缎1000匹。[3]

有金有银，有钱有物，这是多大一笔财富呢？当时法定货币是"钱"，也就是那种铜钱，5000万钱就是5000万枚铜钱。黄金、白银也常等同于货币，只是比较珍贵，尤其是黄金。汉初1斤黄金约值1.5万钱，王莽时期约值1万钱，500斤黄金相当于500万至700万钱。汉代金银比价约为1∶5，1000斤白银约相当于200斤黄金，合200万至300万钱。粗略折算，刘备赏赐给诸葛亮等人的东西，不算锦缎约合6000万钱左右。

[1] 见《零陵先贤传》。
[2] 见《零陵先贤传》。
[3] 《三国志·张飞传》："益州既平，赐诸葛亮、法正、飞及关羽金各五百斤，银千斤，钱五千万，锦千匹，其余颁赐各有差。"

受奖励的不只是诸葛亮等四人，其他将士按不同等级标准也都拿到了。单单刘备和诸葛亮分两次从荆襄带来的将士，加起来就有好几万人，如果人人有份，赏赐总额就是一个天文数字。

跟随刘备一路披荆斩棘的将士们个个兴高采烈，有人还嫌不过瘾，提出了更宏伟的想法，他们跑到刘备那里建议，"欲以成都中屋舍及城外园地桑田分赐诸将"。钱分完了分房产、地产，可见富贵如毒药，要么一点儿不沾，要么再也戒不掉。类似这种建议总有强烈的群众基础，刘备不好一下子拒绝。还是一向有主见的赵云听后反对，认为大业还未成功，现在不应该谈享受，"须天下都定，各反桑梓，归耕本土，乃其宜耳"，[1]这件事才作罢。

刘备出手这么大方，他的底气或许来自对益州这个"天府之国"的认识。成都周围地形舒缓，东部是广阔平原，西部众山拱卫，河流纵横，沃野千里，气候湿润，"水旱从人，不知饥馑"，粮食素来旱涝保收、稳产高产，稻米经常外运。汉末，中原地区亩产10斛即为良田，而当时益州的绵竹、雒县一带亩产稻谷30斛，更有高达50斛的。中原混乱，益州在刘璋父子治下相对平静。[2]据《后汉书·地理志》记载，东汉益州下辖12个郡国、118个县，140年（汉顺帝永和五年）益州总户数151.73万户，总人口720.05万人；对照《晋书》所记，到曹魏后期其总人口一度下降到400多万，益州的繁盛就可想而知了。

但是，突然间一大笔财富赏赐出去，还是会造成严重的金融问题。这些钱原本是藏在府库之中，不拿出来用的，相当于货币储备。一投放到消费市场，将士们或用来买房置地，或改善生活，直接抬高了物价。更严重的后果是，大量财富转移到私人手中，政府财政出现了困难，甚至影响到军队建设，造成军用不足。当时曹操的势力很强大，孙权的综合实力也强于刘备，刘备远道伐蜀，最担心的是失去民心，所以他刚到益州时迟

---

[1] 见《三国志·赵云传》注引《云别传》。
[2] 见《华阳国志》。

第三章 魏晋南北朝：四百年经济混乱

迟不敢动手，怕操之过急；现在经济形势突然恶化，问题如果不能迅速解决，之前的努力将付诸东流，益州有得而复失的危险。面对突然出现的情况，诸葛亮一时也束手无策，便给刘备推荐了一个人，认为他有办法化解眼前的危机。

这个人名叫刘巴，也是由荆襄入蜀的，走的却是一条和诸葛亮等人完全不同的路。刘巴原来是荆州牧刘表的手下，后来归附了曹操，曹操派他到荆州的江南一带拓展势力，不久后发生了赤壁之战，刘巴被扔在了江南。诸葛亮认为他是难得的人才，想把他推荐给刘备，刘巴却不领情，逃往岭南，后又辗转来到成都。由于先前这些不愉快的经历，刘备不太待见刘巴，但在诸葛亮的保护下，刘巴倒没受到什么冲击。诸葛亮曾对人说："运筹策于帷幄之中，吾不如子初远矣！"子初，是刘巴的字。刘备虽然容忍刘巴，但仍对他有意见，刘备对人说："子初才智绝人，如孤，可任用之，非孤者难独任也。"[1]

刘巴没有让诸葛亮失望，对于如何有效地解决当前的这场金融危机，刘巴只说了2个字："易耳！"但刘备要的不是决心和态度，他要具体办法，刘巴给出了4个字的建议："平诸物贾。"物贾即物价，平诸物贾就是平抑物价。在刘巴看来，当时益州经济受到的是暂时性破坏，物价飞涨，百姓怨气很大，要收回人心，就要先平抑物价。刘巴提出的具体措施也很简单，"当铸直百钱"，也就是铸造一种新的货币，1枚新币等同目前市场上流通的100钱，然后"令吏为官市"，以行政手段强制推行。[2] 没钱了就印新钞票，这算是什么好办法？但是，在刘巴看来，以当时益州的具体情况，这正是对症下药的唯一办法。物价上涨，问题不完全是供应不足，钱不够用也是一大难题，尤其是官府，出现了财政危机。在此情况下，默认货币贬值，通过增加货币投放建立起新的物价秩序，虽然不能解决根本问题，但可以用最迅速的方式渡

[1] 见《零陵先贤传》。
[2]《零陵先贤传》："军用不足，备甚忧之。巴曰：'易耳，但当铸直百钱，平诸物贾，令吏为官市。'备从之。"

过眼前的金融危机,为从根本上解决问题赢得时间。

货币贬值的直接后果是现有财富的缩水,这其实是一种变相的财富掠夺,但由于有强力的军政手段做后盾,这一措施收效甚快,货币新政推行后,"数月之间,府库充实"。[1] 当然,这只能解燃眉之急,在诸葛亮的协助和具体组织下,刘备同时大力发展益州经济,加强农业生产,推行盐铁官营,发展蜀锦等特色经济,加强商业和边境贸易,蜀汉的国力不断上升。

五、汉末三国的"货币战争"

蜀汉新钱的铸行,对当时通行的五铢钱是一种冲击,某种程度上这是一种"货币战争"。不过,蜀汉的做法不是孤立的,在此之前和之后都有人这样做。

(一)董卓铸"小钱"

秦朝时,法定货币是半两钱,但由于民间私铸不违法,造成钱制很乱,出现了剪边半两钱,就是把半两钱用剪刀剪下一圈,7到8个半两钱能剪出1个半两的铜,用剪下的铜再铸半两钱。汉初,朝廷大力推行币制改革,设计了新的方孔圆钱,为防止剪边,在半两钱的基础上增加了围边,确定5铢为1枚铜钱的计重单位,称五铢钱。24铢相当于1两,所以这种钱也不太重,不过由于朝廷大力推行,其信誉很好,两汉一直使用。

汉末天下大乱,汉灵帝驾崩后凉州军阀董卓控制了朝廷,随后关东联军起兵反抗董卓,在强大的军事压力下,190年(汉献帝初平元年)春天,董卓挟天子由洛阳迁都到长安。临走前,董卓在洛阳实施了疯狂的财富掠夺。洛阳是当时世界上最大的城市,高官富贾云集,董卓下令在洛阳周围200里范围内大行烧光、抢光、杀

---

[1] 见《零陵先贤传》。

光政策，把富豪集中起来，胡乱按个罪名集体处死，财产全部没收，还命令士兵开棺掘墓，盗取珍宝，邙山一带的皇陵和许多贵族的墓地大都无法幸免。董卓还嫌不够，又使出一招，下令废除法定货币五铢钱，改铸小钱，相同的面值但铜的用量少了，等于货币贬值，然后强制推行，赤裸裸地掠夺财富。为了铸造更多小钱，董卓下令到处搜刮铜，洛阳皇宫内外的铜佛像、铜马等各种铜像都拿来化成了铜水。

百姓手里的五铢钱不允许流通，只能拿来兑换董卓的小钱，收上来的五铢钱又可以再铸成更多的小钱，一来一往，董卓发了大财。兵荒马乱，物价本来就不断上涨，币制一改，洛阳一带的金融市场彻底崩溃，"由是货贱物贵，谷石至数万钱"。[1]汉代五铢钱曾经有很强的购买力，太平年代谷价长期稳定在50钱一石，现在疯狂上涨了上千倍。

（二）蜀汉铸"直百五铢"

董卓所铸的小钱由于信誉太差，真正流通的领域也有限，所以当时全国的主要货币仍是五铢钱。赤壁之战后天下形势逐渐呈魏、蜀、吴三足鼎立的局面，蜀汉立足成都，它的实力相对较弱，人口少，要支撑起巨大的战争负担，经济压力很大，也打起了货币的主意，刘巴建议铸造的"直百五铢"就是这样的尝试。所谓"直百五铢"，就是面值等同于100枚五铢钱，但它的重量只有4枚五铢钱重，相当于货币一下子贬值了25倍。

三国之中，蜀汉以一州之力对抗着北方强大的曹魏，时刻提防着东面的孙吴，几乎连年都在打仗，需要巨额军费保障，为摆脱困局，"直百五铢"继续不断贬值。1978年，四川省威远县黄荆沟出土了一坛蜀汉铜钱，其中有"直百五铢"400多枚，却有6种大小不同的形制，最大的一种直径2.9厘米，平均重量9.8克，最小的一种直径2.4厘米，平均重量仅有3.2克。这还不是最轻的，考古发现最轻的"直百五铢"重量不足0.5克，这种钱不仅"超薄"，而且小，根本

[1]见《资治通鉴》卷五十九。

无法在上面铸出字来。

蜀汉发行"直百五铢"后,又不断由官府专断发行大面值货币,增加货币供应量,其形制至少有3种:一是4铢重、面值100钱;二是8铢重、面值150钱;三是5铢重、面值100钱。[1]为推行货币新政,刘备下令收集旧钱和铜铸造新钱,他自己身体力行,"取帐钩铜铸钱,以充国用"。[2]汉代1铢约0.65克,按原始发行规制,1枚"直百五铢"的重量应该是13克左右,考古发现的最轻"直百五铢"还不到原始发行重量的二十分之一,说明这种本身就是以贬值为目的的货币,一经诞生就在不停地贬值之中。

(三)孙吴铸"大泉当千"

蜀汉发行新钱实施货币贬值,让孙吴承受了巨大压力。这是因为,在魏、蜀、吴三国中,大多数时候是蜀和吴联手对抗魏的格局,蜀、吴政治关系较好,加上地理上的联系也更紧密,双方贸易和人员往来频繁;蜀汉推出了"大钱",如果孙吴继续使用五铢钱,吴国的大量货币就会流向蜀汉。在这种情况下,孙吴于236年(吴大帝嘉禾五年)也推出了自己的新货币"大泉五百"。所谓"大泉五百",就是一种面值500钱的大钱,一枚相当于500枚五铢钱,但是它的重量仅有12铢,相当于2枚五铢钱多一点儿。这种贬值的力度可谓空前,蜀汉的"直百五铢"也难以望其项背。

但这并不算什么,仅仅过了2年,孙吴觉得这种钱还无法满足需要,又推出了一种新货币"大泉当千",每枚面值1000钱。与蜀钱不断减轻钱币自身重量进行贬值的"小打小闹"不同,孙吴货币贬值的手段就是直接加大货币面值,在"大泉当千"后,大约在赤乌年间,孙吴还推出了"大泉二千""大泉五千"两种新钱,把货币战争推向了空前的高度。

(四)曹魏退回"物物交换"

作为三国中真正的经济大国,

---

[1] 见洪遵《泉志》。

[2] 见《南史》。

曹魏在这场"货币战争"中头脑相对清醒，当蜀汉和孙吴竞相推出"大钱"的时候，曹魏仍坚持使用五铢钱。曹魏之所以敢这么做，有一定的基础：一来曹魏幅员广阔，独占了天下地盘的三分之二以上，国家综合实力相对雄厚；二来自曹操开始就特别重视发展生产，通过推行屯田制、大搞水利工程等恢复农业生产，经济上有一定实力；三来曹魏长期以来同时与孙吴、蜀汉敌对，边境封闭，蜀钱和吴钱无法在其统治区内流通。

但毕竟处在战争时期，曹魏的经济发展也受到严重破坏，以五铢钱为基础的金融体系越来越难以支撑，曹魏于是想出了一个办法，"罢五铢钱，使民以谷帛为市"，就是停止使用金属货币，用谷和帛两种生活必需物资暂时充当货币，所有商品都按照与谷和帛的比价进行兑换。这项实物货币政策推行于221年（魏文帝黄初二年），但只实行了6年，到227年（魏明帝太和元年）就停止了。

使用实物货币本身就是货币发展史的倒退，选用谷和帛作为货币还有明显的弊端，"钱废谷用既久，人间巧伪渐多，竞湿谷以要利，作薄绢以为市"，也就是，有不法商人把谷子浸上水增加重量，把绢帛里的丝抽出一些让它更薄，通过这种手段牟取暴利。曹魏政府发现这些问题后，立即严厉打击，但"虽处以严刑，而不能禁也"。[1]恢复五铢钱后，曹魏虽然继续面临着很大的经济压力，但一直没有发行蜀汉和孙吴那样的"大钱"，扛到了最后。

（五）经济基础决定战争胜负

滚滚长江东逝水，浪花淘尽英雄。三国是风云激荡的时代，几乎每天都在打仗。看三国的各场战役，从充满传奇的界桥之战、合肥之战，到以少胜多的官渡之战、赤壁之战，再到实现大逆转的夷陵之战等等，每一仗既有看得见的厮杀、胜败，也有看不见的幕后准备和谋划，有些胜负似乎出人意料，但那绝不是因为某个人

[1]见《晋书·食货志》。

大刀耍得好，也不是某个锦囊里藏有妙计。战争，固然需要智慧和勇气，但拼的还是综合实力，是后勤保障和经济基础。

为摆脱经济困局，蜀汉和孙吴都使用了币制改革的手段，在解决自身所面临的经济、财政问题的同时，也试图从金融方面打击对手。面对蜀汉率先发起、孙吴紧跟的货币战争，曹魏的应对较为冷静，基于对整体形势的正确分析和把握，曹魏没有盲目跟进，坚持了原有的币制。尽管也遇到了很多困难，但总体上取得了成功，在曹魏政权基础上诞生的晋政权最后统一了中国。

蜀汉从立国到灭亡的43年间军旅屡兴，其间推出"直百五铢"并一再减轻其重量，虽然部分解决了朝廷财政困难和巨额军费支出问题，但也由此加重了对百姓的剥削，无法使国家真正富强，造成了"民穷兵疲""百姓凋瘁"的境况，诸葛亮虽然也采取了很多办法试图缓解经济上的压力，但他不得不承认"今天下三分，益州疲弊"[1]。蜀汉后期，随着"直百五铢"越铸越薄、越来越轻，货币体系事实上已经崩溃，即使刘禅不傻，即使诸葛亮再活几年，恐怕也无力回天。

当孙吴推出了惊人的"大泉五千"时，意味着它也是这场货币战争的最终输家，虽然孙吴后来对一些大钱进行了停用，但货币混乱、经济衰败的局面已无法扭转，加上孙权以后统治者的无能、贪婪，孙吴也毫无起色。早年，孙权和曹操抗衡，屡次以弱击强打败了曹魏，曹操感慨"生子当如孙仲谋"，曹丕临江长叹。那时，孙吴曾涌现出了周瑜、吕蒙、陆逊等一代名将，但到了后期，孙吴在军事上只有被动挨打的份了。所有这些都是经济实力所决定的。

六、"正始改制"的局限与失败

魏明帝曹叡是曹操的孙子，曹

[1] 见诸葛亮《出师表》。

第三章 魏晋南北朝：四百年经济混乱

魏第二任皇帝，虽然不是一位有雄才大略的帝王，但也没有太大过失，在位 15 年，局面较为平稳，保持了对蜀汉和孙吴的优势与压力。景初三年（239）曹叡驾崩于洛阳，年仅 36 岁，他有 3 个儿子，但全部早夭，不得已收曹芳、曹询为养子。曹叡驾崩前立曹芳为太子，曹芳此时仅 8 岁，只得托孤，经过一番明争暗斗，最终由大将军曹爽和太尉司马懿共同辅政。在此之前三国已有两位帝王进行过托孤，分别是蜀汉昭烈皇帝刘备和魏文帝曹丕。刘备将后事托付给诸葛亮和李严，但明确"李严为副"；曹丕将后事托付给曹真、陈群、司马懿、曹休，未明确以谁为首，属"集体决策"。这两次托孤都是成功的，朝局没有出现大的波动，实现了平稳过渡，尤其刘备托孤给诸葛亮更成为千古佳话。

反观曹叡这次托孤，却有些问题。曹爽是前大司马曹真之子，自幼以宗室身份出入宫廷，后任散骑侍郎、城门校尉等职，受托前刚被任命为武卫将军。司马懿出身世族，仕曹操、曹丕、曹叡三代，累功至大将军、太尉，曾平定孟达叛乱、拖垮诸葛亮、千里平辽东，曹魏后期几场大胜仗几乎都是司马懿指挥的。论年龄、资历、军功、能力，曹爽均远在司马懿之下。按道理，托孤大臣应以司马懿为首，曹爽次之，然而魏明帝却没有明确二人主次，这样一来很容易形成权臣对立的情况。

局势果然朝着这个方向发展了。受命托孤后，曹爽与司马懿二人均"都督中外诸军、录尚书事"，甚至"各统兵三千人，共执朝政，更直殿中"。一开始，曹爽对司马懿这位前辈还很敬重，史书记载："初，宣王以爽魏之肺腑，每推先之，爽以宣王名重，亦引身卑下，当时称焉。"[1] 但曹爽身边很快聚集起一批人，有何晏、邓飏、李胜、丁谧、毕轨、夏侯玄等，他们"说爽以权重不宜委之于人"，鼓动曹爽将司马懿架空，从而独揽大权。

曹爽以天子之名改任司马懿为太傅，此职名为上公，位在三公之上，但属荣誉性质，无实权，司马懿

[1] 见《三国志·曹爽传》。

被明升暗降了。之后，曹爽将心腹以及弟弟全部安插到要害岗位，任用几个弟弟掌管禁军；任用李胜为河南尹、毕轨为司隶校尉，控制京城内外权柄；任用何晏、邓飏、丁谧为尚书台尚书，掌管选人用人等大权，他们任人唯亲、为非作歹，时人讥为"台中三狗"。曹爽等还"作窟室，绮疏四周，数与晏等会其中，饮酒作乐"，曹魏少帝曹芳在位的前10年，也就是正始年间，曹魏政治黑暗，各种矛盾突出，民怨颇盛。曹爽等也深知建功立业的重要性，为了从声望上打压和超越司马懿，树立真正的权威，他们想了很多办法。在军事上，曹爽等策划了远征汉中的行动，希望毕其功于一役，建立比司马懿更大的军功；在政治上，他们针对人们普遍希望有所改变的地方推行了一场改革，这就是夏侯玄改革。

在曹爽身边的这群人中，夏侯玄是较为特别的一个。夏侯玄是已故征南大将军夏侯尚之子，是曹爽的表弟，因而受到曹爽的信任和重用，担任中护军等要职。同时，夏侯玄还是一名学者，在文学、玄学等方面有着颇深造诣。史书对夏侯玄的评价是："玄世名知人，为中护军，拔用武官，参戟牙门，无非俊杰，多牧州典郡。立法垂教，于今皆为后式。"[1]这说明夏侯玄不是普通的权贵子弟，也不是一名书呆子，他有一定才干，也做过一些有意义的事。

汉末三国是一个新思潮兴起的时代，起始于对传统儒教和经学僵化的反思，连年战争造成的社会动荡不安也是促使新思潮兴起的基础。汉末的政治人物善于把握这种潮流与方向，巧妙地为己所用，在这方面最成功的无疑是曹操。曹操认为"治平尚德行，有事赏功能"，故提出"唯才是举"的用人方略。可惜的是，曹魏立国后未能沿着曹操既定的战略方针走下去，魏文帝、魏明帝在政治上较为保守，虽有一些改革，但力度不大。在曹爽支持下，夏侯玄等人着手推行新的改革，希望以此争取人心。

首先，改革九品中正制。两汉在用人上实行察举征辟制，靠推荐选人用人，重品德轻才能，造成各种形式

[1]《三国志·夏侯玄传》裴松之注引《世语》。

主义和大量庸才的出现。曹操打破了这样的人才标准，更重才干而不拘泥于人品，取得了成功。曹魏立国后，魏文帝、魏明帝出于对世家大族的拉拢，又向两汉以来所形成的政治制度回归，重新推行察举征辟，并由陈群等人正式固化为九品中正制。根据该制度，尚书台的吏部曹负责选官，但各州、郡、县以及朝廷各官署有成千上万的官吏要选用、升降和考核，吏部曹忙不过来，需要将物色、推荐人才的职权下放给一些机构或人员，这样中正就出现了。

所谓中正，就是选择一些"贤有识鉴"的朝廷官员在其原籍所在州、郡、县负责品鉴、选拔人才，多属兼职，对人才通过德才、门第等定出"品"和"状"，供吏部曹选官参考。"品"是考察人才的品德、门第等，评定出上上、上中、上下、中上、中中、中下、下上、下中、下下九个等级；"状"是中正给被考察人最后作出的评语。有考察，有标准，既有量化指标也有定性的结论，这种干部考察机制应当说是很先进的了。

但是，按照家世、道德、才能三者并重的标准判断人才，很容易走向重门第而轻德才的局面，最后造成"上品无寒门，下品无士族"的社会不公。针对此，夏侯玄认为是由于"分叙参错，各失其要"，所以导致"机权多门"的问题，中正官、地方行政长官在选人用人上有很大的话语权，却职责不明，造成吏部曹在选官上的被动。

夏侯玄改革九品中正制的核心是明晰尚书台、地方行政长官、中正官三者之间的关系，"明其分叙，不使相涉"，尤其是在中正官和地方行政长官之间形成制衡，谁都不能说了算。简单地说，过去中正官和地方行政长官联合考察人才，他们商量后给吏部曹报来一个"品"和"状"的考察结论，对于这个考察结果，吏部曹没有不接受的理由，而中正官和地方行政长官商量的过程中有可能作弊。夏侯玄改变了这种程序，通过明晰职责，让中正官和地方行政长官各拿出一个考察结果，同时报吏部曹，由吏部曹综合这两份结果决定任用。

其次，改革行政管理层级。秦汉实行郡县制，中央以下为郡，郡以下为县，两汉最多时有108个郡，均由中央直接管理，有些难免管不过来。于是，两汉增设了"州"的设置，开始只是为监察郡县官员所设，长官为刺史，品秩远低于郡太守。汉末时局动荡，州刺史权力越来越大，后来刺史改为州牧，州变成一级行政机构。夏侯玄认为增加了州一级，造成了机构重叠、官众事繁，不仅行政资源浪费，而且容易产生结党营私、用人唯亲等弊端。为此，夏侯玄提出精简机构，减少中间层级。这个思路是对的，但夏侯玄提出的方案却让人意想不到，他主张撤销郡一级，由州直接管理县。夏侯玄提出："若省郡守，县皆径达，事不拥隔，官无留滞，三代之风，虽未可必，简一之化，庶几可致，便民省费，在于此矣。"

三是改革官场繁文缛礼。玄学主张"因物自然，抱朴求真，与民省力"，反对官场上的形式主义和繁文缛礼。夏侯玄是著名玄学家，他认为当时的社会风气总体看有些奢侈，应大力革新风俗习尚。夏侯玄认为，按规定列侯及大将军以上官员才可以穿绫锦、罗绮、纨素，佩戴金银雕刻的装饰品，而大将军以下官员也分别规定有服饰的样式和颜色，但这些规定执行得并不严格，从朝廷到民间服饰都有些混乱，显得很奢靡，老百姓中也有穿玄、黄两种颜色衣服的。夏侯玄提出，大臣们的车舆服饰应遵照古法，在民间禁止奢侈之服，形成朴素之风。对于那种因过分讲究而形成的奢华之气，夏侯玄称之为"华丽之事"，主张予以革除。

夏侯玄主持的这场改革发生在曹魏少帝曹芳正始年间，历史上也称之为"正始改制"。夏侯玄所提出的三大改革主张并不如他的学术思想那么有创新，说到底只是复古而已。改革九品中正制，表面看是想打破门阀世袭，但仍然突破不了《礼记》所说"今大道既隐，天下为家，各亲其亲，各子其子，货力为己，大人世及以为礼"的原则，只不过是换了个形式，把选人用人的权力换了个地方罢了。明眼人一看便知，事情还是那个事情，方法还是那套方法，不过是"面对面"改成了"背对背"，结果只是吏部曹把选人用人的主导权从中正官和地方行政长官手里拿过来，选人用人的指导思想和标准并没有改变。

撤郡的建议更荒唐，秦始皇创郡县制，当时天下只有三十六个郡，经过两汉的发展，郡一级行政机构超过百个，朝廷管理很吃力，这才增加了州一级。一个州通常管理十个郡左右，大的郡有二十来个县，小的也有七八个，一个州管理的县平均有一百多个，由州直接管理县，在交通、通信等条件还比较落后的情况下根本不现实。

还有改革服制、抑制奢华，想法虽好，但只是形式主义和表面文章，曹爽等人整天花天酒地，根本不可能把这件事抓好。说到底，夏侯玄改革并没有抓住社会存在的突出问题，也没有科学的、可行的操作方案，是"为改而改"，这是这场改革的致命伤，造成了它的局限性。这场改革与讨伐汉中的军事行动一样都是立功心切的产物，因而不可能取得实质性成效。这场改革最终也与讨伐汉中一样，不仅没有取得成功、赢得声望，反而进一步失去了人心。

正始八年（247）八月发生了日食，老臣蒋济抓住机会上疏皇帝，对夏侯玄等推行的改革提出了批评："夫为国法度，惟命世大才，乃能张其纲维以垂于后，岂中下之吏所宜改易哉？终无益于治，适足伤民！"意思是，国家法度需要大才来确立和调度，一帮中下之才怎么有能力做改制这样的事？不但不能垂名后世，而且劳民伤财，有害无益。蒋济的话很刻薄也很尖锐，但批评得很有道理，代表了相当一批朝臣的心声。

七、一切向钱看的王朝

三国时代人们普遍崇尚节俭，这是客观条件所决定的。三国归晋后，社会环境发生了巨大转变，一方面国家实现了统一，结束了近百年的战乱，生产逐渐恢复，物资慢慢丰盈起来；另一方面，门阀制度进一步确立，世家贵族不仅享受高官厚禄，还利用政治特权占山封泽、广建庄园，积累起大量的财富，为一部分人追求奢侈享受创造了物质条件。魏晋以后玄学兴起，玄学主张"率性而动"，认为人们应该"各任其所欲为"，在这种思想的影响下，社会上逐渐形成了一种及时行乐的人生观和消费观。[1]在中国历史上西晋算是个短命王朝，国祚仅52年。有人说西晋处在多事之秋，先有"八王之乱"后有"永嘉之乱"，还有五胡内迁和流民起义，社会转型期固有的结构性矛盾导致了它的灭亡。然而一个不容忽视的现象是，西晋也是中国历史上最腐败的王朝之一，许多复杂的社会矛盾其实都源于这一点。

西晋建立之初出现了"太康之治"，与汉初的"文景之治"、唐初的"贞观之治"以及明初的"洪武之治"齐名，都是中国历史上著名的治世。西晋的开国皇帝是晋武帝司马炎，虽然在雄才大略上略输祖父司马懿、叔父司马师和父亲司马昭，但也是一位想积极作为的皇帝，他当上皇帝后曾制定了五条基本国策："一曰正身，二曰勤百姓，三曰抚孤寡，四曰敦本息末，五曰去人事。"[2]核心就是休养生息、爱护百姓、发展生产，他下诏释放奴婢，把他们组织起来代替士兵军屯，同时整治军队贪腐、要求百官廉洁、减少赋役课丁、推崇节俭等。由于政策得力，数十年来因战乱而大损的国力迅速得到恢复，农业产量上升，国家赋税充裕，人口也快速增加。

在内政方面，司马炎总结前代治政的得失，在中央不断加强尚书省的建设，在尚书省内设置六部，将朝廷的各项主要职能细分为35个曹，分别由六部执掌，直接听命于皇帝，加强了中央集权，同时又充实完善中书省、门下省，搭建起"三省六部制"的治理架构。司马炎称帝时蜀汉已经灭亡了，他没有藐视原来的蜀汉官员，而是从他们中间选拔出一批人继续在晋朝为官，《三国志》的作者陈寿就是蜀汉官员，入晋后继续为官并受到重用，这些措施保证了社会

---

[1]《晋书·应詹传》："元康以来，贱经尚道，以玄虚宏放为夷达，以儒术清俭为鄙俗。"

[2]见《晋书·武帝纪》。

第三章 魏晋南北朝：四百年经济混乱

的稳定过渡。司马炎还注重法制建设，他组织人员精心编纂了一部《泰始律》，这是中国封建社会第一部儒家化的法典，分为20篇、620条，涉及社会生活与法制建设的方方面面，与前代律令相比刑罚有所减轻，起到了缓和社会矛盾的作用。

开创基业是件艰难的事，司马炎也深知"艰苦奋斗"的道理，早期他也力倡节俭、反对奢侈，有一次患病初愈，按礼制大臣要来朝贺，有些大臣朝贺时还带来了礼物，司马炎不收，并下令今后不许再这么做。还有一次，一位太医得到了一件精美无比的雉头裘，觉得只有天子才能享用，于是献给了他，司马炎不但不收而且很生气，下令当众将这件名贵的衣物焚烧在殿前，说今后有人再向皇帝送礼就要治罪。

上行下效，令行禁止。如果司马炎始终保持这种作风，想必西晋朝野上下必定是一番"风清气正"的氛围，但司马炎却没能保持住。灭掉孙吴后国家实现了统一，司马炎也慢慢骄傲自满起来，以前那些规定也开始松动了。史书记载："泰始中，帝博选良家以充后宫，先下书禁天下嫁娶，使宦者乘使车，给驺骑，驰传州郡，召充选者使后拣择。"[1] 为了自己选后宫连民间嫁娶都要禁止一下，仅这一条司马炎就可以归入暴君的行列了。灭吴后，司马炎"纳孙皓宫人数千"，致使"掖庭殆将万人"，后宫佳丽太多，司马炎晚上都不知道该去何处就寝，于是就坐上羊拉的车子，车停在了哪里就在哪个妃嫔处就寝，结果引来了一段著名的"羊车望幸"的典故："宫人乃取竹叶插户，以盐汁洒地，而引帝车。"[2]

好榜样产生正能量，坏榜样就有坏结果。有了司马炎这个"表率"，西晋上层社会迅速弥漫起一股奢靡之风，侍中石崇"后房百数"，大将苟晞"奴婢将千人，侍妾数十，终日累夜不出户庭"。[3] 大臣们平时的吃穿用度越来越讲究，西晋开国元老之一的何曾"性奢豪，务在华侈。帷帐车服，穷极绮丽，厨膳滋

[1] 见《晋书·武元杨皇后传》。
[2] 见《晋书·胡贵嫔传》。
[3] 见《晋书·苟晞传》。

味，过于王者"，他吃一顿饭要花一万钱，他的儿子何劭也"食必尽四方珍异，一日之供以钱二万为限"。[1]司马炎有个女婿叫王济，官至骁骑将军，司马炎曾到他的宅邸，看到"供馔甚丰，悉贮琉璃器中"，司马炎吃了个"蒸肫"，类似于清蒸猪蹄，觉得味道"甚美"，问是怎么做出，回答说"以人乳蒸之"。[2]

这些上层社会的人不仅关起门在家里享乐还互相斗富比阔，以获取虚荣心的满足。王济在京城洛阳的黄金地段买了块地，建了个射马场，用铜钱铺地，时人称其为"金沟"，这种赤裸裸的炫富行为引得另一位"土豪"不满，此人名叫王恺，深得司马炎的宠信，也更有钱，为打击王济的气焰，王恺用一头叫"八百里驳"的名牛跟他打赌，看谁能射中这头牛，赌注是1000万钱，王恺自以为箭法好，就让王济先射，没想到王济那一天超常发挥，一箭就把这头牛射倒了。

最有名的斗富故事发生在王恺与石崇之间，王恺家用糖水洗锅，石崇便让家里人把蜡烛当柴烧；王恺做了件长达40里的丝步障，石崇立即让人做件50里长的锦步障；王恺家用赤石脂涂墙壁，石崇便用当时的名贵物资——花椒涂墙。这些无聊的事司马炎全知道，不仅不制止反而暗中帮王恺的忙，悄悄给了他一株2尺高的珊瑚树，王恺拿着这个宝贝向石崇炫耀，谁知石崇挥起如意就把它打碎了，王恺正心疼之际，石崇微微一笑，命人拿来六七株珊瑚树，每个都有三四尺高，让王恺随便挑一个，王恺彻底被打击，"恍然自失"。

追求享乐离不开钱，奢靡之风下必然导致拜金主义，这种风气一经产生就会从上层社会刮向社会的各个角落，败坏整个社会的风气。与历代王朝相比，西晋不仅是最奢靡的王朝，也是拜金主义最盛行的王朝。王戎不算普通的官僚，他官做得也很大，先后担任过吏部尚书、太子太傅、司徒等要职，但他也是"竹林七贤"之一，算当时的名士。既然王戎能跟

---

[1] 见《晋书·何曾传》。
[2] 见《晋书·王济传》。

嵇康、阮籍这些人聊得来，应该属于淡泊名利、视金钱如粪土的人，但史书说他"积实聚钱，不知纪极"，不仅爱财如命，而且很抠门，他常与夫人拿着象牙筹计算自己有多少财产，日夜不辍、乐在其中，人称"钱癖"。王戎有个女儿出嫁后曾向娘家"贷钱数万"，不知什么原因一直没还，女儿回娘家，"戎色不悦"，女儿知道父亲爱财如命，马上回家取钱，王戎"乃欢"。[1]

钱能通神、钱是一切，这种扭曲的价值观在西晋十分盛行，钱的地位在这个社会里被抬到了空前高度，从高官贵族到普通百姓都为钱所累、所困、所役使。"军无财，士不来；军无赏，士不往"，这本是兵家《三略》中的一段话，却在西晋社会流行起来。当时还流传着一句谚语，叫作"钱无耳，可使鬼"，意思是有钱连鬼神都能驱使。对这种拜金主义现象，时人鲁褒写了篇《钱神论》加以讽刺，他用4句话来概括社会上存在的"一切向钱看"的现象："钱多者处前，钱少者居后；处前者为君长，在后者为臣仆。"鲁褒说，大家都把钱当成了"神物"，因为钱这种东西能量实在太大了，有了它"危可使安，死可使活，贵可使贱，生可使杀"，社会上的一切都可以拿钱来解决，即所谓"忿争非钱不胜，幽滞非钱不拔，怨仇非钱不解，令问非钱不发"。

对弥漫于整个社会的拜金主义，太仆刘毅、御史中丞傅咸等少数有远见的官员感到忧虑，多次上疏司马炎要求整顿社会风气，改变奢靡之风和拜金主义盛行的局面，傅咸在谏疏中说"奢侈之费，甚于天灾""欲时之俭，当诘其奢；奢不见诘，转相高尚"，他认为对各种错误的社会风气如不加以制止，必然会带来越来越严重的社会问题，但司马炎认为这些都算不上大事，顶多是小节，不必大惊小怪，因而未予重视。

贪图享乐、竞相攀比以至拜金主义盛行成为西晋社会风尚的主要特征，这种风气甚至影响到文学的时代风格。西晋文学家陆机在《文赋》中阐述各种文学作品应具备的风格与

[1] 见《晋书·王戎传》。

追求，认为"诗缘情而绮靡，赋体物而浏亮"，这个观点被刘勰在《文心雕龙》中所借用，认为西晋文学作品总的特征就是"绮靡"，即偏重于形式美，注重辞藻华丽而忽视了作品的内容和意义。

西晋社会上的不正风气还体现在选人用人上，经过曹魏一朝的不断"改造"和本朝的继续发展，曹操当年在《求才令》中强调的"唯才是举"已被门阀制度和用人唯亲所替代，强调门第和出身的九品中正制逐渐固化，名义上有中正官的评议和选拔，但中正官很难秉持公正，结果出现了"你关照我、我关照你"的局面，官员晋升靠的不再是才能和业绩而是出身和门路。既然如此，大家也就不愿意在前者多下功夫，而是想办法去投机钻营。

刘毅在上疏劝谏司马炎时也谈到了这种现象，他将其总结为"八损"，其中指出："今之中正，不精才实，务依党利；不均称尺，备随爱憎。所欲与者，获虚以成誉；所欲下者，吹毛以求疵。高下逐强弱，是非由爱憎。"这种选人用人的不公，造成了"劣币逐良币"的现象，为那些以权谋私、结党钻营的人制造了机会。刘毅抨击当时的官场："邪党得肆，枉滥纵横。虽职名中正，实为奸府。"刘毅还批评司马炎："陛下卖官，钱入私门。"从这句话可以看出司马炎曾带头搞过买官卖官的事，并将卖官得来的钱存入自己的"小金库"。时人王沈也说"京邑翼翼，群士千亿，奔集势门，求官买职"，[1]反映的也是买官卖官的情景，这一幕与东汉末年汉灵帝西园卖官何其相似，所以当司马炎问刘毅自己可以与汉代哪位皇帝相比时，刘毅不客气地说可比汉灵帝。

跑官、买官不仅费神、费力而且更费钱，所以一旦官位到手这些人就会加倍地设法补偿回来，有的大肆搜刮，有的恃强凌弱、鱼肉百姓，石崇早年曾任荆州刺史，史书说他"劫夺杀人，以致巨富"，[2]又说王戎利用职权"广收八方园田水碓，周遍天下"。[3]那些平时过着神仙般日子的人，不搞贪污腐败哪来那么多财

---

[1] 见王沈《释时论》。
[2] 见《晋书·石崇传》。
[3] 见《晋书·王戎传》。

富？当时有个叫袁毅的县令，官虽不大但能量却不小，他大肆贪污，"交通货赂，大兴刑狱，"[1] 他还四处行贿，对受贿者的喜好进行了专门研究，比如王恺喜欢马，袁毅就搜罗来名马送给他。袁毅行贿的对象包括了山涛，也是"竹林七贤"之一，被认为是当时少数的"清官"之一。山涛时任吏部尚书、太子少傅，一个小小的县令如何搭上他这么高的官员呢？原来，袁毅是曹魏时期名臣卢毓的女婿，卢氏进入西晋后仍是名门望族，除此之外袁毅还与时任光禄大夫的华廙是连襟，势力盘根错节，所以才能手眼通天，敢为所欲为。

西晋王朝建立没多久就失去了最初的光芒，变得越来越腐朽，处处透出一股霉烂的气息。不仅上层社会如此，普通阶层也竞相比富比奢、追求金钱，傅咸说："古者尧有茅茨，今之百姓竞丰其屋；古者臣无玉食，今之贾竖皆厌粱肉；古者后妃乃有殊饰，今之婢妾被服绫罗；古者大夫乃不徒行，今之贱隶乘轻驱肥。"[2] 价值观的错位导致整个社会进取心的不足，后人评价魏晋士人多"任诞"，指其尚空谈、做实事少，又说当时的一些名士多有服药、饮酒的习惯，这些习气、风尚与当时"绮靡"的文风一样，都是整个社会所共有的不良风气的共同写照。孟子说："上下交征利，而国危矣。"[3] 在奢靡之风下，大量由普通百姓辛苦创造的财富被少数人占有并浪费。织一条几十里长的锦障有什么实用价值？只为逗一时之兴就要耗费成百上千的人日夜去劳动，这种斗富比阔其实是社会财富的破坏性竞赛。一顿饭吃几万钱，真正吃掉的远没有浪费的多，大家都来这么干，就会造成社会供给的不足，更多的人则缺衣少穿，傅咸就此评论说："古者人稠地狭而有储蓄，由于节也；今者土广人稀而患不足，由于奢也。"

选人用人的不公、腐败现象的蔓延又更加激化起社会的矛盾，挑战着王朝的权威与合法性。贩夫走卒们虽然也羡慕吃喝享乐、荣华富贵，但他们更明白一些人平白无故地

[1] 见《晋书·郑默传》。
[2] 见《晋书·傅咸传》。
[3] 见《孟子·梁惠王上》。

享有这些显然是不公的，他们也许没有大声疾呼，但肯定在默默地注视着这一切。还有那些寒门士子，门阀阻道、选人不公断送了大多数人的晋升之路，在追求无望的情况下，一定不会真心地去拥抱这个王朝。当年司马懿发动高平陵政变一举夺取了曹魏的政权，这才开创了晋朝的基业。在那场政变中，论绝对实力，司马氏比他的对手弱得多，但司马懿父子多年隐忍、奋力一击，不仅成功地夺取了权力而且没有造成太大的动荡，实现了平稳过渡，究其原因还是民心在思变。曹魏建国以后，持续不断的战争、沉重的经济负担、一成不变的用人格局和执政者一再瞎折腾，让百姓和大部分官员对其产生了厌烦，他们用脚默默地为司马氏投了一票。但仅仅过了几十年，之前的那一幕就又重演了，只是这一次由"弃曹"变成了"弃晋"。西晋王朝虽然短暂却充满了杀戮，有人将其称为"血色王朝"，政变、接二连三的动乱、对内对外的战争几乎没有停歇过，所谓"太康之治"仅仅是昙花一现。

魏晋禅代，使西晋成为一个没有经过农民起义洗礼而建立的王朝，这是西晋的幸运，但某种意义上也是它的不幸与不足，因为统治者居安思危的意识会因此而减弱。司马炎不把追求享乐当成大问题，视社会上弥漫的拜金主义为不见，是没有意识到它们不仅败坏了社会风气还会助长腐败现象，最后让统治者失去民心。马克思指出："古代国家灭亡的标志不是生产过剩，而是达到骇人听闻和荒诞无稽的消费过度和疯狂消费。"[1]西晋王朝只走过52年便"盛年而逝"，为这句话做了一条恰如其分的注脚。

八、不发行货币的时代

在中国古代，一个新王朝建立后往往会重新整合各项政策、律令，无论政治、军事还是经济，都会在汲取

---

[1] 见马克思《政治经济学批判》。

第三章　魏晋南北朝：四百年经济混乱

前代衰亡教训的基础上进行重新调整。具体到金融方面，各个新的王朝一般也会推出自己的政策，包括统一货币体系、设计或铸造新钱以代替旧有货币等，这不仅是新王朝权威的体现，也更有利于建立统一的经济秩序，恢复和发展社会经济。但晋朝有些特殊，无论西晋还是东晋，都没有这方面的措施，西晋建立后主要使用的货币是曹魏时期及之前的五铢钱，东晋南渡后则主要使用"孙氏旧钱"，即孙吴时期铸制的钱币。[1]

不仅史书记载如此，从考古发现看也大体是这样的，经过对两晋时期众多墓葬出土钱币情况进行的统计，可以发现这些钱币中最早的有春秋战国时期的刀币等，但总量不多，最多的是汉代的五铢钱以及王莽时期、三国时期在五铢钱基础上发行的货币，这一部分大约能占到出土的同期钱币总量的95%以上，而晋朝发行的"新钱"则几乎没有。在文学作品中时常提到两晋时期的钱币，唐代诗人王建有诗："素柰花开西子面，绿榆枝散沈郎钱。"李贺也写过"榆荚相催不知数，沈郎青钱夹城路"，还有李商隐写的"谢家轻絮沈郎钱"，说的都是"沈郎钱"，一般认为这是东晋大将军王敦手下参军沈充所铸的钱币，这种钱币考古发现较少，且主要集中于江浙一带，说明这并不是官方发行的全面流通货币，而属于地方势力的私铸。"沈郎钱"之所以被后代诗人们频频提及，主要因为这种钱币又轻又小，使它成了众人揶揄的对象。

从总体上看，两晋官方没有推出统一的、流通全国的新货币，商品交换所依靠的主要是汉代以来各个时期发行的"旧钱"。从现代金融的视角看，铸币权不仅是国家主权的一部分，而且还可以借此获得收益，即铸币税，两晋的统治者是出于怎样的考虑主动放弃了这些呢？一种流行的看法是，晋朝的初建者晋武帝司马炎平吴之后"耽于声色，意志消沉"，缺乏雄才大略，安于"率循旧章"，很多政策都沿袭曹魏旧制，加上当时商品经济并不发达，社会上对发行

---

[1]《晋书·食货志》称"魏明帝乃更立五铢钱，至晋用之，不闻有所改创"，还称"晋自中原丧乱，元帝过江，用孙氏旧钱，轻重杂行"。此外，《通典》也说东晋"用孙氏赤乌旧钱"。

新的货币没有迫切需求，所以"终晋一代没有铸造过铜钱"。[1]

然而，由此带来的弊端又是显而易见的。"旧钱"铸造于不同时期，品目繁多，并不统一，给交易带来了麻烦。更为重要的是，汉代推行五铢钱时，其价值本来体现在自身的重量上，"五铢"既是重量也是它的"面值"，但在此后的战乱时代，以蜀汉、孙吴为代表的割据政权出于化解经济危机的需要，陆续推出了许多"面值"不与重量相匹配的钱币，如蜀汉的"直百五铢"及孙吴的"大泉五百""大泉当千"等，这类货币上铸着官方规定的"面值"，在当时也是以所标示的面值来使用的，这些都是通货膨胀的结果，是特定历史条件下的特殊金融现象。这些名实不符的"大钱"进入晋朝后该怎么处理呢？显然，按照它们所标示的"面值"来流通是不合理的，百姓也不会接受，如"大泉当千"，尽管铸造时它比五铢钱又大又重，但尚不至于比五铢钱重1000倍，经过对考古发现进行统计分析，1枚"大泉当千"约相当于7枚五铢钱，站在公平的立场，晋朝流行的"大泉当千"既不能当1000枚五铢钱使用，也不应该只当1枚铜钱使用，合理的"比价"应该相当于7枚五铢钱，也就是不按"面值"而按其实际重量进行交换。事实上，这些钱币在晋朝的流通情况也的确如此。[2]

本来，五铢钱最大的优势是使货币标准更加统一，人们通过"面值"进行交易即可，不必再去称重，但现在由于币制的混乱，人们又不得不重回货币称重交易的时代。不过，这还只是两晋时期不铸新钱所带来的一个问题，更严重的问题是，"旧钱"总是有限的，随着将钱币回炉铸成铜鼓或将钱币陪葬等现象越来越多，加上铜钱在使用

---

[1] 见傅筑夫《中国封建社会经济史（第三卷）》，人民出版社1984年出版。

[2]《晋书·食货志》记载，当时的百姓把各种杂乱不一的钱币分成几类，"大者谓之比轮，中者谓之四文"，就是按重量进行区分的，"大泉当千"被列为所谓的"比轮钱"。《晋书·食货志》还记载"广州夷人宝贵铜鼓，而州境素不出铜，闻官私贾人皆于此下，贪比轮钱斤两差重"，这里说的是，南方一些少数部族需要铸造铜鼓，他们喜欢收购北方的"比轮钱"拿回去铸鼓，原因就是这种钱在市场上是按重量交易的，与五铢钱比较的话，显得更划算一些。

第三章 魏晋南北朝：四百年经济混乱

中的自然损耗，人们很快发现市场流通中的钱币越来越不够用了，即《晋书·食货志》所称"钱既不多，由是稍贵"，钱币变得越来越增值，越来越稀有，出现了所谓的"钱荒"。中国历史上多次出现过"钱荒"问题，除两晋时期外，唐朝中期和宋朝也都出现过，但后面这两次"钱荒"主要是经济发展速度太快，铸造的新钱满足不了需要造成的，两晋时期的"钱荒"则完全是人为的，也是可以避免的。

只使用"旧钱"所带来的问题已经出现，且越来越严重，总要寻求解决之道，但两晋的统治者并没有意识到应该尽快统一货币、增加货币投放量以满足商品交换的需求，而竟然想到的是废除钱币，重回"物物交换"的时代，[1]持此论者还找到了依据："魏氏不用钱久，积累巨万，故欲行之，利公富国。"[2]在曹魏时期，一度也曾废除过五铢钱，改用谷物、帛作为媒介进行商品交易，退回到物物交换阶段，但曹魏当年是在不得已情况下推行此策的，且待经济条件稍稍好转后又立即恢复了五铢钱。无视今昔不同的经济环境，希望用货币政策倒退的方式解决遇到的新问题，显然是行不通的。

对于"废钱"之议，大臣孔琳之等人坚决反对，孔琳之指出"制无用之货，以通有用之财，既无毁败之费，又省运置之苦。此钱所以嗣功龟贝，历代不废者也"，他强调"致富之道，实假于钱"，离开了"钱"作为中介，经济发展便会受到阻碍。同时，孔琳之还认为如果"废钱"，不仅会出现"用钱之处，不以为贫，用谷之处，不以为富"的问题，而且"有钱无粮之民，皆坐而饥困，此断钱之立弊也"。孔琳之的结论是"救弊之术，无取于废钱"。[3]最终，在这场"废钱之争"中孔琳之等人取得了胜利，[4]然而仅是继续维持原有状态而已，没有解决已经出现的"钱荒""钱贵"等问题，货币政策依然严重滞后，成为制约经济发展甚

---

[1]《晋书·食货志》："安帝元兴中，桓玄辅政，立议欲废钱用谷帛。"
[2] 见《宋书·孔琳之传》。
[3] 见《宋书·孔琳之传》。
[4]《晋书·食货志》："朝议多同琳之。"

至影响社会稳定的一个重要因素。那么,是不是两晋时期的统治者毫无金融常识以至于在金融方面失去了应有的作为呢?问题也许没这么简单。

两晋时期是中国古代门阀制度最兴盛的阶段,其特点是世家大族进一步兴起,他们在垄断了政治资源的同时占据着经济方面的优势。两晋实行租调制,普通百姓手中的钱通过赋税方式一部分回笼到朝廷,再通过食邑、俸禄等形式流转到王公大臣等贵族阶层手中。晋朝皇帝的赏赐也十分惊人,从史书记载看,两晋时期皇帝频频赏赐大臣,一出手动不动就数十万钱。货币以这种模式投放和回笼,造成钱币越来越向世家大族手中集中。不铸新钱也许不是因为没有眼光或者"太懒",而是维护一部分人现实利益的需要,因为在钱币总量有限的情况下,"钱贵"将是总体趋势,意味着世家大族手中的财富可以进一步增值。

提到晋朝,人们很容易联想到一个个"斗富"的故事,在制造石崇、王恺等"富可敌国"的大家族的过程中,不恰当的货币政策也充当了幕后推手。不过,桓玄也是门阀中的一员,他为什么会提出"废钱"呢?这与桓玄当时的处境有关。桓玄是东晋大司马桓温之子,历史上著名的权臣,提出"废钱"正值他将建立桓楚政权的前夕。作为控制东晋实权的新兴世族,桓玄想以"废钱"作为手段,从经济上打击其他世家大族,但由于牵涉的利益太多而遭到了广泛反对,使这件事不了了之。

所以,这场"废钱之争"的背后其实是门阀斗争,在维护自身利益方面双方并没有本质区别。争来争去,仍然没有人真正认识到问题之所在,更没有拿出切实的办法来解决问题。两晋时期,滞后的金融、货币政策所造成的后果非常严重,它使经济发展受到了不必要的制约,同时也加剧了社会的不公,制造出新的社会矛盾。大一统的西晋王朝只存在了52年,偏安江南的东晋王朝国祚也只有104年,它们都没能创造出盛世辉煌,在造成它们短命的众多原因中,金融和货币政策方面也值得认真反思。

第三章　魏晋南北朝：四百年经济混乱

九、民族融合背景下的改革

西晋虽然实现了短暂统一，但紧接着发生了八王之乱和五胡内迁，北方地区经历了十六国时期的频繁战乱，经济被严重破坏，这一时期人口锐减，中原地区一派凋敝。[1]进入南北朝时期后，北方的第一个政权北魏是由拓跋氏所建立的。拓跋氏属鲜卑族，原来居住在今黑龙江省嫩江流域的大兴安岭附近，过着游牧生活。汉朝时北匈奴被打败西迁，一部分鲜卑部落也向西迁移，来到漠北地区，从东汉末年到西晋，这部分鲜卑人不断南下，与魏晋两朝联系越来越密切，与匈奴部落也越来越融合。

还在曹魏统治时期，鲜卑首领拓跋力微征服了周边部落，确定了大酋长的地位。西晋初年，拓跋力微之子拓跋禄官把部落分为中、东、西三部，后来各部又被拓跋力微的孙子拓跋猗卢统一。310年，晋怀帝封拓跋猗卢为代公，晋愍帝继位后又进封其为代王，鲜卑人于是建立了代国，成为"五胡十六国"之一。但到了376年，"五胡十六国"中的前秦发兵攻打代国，代国灭亡。386年，鲜卑族首领拓跋珪重建代国，定都在盛乐，后拓跋珪改称魏王，于398年正式定国号为"魏"，史称"北魏"，并将都城迁至平城（今山西大同）。

北魏初建时强敌环伺，周边分别有贺兰部、独孤部、库莫奚部、铁弗部、高车部等部族，太行山以东还有慕容垂建立的后燕，太行山以西有慕容永统治的西燕。拓跋珪有"天下之志"，同时"善战好杀，暴桀雄武"，[2]他用武力不断消灭周边部族和政权，北魏的实力不断增强。拓跋珪死后儿子拓跋嗣继位，他在位14年，继续向四周扩张。拓跋嗣死后儿子拓跋焘继位，拓跋焘是一位杰出的军事家和战略家，擅长用兵，他亲率大军先后灭掉了胡夏、北燕、北凉等政

---

[1]《晋书·孙绰传》："自丧乱已来六十余年，苍生殄灭，百不遗一，河洛丘虚，函夏萧条，井堙木刊，阡陌夷灭，生理茫茫，永无依归。"

[2]见虞世南《唐文拾遗》卷十三。

权,结束了十六国纷争的混乱局面,统一了北方,让北魏成为北方霸主。但与突出的军事实力相比,文化、政治和社会制度是这个政权的明显短板。从早期的新旧代国到魏国初建,鲜卑族只是完成了由氏族社会向奴隶社会的过渡,而这时中国北方大部分地区早已经历了数百年封建制度的统治,随着北魏管辖范围的不断扩大,文化和制度与现实之间的不适应也表现得越来越突出。

北魏前期的几位皇帝对此其实都有清楚的认识,他们通过重用汉官、实行汉化等措施加快社会和文化转型。拓跋珪在位时一方面四处征伐,另一方面也重用了贾彝、贾闺、晁崇等汉官,让他们"与参谋议,宪章故实"[1],在这些汉族官员的帮助下设置百官、建立爵制。拓跋嗣在位时多次下诏征贤,他本人酷爱汉文化,遍览史传,从中寻找治国之道。拓跋焘在位时进一步加大了汉化的力度,效仿汉朝做法在平城设立了太学,下诏祭祀孔子,大量征召世家大族出身的汉人担任要职。在拓跋焘之后,这样的努力仍在进行,加速汉化、尽快与先进文明接轨是北魏上层统治者的共识,对于这样的改革方向大多数人也并无异议。但是,仅用几十年的时间就要实现由氏族社会向封建社会的跨越,其艰巨性和难度可想而知,这种跨越必然涉及一系列的重大改革,意味着不同阶层的利益将被调整,当改革侵犯到一些旧贵族既得利益时,他们也必然会抵制和反抗。北魏早期的几位皇帝为照顾保守势力,同时也因为当时更多的精力还是在开疆拓土上,所以很长时间里文化融合、社会转型的步伐并不快,由此积累的结构性矛盾越来越多,依靠局部改革已经难以解决问题,只有来一场暴风骤雨式的全面改革才能夯实北魏这座大厦的根基。

历史的重任落在了孝文帝拓跋宏身上,他继位于471年,这时虽然距拓跋珪定国号为"魏"已经过去了73年,但落后的文化、制度造成的各种问题已经充斥到北魏社会的方方面面:许多鲜卑贵族仍保留着游牧时期的风习,喜欢依靠暴力抢劫或肆意搜

---

[1]见《魏书·太祖纪》。

第三章 魏晋南北朝：四百年经济混乱

刮的方式攫取财产和人口；朝廷缺乏规范的官俸体系，经常以班赏的方式来分配财富；朝廷虽然任用了一些汉官，但一些鲜卑旧贵族内心里拒绝接纳他们，认为"北俗质鲁，何由知书"[1]，有的则提出鲜卑人的特性就是勇武，崇尚儒学会丧失种族优势；国家没有统一的土地和租税制度，州、郡、县争相收取租税，所使用的衡器也大小不一，一些官员趁机中饱私囊，史书将他们称为"饥鹰""饿虎"[2]；虽然推行汉化多年，社会上仍流行穿胡服、讲胡语，汉化成效不明显。孝文帝继位时年仅5岁，按照鲜卑族"子贵母死"的陋习，在他被立为太子时生母便被赐死了，他由祖母冯太后养大，成年以前由冯太后执政。孝文帝年轻时注重学习儒家经义、史传百家，积累了丰富的治国经验，在他23岁时冯太后去世，孝文帝开始亲政，随即便掀起了一场全面改革，当时的年号是太和，这场改革也被称为"太和改革"。

"太和改革"由孝文帝亲自设计和主导，是一场全面、系统性的改革，主要措施包括：效仿汉族王朝礼仪建明堂、太庙，制定郊祀、籍田等制度，祭祀舜、禹、周公、孔子；在中央建立系统规范的官制，颁布《职员令》，确定百官秩品，官员分九品，每品又分正、从，共18个品级，分别制定了俸禄标准，解决官制混乱和缺乏薪俸制度的问题；在基层实行"三长制"，即邻、里、党组成的乡官组织，以此加强户籍管理，取代过去实行的宗主督护制，克服地方豪强隐匿包藏人口的弊端；颁行均田令，根据性别不同对成年百姓制定了具体的授田亩数，分露田、桑田两种，露田种植谷物，不许买卖，15岁以上男子一般授40亩，女子减半，这些田地需要在70岁时交还国家，桑田主要用来种植桑、榆、枣树，可以买卖，不用交还国家；统一租税制度，其中收租以一夫一妇为基本单位，以每年交纳帛一匹、粟二石为统一的收取标准，并规定只能由县一级征收，使用统一的斗秤等量具；禁止士民穿胡服，规定一律改穿汉人服装，百官改着

---
[1] 见《资治通鉴》卷一百三十九。
[2] 见《魏书·常山王传》。

汉人官服，禁用胡语，规定"不得以北俗之语言于朝廷，若有违者，免所居官"。

在历史上还很少有哪一场改革包罗得如此全面、改革得如此彻底，这是北魏当时面临的特殊形势所决定的。艰巨的改革任务、有限的改革时间、复杂的社会矛盾决定这场改革不会轻松。从历史上看，有的改革虽然方向正确、措施也很有针对性，但就是因为对改革的进程把握不当，使之变成了一场激进的社会运动，最终走向失败。

由孝文帝亲自推动的这场"太和改革"却基本上取得了成功，经过改革，北魏所管辖的北方地区社会经济有了明显发展，农业生产得到恢复，粮食产量增多，畜牧业、手工业和商业都日益活跃，百姓的生活得到明显改善。改革后，从鲜卑统治者到社会各阶层对汉族先进文化、制度接受的程度进一步加强，加速了北魏政权的社会转型，使其完成了由奴隶社会向封建社会的转变，各民族进一步融合，历史上称北魏的这一时期为"孝文帝中兴"。这场艰苦改革之所以取得成功，一方面因为改革的大方向是正确的，是先进文化、制度对落后文化和制度的取代；另一方面，孝文帝本人的改革意志和决心起到了关键性作用，在改革面临保守派阻挠和挑战的时刻，孝文帝始终坚定改革方向不动摇，对破坏改革的势力进行强有力打击，扫除改革障碍，同时他还注意选贤任能，培养改革中坚力量，推动改革持续不断向前迈进。

此外，改革需要人来推动，各级官员是否支持改革、能不能以较强的执行力投身到改革之中也是成败的决定因素。制定统一的官制和俸禄制度只是制度建设的一个方面，制度能不能落实、落实的效果怎么样只能体现在千百万各级官员的日常工作中。由于历史原因，北魏的官员队伍整体素质并不高，存在许多问题，如缺乏考核、效率低下、贪赃枉法等，不解决这些问题任何改革都是空谈。

在孝文帝亲自主导下，北魏颁布了《考课法》，专门对各级官员进行

第三章 魏晋南北朝：四百年经济混乱

考核，该法分外考法令和内考法令两部分，外考法令主要考核地方官员，内考法令考核的主要是中央官员，规定官员三年进行一次考绩，考核结果决定官员的升迁罢免，通过考核"令愚滞无妨于贤者，才能不壅于下位"[1]。《考课法》颁布后，孝文帝亲自主持对五品以上官员的考核，他把关很严，只有"心平性正、抑强哀弱、不避贵势、直情折狱"的官员才能被考评为上等。在对尚书省的一次考评中，孝文帝认为"自卿等在任，年垂二周，未尝言朕之一失，献可否之片规，又未尝进一贤而退一不肖"，结果尚书省"自尚书令、仆射以下凡黜退二十余人，皆略举遗阙"。[2]除了加强日常考核，孝文帝还加强了对官员的监督，为此专门颁布了《御史令》，规定了御史的监督职责和权力。为了给御史树威，孝文帝经常以各种方式肯定他们的工作，御史中尉李彪为人刚直，因为他监督严格，使得"天下改目，贪暴敛手"，孝文帝便一再对他进行表扬，在群臣面前特意亲切地称他为"李生"，还表彰说："李彪之直，是我国得贤之基。"[3]

对于那些贪官污吏，孝文帝则给予毫不留情的打击，在颁布官员俸禄制时他诏令"禄行之后，赃满一匹者死"[4]，这个处罚标准相当严厉。在执法中，孝文帝强调"克己忍亲，以率天下"，从而做到不避亲疏、一视同仁，他身边一些亲近的人，无论宗室、戚属还是近臣，一旦犯法都毫不留情，从488年至491年（太和十二年至太和十五年），4年间就有6名担任地方长官的皇室宗亲受到削除官爵、徙配北镇甚至赐死的严惩。史书称孝文帝在位时"肃明纲纪，赏罚必行，肇革旧轨，时多奉法"，[5]这一时期"吏清政平，断狱省简"，是历史上吏治相对清明的时期。[6]

从《职员令》到《考课法》《御史令》，都是在用制度来加强官员队伍的建设，由于这些制度规定具体、执行严格、监督到位，因而取得了成效，贤才脱颖而出、庸才被

[1] 见《魏书·高祖纪》。
[2] 见《文献通考》卷三十九。
[3] 见《北史·李彪传》。
[4] 见《魏书·高祖纪》。
[5] 见《魏书·良吏传序》。
[6] 见《魏书·刑罚志》。

淘汰、贪官被惩处，使官员队伍保持了活力和执行力，从而能够承担起繁重的改革任务，这大概是孝文帝改革基本上取得成功的最根本保障。

十、北魏改革的金融短板

北魏开局之初，各方面呈现较好态势，统一天下的势头逐步显现，经过约20年的发展，其国力便逐步实现了强盛。北魏以半个中国的疆域，实现了较西晋太康年间人口翻番的成绩，达500多万户、3000多万口，反映出社会经济恢复发展较为迅速。[1]

北魏对农业尤为重视，朝廷议政以农为首，推行均田制，要求各级官员督办农事，违者免官，使农业得到快速发展，成书于北魏的《齐民要术》，所反映的就是这一时期中原地区耕织结合的农业和家庭手工业发展盛况。随着经济发展，物价也不断下降，北魏初年每匹绢约1000钱，至孝文帝时期下降至300钱左右，榨油、酿酒、造纸、采盐、冶铁等均得到发展。[2]洛阳、邺城等成为著名的商业中心，洛阳西阳门外有大市，"市东有通商、达货二里。里内之人，尽皆工巧屠贩为生，资财巨万"，这里的商业活动十分繁荣，"舟车所通，足迹所履，莫不商贩焉。是以海内之货，咸萃其庭。"[3]但与之形成反差的是北魏金融体系建设却很落后，一直没有发行自己的货币，[4]严重不适应经济和社会发展的需要。在北魏初期，其实市场上也流通有少部分前代铸造的各类钱币，只不过充当等价交换物的主要是帛、桑、丝、缣等实物[5]。为便于交换，北魏甚至统一了民间所产纺织品的尺

---

[1]《魏书·地形志》："正光已前，时惟全盛，户口之数，比夫晋之太康倍而已矣。"

[2]《洛阳伽蓝记》："于时国家殷富，库藏盈溢，钱绢露积于廊者，不可较数。"

[3] 见《洛阳伽蓝记》。

[4]《魏书·食货志》称"魏初至于太和，钱货无所周流"，《资治通鉴》称这一时期"民间皆不用钱"。

[5] 如《魏书·赵柔传》记载："柔尝在路人所遗金珠一贯，价值数百缣，柔呼主还之。"这里说的是，赵柔偶然得到一串金珠，人们衡量其价值的不是钱而是缣。类似这样的记载在《魏书》中经常可看到，缣、绢、帛等物品被广泛用于赏赐、赔偿、军饷、计赃、借贷等方面。

第三章　魏晋南北朝：四百年经济混乱

幅标准，规定幅宽2尺2寸、长40尺为1匹。除纺织品外，谷物、牲畜等也发挥着一般等价物的作用。

这一时期的北魏其实处在物物交换时代，这是货币制度的倒退。用帛、谷、牲畜作一般等价物，除交易不便、不容易分割和换算外，还为投机取巧者留下钻营空间。北魏虽然规定了纺织品的尺幅，但社会上仍普遍存在"渐至滥恶，不依尺度"的现象，还有商家通过降低布匹质量来以次充好，朝廷虽"更立严制，令一准前式，违者罪各有差，有司不检察与同罪"，但各种投机行为屡禁不绝，纺织物"狭幅促度，不中常式，裂匹为尺"的劣质化现象越来越普遍。这些所谓的纺织物并不能做衣服，是只为商品交换"定制"的，既扰乱了市场，也浪费了大量宝贵的资源。[1]

金融是经济命脉，即便在农业经济时代也离不开金融，北魏为什么不重视金融建设呢？主要因为，鲜卑本是北方游牧民族，所建立的北魏政权处在一个由氏族社会迈入奴隶社会、又向封建社会急速转型的时代，各项改革任务都很繁重，孝文帝等大力推行改革，包括禁鲜卑服、断鲜卑语、胡汉通婚、迁都南下、改姓氏、改官制、统一度量衡等，在政治、经济和文化等方面总体上实现了与封建体制的接轨，但由于时间紧、改革任务繁重而急迫，所以在许多领域仍存在改革欠账，金融就是其中之一。

金融建设严重滞后带来的问题越来越突出，北魏朝廷不得不着手加以解决。495年（孝文帝太和十九年），北魏推出自行铸造的货币五铢钱，称为"太和五铢"。一枚标准的"太和五铢"重3克左右，200枚这样的铜钱就能买1匹绢，[2]说明"太和五铢"购买力还是很强的，但对于这种"官方定价"民众未必支持，加之铜在当时属稀缺资源，考虑到这些情况，北魏在推出"太和五铢"的同时，诏令"民有欲铸，听就铸之"[3]。

私铸铜钱合法，在之前朝代也出现过。不过，允许私铸固然可以

[1] 见《魏书·食货志》。
[2]《魏书·食货志》："高祖始诏天下用钱焉。十九年，冶铸粗备，文曰太和五铢，诏京师及诸州镇皆通行之。内外百官禄皆准绢给钱，绢匹为钱二百。"
[3] 见《魏书·食货志》。

减轻国家的铸币成本，但由此也会带来品质难以保证、规格难以统一的问题。由于"太和五铢"有较强的购买力，加之私铸不违法，所以民间很快形成一支"铸币大军"，基于逐利的本性，大家所铸造的铜钱难以达到朝廷规范，有的任意减重，有的掺进杂质，有的铸工粗糙，出现大量的"恶钱"。《魏书》论及"太和五铢"时说"随利改易，故使钱有小大之品"，这一点从出土实物中可得到证实，目前所出土的"太和五铢"钱，直径大者 26.1 毫米，小者仅 21.5 毫米；重量大者 4.6 克，小者仅 1.2 克。越来越多的此类"恶钱"流向市场，"自后所行之钱，民多私铸，稍就小薄，价用弥贱"，这样的钱自然被商家和百姓所拒绝，北魏的许多地方仍处于"犹以他物交易，钱略不入市"的状态。[1]

"太和五铢"未能取得成功，至 510 年（宣武帝永平三年），北魏"又铸五铢钱"，即"永平五铢"，试图解决"太和五铢"铸行中存在的问题。此时国家铸币能力有所提升，所铸造的"永平五铢"尽量保证规格、重量和铸工方面的标准和质量，同时针对私铸带来的问题，在政策上也作出重大调整，由允许私铸改为禁止，"重盗铸之禁，开纠赏之格"，试图通过严厉打击和赏赐告发遏制私铸行为。然而，相关措施并未收到成效，私铸禁行后盗铸开始盛行，"永平五铢"仍未逃脱"恶钱"横行的命运。[2] 至 529 年（孝庄帝永安二年），北魏又铸行"永安五株"，其情形与前两种五铢钱一样，都因私铸、盗铸盛行而无法建立起足够信誉，未能成为被广泛接受的、通行全国统一的货币。

结束了北方长期分裂的状况，开局形势看起来不错的北魏，后来却屡屡受限于金融建设的滞后，在急需一种权威货币以方便和促进经济发展的时候，3 种不同的"五铢钱"先后登场，却均以失败而告终。总结其规律，发现它们无不陷入"铸造新币、私铸盗铸开始、'恶钱'盛行、新币崩溃、再铸新币"的恶性循环，如

---

[1] 见《魏书·食货志》。
[2]《魏书·食货志》："肃宗初，京师及诸州镇或铸或否，或有止用古钱，不行新铸，致商货不通，贸迁颇隔。"

第三章　魏晋南北朝：四百年经济混乱

此往复再三，最终使北魏的金融体系彻底崩坏，严重损害了经济的发展。北魏后期百姓生活困苦，先后爆发了六镇起义、关陇起义等多场大规模农民起义，经济因素成为北魏再次被分裂的重要原因之一，金融上的短板又是其经济走向失败的重要原因。

表面上看，由于对私铸、盗铸行为管控不力造成了北魏金融改革的失败，但私铸、盗铸现象并非北魏特有，何以成为北魏无法根治的顽疾呢？很大程度上是政策执行不力造成的。汉文帝时期也曾短暂允许民间私铸钱币，但这种"官民合铸"模式只能作为权宜之计和国家铸币行为的补充，而且必须受到严格监管，务必保证所铸钱币的规格和质量，待国家铸币能力恢复后应立即取消私铸的合法化，北魏在这些方面失于宽泛，一度对私铸行为过于依赖，加之监管不力，造成"恶钱"盛行。在打击盗铸方面，北魏的问题同样是政策执行不力，虽然制定有严格的法令，但从"恶钱"依然有增无减的势头看，相关政策没有得到较好执行。

这些是现象，其内在原因，一种看法是"北魏所谓之私铸或盗铸，与其认为是商人百姓所为，倒不如说与政府成员、官僚豪势之家有密切的关系"[1]，认为导致钱币薄小的"恶钱"应该与负责铸钱的官府或官府办理采铜的执行人员有关。这或许是原因之一，但从根本上说还是北魏的统治者在治国方略上的缺失。身处急速转型的时代，没有意识到金融体系建设的重要性，没能未雨绸缪地做好货币政策方面的规划，仅本着"头痛医头、脚痛医脚"的态度，在问题出现时采取一些仅能治标却无法治本的措施，这些措施经不起时间检验，问题没有解决，反而越积越多，经过反复失败，最终到了积重难返的程度。

十一、"恶钱"盛行的时代

在南北朝时期，频繁的战乱

[1] 见陈彦良《币制兴衰四百年：魏晋南北朝的通货膨胀与紧缩》，格致出版社2019年出版。

和政权更替对经济发展造成严重冲击,为克服经济困难,维持庞大的军费支出,许多王朝纷纷在货币上打起主意,通过发行虚值"大钱"和减重"小钱"的方式进行货币贬值,虽解一时燃眉之急,但进一步恶化了经济形势。

南梁时期至少铸行过两种"大钱",分别是"当十钱"和"四柱钱"。所谓"当十钱",即1枚铜钱可当10枚使用,这种钱始于552年(南朝梁元帝承圣元年),史书记载"时初铸钱,一当十,乃赐钱十万,实百万也"[1]。"四柱钱"类似于"当十钱",开始时"一准二十",即1枚铜钱当20枚用,但这种钱仅重4铢,比传统的五铢钱还轻,所以引起百姓强烈抵触,后改为"一准十",因为这种钱上有4个星点,因而得名。

南陈时期至少也铸行过两种"大钱",分别是"天嘉五铢"和"大货六铢"。史书记载,562年(陈文帝天嘉三年)"改铸五铢钱",此次铸行的"五铢钱"可以"一当鹅眼之十"[2]。南陈想利用"天嘉五铢"来统一混乱的货币市场,但效果不佳,原因也是"一当十"。到579年(陈宣帝太建十一年)"又铸大货六铢,以一当五铢之十,与五铢并行"[3],这种钱仅比五铢钱略重,但也是"一当十",所以仍遭百姓抵制。[4]

北朝方面铸行"大钱"的主要是北周,其先后铸行过"布泉钱""五行大布""永通万国"等3种钱币,铸造工艺颇佳,后世称"北周三品",但也都属于虚值的"大钱"。561年(周武帝保定元年)朝廷"更铸钱,文曰布泉,以一当五,与五铢并行"[5],这种钱与五铢钱重量相近,却1枚当5枚用,自然也引起抵制。574年(周武帝建德三年)北周"更铸五行大布钱,以一当十,与布泉钱并行"[6],新钱重量没有明显增加,但面值再增加1

---

[1] 见《周书·姚僧垣传》。

[2] 见《资治通鉴》卷一百六十八。"鹅眼钱"是465年(南朝宋前废帝景和元年)民间私铸的一种五铢钱,因大小如鹅眼而得名,在当时较为流行。

[3] 见《隋书·食货志》。

[4] 当时流传一个谣言,说"大货六铢"上的字像"叉腰哭天子",原因是篆书"六"字像"人之叉腰耳"。

[5] 见《北史·周本纪下》。

[6] 见《北史·周本纪下》。

第三章　魏晋南北朝：四百年经济混乱

倍，其信用可想而知。到579年（周宣帝大象元年），北周再"铸永通万国钱，以一当十"，这种钱只比"五行大布"略重，"与五行大布及五铢，凡三品并用"[1]。

上述这些"大钱"的弊端是显而易见的，1枚与传统五铢钱重量相近或略重的铜钱，却要当5枚甚至10枚五铢钱用，百姓自然难以接受。在这种情况下，又出现了一些没有虚值的货币，1枚铜钱仍只当1枚使用，但重量却较传统五铢钱大为减轻，这种钱就是所谓"小钱"。

南朝刘宋于454年（宋孝武帝孝建元年）发行了一种"四铢钱"，史书记载："孝武孝建初，铸四铢，文曰孝建，一边为四铢，其后稍去四铢，专为孝建。"[2]据出土实物，这种钱不足2克，多为1克左右，不足1克者也十分普遍，[3]而汉代五铢钱的重量通常在3至4克之间。也就是说，"孝建四铢"虽然没有虚值，但通过钱币减重仍然实现了"以一当五"甚至"以一当十"的目的。南朝梁武帝天监年间铸造过一种"公式女钱"，这种钱"径一寸，文曰五铢"。"公式女钱"虽自号"五铢"，但重量只有1.5克左右，不到传统五铢钱的一半，因其看起来"纤细质弱"，又无轮廓，所以称"女钱"。南梁时期还流行一种"五朱钱"，这种钱仅重"三铢半"，与五铢钱并行，也属减重"小钱"。

在北朝方面，北魏铸行的"永安五铢"尚足重，到东魏和西魏时仍在铸行，但开始不断减重。宋代货币著作《泉志》有"永安土字钱"条目，指东魏和西魏时铸行的"永安五铢"仅重"二铢四絫"。[4]538年（东魏元象元年）王则任洛州刺史，其人"性贪婪"，"在州取受非法，旧京诸像，毁以铸钱，于时世号河阳钱"，[5]这种"河阳钱"虽标示为"永安五铢"，史书称"河阳生涩"[6]，想必重量和质量都得不到保证。到553年（北齐天保四年），北齐文

[1] 见《隋书·食货志》。
[2] 见《通志》卷六十二。
[3] 1987年江苏溧水出土的货币窖藏中有刘宋钱币309枚，其中最轻的"孝建四铢"仅0.4克。
[4] 十黍为一絫，十絫为一铢。"二铢四絫"即2.4铢。
[5] 见《北齐书·王则传》。
[6] 见《隋书·食货志》。

宣帝高洋铸"常平五铢",一开始重量在3.5克至4克之间,尚能足重,但到北齐末年,这种货币不仅明显减重,而且大量掺杂着生铁等杂质。

南北朝时流行一种"荇叶钱",史书记载这种钱"尤薄轻者谓之荇叶,市井通用之"[1]。还有一种"綖(yán)环钱",外环薄细如线,史书记载:"景和元年,沈庆之启通私铸,由是钱货乱败,一千钱长不盈三寸,大小称此,谓之鹅眼钱。劣于此者,谓之綖环钱,入水不沉,随手破碎。市井不复料数,十万钱不盈一掬,斗米一万,商货不行。"[2]"掬"指双手合捧,10万钱用一双手就能捧住,或许有些夸张,但足以说明其减重之甚。

在古代,人们将材质不纯、重量不够、铸工差的铜钱称为"恶钱",通常由民间盗铸所形成。南北朝时期流行的那些虚值"大钱"和减重"小钱",即便由朝廷铸造颁行,即便工艺不差、用材也有保证,但本质上与"恶钱"并无二致,因为它们都是以掠夺财富为目的。在南北朝时期,"恶钱"泛滥严重,尤其朝廷也参与其中,历时100多年,这在中国古代金融史上是十分罕见的。

"恶钱"泛滥,最直接的后果是物价飞涨,如北魏"四铢钱"铸行后立即造成"钱轻物重"的局面,一石米迅速涨到几千钱,南朝宋前废帝永光年间一斗米、一尺布甚至均涨到1万钱,对比东汉中后期一石米仅数十钱,可以看出南北朝时期物价高昂之状,故史书称"百物踊贵,民人患苦"[3]。

通货膨胀仅是"恶钱"造成的后果之一,同样严重的是,朝廷带头发行"恶钱"使民间盗铸现象更加严重。无论虚值还是减重,都能从铸币中获利良多,有人干脆把原来的五铢钱熔掉,再掺上铁、铅等,私铸各种"大钱"和"小钱"。对此,各政权都加以打击,有的还出台了极为严厉的惩罚措施,但均效果不佳。究其原因,有的史书认为"利之所在,盗铸弥众",最终形成"利深难绝"的局面。[4]

南北朝时期政权交替频繁,各

---

[1] 见《通典·食货志》。
[2] 见《宋书·颜竣传》。
[3] 见《宋书·颜竣传》。
[4] 见《魏书·食货志》。

王朝又频频推出各式"大钱""小钱",再加上各式各样的私铸、盗铸,形成了币种的混乱。一种"大钱"或"小钱"失败后,朝廷不是想着从根本上解决货币的信用问题,而是试图通过发行新的"大钱"或"小钱"来解决问题。南北朝时期,各政权发行的货币种类众多,仅南朝就有20多种,还有私铸的钱币和之前朝代流通下来的钱币,这样一来市场上的货币品种就更多了。货币可以使商品交换变得方便,但前提是实现统一,混乱的货币体系不利于商品流通,史书将其总结为"致商货不通,贸迁颇隔"[1],对经济的发展产生了严重破坏作用。

十二、江南的开发弥补了不足

汉代人口达到5000万梯级后出现了新的徘徊,其间发生的战争固然对人口变化有一定影响,但新的峰值出现后便不再进一步突破,根本原因还在于经济对人口的支撑作用又出现了新的瓶颈。魏晋以后国家出现了分裂,人口一度出现了波谷,据推测,三国时期人口总数在1400万—1800万之间,西晋的人口总数约2000万,随后人口出现了缓慢回升,南北朝人口最鼎盛时达到了4200万,隋统一时约为4900万。[2] 从汉末到隋初,人口重回5000万梯级用了300多年。与大一统时期的两汉不同,这段时间国家处在更大的分裂与动荡之中,政权分割,战事频发,对经济发展造成了极大破坏,严重制约了人口增长,在这种恶劣条件下人口总数重新回升,得益于经济重心的南移。晋代之前中国经济重心一直在北方,广大南方地区虽然早已纳入国家版图,但那里地广人稀,多属未开化之地,一直到汉末黄河流域都是人口密集区。[3]

从西晋末年开始经济重心逐渐南移,江南地区气候较热,土

---

[1] 见《魏书·食货志》。

[2] 见赵文林、谢淑君《中国人口史》,人民出版社1988年出版。

[3] 据赵文林、谢淑君《中国人口史》的研究,东汉时的140年,今河南省辖区内人口约923万,山东省约863万、河北省约638万,而同期江苏省约222万、浙江省约81万、广东省约86万。

地肥沃，更适合耕种；北方地区虽开垦较久，但潜力已经不大，且战乱多发，迫使大量人口南迁。从西汉平帝元始二年（2）到东汉质帝本初元年（146），全国耕地面积在6.9亿亩至8.2亿亩之间，如果考虑到统计的误差，这一时期耕地面积应当大体保持不变；而到了隋文帝开皇九年（589），全国耕地面积一下子跃升到19.4亿亩，增加了一倍还不止。[1]多出来的部分，最主要的应该就是长期开发江南所增加的了。汉末至隋初数百年的战乱虽然严重削弱了生活资料的供给，但江南的开发恰好弥补了这一不足，所以人口总数才能重新回到5000万的梯级。

十三、"分久必合"的经济逻辑

魏晋南北朝是一个大分裂时期，但最终仍以统一而宣告结束，其后中国的历史总是在治乱交错中前行，但"治"与"乱"并不是无序的，也不是任意反复的，它们之间也有一定规律可以总结。"乱"终归于"治"，即所谓"分久必合"，这源于中国自古就有"大一统"的思想理念并根深蒂固。

中国人自古崇信"大一统"，"大一统"成为中华文化和中华民族政治文明的一个标志性符号和图腾，被认为是中国封建社会的普遍政治追求。其实在封建社会之前这种追求也有过，在"礼崩乐坏"、诸侯争霸的春秋时期，饱受离乱之苦的人们就渴望在政治上实现统一，那时流传的有关黄帝的传说就是这种思想的表达；在《禹贡》里还出现了"九州"的概念，《左传》认为"茫茫禹迹，画为九州"；中国最早的一部自然地理著作是《山海经》，约成书于春秋战国时期，全书分《山经》《海经》两个部分，以地理的视角描述了"天下"的内涵和外延，代表着一种"大一统"的地理观。以上这些传说和记载与作为政治主张的"大一统"虽然还有一

---

[1] 见梁方仲《中国历代户口、田地、田赋统计》，中华书局2008年出版。

第三章 魏晋南北朝：四百年经济混乱

定差距，但至少代表着远古时代人们内心里的某种普遍向往。

秦朝实现了中国的统一，统一了疆域，建立了统一的国家政权。之后秦朝密集推出了一系列制度，不仅在地域上要建立一个统一的国家，还试图在政治、经济、军事、文化等各个层面实现统一，但也许因为操之过急，其统一的进程随着王朝的覆灭而中断，严格来说秦朝只实现了"大统一"还没有来得及完成"大一统"。汉朝建立后汲取了秦朝灭亡的教训，调整了政治和经济重建的节奏，实现了汉初数十年的稳定和发展。到汉武帝时，汉朝的统治已完全稳固，疆域空前扩大，中央实现了集权，在其最强盛的阶段，基本达到了"外无强敌、内无忧患"的盛世标准，实现了"大一统"的基本目标。

从西汉开始，中国陆续出现了东汉、西晋、隋、唐、北宋、元、明、清等统一的王朝，如果加上秦朝，统一的王朝至少有9个，这些王朝都有一些共同特征：疆域较为辽阔，统一了中国或者中国的大部分地区；建立了中央集权，并在统治区内实施有效治理；社会相对稳定，战乱较分裂时期大为减少；经济发展速度较快，人口逐步增加。这些统一王朝虽然没有用过"中国"这个"国名"，但在不同阶段或场合分别有"华夏""中华""中夏""中原""诸夏""诸华""神州""九州""海内"等概念，使用的年代、对象以及所强调的重点虽各不相同，但大体可以视作"中国"的同义历史名词。这些统一的王朝所建立的国家无不是以华夏文明为源泉、以中华文化为基础，它们都是以汉族为主体的多民族国家政权，因为有"大一统"思想所奠定的基础，这些王朝之间始终保持着内在的延续性。

但也有人提出质疑，认为既然很早就有了"大一统"的稳固基石，为何后来又出现了那么多的分裂局面？从三国、东晋、南北朝到五代十国，再到辽、宋、夏、金等政权并立，有学者统计这些分裂时期至少占整个封建社会的三分之一，"合久必分"似乎成为一种规律。中国封建王朝为什么会在统一与分裂的交替中前行？这是一个很大的话题，仅从"大一统"

的视角进行观察，其实不难看出，这种分裂的存在并非是对"大一统"思想的否定，更不能以此推翻2000多年的中国封建社会内在的继承性和延续性。从总体趋势看，在2000多年的封建社会阶段虽然中国始终在统一与分裂的局面下交错前行，但统一的时间越来越长、分裂的时间越来越短，"裂度"越来越轻，这说明每一次分裂后人们都在进行着反思和改进，"大一统"的思想越来越得到认同。

形成这种局面的原因，除了有"大一统"的思想理念和政治抱负，从自然、文化和宗教、经济、行政管理的角度也可以看出许多内在的机理。从自然的角度看，中国居于亚洲东部的中心，地理环境自成一体，从远古时期人们就形成了"天下""九州"等独立的地理概念；从文化和宗教的角度看，中国自古就有"华夷一家"的民族融合思想和机制，各民族和各种文化在此交融，互相吸收和促进，没有文化和宗教方面的冲突；从经济的角度看，中国自古就以农业经济为主体，不同的地域、气候形成了各自的经济特色和物产，需要相互依存、共同发展；从行政管理的角度看，统一的中原王朝可以最大化地节约行政成本，也可以最有效地保持社会的稳定。

从地图上看，长江、黄河像一双巨手，拱卫着、佑护着中华民族，以这两条河为中心所形成的独特地理环境，更适合政权的延续和国家的统一。从地形上看，中国西部、西北、北部以及东北大多为高原、大山、草原或荒漠，外部没有更强大的政权，大多数情况下可以不考虑来自这些方向的安全威胁，而东部、南部又是大海，在近代之前这些地方的威胁也大都不足为虑。

在冷兵器时代，长江被称为难以逾越的天堑，但它最终却没能把中国分裂为南北两个国家。三国、两晋、两宋等时期也曾出现过短暂的"划江而治"，但南北之间的经济、文化和人员交流已经形成了强大惯性和内在需求，地理上的阻隔难以将其断绝。无论南方与北方，无论统治者还是普通百姓，都能认识到统一才是彼此最大的利益所在，统一才能实现最大的

第三章　魏晋南北朝：四百年经济混乱

优势互补，所以分裂从来都不是彼此的主动选择，而更多地出于无奈，当条件成熟时南北之间就会迅速走到一起。

黄河与长江相互补充，构成了中国的巨大战略纵深，如兵法所讲的"犄角之势"，遇到强敌入侵时，无论他来自北方还是南方，无论来自陆地还是海上，这种战略纵深都能迅速转化为巨大的抵抗能力。近代以后，世界上最主要的几个强国曾组成联军入侵中国，攻占了中国的首都，中国的国家机器几乎瘫痪，但列强们却无法一口将中国吞掉，试图将中国分裂为若干个国家的图谋也无法得逞。还有长达14年的抗日战争，面对悬殊的军力对比，中华民族几乎命悬一线，但日本军国主义拼尽全力后仍无法将中国灭亡，除了中华民族抵御外侮、众志成城的坚强意志外，独特的国土环境、巨大的战略纵深也是侵略者无法完全突破的强大防线。

正因为如此，"大一统"在中国人的思想深处才如此牢不可破，这也许是中华文明又一个独特的地方，正如一位英国学者所说的那样："中国人视国家为监护者、管理者和文明的化身，其职责是保护统一。中国国家的合法性深藏于中国的历史中，这完全不同于西方人眼里的国家。"[1]

---

[1] 见马丁·雅克《当中国统治世界：中国的崛起和西方世界的衰落》，张莉、刘曲译，中信出版社2010年出版。

第四章

隋唐：经济繁荣与危机

第四章 隋唐：经济繁荣与危机

隋朝的建立结束了东汉末年以来约400年的大分裂，国家重归"大一统"。隋朝的建立者杨坚是一位有雄才大略的帝王，在他主持下推行了一系列改革，使各项事业都得到了一定程度的发展。在经济政策上，隋朝没有像汉朝初年那样以休养生息为主，而是积极主动地"向改革要效益"。效果虽立竿见影，但基础却不够稳定，加上隋文帝的继任者隋炀帝好大喜功，为保证各项巨额支出，不断加重税赋，激化了社会矛盾，导致隋朝短命而终。唐朝建立后，注重汲取隋朝灭亡的教训，在土地政策上完善了均田制，在税收政策上实行租庸调制，很快取得了经济繁荣，创造出中国封建时代的第二个盛世。然而，均田制、租庸调制解决不了土地兼并问题，土地兼并的加重导致均田制、租庸调制难以为继，虽然刘晏推行理财改革、杨炎推行"两税法"，一定程度上改善了国家的财政状况，但并没有解决实质性问题。当土地兼并达到一定程度后，任何改革也都无法挽救王朝的灭亡了。

一、行政成本倒逼改革

581年二月，9岁的北周静帝宇文阐下诏把皇位"禅让"给他的丞相、陕西华阴人杨坚，杨坚改国号为隋，年号开皇。史载，这一天长安城上空有祥云升起。8年后，隋朝大军南征灭掉了陈朝，统一了中国，结束了自东汉末年以来约400年的分裂割据局面。

国家虽然统一了，但摆在面前的局面却十分严峻，充满了各种问题和矛盾。在所有亟待解决的问题中，行政区划调整成为急中之急，已到了刻不容缓的地步。

秦始皇统一天下后全国共设 36 个郡，郡下设县。汉承秦制，仍实行郡县制，只是随着统治疆域的扩大和巩固，郡的数目不断增加，西汉平帝元始年间全国共有 103 个郡国，东汉顺帝年间约有 105 个。东汉末年爆发了黄巾大起义，站在东汉统治者的角度，发现在这场起义中暴露出一个问题：由朝廷直接管理 100 多个郡国，难以强化对地方上的实际控制力，造成地方军、政方面的权力空虚。

188 年（汉灵帝中平五年），皇族出身的太常卿刘焉建议："刺史、太守，货赂为官，割剥百姓，以致离叛。可选清名重臣以为牧伯，镇安方夏。"[1] 刺史是汉武帝始设的监察官，东汉时天下分为 13 个刺史部，各派一名刺史负责监察辖区内郡太守等官员。刘焉的建议是将刺史改为州牧，授州牧以行政管理方面的实权，这样一来 13 个刺史部就变成了 13 个州一级行政单位。东汉末年严峻的现实问题让朝廷不得不再次考虑这个问题，最终同意了刘焉的建议，由朝廷任命的州牧纷纷赴任。州刺史的品秩为六百石，与县令相当，低于品秩二千石的郡太守。改州牧后，品秩提高到二千石，又常以"清名重臣"选任，拥有完全行政管理权力，所以州牧成为真正意义上的"封疆大吏"。从这时起，行政区划上的郡、县二级制就变成了州、郡、县三级制。

魏晋南北朝继续实行州、郡、县三级制，南北朝时期的割据政权为显示自己是一个"大国"，往往在行政区划设置上放松尺度，滥设州、郡、县的情况非常普遍。[2] 东汉是统一王朝，全国只有 13 个州，可刘宋、南齐都增至 20 多个州，南梁最多时竟达 107 个州。南陈的疆域与三国时期孙吴相仿，但南陈设置的州数是孙吴的 16 倍。隋朝所取代的北周政权，在北方所设置的州竟达 211 个。大量设州，每州所辖的郡、每郡所辖的县数目就少得可怜了。以北周为

---

[1] 见《三国志·刘焉传》。
[2]《北齐书·文宣帝纪》："百室之邑，便立州名；三户之民，空张郡目。"

例，尽管设置了508个郡，约5倍于汉朝，但平均到各州也不过2至3个。北周设了1124个县，数目与汉朝大体相当，但平均到各郡也只有约2个。

一个州只管2至3个郡，一个郡只管2个县，州、郡、县层层构架，管辖的人口十分有限。东汉顺帝时全国人口约4900万，按105个郡国计算，平均每个郡国管辖人口约46.7万，而到南北朝时这一数字大为降低。仍以北周为例，人口仅约900万，[1]按508个郡计算，平均每个郡管辖的人口仅约1.8万，约为东汉顺帝时的1/25。

管理的人口虽有限，但官吏人数却非常庞大。南北朝至隋朝初年，州、郡、县三级行政单位都拥有一套复杂的官吏系统。根据隋朝初年的制度，州一级设刺史，由朝廷任命；除此之外还设有长史、司马、录事参军事、功曹、户曹参军等职，一般由朝廷任命；除此之外，还设有典签、郡正、主簿、西曹书佐、祭酒从事、部郡从事、仓督、市令等吏员，一般由刺史直接聘用。在郡一级，郡太守、郡丞、郡尉一般由朝廷任命，还设有主簿、县正、功曹、主簿、西曹以及金、户、兵、法、士诸曹等吏员，一般由郡太守聘用。县一级，县令或县长以及县丞、县尉一般由朝廷任命，县令或县长以下的功曹、令史、狱掾、仓吏、治狱吏等佐官一般由县令或县长聘用。

隋朝初年，对州、郡、县三级实行等级管理，从上上至下下分为9个等级，按等级不同分别核定官吏编制。在州一级，上上州编制为323人，上中州为311人，下下州156人；在郡一级，上上郡编制为146人，上中郡为141人，下下郡97人；在县一级，上上县编制为99人，上中县为95人，下下县47人。一个平均不到2万人的郡，如果按辖有2个县计算，就有1个100多人的"郡级班子"和2个数十人的"县级班子"，官吏总数多达200多人，这还不算县以下众多的乡正、里长等乡里吏员。州、郡、县如此之多，地方官吏设置如此之滥，形成了"民少官多、十羊九

---

[1]《通典·食货志》："按大象中，有户三百五十九万，口九百万九千六百四。"

牧"的局面,极大地增加了国家的财政负担。[1]

而且,除一部分重要官员由朝廷任命外,州、郡、县的长官可以自行聘用其他佐吏,虽然有朝廷设置的定额,但也极易产生用人上的不正之风和腐败现象,"认钱不认人""认亲不认人"的现象难以避免,也容易使聘用者和受聘者之间结成政治和利益上的同盟,造成一些官员在地方上一言九鼎、尾大不掉的局面。隋文帝杨坚是一位有雄才大略的皇帝,在完成军事统一的同时,就在思考如何着手对当时存在的各种不合理制度进行改革,行政区划调整以及与此相关的人事制度改革便成为优先方向。

583年(开皇三年),隋文帝本着"存要去闲,并小为大"的原则,下诏将郡一级行政单位撤销,结束了约400年来的州、郡、县三级制,不仅减掉了一级多余的"中间环节",对州、县也进行了优化,使其数目有所减少。之后,隋朝又将州改为郡,恢复了秦朝实行的郡县制。改革前的隋朝初年全国共有241个州、680个郡和1524个县,到大业年间全国仅有190个郡和1255个县,[2] 行政区划设置趋于合理。随着地方行政机构的大幅度减少,官吏人数也迅速下降。史书记载这场行政区划改革仅寥寥数语,但可以想见其过程是何等惊心动魄!1000多个州、郡、县"班子"几乎一夜之间裁撤,失去官位、失去权力甚至失去稳定生活保障的官吏成千上万,肯定有大量的不理解、抵触甚至反抗,但这一切终究阻挡不了改革的大势,因为不改革就没有出路。

与这场行政区划改革相配套,隋文帝还推出了一项用人制度上的改革,规定九品以上的地方官吏必须由吏部任免,实现了"吏部总州郡之权"的目标,从而"政决王朝"。唐人杜佑评价:"海内一命以上之官,州郡无复辟署矣!"[3] 这是中国古代吏治方面的一大变革,结束了之前地方长官可以私聘佐吏的历史,为之后的唐宋各代所沿用。为扩大人

---

[1]《隋书·杨尚希传》:"当今郡县,倍多于古。或地无百里,数县并置;或户不满千,二郡分领,具僚以众,资费日多;吏卒人倍,租调岁减。"

[2] 见《隋书·地理志序》。

[3] 见《通典·选举典》。

才来源，隋文帝还推出了另一项重大改革，就是在撤郡的当年推出了科举取士制度，结束了魏晋以来以九品中正制为主导的选官制度，使朝廷能发现更多的人才。

九品以上地方官吏的任命权全部收归吏部后，隋文帝下诏对这些官员每年进行一次综合考核，根据考核结果决定其升迁罢免，州及之后改名的郡，其长官和主要属吏年终要到朝廷"上考课"，称为"朝集"，报告辖区内一年的工作。[1]595年（开皇十五年），隋文帝"诏文武官以四考受代"，[2]所谓"四考"，指"一年一小考，三年一大考"，通过强化考核，进一步加强了对地方官吏的管理，强化了中央集权。

二、隋文帝向改革要效益

隋文帝杨坚是个"马上皇帝"，为统一天下，他取北周，灭北齐，战突厥、吐谷浑，南征陈朝，几乎年年打仗，加上有时对各种势力的拉拢、和亲，对部下的赏赐，样样都花钱。战乱对经济破坏很严重，按理说杨坚是个"穷皇帝"，日子能揭开锅已经算不错了。但是，隋朝却以惊人的速度迅速取得了经济上的巨大成功。杨坚在位期间"府藏皆满，无所容"，[3]兴洛仓、常平仓、黎阳仓、广通仓等每个仓库存储粮食都在百万石以上，以至于隋朝灭亡20年后的637年（贞观十一年），大臣马周还向唐太宗李世民报告："隋家贮洛口仓，而李密因之……西京府库，亦为国家之用，至今未尽。"[4]杨坚在位期间全国安宁、编户大增、仓储丰实，社会呈现繁荣景象，这一时期被史家称为"开皇之治"。

592年（开皇十二年），距灭掉南陈也就三四年光景，杨坚便接到户部报告说收上来的东西多得都

[1]《资治通鉴》卷一百八十："往者州唯置纲纪，郡置守、丞，县置令而已。其余具僚则长官自辟，受诏赴任，每州不过数十。今则不然，大小之官，悉由吏部，纤介之迹，皆属考功。"
[2]见《隋书·高祖纪》。
[3]《资治通鉴》卷一百七十八。
[4]见《贞观政要》。

没处放了，这让杨坚自己都觉得奇怪，朝廷实行的是薄赋政策，近年来又不断大赐将相，怎么还有这么多钱？但这却是事实，并非户部官员虚报。隋朝建国初始财政收入就十分惊人，朝廷府库中积聚了庞大的粟帛，确实没地方存放了。杨坚于是下令在各地修建了许多仓库，著名的有兴洛仓、常平仓、黎阳仓、广通仓等，但这些仓库仍不够用。到杨坚的儿子杨广登基时，全国的官仓储备足够国家50年支用，这是历朝历代都无法做到的经济奇迹。

近代考古发现印证了这一点。1969年，洛阳发现了隋含嘉仓遗址，面积达45万平方米，探出300多个粮窖，仅其中1个粮窖里就有炭化的谷子50万斤。经历长期战乱而建立的王朝初始阶段大多拮据，汉初经济一片萧条，皇帝的马车都配不齐毛色一样的4匹马，有的大臣只得乘牛车。对照一下，隋朝的经济成就可谓异军突起，所以元代经济学家马端临指出"古今称国计之富者莫如隋"[1]，美籍汉学家费正清也说："在隋文帝和隋炀帝的统治下，中国又迎来了第二个辉煌的帝国时期。"[2]

问题是，如此巨额的财富究竟是从哪里来的？隋朝的巨额财富，简单地说是来自改革。隋朝建立时，摆在杨坚面前的也是个烂摊子：战乱频仍，社会动荡，经济萧条，人口减少，财政困难。为巩固统治，杨坚采取了一系列改革措施发展经济，稳定社会。在土地政策上，隋朝打破了南北朝以来士族豪强不断兼并土地的局面，规定年满18岁的丁男每人受露田80亩，妇人40亩，就连奴婢都依丁男受田，极大地调动了农民的积极性。在赋役政策上，隋朝延续了北朝的租调力役制度，规定年满18岁的成丁才开始纳租调、服徭役，一夫一妻每年纳租粟3石、绢1匹、绵3两或布6丈、麻3斤，单丁和奴婢减半。此外，成丁男子每年服徭役1个月，后改为自21岁起服役20天。

为了保证国家的税收，隋朝还推出了许多配套措施，重点是整

---

[1] 见马端临《文献通考》。
[2] 见费正清《中国：传统与变迁》，世界知识出版社2002年出版。

第四章 隋唐：经济繁荣与危机

顿人户、清查户口，在这方面突出的是"大索貌阅"和"输籍定样"两项政策。南北朝以来各地隐瞒人口或"诈老诈小"现象十分突出，造成纳税人口的大量减少。为防止舞弊，隋朝在清查户籍时建立了人口档案，那时没有照相技术，没办法在档案上贴相片，就把每个人的长相用文字描写下来，记述其体貌特征，防止谎报年龄，这就是"大索貌阅"。

有些税赋是按户收取的，为了逃税民间出现了"民多隐冒，五十、三十家方为一户"[1]的怪现象。隋朝推出一项政策，规定每年正月五日由各地的县令派人到乡村，以300家至500家组为一团，依据每家资产情况确定户数和纳税标准，写成簿籍，这就是"输籍定样"，防止逃税和地方官员暗中做手脚。隋初辖区内仅359万户，加上灭陈后增加的50万户，全国总户数不过400万户多一点；到606年（大业二年），全国总户数已增加到897万户，10多年增加了一倍多，总人口数更是超过了4600万。这当然得益于国家统一、社会逐步稳定的大环境，但这种超常的增长更多是户籍改革带来的。

纳税标准虽有所降低，但纳税人增加了，朝廷的财政收入自然也有了快速增长，社会所实际承担的税赋总额没有减少。正常的税赋之外，隋朝还推出了所谓义仓制度，规定农户平均每年要向"义仓"缴粮0.7石，相当于税收之外的"乱收费"，国家粮食储备大幅增加，百姓的负担却进一步加重。对于隋朝的巨大财富，认为来自发展经济、休养生息，至多对了一半；认为来自轻徭薄赋的政策，则与论题正好相反；认为来自隋文帝推行节俭、财富是省出来的，显然没抓住重点。隋朝的国家财富短期急骤增长，一部分来自统一环境下经济的逐步恢复，另一部分主要来自财税政策、户籍政策的改革，说得直白些是"与民争利"的结果。

---

[1] 见《魏书·李冲传》。

三、"形象工程"拖垮财政

北周宣帝宇文赟"性凶而强，威福在已，亡国之事，皆在其身"[1]，在位时荒淫无度，大兴宫殿，生活奢靡；在位仅2年，先后立了5位皇后，后宫衣饰粉黛耗费惊人。隋文帝杨坚以此为鉴，提出要厉行节俭。杨坚规定，后妃、宫女的衣服和日常用具都要严格按制度供应；旧衣服洗洗再穿，衣服破了就补一补，"六宫咸服浣濯之衣"[2]；宫中的日常饮食，除非举行宴会，平时每顿饭只有一个肉菜。

杨坚"躬履俭约"，要求"居处服玩，务存节俭"，平时使用的器物都"随令补用，皆不改作"，外出乘坐的车辆能用即用，尽量不做新的。吏部尚书苏威看到皇宫中用白银作帷幔的钩子，认为有些奢侈，因而进谏，杨坚"为之改容，雕饰旧物，悉命除毁"。[3]有官员"进干姜，以布袋贮之"，杨坚认为没有必要用布袋，那样太奢费，针对这件小事，杨坚对这名官员"大加谴责"。后来，有官员"进香，复以毡袋"，杨坚更生气了，"因笞所司，以为后诫焉"。[4]开皇元年（581），杨坚下诏"犬马、器玩、口味不得献上"[5]。

杨坚一方面自己很节俭，另一方面十分关心民间疾苦，经常乘车四出访问，在路上遇到上奏之人，总是停下车马来询问情况，有时还暗自派人去探听各地风俗人情，对于政治得失、民间生活情况没有不留意的。[6]594年（开皇十四年）关中大旱，杨坚派人前去了解情况，"有得豆屑杂糠而奏之者"，杨坚深感自责，"流涕以示群臣，深自咎责"，并"为之撤膳，不御酒肉者殆将一期"。杨坚到泰山封禅，途遇饥民，车队行走困难，杨坚下令"不得辄有驱逼，男女参厕于仗卫之间"；遇到扶老携

---

[1] 见《贞观政要》。
[2] 见《隋书·食货志》。
[3] 见《隋书·高颎传》。
[4] 见《隋书·食货志》。
[5] 见《隋书·高祖纪》。
[6]《隋书·高祖纪》："乘舆四出，路逢上表者，则驻马亲自临问。或潜遣行人采听风俗，吏治得失，人间疾苦，无不留意。"

幼的,"辄引马避之,慰勉而去";走到艰险的地方,"见负担者,遽令左右扶助之"。[1]杨坚力戒奢靡,带头节俭,带动了整个社会节俭风气的形成,"开皇、仁寿之间,丈夫不衣绫绮,而无金玉之饰,常服率多布帛,装带不过以铜铁骨角而已"。[2]

杨坚有5个儿子,按年龄依次是杨勇、杨广、杨俊、杨秀和杨谅,他们的母亲都是独孤皇后。杨坚生性节俭,独孤皇后主持后宫,也是一个节俭的人,他们平时都把节俭作为一项教育原则,但可惜的是,这些儿子却让他们有些失望。长子杨勇容貌俊美,生性好学,善辞赋。杨勇曾得到一副装饰华美的蜀铠,杨坚看到后"不悦",原因是"恐致奢侈之渐",于是教导杨勇:"我闻天道无亲,唯德是与,历观前代帝王,未有奢华而得长久者。汝当储后,若不上称天心,下合人意,何以承宗庙之重,居兆民之上?"[3]杨坚还把一件自己穿旧的衣服和一把用过的刀送给杨勇,以示警诫。杨坚用心良苦,但杨勇喜爱奢侈的毛病一直未改,平时生活铺张,府中有许多妾侍、珍宝,加上"率意任情",逐渐引杨坚和独孤皇后不满。杨勇虽然已被立为太子,但后被杨坚废黜,贬为庶人。三子杨俊生性仁恕慈爱,一开始名声很好,杨坚"闻而大悦,下书奖励焉"。但之后杨俊"渐奢侈,违犯制度,出钱求息,民吏苦之"。杨坚派人调查,查实后进行了严厉处理,"与相连坐者百余人"。然而杨俊不思改过,"盛治宫室,穷极侈丽"。杨俊还亲自制作一些精美的器具,用华丽的珠宝玉石装饰。杨俊为妃子制作七宝幂篱,又建造水上宫殿,"香涂粉壁,玉砌金阶","梁柱楣栋之间,周以明镜,间以宝珠,极荣饰之美"。杨俊的作为让杨坚大失所望,"以其奢纵,免官"。[4]四子杨秀"容貌瑰伟,美须髯,多武艺,甚为朝臣所惮"。杨秀很有野心,曾主动要求领兵出镇外地,杨坚没批准,之后虽然命杨秀开府治兵,但出于不放心,又暗中削弱杨秀的兵权,杨秀遭到打击后意志消沉,开始追

[1] 见《隋书·高祖纪》。
[2] 见《隋书·高祖纪》。
[3] 见《隋书·房陵王勇传》。
[4] 见《隋书·秦孝王俊传》。

求享乐,"渐奢侈,违犯制度,车马被服,拟于天子"。杨坚大怒,把杨秀从外地调回京师,见面后却不予理睬,第二天派人痛斥,最后也把杨秀贬为庶人,软禁在内侍省。[1]

几个儿子接连出事,而且所犯过错中都有贪图享乐、奢侈过度的问题,让杨坚警觉起来,在确定谁是新太子的问题上,杨坚进行了暗中考察。二子杨广深知杨坚的关切,刻意把自己伪装得节俭清廉。杨坚有一次去杨广的晋王府,"见乐器弦多断绝,又有尘埃,若不用者",杨坚认为杨广"不好声妓",跟其他几个儿子有明显区别,感到很安慰,"善之"。[2] 杨勇被废后,杨广被立为新太子。仁寿四年(604),杨坚去世。太子杨广随后即位,即隋炀帝。杨广本性也是一个贪图享受、极尽奢靡的人,在这一点上并不输于哥哥和弟弟,之前的节俭都是刻意装出来的,一旦荣登皇帝宝座,缺少约束监督,本性便展露无遗,而父亲留下的丰厚"家底",也为穷奢极欲的生活提供了物质基础。

杨广即位的第二年就开始营建东都洛阳,这项工程十分浩大,工期却很短,只有10个月,为此,每个月都有200万民夫参加建设。不仅耗费人力巨大,耗费的物力也十分惊人,杨广派人到江南各州"采大木",沿途运输又是一项大工程,"所经州县,递送往返,首尾相属,不绝者千里"。宫殿的梁柱要从江西采伐,2000人才能拖动一根大柱,把这样一根大柱运到洛阳,至少花费10万个工时。在洛阳城外,杨广还下令修建了西苑,北至邙山,南抵伊阙,总面积约为400平方公里,被认为是世界历史上规模最大的皇家园林。在西苑中的湖泊上,以传说中的仙山方丈、蓬莱、瀛洲为原型,建造了几座百余尺高的小岛,岛上修有宫殿。西苑"内造十六院,屈曲周绕龙鳞渠",每院有一名四品夫人主持院事。各院"竞以殽羞精丽相高",以求得杨广的"恩宠"。杨广喜欢"以月夜从宫女数千骑游西苑",还亲自作《清夜游曲》,"于马上奏之"。十六院之外,西苑中

---

[1] 见《隋书·杨秀传》。
[2] 见《隋书·炀帝纪》。

第四章 隋唐：经济繁荣与危机

还有几十处"景点"，以奢华著称的阿房宫估计也相形见绌。[1]东都洛阳建成后，许多西域商人和使者来此做生意和参拜，杨广下令在洛阳举办盛大文艺演出，参与演出的乐手、舞蹈演员近2万人，从晚上一直演到早上，彻夜不息，这样的演出活动前后持续了一个多月。不仅如此，杨广还下令，洛阳的店铺必须重新装饰，售卖的货品也要经过挑选，把那些珍贵的商品摆出来，店家和客人都要穿上新衣服，街道两边的树木也都缠上帛，用以装饰。

杨广还对巡狩活动十分热衷，在位14年，去全国各地巡狩11次，每次出行都仪仗浩大，随行的官员、卫卒、宫女人数众多，沿路供应浩繁。605年至610年（大业元年至大业六年），杨广先后调发河南、淮北、淮南、河北、江南诸郡的农民和士兵300多万人整修各段运河。完工后，杨广带着浩大的船队南下江都，随行的诸王、百官、后妃、宫女等有10多万人，船队长达200多里，凡路过的州县，500里以内的都要来"献食"。如此劳民伤财的"龙舟下江都"，杨广竟然搞了3次。

奢靡的代价是惨重的，为营造洛阳，"每月载死丁，东至城皋，北至河阳，车相望于道"，至于修运河、下江都，更是劳民伤财。刚刚经历过"开皇之治"的隋朝，很快便"百姓废业，屯集城堡，无以自给"。[2]遇到灾荒，百姓的日子更惨。[3]杨广在位后期，各地不断爆发起义。杨广不是庸君，有一定的能力和抱负，即位之初，形势也十分有利，但杨广未能把握机遇，尤其没能像父亲杨坚那样对奢靡现象的危害有足够警惕，没能以身作则地反对这种现象，反而穷奢极欲，结果"极盛骤衰"，留下了深刻的历史教训，正如后人评价的那样："隋炀帝是历史上少有的奢侈皇帝。因为奢侈，民众被剥削到无法生存的地步。民众只有起义推翻隋统治，才能找到生路。"[4]

[1]见《资治通鉴》卷一百八十。
[2]见《隋书·食货志》。
[3]《隋书·食货志》："初皆剥树皮以食之，渐及于叶，皮叶皆尽，乃煮土或捣藁为末而食之。其后，人乃相食。"
[4]见范文澜《中国通史》，人民出版社2009年出版。

四、"孔子曲线"与盛世

618年（大业十四年），宇文化及等人发动兵变，弑杀了已经众叛亲离、失去民心的杨广。2个月后，李渊在长安称帝，建立唐朝，隋朝灭亡，国祚仅37年。盛极一时的隋朝"二世而亡"，再蹈秦朝灭亡的覆辙，其历史教训发人深省。

首先对隋朝灭亡原因进行深入探讨的是唐朝统治者，他们得出的一个共同结论是隋朝并不是因为太贫穷而灭亡。按照唐太宗李世民的看法，隋朝统治者不爱百姓爱府库，所以国家的财富与社会矛盾同步积累，"炀帝恃此富饶，所以奢华无道，遂致灭亡"。[1]明清之际的学者唐甄见解更为深刻："立国之道无他，惟在于富，自古未有国贫而可以为国者。夫富在编户，不在府库。若编户空虚，虽府库之财积如丘山，实为贫国，不可以为国矣。"[2]意思是，民众是国家的根本，只有人民丰衣足食，生活富裕，国家的政权才能巩固。国家有钱，修建一些基础设施、对外巩固边防本来是正确的国策，但脱离实际、走得太快太远就会出问题。如果隋朝统治者立国之初抓住人心思稳的大好局面，一边发展经济，一边制定符合发展规律的政策措施，让百姓得到实惠、共享财富成果，就不会出现"快速致富"后又迅速灭亡的悲剧了。

建立在这种认识上，唐朝的统治者一开始就注意解决民生的问题，尤其对税赋问题十分重视，总结之前各代在这个问题的上得失，及时调整土地政策和税收政策。624年（唐高祖武德七年），也就是唐朝建立后的第七年，朝廷就推出了一项重要制度，规定："丁及男年十八以上者，人一顷，其八十亩为口分，二十亩为永业；老及笃疾、废疾者，人四十亩，寡妻妾三十亩，当户者增二十亩，皆以二十亩为永业，其余为口分。"[3]这项制度即均田制，它产生于北

---

[1] 见《贞观政要》。
[2] 见唐甄《潜书》。
[3] 见《新唐书·食货志》。

魏，是一种按人口分配土地的制度。

在北魏之前，关于土地政策的思想主要有井田和限田：井田是奴隶社会的土地制度，那时道路、渠道纵横交错，把土地分隔成方块，像"井"字，故称"井田"，井田属王室所有，分配给奴隶主使用，奴隶主强迫奴隶耕种井田，无偿占有奴隶的劳动成果，同时向王室交纳赋税；限田思想最早由西汉董仲舒提出，他认为商鞅变法以后出现土地私有、自由买卖等情况，土地兼并严重，杜绝了人民谋生之路，危及政权，所以主张"限民名田"，以达到善治，汉朝曾颁布过限田令，规定了占有土地数量的上限。然而，限田思想并非解决土地兼并问题的好办法，在实践中也难以操作。所以，从东汉末年以至魏晋，土地兼并问题越来越严重。到北魏初年，北方长期战乱，人民流离失所，田地大量荒芜，国家赋税受到了严重影响。485年（北魏孝文帝太和九年）颁布了均田令，核心是"计口授田"，即第一次按人口数来分配土地，有了土地的农民承担一定标准的租税、徭役和兵役。均田制的施行，使大量失地农民有了安居乐业的可能，生产积极性提高，粮食产量不断增加，推动了北方经济的恢复和发展。

均田制要想得到彻底实施，必须具备一些条件：国家必须掌握足够的土地可供分配，如果土地数量不足，就无法按照标准进行分配，破坏了"均田"的原则；国家必须建立完善的户籍登记和管理体系，相关统计数据必须真实可靠，保证把土地真正如数、如实地分配到农民手中；国家必须建立起抑制土地兼并的法律体系，限制或禁止土地非法交易。北魏以后、唐朝之前普遍实行了均田制，但受制于主客观条件的制约，在很多时候，均田制实施得并不彻底，效果也参差不齐。到了隋朝末年，经过长期战乱，有大量土地被荒废，唐朝建立后这些土地收归国有，为国家按人口重新分配土地创造了条件。配合均田制的实施，唐朝统治者还建立起一套严密细致的户籍管理体系，并加强了对土地的保护。[1]

唐朝推行均田制后，带动了经济的繁荣。唐初"田亩荒废"，到开元、天宝时期"耕者益力，四海之内，高山绝壑，耒耜亦满"[2]，全国耕地面积达到1430万多顷；唐初年全国户数仅200多万户，天宝年间实际户数达到1300多万户；唐初"苍茫千里，人烟断绝，鸡犬不闻"，开元、天宝年间"四方丰稔，百姓殷富"。可以说，均田制是贞观之治、开元盛世开启的制度基础。

在税收政策方面，对于应从轻还是从重征收的问题，先秦诸子的看法也不尽相同。儒家、道家主张轻徭薄赋，而法家主张收取重税。法家的代表人物之一韩非就不主张实行轻税制，他提出"悉租税，专民力，所以备难充仓府也"[3]，在他看来增加税赋不仅可以壮大国家实力，而且可以督促百姓更加勤勉地劳作，避免懒惰和奢侈。秦朝以"法"治国，这个"法"就是法家。秦朝建立前通过商鞅变法而使国家强大，变法的重要措施之一就是统一财税并加重税率。汉朝建立后为消弭战争创伤、恢复社会经济而实行休养生息的政策，汉初的治国思想改为黄老之道，赋税征收也改为轻税制，税率减轻的结果却没有出现"国弱民穷"的情况，反而使经济得到了繁荣和发展，创造了"汉武盛世"。

隋朝在很多方面都与秦朝很相像：都是在长期分裂后建立的大一统王朝，秦朝之前是550年的春秋战国，隋朝之前是约360年的魏晋南北朝；都有高度集权的政治体制，秦朝不仅统一了六国，还统一了文字、货币、度量衡，隋朝创制了新的职官制度和科举制；都建设了一批举世瞩目的大工程，秦有万里长城，隋有大运河；也都"盛年早逝"，秦朝立国14年，隋朝立国37年。在

---

[1]《唐六典》记载"百户为里，五里为乡""四家为邻，五家为保"，每里设里正1人，户籍管理是其重要职责之一，"每一岁一造计帐，三年一造户籍。县以籍成于州，州成于省，户部总而领焉"。唐朝政府还加强了对土地的保护，如唐律规定："诸卖口分田者，一亩笞十，二十亩加一等，罪止杖一百。"还规定："诸占田过限者，一亩笞十，十亩加一等，过杖六十，二十亩加一等，罪止徒一年。"

[2] 见元结《元次山集》卷七。

[3] 见《韩非子·诡使篇》。

第四章 隋唐：经济繁荣与危机

税收方面隋朝与秦朝也有很多相似之处，582年（开皇二年）隋文帝颁布律令，规定了全国百姓的赋税标准，通过强化计征手段人为地增加税赋收入，在正常税赋之外，隋朝后来又强征"义仓粮"，这些做法与秦朝颇为相似。

唐朝建立后，汲取隋朝灭亡的教训，降低了税赋标准。619年（唐高祖武德二年）颁布法令，每丁每年纳"租二石、绢二丈、绵三两"，以后又规定男丁每年服劳役20天，不仅各项标准大为降低，而且规定所有的征收对象只限男丁。征收绢和绵称为"调"，针对劳役的规定，唐朝以后又加以改进，超过50岁免征，同时规定可以按缴纳3尺绢或3.75尺布代替1天的劳役，这项政策称为"庸"，加上2石的"租"，唐朝的主要税收政策便固定了下来，合称"租庸调制"。

标准更低、更具人性化是唐朝税收政策与前代相比的主要特征，据学者孙彩虹的研究，唐朝前期租庸调制下纳税人的整体税负较轻，"租庸调"3项的产值负担率仅为4.5%左右，尽管这个数字还不能完全反映整个社会的综合税率情况，还有针对特定对象的商业税等非农业税种，但总体而言唐朝初年实行的是轻税制。唐太宗还要求徭役征发"不夺民时"，又下令免去四方珍贡，这些进一步减轻了百姓的负担。唐朝也创建出了新的繁荣，这就是唐太宗时期的"贞观之治"和唐玄宗时期的"开元盛世"，《通典》记载开元年间"天下无贵物"，杜甫写诗说"忆昔开元全盛日，小邑犹藏万家室。稻米流脂粟米白，公私仓廪俱丰实"，繁荣的情景与汉朝初年十分相似。

站在税收的角度考察汉初、唐初两次盛世的成因，不难看出经济繁荣是最重要的基础，而创造经济繁荣的不是加重税收而是轻徭薄赋，"盛世减税"或许是它们的一条共同规律。这是因为税率高并不等于实际税收多，仅从数学的角度看，税率越高国家的税收也就越多，但税率又是具有反作用的，当它达到一定程度时生产成本就会增加、人们的生产积极性就会降低、在生产领域里的投资也会减少，这时税基就会减小，反而导致总体税收的减少。

关于这个问题大约2500年前曾有过一次对话，它记录在《论语》里，对话的人是鲁哀公和有若，有若也称有子，是孔子的学生。鲁哀公问有若收成不好的时候国家财政开支不够怎么办，有若说可以试试"什一税之"，也就是10份收成里抽取1份税收，鲁哀公说10份抽2份都还不够用，只抽1份就更不解决问题了。听到这里，有若说："百姓足，君孰与不足？百姓不足，君孰与足？"意思是，如果百姓吃的用的都很充足，怎么会没有您的呢？如果百姓自己吃的用的都不够，您又如何能得到满足？这是一个朴实的道理，揭示了一个重要的经济学原理。美国经济学家亚瑟·奥沙利文读到这段对话深有感触，认为这是"中国先贤的智慧"，因为这段对话实际上描绘了一条税率与税收变化的曲线，亚瑟·奥沙利文将其称为"孔子曲线"，与供给学派的著名理论"拉弗曲线"[1]异曲同工，只是"孔子曲线"早了2000多年。

当然"拉弗曲线"描述得更具体：当税率为0时政府的税收也为0，随着税率的增加政府的税收也在增加，形成一条向上的曲线，但假如税率为100%，即所有劳动成果都被政府征收，那人们就不会再去劳动，生产中断意味着税收又归于0，也就是说在税率0至100%之间税收不是一条无限上扬的曲线而是一条抛物线，中间有一个转折点，在这个转折点之前税收会随税率的升高而增加，但超过了这个转折点税收将会随着税率的提高而减少。不难看出，历史上几次盛世的开创者们都深谙其中的道理，及时调整税收政策就是把上扬的"曲线"拉回来，让它不要超越那个转折点，重新回归合理的空间，这样一来税率降了但税收反倒上去了。

---

[1] "拉弗曲线"：由美国经济学家阿瑟·拉弗所提出，其基本含义是，税收并不是随着税率的增高在增高，当税率高过一定点后，税收的总额不仅不会增加，反而还会下降。

第四章 隋唐：经济繁荣与危机

五、历史上首次出现"房地产热"

经过一系列政策调整，唐朝经济出现了繁荣，其中的一个表现是，首次出现了"房地产热"。一般人对唐朝"房地产"的认识，恐怕跟两位诗人有关：一个是白居易，辛苦一生也没能在工作过的长安买上一套属于自己的房子，朋友开他的玩笑说"白居易，居大不易"；另一个是杜甫，他写出了"安得广厦千万间，大庇天下寒士俱欢颜"的诗句。他们的经历都似乎是说，在唐朝居住是个问题，这与实际情况是相符的，因为在一千多年前的唐朝，正经历着中国历史上第一次"房地产热"，要想轻松搞定一套住宅，还真不那么容易。

严格说来，唐朝还没有真正意义上的房地产开发商，在整个中国古代都没有，因为"普天之下莫非王土"，产权早就明晰了，都是皇帝的，怎么去开发呢？但是，人的居住需求是刚性的，有人的地方就有房子，有房子就得有人去开发，通过买地建房再出售从而获利，这件生意在唐朝也有不少。最常被人津津乐道的唐朝地产商首推窦乂，这个人出身贫苦，靠勤奋和聪明赚取了第一桶金，有一些实力后，他花3万钱在长安城南买了一块地皮，有10多亩大，算下来一平米只合3钱，当时一个九品官的月薪是1.6万钱，所以这块地跟白捡的一样。为什么这么便宜？因为这里地段虽不错，却是个大坑，一下雨就积水，现在变成了臭水塘。窦乂花钱把坑填平，盖了20多间店铺，建成了一个市场，生意很火，每天都能收到几千钱的租金。窦乂在房地产上尝到了甜头，以后又开发了其他项目，得了个"窦半城"的名号，成为当之无愧的长安首富。

还有一个地产商名叫裴明礼，他在长安城的金光门外也看上了一块地皮，虽然没有水，却有很多瓦砾，清理起来费工费钱，他想了个办法，在地里竖了一根木杆，上面挂一只筐，对外说谁能拣地里的瓦砾投进筐里就奖励谁，一下子吸引来很多人，但很难投中，奖金没发出去多少，瓦砾却让人抢光了。他又让人在这块地上养牛，积攒了很多牛粪，于是再种上果树，果子丰收，获利颇多。这时这块地已经花果飘香，裴明礼在上面修建了一些别墅对外出售，获利更大。

在唐代，当一名公务员较之前朝代算是幸福的，这主要体现在退休或离职后的待遇方面。唐代以前，退休或者离职不仅失去了公务员的身份，而且也失去了相应的待遇，在职时配的车、住的房子都是公家的，退休或离职后就连工资都没了，更不要说住房、公车。从唐代开始，公务员退休后可以拿到养老金，标准是在职工资的一半，但公家配的房子必须马上搬出来。那么住在哪儿呢？这就要靠自己去解决了，唐代是干部异地交流、异地轮岗最频繁的时代之一，很多人往往几年就换一个地方，居无定所，一旦退休或离职，才发现连个养老的地方都没有；还有一些低层级公务员，公家解决房子也有个过程，可能还得"排队"，所以住房对当时许多人来说都是一件大事。

白居易在29岁那年考上了进士，这是一件很不容易的事，是天赋、勤奋外加运气的结果，此后他有了一份正式的公职——校书郎，品级九品，每月有1.6万钱的工资，但这个收入水平在长安根本买不起一套房子。他开始住在永崇坊的一个道观里，后来在常乐里租了几间茅屋居住。常乐里在长安东郊，他上班的地方在大明宫，路太远，只好又养了匹马代步，相当于买了辆私家车，加上雇用人，白居易的日常生活开销不小，省吃俭用每月只能勉强把一半的工资存起来。他打算攒钱买房，但是攒了10年仍然不够在长安城买房的，失望之下到长安以东的渭南县买了一座宅子，这里相当于北京的燕郊，白居易平时干脆住到单位里，休息日回渭南，过起了异地上班的日子。

韩愈当过吏部侍郎，地位比白居易高，他也买过房，用的是积攒了30年的工资和给人撰写墓志铭的润笔。买完房的那一刻，韩愈恐怕没有多少乔迁新居的欣喜，更多的是被掏空的感觉，这从他写的一首诗中可以读到:"始我来京师,止携一束书,辛勤三十载,以有此屋庐。此屋岂为华,于我自有余。"

"求田问舍"语出《三国志》,是刘备说的,原话是当面批评一个叫许汜的人,说他不是忙着买地就是到处打听房子的价格,还要去嘲讽那些干事的人。这个词跟房地产限购本不搭边,但是唐朝施行的一项房地产限购政策,正好可以用这个词来概括。唐朝对住宅用地有明确的标准,不是有钱就可以多买多盖,它规定普通人家每3口人给一亩宅基地,"贱民"之家每5口人一亩,如果多占,"一亩笞十",就是每超过一亩打10大板。同时还规定,一处房产或地产要出售,买卖双方谈妥还不行,还要征求所在地的邻居以及卖方族人的意见,"先已亲邻买卖",即邻居和族人有优先受让权。这就比较麻烦,极大地增加了房地产交易的难度,但这项制度也减少了一些邻里矛盾和家族纠纷,所以这项制度不仅在唐朝施行,而且被其后的几个朝代所沿用,前后长达一千多年,一直到民国时期,报纸上还经常可以看到这样的启事:"某房某地已谈妥买卖,该业主的族人和邻居们如有异议,请速与购房人联系。"

房地产算资产,对资产征税早已有之,周朝称廛布,汉代称算缗,唐代也有,称间架税。按照《资治通鉴》的解释,所谓"间架"是指"每屋两架为间",也就是并列的2个屋架之间的空间称为一间房,明确了这个标准后,就以此进行收税。豪华一些的所谓"上屋"每年每间收2000钱,一般化的房子也就是所谓"中屋"每年每间收1000钱,差一些的房子也就是所谓下屋每年每间收500钱,对照一下九品官的月薪,这个标准绝对不低。

收这个税有个背景,唐德宗在位时有4家藩镇联合造反,唐德宗决定用兵,但需要大量军费,国库拿不出这么多钱,于是有人出主意收这个税。收房产税倒也不是唐朝的创举,问题是这么高的标准让人如何承受?果然,此令一出群情哗然,拿不出钱交税的自然觉得没活路,有些人虽然有钱,但房子也多,一交就是一大笔。朝廷不管,规定强力收缴,对隐瞒房产逃税的,一经查实就打60板。还鼓励邻居、亲朋揭发,查实后奖励5万钱。这项房产税刚施行几个月,长安城外发生了一次军队哗变,叛军为赢取民心,打出了"不税汝间架除陌矣"的口号,[1]说他们要是取得了政权,马上就取消房产税和其他的乱收费,老百姓纷纷支持叛军,唐德宗在长安待不住,逃到了乾县。这场叛乱最终还是平息了,不过让唐德宗大为震惊,下达罪己诏,承认政策失误,宣布废除间架税。

买房找中介,既省心又安全,中介公司"一手托两家",促成交易,收取佣金,这种经营模式是"三赢"。唐代也很重视房地产中介的作用,后唐时明宗曾下令:"如是产业人口畜乘,须凭牙保,此外并不得辄置。"[2]意思是有资产、奴婢以及牲口要买卖的话,必须经过"牙保",否则就要接受调查。这里的"资产"主要指的就是房地产,这里的"牙保"是一种中介机构,有人认为这也是中国最早的房地产中介公司。在古代,经手房地产买卖的中介机构称"庄宅牙行",经手奴隶买卖的中介机构称"生口牙行",经手牲口买卖的中介机构称"五畜牙行",它们都是"牙保"。

根据后唐明宗的这项法令,房地产交易除了"求田问舍"外,还不能随意私下进行,必须有中介机构的参与。朝廷之所以管得这么细,推测起来可能与税收有关,除了收房产税,房地产交易行为本身在历代也都是收税的,比如东晋时规定房地产交易收税标准为4%,其中卖方承担3%,买方承担1%,唐代也不例外。这样一来就会产生一些逃税行为,买卖双方私下达成交易,免了这笔税。为堵塞这个漏洞,朝廷规定中介机构强制介入,同时鼓励知情者揭发,保证每笔房地产交易都记录在案,想逃税比较困难。

[1]见《旧唐书·卢杞传》。
[2]见《五代会要》卷二十六。

六、从《卖炭翁》看盛世隐忧

白居易写的《卖炭翁》，讲述了一位烧炭老人历尽艰辛把自己生产的木炭拉到集市上卖，却被一伙人强买强卖。这不是诗人的虚构而是历史的写真，反映的是唐代所谓"政府采购"的真实状况。白居易在《卖炭翁》的标题下还有4个字的注："苦宫市也"。关于宫市，韩愈解释："旧事，宫中有要，市外物，令官吏主之。与人为市，随给其直。"[1]宫是皇宫，市不是市场而是买的意思，皇宫需要物资派人去买就是宫市，也可以理解为"政府采购"。

"政府采购"在中国古代不是新鲜事，战国时李悝在魏国变法，一条重要的措施是"平籴法"，具体做法是：视农作物收成好坏分好年和坏年，并各分为三等，国家在好年收购多余的粮食，到坏年再把粮食平价卖出，"虽遇饥馑水旱，籴不贵而民不散"，[2]这种以政府采购形式调节粮食价格以防止"谷贱伤农，谷贵伤民"的做法，被后代广泛采用。汉宣帝时设立了平籴仓，东汉初年又设立常平仓，晋武帝时制定了"通籴法"，北魏中期实行了"和籴制"，到了南朝，政府出面大规模采购的物资除粮食外还有丝绵、纹绢、绳、布匹甚至蜡等。除此之外，汉武帝时期推行的"均输平准"、王莽改制时推行的"五均六管"也都涉及政府采购。在采购中，历代均强调要在公平与自愿的基础上进行，被称为和买、和籴，采购行为也称和市。

到唐代，政府采购达到了空前的繁荣，一方面，随着国家的统一和国力的不断上升，政府的采购能力增长，又由于军事、外交活动频繁，采购的需求也进一步增加；另一方面，由于国内经济和对外贸易的繁荣，物资也极大地丰富起来，采购的种类越来越多。唐代实行租庸调制，后又改行两税法，过去实物征税的做法逐渐改为钱物并行，钱在税收中的比重

---
[1] 见韩愈《顺宗实录》。
[2] 见《汉书·食货志》。

不断提高，政府通过征税而直接掌握的物资越来越少，对外采购的需求量也就加大了。这一时期皇室、贵族以及官僚的生活日益呈现奢靡化，政府采购的东西也五花八门起来。这样，在传统和市的基础上有了专门为皇室采购物资的宫市，所采购的东西除粮、布等日用品以及马匹、车船等战略物资外，还有林木、畜类、渔业、矿产以及金银珠宝等奢侈品，《卖炭翁》里的木炭就是宫市经常采购的物品。

唐朝政府意识到如此大规模的采购活动，如不严格管理，势必造成许多弊端，如扰乱经济秩序、侵害百姓利益、滋生贪污腐败等，所以在制度上做出了细致而严格的规定。唐朝的政府采购分为中央和地方两个系统，中央以户部为管理中心，户部下面有3个司有这方面的职责，且各有区分：度支司负责下达纳入国家预算的采购项目的政令，如大宗采购粮食以平抑物价就由该司负责；金部司主要负责采购资金的调拨；仓部司负责物资的支用。上述3个司各有执掌，起到互相制衡和监督的作用。其他一些特殊物资的采购则分别落实到专门机构中，如为全国驿站系统采购物资由兵部下设的驾部司负责，供应外国朝贡使臣的物资由礼部下设的主客司负责，皇室的物资供应根据其品类不同分别由司农寺、少府监、上林署等负责，《卖炭翁》里提到的木炭就是由司农寺下设的钩盾署负责采购的。地方上大宗物资的采购，一般要有尚书省的指令，由刺史、县令等地方行政长官负总责，由仓曹、司仓参军等负责实施。无论和市还是宫市，按照初衷其交易必须"两和"，也就是不能损害交易双方的利益。唐朝政府在这方面有许多具体规定，对违反规定的情况，也有十分严厉的处罚。[1]

唐朝政府规定，政府采购必须在"市"中进行。唐朝在东西两京、各州县都设有"市"，除普通

---

[1] 如唐玄宗在《加钱籴常平仓米敕》中强调"百姓有粜易者为收籴，事须两和，不得限数"，也就是买卖双方要在自愿的基础上交易。在《唐律》中也规定"强市者，笞五十"。对交易中的度量衡也有规定，根据《唐六典》，政府采购中使用的度量器具全部统一制作，各级地方政府使用的也都由朝廷统一颁发，防止有人做手脚，《唐律》还规定"诸校斛斗秤度不平，杖七十；监校者不觉，减一等；知情，与同罪"，惩处相当严厉。

第四章 隋唐：经济繁荣与危机

的"市"还有军市、草市等专业化市场以及诸仓等籴买粮食的地方，如果因为各种原因不能在这些市场里公开交易，也要"专门置场"，类似于专项招标，保证交易公开透明。价格是交易的关键，唐朝对政府采购物资时如何确定价格也有细致规定，"唐前期的物价是由行人根据市场交易情况，将一物三等九价集中于市，市留为案并旬一申州，州季申户部，中央及地方官府不制定物价，而是根据实际交易中的物价立案存档，这是唐前期的物价原则"。[1] 一般来说，就是根据市场行情对某一物资做出3种估价，政府采购时选用中间估价，如不执行这项规定，坐赃论处，如果以此牟利，视为盗窃罪。[2] 除此之外，唐朝对政府采购物资过程中的运输、过关检验、仓储等也都有细致的规定，比如运输一项，哪种物资用人力运、哪种物资用畜力运、运费如何计算、路上限定多长时间等都规定得很具体。不仅如此，唐朝对政府采购事项还有严格的监察和审计程序，规定也十分严格。

政府采购，尤其是大宗物资的采购，必须有文书作为凭据，相关的物资采购管理部门是制作和发布这些文书的机关，其主要集中于各部。唐朝实行"三省六部制"，六部设于尚书省，即物资采购的"批文"由尚书省负责，而对于这些文书的执行情况，中书省和门下省对其进行监察，尚书省各部制定的采购计划须经过中书省、门下省的审核才能执行。[3] 唐朝还有专门的监察机关，即御史台，对政府采购事项的监察是御史台重要的日常工作之一，尚书省所辖6个部、24个司，御史台都有权监察他们的工作。具体到政府采购事项，中书省、门下省偏重于"文书监察"，重点是采购文书的审核、把关，而御史台则对采购过程进行监察，重要物资入库时御史台要派人现场监督。唐朝著名法律专家张鷟记载："郎将侯珪使西域市马，属碛石乏食，遂将赍

[1] 见李锦绣《唐代财政史稿》，社会科学文献出版社2007年出版。

[2]《唐律》："诸市司评物价不平者，计所贵贱，坐赃论；入己者，以盗论。"

[3]《旧唐书·职官志》："若承命出纳，则于中书、门下省覆而行之。"

马价籴食以救之,并免饥饿。御史弹不承制命,擅用官物。"[1]

除了这些,唐朝还设有大量勾官,其主要职责是"勾检稽失","勾检的主要内容有二:一为'失',即公事失错,也就是处理案件违反了制度;二为'稽',或曰稽程,也就是没有在国家规定的日程内把案件处理完毕。前者是把事情办错了,后者是把事情办慢了,办错办慢都是国家不允许的,都应由勾官纠出"。[2] 在政府采购中哪些行为违反了制度规定、哪些工作办理得缺乏时效,都是勾官关注的内容,比如《唐六典》规定采购文书办理时限为"小事五日,中事十日,大事二十日",如果超过了这个时限还没办,勾官就有权纠举。

勾官不仅设置于中书、门下省,在中央和地方的各级官府里也普遍设置,据王永兴《唐勾检制研究》提供的数字,唐朝在全国设有勾官3513人,其中四品2人,五品4人,六品5人,七品、八品256人,九品1573人,流外品1673人。据开元二十三年(735)的统计,当时的文武官员人数为18800多人,勾官在其中占有相当大的比例。这么一支庞大的队伍不可能整天"喝茶看报",他们的工作内容十分广泛,就政府采购一事来说,勾官不仅负责事前监督也负责事后审计,审计的形式很多样,可以对各府库的日报、旬报、月报、季报、年报等进行调阅和查实,也可以开展有针对性的专项审计和现场审计,及时发现其中的问题和案件线索。刑部还设有比部司,它独立于财政系统之外,"凡京师有别借食本,每季一申省,诸州岁终而申省,比部总勾覆之",[3] 根据这项规定可以判断,比部司的主要职责是对各类"预算外"资金的使用进行审计。

考察唐朝对政府采购作出的制度安排,可以看出其规定不仅细致复杂,而且处处体现相互制衡的特点,至少从形式上看这种制度体系是相当完备的。然而《卖炭翁》里却描述了另外一种场景,这首诗写于唐宪宗元和初年,是史家所称的"元和

---

[1] 见张鷟《龙筋凤髓判》。
[2] 见王永兴《唐勾检制研究》,上海古籍出版社1991年出版。
[3] 见《旧唐书·职官志》。

第四章 隋唐：经济繁荣与危机

中兴"时期，其所揭示的事件至少说明当时在政府采购物资时存在3个问题：一是强买强卖，二是压价收购，三是以物充钱。这些问题都是现实的真实写照，批评和市的文字在史籍里比比皆是。[1] 事实上，强买强卖是唐朝政府采购中的常态，有时物资出现紧缺，有关部门不管不顾，仍将采购计划强行摊派下去，称"配户和市法"，《新唐书》称"旧有配户和市法，人厌苦"。还有的东西被拿走了却拿不到现钱，不仅"打白条"，有的赖账长达一年之久。比较而言，卖炭老翁用一车炭换来了"半匹红绡一丈绫"也就不是什么稀奇的事了。在采购活动中，官员贪污受贿、借机牟利、坐赃自盗、挪用官物以及浪费失职现象更经常发生，种种现象屡禁不止。

造成这种现象的根源在于买与卖的双方在市场地位方面并不对等，严密的规定本想破除经济行为中的政治特权，但这种特权显然不是几纸文书就能破除得了的，负责经办的人对此也心知肚明。政府采购的物资往往都具有刚性的要求，当国家财政充裕时买与卖的矛盾可能还不大，当财政出现困难时，对于"下面"在采购中的胡乱作为"上面"也只能睁一只眼闭一只眼了，在这种情况下，任何美好的制度规定也只能成为一纸空文。

从制度本身来说，尽管规定看似严密但仍有漏洞，在很多环节都有较大的人为操作空间，比如价格评估，如何确定一种物品的合理价格是个复杂的问题，除非经办的人愿意秉公执法，否则只会流于形式。再比如，朝廷规定采购的资金可以"钱帛兼行"，把本来就复杂的事搞得更复杂了，用于支付的物资值多少钱、"半匹红绡"外加"一丈绫"能否与一车木炭等值？这些事谁能说得清、谁又愿意把它真的说清？表面漂亮的规章制度从来都不是万能的，有时候文字越漂亮就越有蹊跷。至于监察和审计，其效率也并非来自制度如何规定，而来自负责执行的人如何理解与执行。同样一场审计，看看报表也能完成任务，也可以写出看起来无懈

[1] 如《唐会要》记载"今虽和市，甚于抑夺"。《新唐书》记载"今河南牛疫，十不一在，诏虽和市，甚于抑夺"。《唐会要》还记载，711年（唐睿宗景云二年）监察御史韩琬上疏说"顷年国家和市，所由以克剥为公，虽以和市为名，而实抑夺其价"。

可击的"审计报告",干嘛不这样做呢?

七、理财高手刘晏

唐朝中期爆发了"安史之乱",经历了这场长达8年的混战后国家变得千疮百孔。战争直接破坏了经济,很多地区"人烟断绝,千里萧条","中间畿内,不满千户,井邑榛荆,豺狼所嗥。既乏军储,又鲜人力"。[1] 杜甫写诗:"寂寞天宝后,园庐但蒿藜。我里百余家,世乱各东西。"朝廷的财政更面临了严峻的局面,742年(天宝元年)全国有852.6万户、4891万人,754年(天宝十三载)有906.9万户、5288万人,而到了安史之乱后的760年(乾元三年)全国只有293.3万户、1699万人,人口下降了一半以上。据当时的统计,总人口中纳税人口占比很小,仍以760年(乾元三年)为例,当年的纳税人口仅为237万,不足安史之乱前的1/3,朝廷财政收入大幅度减少已不可避免,总水平急降至400万缗左右。要知道,唐朝最强盛时这一数字曾超过3000万缗。

为增加税收以维持运转,朝廷对关津市肆大量征收杂税,[2] 杜甫写的三吏和三别,记述的正是百姓所承受的兵役之苦和赋税之重,虽多发生在安史之乱中,但战后的情况也大体如此,当时"诸道节度使、观察使多率税商贾,以充军资杂用,或于津济要路及市肆间交易之处,计钱至一千以上,皆以分数税之",[3] 这种"雁过拔毛"式的强收强征,当然使民生难以维持。

战争对经济的破坏还体现在物价上,"开元盛世"时两京的米价每斗不过20文,面每斗32文,一匹绢210文,史书称"自后天下无贵物"[4]。经过安史之乱,经济萧条加上流通不畅,粮价急剧攀升,

---

[1] 见《旧唐书·郭子仪传》。

[2] 《通典·杂税》:"敕江淮堰塘,商旅牵船过处,准斛纳钱,谓之埭程。"

[3] 见《通典·杂税》。

[4] 见《通典·历代盛衰户口》。

第四章 隋唐：经济繁荣与危机

米价上涨到每斗400文，有些地方涨到1000—1400文，是之前的数十倍，百姓苦不堪言。唐朝躲过了战乱这一劫，但更大的危机接踵而至，人口锐减、经济倒退、物价飞涨、民生凋敝，劫后余生的朝廷如果一味靠增加苛捐杂税来维持，各种社会矛盾无疑会越来越激化，这架摇摇晃晃的马车随时就有散架和倾覆的危险。在这种情况下，唐肃宗提拔了时任户部侍郎的刘晏为吏部尚书同中书门下平章事，"仍领使职"，即以宰相的身份主抓人事、经济等工作，一场为化解危机而进行的改革就此拉开了序幕。

千头万绪、百废待兴，其中最紧迫的是控制粮价。对这个问题历代都有一些好做法，最重要的是平籴法，具体是：国家在农作物收成好的时候收购农户手中多余的粮食，收成不好时再把粮食平价卖出，防止"谷贱伤农，谷贵伤民"。汉宣帝时设立了平籴仓，东汉初年又设立常平仓，晋武帝时制定了"通籴法"，北魏中期实行了"和籴制"，唐代也延续了这种做法，设有常平仓，但现在战乱时间太长，库存的粮食早已用尽，这种方式失效了。如何在短时间里迅速平抑粮价考验着刚上任的宰相，刘晏经过调研，发现粮价过高不完全由供给不足所造成，江南地区受战乱影响较小，大量北方地区人口南迁，江南的农业生产仍在继续增长，因而有不少余粮，但苦于转运困难，一时满足不了北方的需求。

唐代粮食转运的主要途径是漕运，对历代来说这都是一件大事，康有为评论说"漕运之制，为中国大政"[1]，在唐朝这件工作由政府来管理，但具体承运任务都"分包"给了大大小小的私商，私商只管短期利益，有利则往、无利则走，对于船只修建维护、河道治理等没有长远规划，他们平时打着官府的旗号，任意征用百姓为其运粮，却不给或少给报酬，造成很深的矛盾。战乱对运输体系产生了严重破坏，运输成本高昂，出现了"斗钱运斗米"的情况，运输效率也极为低下，把南方的粮食运到北方，有时甚至需要几个月。

针对这种情况，刘晏果断上

---

[1] 见《康有为政论集（上）》，中华书局1981年出版。

奏朝廷把漕运的经营业务也收归"国有",由国家直接出面转运粮食。经过调研,刘晏发现扬州一带可调集的粮食最多,于是在扬州专门开办了10个造船厂,刘晏发挥自己兼任吏部尚书的优势,选拔廉洁有能力的官员到船厂任职,让他们大量造船,以保证漕运的需要。朝廷重新雇用百姓充当运丁,采取军事化管理,与之前私商做法不同的是,朝廷向这些运丁支付报酬,提前完成运输任务的还给予额外奖励,这种做法极大地调动了运丁们的积极性,提高了运输效率。有些河道由于长期没有维护,出现了堵塞淤积,刘晏一面征调人力疏通河道,一面改直运为短途转运,保证大批粮食能迅速运到北方,仅扬州一地每年就可以运来粮食100万石,运输时间也由几个月缩短为40天左右。改革漕运取得了成功,北方的粮价很快降了下来,这条运输渠道除了运粮食,还可以运送其他各种物资,"轻货自扬子至汴州,每驮费钱二千二百,减九百,岁省十余万缗"。粮食充足后,刘晏又恢复了"常平仓"在调节丰歉上的作用,由朝廷拨专款购贮粮食,"诸州米尝储三百万斛"。[1]

　　通过漕运的"国进民退",刘晏成功地平抑了物价,而且是在没增加朝廷负担的情况下进行的,整个改革不增徭役、不加租庸,创造了奇迹。但这样的改革只能算局部上的调节,还无法使国家完全摆脱经济困境,刘晏经过观察,发现盐政可以作为下一个突破口。盐是古代百姓日常生活的必需品,对盐业实行专管专卖是历代的通常做法,之前唐朝盐政管理的模式是:盐户负责制盐,之后统一卖给官府,由官府负责运输、销售,收购和销售的价格都由官府制定。也就是说,官府承担了制盐以外的一切专卖事务,因而不得不设立大量机构负责这方面的经营,产生了大大小小的"盐业国企"。这些"国企"其实并不擅长做生意,在增加行政成本、滋生腐败的同时也降低了盐业运转的效率,盐价高昂不说,很多地方还经常面临缺盐的困扰,百姓常有"淡食"之苦。[2]

[1]见《新唐书·食货志》。
[2]见《新唐书·食货志》。

刘晏改革了盐政管理模式，在运输和销售环节也引入商人参与，由"民制、官收、官运、官销"改为"民制、官收、商运、商销"，政府负责收购和批发两个环节，其余交给市场去运行，政府由此撤掉了大批盐官盐吏，只在重点产盐区设立盐场、盐监进行管理，把盐户组织起来建立了亭户制，进行严格管理。为保证盐政顺畅，改革后还专门设立了巡院，对盐务进行巡查和监管。人员大为减少，监管却没有放松，但这并不是刘晏改革盐政的初衷，引入商人从事运输和销售，提高了效率，激发了市场的活力。在之前的模式下，国家对盐业其实是不收税的，国家的收入来自专卖的利润，最多时每年约40万缗。改革后国家对盐商收税，用税收代替专卖收入，结果实际收入不降反升，新政实行的第一年国家在盐业方面的收入就增长到60万缗，第三年收入增加了10倍。[1] 这些钱并不是通过提高盐价得来的，而是通过体制改革调动市场活力、增加供应、搞活流通产生的，由于改革措施得当，做到了"官收厚利而人不知贵"[2]。仅盐业一项就使朝廷每年增加了数百万缗收入，朝廷的财政状况大为改善，每年的财政收入迅速提高到1300万缗左右，虽然较"开元盛世"仍相差较远，但财政困境得到了缓解。

八、"两税法"的误区

然而，刘晏的改革还只能停留在"理财"的层面，一些更深层次的问题没有得到解决，其中最重要的方面除了土地问题外就是税收制度问题。

唐朝前期实行的是均田制基础上的租庸调制，随着土地兼并越来越严重，大量贫苦农民失地逃亡，实际"纳税人"不断减少，相关负担其实转嫁给了未逃亡的农户，恶性循环，均田制和租庸调制已很难执行。在这种情况下朝廷改变了"按丁收

---

[1]《旧唐书·刘晏传》："初，岁入钱六十万贯，季年所入逾十倍，而人无厌苦。"
[2] 见《新唐书·食货志》。

税"的做法，实行按田和资产多少来收税，分别称"地税"和"户税"，唐代宗时又增加了"青苗钱"，按亩征收，每亩开始收 10 文，以后增加到 15 文。沉重的税收，加上基层官员的横征暴敛，直接导致了农民的反抗。

"安史之乱"后国家失去有效地控制户口及田亩籍账的能力，土地兼并更加剧烈，加以军费急需，各地军政长官均可用各种名目摊派税赋，造成杂税林立的局面，进一步激化了阶级矛盾，江南地区不断爆发农民起义。764 年（唐代宗广德二年）诏令各地刺史、县令据实有人户，依贫富评定税赋等级，不准按旧籍虚额摊及邻里，实质是以户税代替原有的租庸调，但这项政策很难推行，最后不了了之。次年，京兆尹第五琦奏请夏麦每 10 亩官税 1 亩，企图实行古代的十一税制，实际上是加重地税，试行后矛盾很多，也难以广泛推行。780 年（唐德宗建中元年），宰相杨炎建议推行新税法，将征收谷物、布匹等实物为主的租庸调法改为征收金钱为主，一年两次征税，这种征收办法，就是"两税法"，主要内容包括：

1. 朝廷根据财政支出定总税额，各地依照分配数目征收；
2. 依照丁壮和财产的多少定出户等；
3. 两税分夏秋两次征收，夏税限六月纳毕，秋税十一月纳毕；
4. "租庸调"和一切杂捐、杂税全部取消，但丁额不废；
5. 两税依户等纳钱，依田亩纳米粟；
6. 没有固定住处的商人依照其收入征收三十分之一的税；
7. 鳏寡孤独不济者可免税。

"两税法"的实质就是以户税和地税来代替租庸调的新税制，它强调依贫富分等征税，这自然触犯了庄园主的利益，遭到了地主、贵族的激烈反对，但唐德宗仍然给予支持，于建中元年（780）正月初一下诏在全国施行。这是中国历史上一次重要的税收制度改革，它所追求的主要目标是

第四章 隋唐：经济繁荣与危机

公平。中国传统文化思想强调公平和正义，《论语》说"有国有家者，不患寡而患不均，不患贫而患不安"，《荀子》说"正利而为谓之事，正义而为谓之行"，班固在《白虎通》中说"公之为言，公正无私也"。同时，对公平的向往和追求不仅停留在思想理念上，它也是古代那些有理想、有眼光的政治家和改革家们治国理政追求的目标之一。

税收作为国家的一种重要政策工具，与百姓利益直接关联，构成一种特殊的分配关系，其政策最能显示出是否公平。早在上古时代，人们已经意识到不同的土地条件和生产状况会产生不同的收益，所承担的税赋也不应相同，夏朝将土地划分成九等，以区别不同的肥力状况、交通条件、耕作难易程度等，然后根据等级确定"贡"的多少。到了周朝，在"平土地之征"外，又强调了自然条件对农业生产的影响。周朝设"土均"之职，《周礼》说其职责是"掌平土地之政，以均地守，以均地事，以均地贡"，也就是根据丰收、歉收等不同年景来确定税收的平均数，目的是最大程度保证税收的公平。商鞅在秦国变法，提出"赋税平"，认为"訾粟而税，则上壹而民平"[1]，"訾粟"就是计量亩产量，也就是在废除井田制之后重新丈量土地，按照土地实际占有情况征收税赋，这项政策废除了贵族阶层占有大量土地却不公平纳税的问题，实现了另一种公平。[2]

除了土地占有情况不同，劳动力状况也越来越成为影响税赋政策的因素，不同的劳动力产生不同的收益，更重要的是，劳动力还是负担国家徭役的基础。魏晋以后，劳动力的强与弱成为区分不同税赋标准的另一个关键指标，如西晋实行的占田制，将劳动力不仅分为男和女，还区分为正丁和次丁，不同劳动力获得不同数量的土地，所承担的赋税也不一样，通过政策细分实现公平纳税。到隋唐时期的均田制，这种除土地外还要考虑的其他因素更多了，如耕

[1] 见《商君书·垦令》。
[2] 类似的做法还有东汉末年的曹操，针对当时严重的土地兼并问题，他提出了多项抑制兼并的措施，所颁布的《收田租令》规定任何人都必须按照所拥有的土地数量和户口交纳田租、户调，以达到"无令强民有所隐藏，而弱民兼赋"的公平目标。

牛、奴婢等，都被纳入税赋征收的参考依据中，避免只"计田而征"带来的不公平。

杨炎推行的"两税法"，最大的突破在于将占有财产的情况作为纳税指标，即"人无丁中，以贫富为差"，也就是收税时不强调每家人口数量的多少，重点看的是每家的财产多少，以此确定征税数目。原则上"资产少者则其税少，资产多者则其税多"，具体做法是"计百姓及客户，约丁产，定等第，均率作，年支两税"，这种"以资产为宗，不以丁身为本"的税收政策与"计田而征""计丁而征"相比，更符合按能力承担税赋的原则。[1]但是"两税法"在执行环节也面临了很大的挑战，影响到最终的成效。"两税法"征税的基础是要摸清每家每户的财产状况，不仅包括土地，还有房屋等其他财产，这在操作上相当困难，也为各级官员徇私舞弊制造了机会。[2]

这就带来一个问题，即公平如何来实现。现实情况往往是，一味追求公平而无法实现，造成的是新的不公平。另一方面，在征收人员素质、征收手段、信息采集方法等受局限的情况下，过于复杂的政策设计还会增加税收成本，降低税收效率。在中国古代，很早就有人注意到这方面的问题，为提高税收效率，他们也进行过许多尝试。汉武帝时，桑弘羊长期主持财政工作，他的主导思想是强化国家对经济活动的干预，在税收方面提出"寓税于利"的思路，他不主张加重百姓的田赋，而是推行盐、铁等官营，实行均输、平准等政策，直接从控制自然资源和实施官营中获取财政收入，达到"民不益赋而天下用饶"的效果，其实这是一种间接收税的形式，不过其税收效率大为提高，所以这一阶段国家财

---

[1] 见《唐会要》卷八十三。
[2] 杜佑在《通典》中认为"两税法"在实施中"隐核在乎权宜，权宜凭乎簿书"，然而"簿书既广，必藉众功，藉众功则政由群吏，政由群吏则人无所信矣。夫行不信之法，委ави于众多之胥，欲纪人事之众寡，明地利之多少，虽申商督刑，挠首总算，亦不可得而详矣"。陆贽在《论两税之弊须有厘革》中也强调摸清千家万户资产情况在技术上有极大困难，由于客观和主观两方面的原因，最终勉强拿出来的东西与真实情况一定有很大出入，本意是追求税收公平，结果却不尽如人意。

第四章 隋唐：经济繁荣与危机

力增长很快。从税收角度看，这样的改革提高了税收效率，国家的主动介入和主导使财税收入增加有了更为切实的保证，但由此也带来另一方面问题，即经济的活力有所降低。桑弘羊推行均输、平准，在"平万物而便百姓"的同时也使富商大贾"无所牟利"。看来，与税收公平相比，追求税收效率并不是一件容易的事。

中国古代所经历的许多次重大财税改革，核心都是围绕着这一对"二元悖论"所展开的：税收政策不公平，容易造成社会问题，激化社会矛盾，于是努力使政策设计得更加公平，为此不断加入各种要考虑的因素，以期照顾到方方面面；新的政策看起来更公平了，但执行起来难度又太大，降低了效率，于是通过一些更直接的方式来提高效率，但这些政策看起来又不公平。中国古代历次财税改革都难以做到尽善尽美，成效只能是相对的，始终没能解决好公平与效率兼顾的问题。公平与效率兼顾不仅是税收难题，也是整个经济活动最重要的难题之一。人们追求公平和效率，希望二者兼得，但在现实中，无法实现的公平是没有意义的，不能持续下去的效率也没有意义，中国古代的改革家们在二者之间徘徊，要么只重视其中一个方面而忽视了另一个方面，要么小心翼翼地在二者之间寻找平衡点，但最后发现这个平衡点似乎并不存在。

问题出在哪里呢？恐怕出在对公平、效率这一对概念的理解上。效率一词，用在税收上可以更多地看作是一个经济学概念，但公平不同，虽然说的是税收公平，但里面的含义不仅是经济学的还是社会学的，每一个社会阶层和生命个体对公平的理解和感知都不同，只靠税收政策难以达成人们心中的公平目标，从这个意义上说，将效率与公平两个概念平行比较并追求二者的平衡兼得也就是一件困难的事了。在税收政策制定中要做到有效率相对容易，但要做到公平则非常困难，因为人们心目中的公平其实已经超出了税收和经济的范畴，任何税收政策所实现的只能是相对公平，弥补其不足的是通过其他方式来解决不公平问题，如社会保障体制、转移支付、收入调节机制等，如果税收是社会财富第二次分配的话，那么还要继续通过第三次再分配才能最大程度地解决公平的问题，对于这一点，中国古代的改革家们未必能认识到。

"两税法"颁布后取得了一定效果，唐朝政府的财政收入有所增加，但由于自身的问题，这项税收制度改革便步履维艰。两税法实行不到30年，即被迫多次下令改货币计征为折纳实物，而各地又在两税之外巧立名目，增加百姓税赋负担，在正税之外横征暴敛。这些情况都说明，"两税法"实际上已经不存在了。

九、成败皆由均田制

比税收制度改革更为复杂，也更为急迫的是土地制度改革。唐朝沿用了北魏以来的均田制，由于其建立初期国家掌握着大量土地资源，均田制因而能顺利施行，造就了经济繁荣和国力强盛。但随着客观条件的变化，继续推行均田制变得越来越困难，最根本的问题是人口增长过快，而国家能用于分配的土地越来越少。唐高祖武德年间全国总户数在200万至300万之间，总人口不足2000万，而到约100年后的天宝年间，人口已激增至5000万左右，这就意味着有大量新增人口需要分配土地。而在此期间，耕地面积虽有一定增加，但增速远不及人口的增长。754年（天宝十三载），按当时的人口计算，全国需要授田1430万顷，这一数字超过了全国各类耕地面积的总和。

于是，各地纷纷出现授田不足的情况。730年（开元十八年），户部侍郎裴耀卿上奏称还有耕地可供分配的州不到1/8，其它各州已面临无地可分的局面。根据敦煌户籍残卷中41户授田情况的分析，其所受耕地只达到应授平均数的28.6%，这还是新开发的、较为偏远地区的情况。这种情况其实在之前就已有端倪，644年（贞观十八年）唐太宗在关中乡村巡

第四章 隋唐：经济繁荣与危机

视，询问农民授田情况，得到的回答是"丁三十亩"，与 100 亩的标准相去甚远。

官员队伍快速膨胀也成为土地紧缺的原因之一。授田分口分田和永业田，其中口分田在本人亡故后要上交国家，纳入再分配，而永业田可世代继承。对普通百姓而言，永业田的标准为每丁 20 亩，但官员的标准远高于此。[1] 除永业田，官员还时常得到赐田，如唐初时裴寂曾得到 1000 顷的土地赏赐，武则天的女儿太平公主也拥有大量田园。唐朝官员队伍增长速度又特别快，贞观初期朝廷正式官员仅 643 人，到开元时已膨胀至 18000 多人，其所消耗的永业田、赐田，累积起来是一个惊人数字。

与此同时，土地买卖现象也越来越多。均田制正常推行的前提是国家控制着土地的支配权，但自古以来土地买卖就难以抑制。武则天时期，农民"卖舍贴田，以供王役"[2] 的现象就已经多起来。按照唐朝的法令，土地并非完全不能买卖，但必须经过官府批准，其过程包括订约、申牒、公验、割税等步骤。由于土地买卖日益增多，官府此类"业务量"太大，前两个程序逐渐淡化，一般只走走公验的程序，而把重点放在割税上。由此，合法、非法的土地交易剧增，不仅永业田可作交易，就连口分田也能交易，破坏了国家对土地的实际控制力。

开元年间唐朝达到盛世，但从制度层面看，也开启了衰败的肇端，其中土地政策的不合理是最重要的方面。[3] 恰在此时爆发了"安史之乱"，对均田制更是致命一击。战乱中，许多地方官府保存的地籍、户籍等档案散失，百姓流离失所，豪强趁机侵夺土地，国家掌握的土地越来越少。为了保证一定

[1] 例如，737 年（开元二十五年）曾颁布法令，职事官、散官、勋官均可按爵位、品级享受永业田，标准各不相同，其中亲王 100 顷、职事官一品 60 顷、上柱国 30 顷，以下各级官员均有类似特权，一个从五品的官员可分到 5 顷的永业田，一个武骑尉也可分到 30 亩。

[2] 见《旧唐书·李峤传》。

[3]《新唐书·食货志》指出："自开元以后，天下户籍久不更造，丁口转死，田亩卖易，贫富升降不实。"宋代学者刘恕认为："魏、齐、周、隋享国日浅，兵革不息，农民常少而旷土常多，故均田之制存。至唐，承平日久，丁口滋众，官无闲田，不复给授，故田制为空文。"

187

的赋税收入,在存量土地减少的情况下,只得不断提高现有授田户的赋税率。受繁重赋税和徭役、兵役所压迫,出现了逃户现象,有些地方甚至出现一半农户逃亡的严峻局面。

均田制最终走向了崩溃,但崩溃的不止土地制度本身。均田制作为基础制度,依托该制度还有赋税和兵役等制度。从赋税制度看,由于无法按标准授田,自然也无法按标准征收赋税,导致国家财政收入下降。逃户现象大量出现后,地方官员多不敢如实上报和注销户籍,而是将逃户应承担的役税分摊给没有逃亡的农户,"令近亲邻保代输"[1],加剧了逃亡现象的发生,进一步激化了社会矛盾。

从兵役制度看,建立在均田制基础上的是府兵制,这是一种义务兵制,授田户按规定出丁,农闲时训练,战时从军打仗,兵员自备资粮、衣食,实现了兵农合一、寓兵于农,极大降低了国家军费方面的支出。均田制瓦解后,府兵制失去了合理性和操作可能,国家不得不改行募兵制,士卒成为一种职业,所有费用均由国家供给,不仅加大了国家的负担,而且导致长期统帅一支军队的将领,与属下士卒间有了更紧密的联系,从而使将领拥兵自重。

土地兼并的后果,一方面导致财富分配不均,拉大了贫富差距,如同之前就已经出现过的"富者田连阡陌,贫者亡立锥之地"[2],从而使社会矛盾越来越尖锐;另一方面,土地被大地主、地方豪强所控制,削弱了中央集权,造成"强枝弱干"的局面。安史之乱后唐朝虽然没有立即灭亡,但国运衰败,一直处在维持状态。纵观唐朝的历史,其最辉煌的时期恰是均田制执行较为顺利的阶段,从这个意义上说,均田制与唐朝的国运始终绑定在一起。

---

[1] 见《唐会要》卷八十五。
[2] 见《汉书·食货志》。

第五章

宋（上）：富而不强难立国

第五章 宋（上）：富而不强难立国

汉被称为强汉，"明犯强汉者，虽远必诛"；唐被称为盛唐，"横制六合，骏奔百蛮"。这两个朝代的经济实力均远逊于宋朝，但它们都在历史上留下了浓重的一笔。与之相比，宋朝经济最繁荣、文化最发达、科技也最先进，本应该创造出更大的成就，但留下的却是"只把杭州作汴州"式的苟且；本应该创造史上最强盛王朝的神话，却留下了被小国欺负的"笑话"。经济实力并非一切，甚至科技、文化成就也不代表真正的强大，国富并非国强，由富有走向强大还需要正确的国策。宋朝建立后，为防止前代积弊而设立了新的制度体系，客观地说这些制度发挥了一定作用，两宋300多年里，朝廷无政变、地方无割据，这在历代中是罕见的。但这种制度带来的冗兵、冗官、冗费的弊端，自身却无法克服，同时经济发达和生活富足也消弭了一部分人奋发进取的精神。宋朝文人地位较高，所谓"书生治国"，但除少数有识之士外，大多数已成为富有阶层或"中产阶级"的精英分子们只追求眼前利益，以享乐至上，一遇到战争首先想到的是如何花钱买平安。"富而不强"招豺狼，经济发达解决不了所有问题，只富有不强大反而诱惑别人来侵夺，只有民富国强才是人间正道。

一、"勒石三戒"造就经济繁荣

五代十国中的"五代"指后梁、后唐、后晋、后汉和后周，它们的统治区主要在北方，与其并列的还有"十国"，主要集中于南方。唐朝后期经历了安史之乱和藩镇割据，之后又有黄巢等人领导的农民大起义，使得北方陷于战乱。进入五代十国时期后，政权交迭频繁，经济发展受到严重影响，人口也较唐朝大减，直到后周后期才逐渐有所恢复。

959年（后周显德六年），周世宗柴荣在行军路上审阅各地上报的文书，发现里面有一只皮口袋，口袋里有一块3尺多长的木板，上面写着"点检作天子"几个字。柴荣感到很奇怪，但谁也说不清这块木板是怎么来的。这时，张永德担任殿前都点检[1]一职，这块神秘木板出现后，柴荣心里产生了疑虑，于是改任赵匡胤为殿前都点检，接替张永德。

就在这一年，柴荣生病去世。柴荣的儿子、年仅7岁的柴宗训继位，成为后周第三位皇帝。赵匡胤改任归德军节度使、检校太尉。这时传来辽军大举进犯的消息，柴宗训命令赵匡胤率禁军北上，抵御敌军。赵匡胤掌握军政大权已经6年之久，在军中树立了很高威望，而新君柴宗训只是一个孩子。外有强敌，人心不稳，一些将领打算拥戴赵匡胤称帝。京城开封的居民也三五成群地聚在一起，大家都传着"点检作天子"那句神秘预言。次年正月初三，赵匡胤率主力北上，大军于当天夜里抵达一个叫陈桥驿的地方，赵匡胤在这里半推半就，最终黄袍加身。

中国古代封建王朝的国号大都以开国君主之前的封地或封号来命名，如刘邦曾在秦末农民战争时期被封为汉王，所以后来定国号为"汉"；东汉末年曹操曾被加封为"魏王"，所以他的儿子定国号为"魏"；杨坚曾是隋国公，所以称帝后定国号为"隋"；李渊在隋朝时是"唐国公"，所以建立的新王朝国号为"唐"。赵匡胤在后周时期没有被封侯、封王，但是他曾担任归德军节度使一职，治所在宋州，于是把国号定为"宋"。之后，宋朝不断用兵，先后消灭了其他各割据政权和势力，重新统一了天下，结束了唐朝末年以来国家分裂的局面。

赵匡胤建立了宋朝，一直在思考如何汲取前代教训，使江山社稷得以永固。962年（建隆三年），赵匡胤命人刻了一座石碑，立在太

---

[1] 五代时朱温以藩镇称帝，以他原来直接统率的宣武镇兵作为禁军，置在京马步军都指挥使，后唐改称侍卫亲军，置马步军都指挥使，以后相承沿袭。后周世宗柴荣为了强化朝廷直属军队，于954年（显德元年）举行大阅，挑选武艺超群者充任殿前侍卫，是为殿前军，设置殿前都、副点检，位在殿前马步军都指挥使之上。

第五章 宋（上）：富而不强难立国

庙寝殿的一间密室里，平时遮蔽得很严，任何人不得进入，只有太庙四季祭祀和新天子即位时这间密室才能打开，届时天子在一名不识字的宦官引领下进入，别人都不知道碑上刻的是什么。靖康之变后金人入侵，才打开了这间密室，众人才看到了碑上的内容，上面刻的是赵匡胤交代给后世子孙3句话："保全柴氏子孙，不杀士大夫，不加农田之赋。"[1]这就是著名的"勒石三戒"，核心意思是千万别任性、别去瞎折腾。

赵匡胤本人对士大夫相当尊重。他有个业余爱好，喜欢拿弹弓打鸟。一次，几名大臣称有急事求见，赵匡胤就召见了他们，但一听汇报，都是些普通小事，赵匡胤于是很不高兴，批评了几句，哪知其中一位大臣争辩说臣以为这些事情不是小事，最少比打鸟更紧急吧？赵匡胤一听更恼了，顺手抄起边上的一把斧子，用斧柄打到那个人的嘴，打掉了两颗牙。这位大臣既不害怕也不喊疼，而是弯着腰满地找牙。牙还真的找到了，这位大臣把它揣进了怀里。赵匡胤生气地问："你揣个牙想干什么，难道想保留证据告我不成？"这位被打得"满地找牙"的大臣不慌不忙地回答说："臣不会告陛下，但是我要拿给史官看，史官会把这件事情写进史书里。"赵匡胤一听马上清醒了过来，赶紧道歉，还赏给他一大堆金银布帛进行安慰。有敬畏心才会不任性、不折腾，这算是宋朝的一条治国理念，赵匡胤的子孙们基本贯彻了这个方针，把主要精力都用在了发展经济等方面，按照赵匡胤在位时提出的"多积金、市田宅以遗子孙"[2]的思路大力发展农业、手工业，积极倡导国内商业和海外贸易，使国家日益富有。

不任性、不折腾也是宋朝制定各项政策的主要原则。赵匡胤的弟弟赵光义做了宋朝第二任皇帝，即宋太宗，他感到皇宫有些小，想进行扩建。方案做了，马上就要去施工，却碰到一个难题：拆迁。赵光义让人去做工作，希望皇宫附近的这些人家迁走，但"居民多不欲徙"，赵光义只好放弃了扩建计划。赵光义如果想强迁，简直易如反掌，但他却

[1] 见王夫之《宋论》。
[2] 见《宋史·石守信传》。

没有这么做。类似的事情还有，1159年（绍兴二十九年）皇太后韦氏附葬于永祐陵，因陪葬工程的需要不得不拆迁一部分"士庶坟冢屋宇"，宋高宗下令拆迁前特意要求"先估实直"，最后按照市价加倍的标准进行了补偿。[1] 还有一次，朝廷因故要拆一些房屋，这些房子都租出去了，所以在制定补偿标准时不仅考虑了对房屋主人进行补偿，对租房人也给予了补偿，但即使如此，仍有人提出标准不够高，朝廷于是"再行审核，稍与添给"，最后提高了补偿标准，并增加了一笔搬家费，才妥善处理了这件事。

秦有阿房宫、汉有未央宫、唐有大明宫、明清有紫禁城，历史上几个主要朝代几乎都各有一座"叫得响"的皇宫，而宋朝似乎没有。"蜀山兀，阿房出"，为修一座阿房宫用了多少材料？"五步一楼，十步一阁"不算什么，"一日之内，一宫之间，而气候不齐"才称绝。不论那些传说，只按照现在考古发现看，其遗址面积也达15平方公里，超过200个凡尔赛宫。汉代的未央宫至少有6个故宫那么大，头临渭水、尾达樊川，亭台楼榭、山水沧池，"非壮丽无以重威"。唐代的大明宫号称"千宫之宫"，宫内大型建筑有100多座，"九天阊阖开宫殿，万国衣冠拜冕旒"，不算太液池及其以北的内苑，仅宫殿区就是故宫的3倍多。紫禁城作为明清两代的皇宫，虽然面积有所缩小，但建筑更加精致、奢华，又有圆明园、颐和园等皇家园林为其补充，整体气势直追或超越前代。相比之下宋朝皇宫的知名度就小多了，无论北宋的汴梁还是南宋的临安，城里的皇宫在哪里、有多大、发生过哪些著名的故事，这些似乎都无法像前面那些宫殿一样令人耳熟能详。事实上，宋朝的皇宫规模很一般，史书说其"宫城周回五里"[2]，也就是周长只有5里，比大明宫的15里差远了，而据考证，仅这个周长也不是宫城的，而指的是皇城，宫城在皇城以内，面积更小，还有人干脆提出汴梁城内或许没有独立的宫城。

宋朝南迁后，认为"汴宋之制侈而

---

[1] 见《文献通考》卷一百二十六。
[2] 见《宋史·地理志》。

第五章 宋（上）：富而不强难立国

不可以训"，宫城的形制更小了。

是宋朝国力不足吗？恰恰相反，宋朝的国力相当强盛：人口首次超过1亿梯级，耕地达到7.2亿公顷，据西方学者的量化研究，赵匡胤建立宋朝时的960年人均GDP已达到600美元，经济总量占全球的21%，居当时世界第一位。[1] 宋朝政府也很富有，财政收入峰值达到1.6亿贯，即1.6亿两白银，也是当时世界上最有钱的政府。

从纵向比较看，唐朝前期的财政收入尚可达到3000万贯以上，安史之乱后降到了1200万贯左右，只有宋朝平均水平的10%；明朝的财政收入也不高，以国力较强的万历六年（1578）为例，当年赋税收入是白银337.8万两、米2073.3万石、麦587.6万石、草1414.2万束，[2] 折合成银两合计2080.2万两，不足宋朝平均水平的20%；清代基本以货币税收为主，总体水平比明朝略高一些，顺治九年（1652）朝廷岁入2428万两，康熙二十四年（1685）岁入3123万两，雍正三年（1725）岁入3585万两，乾隆十八年（1753）岁入4069万两，嘉庆十七年（1812）岁入4013万两，道光二十二年（1842）岁入3714万两，[3] 鸦片战争前的200年间朝廷每年的财政收入大体维持在3000万—4000万两的水平上，是宋朝平均水平的30%左右。宋朝比这些朝代都富有，论修宫殿，比它们都有钱。

那么是宋朝的首都不够繁华吗？更不是。北宋的首都汴梁人口达到了150万人以上，是当时世界上最大的城市，城池周长有30多公里，经济发达、商业繁盛、文化娱乐事业空前活跃，具体情形可以从《清明上河图》中略见一斑。除了"硬实力"，宋朝在"软实力"方面也很突出，为后世留下了大量经济、文化遗产，中国古代"四大发明"中有3项产生在宋朝，"唐宋八大家"中宋朝占了6位，在农业、冶金、土木工程、造船、航海等科技方面宋朝也都有许多重

---

[1] 见英国经济史学家安格斯·麦迪森《世界经济千年史》，伍晓鹰、许宪春译，北京大学出版社2003年出版。
[2] 见《明会典》。
[3] 见《清实录》。

要突破。[1]宋朝的皇宫一直修得都不够豪华气派，与执政者不折腾的统治理念有关。宋朝皇宫的确没有阿房宫那么传奇、大明宫那么精彩，更没有紫禁城那么威武和森严，据说站在东京汴梁有些大酒楼的顶层就可以俯瞰皇宫，但这种爱惜民力的精神却是值得肯定的。

二、乡村经济全面兴起

考察宋朝的经济，有一个表现突出的地方，那就是乡村经济的全面崛起。宋朝较以往更重视农业生产和农村建设，在"重农"的同时也不"抑商"，这为发展乡村旅游提供了宽松环境。

唐宋之际，中国人口总数实现了梯级式增长，由唐朝时的5000万左右迅速上升至宋朝的1亿上下，人口骤然增长需要强大的供给支撑，在传统农业经济条件下，养活1亿人并不是一件容易的事，所以宋朝政府格外重视农业生产和农村建设。宋朝历任皇帝"每下诏书，必以劝农为先"[2]，皇帝亲耕籍田，以示对农业的重视，朝廷设立了"劝农使""劝农使副使"，赋予其促进农业生产的职责，经常刻印农书下发州县，"州县长官以'劝农事'三字系之职衔之下，于事为重"。[3]每年春天农事初兴之时，各级地方官员都要"出郊劝农"，携僚属到乡间地头，邀地方宗族长老宴饮，地方官员们还要按要求作《劝农文》，劝谕百姓尽心务农。

农业要增产只有思想重视还不够，农田水利建设和农业科技等都要跟上。两宋君臣将农田水利建设视为"命系于天"的工程，朝廷经常颁布这方面的诏令，在考核地方官员政绩时将此作为一项重要指

---

[1] 邓广铭先生在《谈谈有关宋史研究的几个问题》中指出："宋代是我国封建社会发展的最高阶段。两宋时期内的物质文明和精神文明所达到的高度，在整个封建社会历史时期之内，可以说是空前绝后的。"陈寅恪先生在《邓广铭宋史职官志考证序》中认为："华夏民族之文化，历数千载之演进，造极于赵宋之世。"漆侠先生在《宋代经济史》中指出："在两宋统治的三百年中，我国经济、文化的发展，居于世界的最前列，是当时最为先进、最为文明的国家。"

[2] 见司马光《论劝农上殿札子》。

[3] 见陆文圭《墙东类稿》卷一。

第五章 宋（上）：富而不强难立国

标，宋神宗时期各地还设置了水利官，对在农田水利建设中做出突出成绩的官员给予奖励。从1070年至1076年（熙宁三年至熙宁九年），全国就兴建了1万多处水利工程，使30多万顷田地受益。在朝廷和各级地方官员的共同努力下，宋朝成为中国古代农田水利建设的一个鼎盛时期，不仅促进了粮食增产，也改善了乡村面貌。

在农业科技推广应用方面，宋朝也是有较大发展。之前农业生产大量使用的是铁制农具，铸铁不够锋利，只能加宽加厚，很费人力和畜力；宋时"炒钢""灌钢"等冶炼技术不断成熟，铸铁农具逐渐被钢刃的熟铁农具代替，加上其他先进的农业工具投入应用，掀起农业科技的革命。除农具外，耕作技术也不断改进，各类农业科技著作大量涌现，《中国农学书录》[1]收录古代农书共542种，其中宋朝就有108种。农业发展带来了农村繁荣，最突出的表现是乡村城镇化速度较以往明显加快。宋朝之前，"镇"主要是用来驻军的，宋朝逐渐减少了军镇数目，将"镇"的主要职能向乡村商品交易转变。除此之外，广大乡村还出现了大量的"草市"，类型包括市、店、埠、墟、集、场、坊、河渡等，据1076年（熙宁九年）的统计，当时全国有各类"草市"27607处。

宋朝乡村繁荣的另一个侧面是乡村旅游的兴起，一方面乡村面貌的改变为旅游提供了"硬件条件"，另一方面商人、官员以及富裕起来的城乡百姓成为旅游消费的主体，在游览繁华都市、名山大川的同时，他们也愿意走进乡村，推动了乡村旅游的发展。宋朝是一个经济繁荣的时代，商业也很发达，宋朝在"重农"的同时并不"抑商""贱商"，人们对从事商业基本不再抱有歧视感，很多人愿意去经商，通过商品交易或者从事手工业生产发家致富，因此出现了一个富有的商人群体，这些人通常被视为"有闲阶层"，除衣、食、住方面的享受外，他们也有旅游方面的需求。

宋朝还有一支较以往更为庞大的官吏队伍。宋代科举"扩招"，通过科举进入仕途的人数大增，平均下

---

[1] 见王毓瑚《中国农学书录》，中华书局2006年出版。

来每年几乎都是唐朝的10倍，唐朝贞观年间全国官员人数仅7000多人，而到北宋宣和年间，官员人数已达到48000多人，这还只是朝廷"在册"官员，不包括数量几倍、十几倍于此的胥吏。通过科举入仕的官员多有"文人情结"，加上宋朝又以官员薪俸高、福利好著称，为官员们进行旅游活动创造了条件。大批具备文人和官员双重身份的旅游者走进乡村，体验乡村生活，成为一道新景观，这从他们创作的大量田园诗中就能看出来。据统计，有近500位宋朝诗人留下了田园诗，总数超过4000首，其中：范成大140首，杨万里75首，刘克庄70首，梅尧臣40首，苏辙36首……这些数字大大高于前代类似作品，宋代以前田园诗被认为写得最好且诗作较多的是陶渊明和王维，他们留下的田园诗都只有30首。

宋代乡村旅游者中还有一个特殊人群，就是应试的士人，在只能用脚一步一步完成长途旅行的情况下，有人索性把漫长枯燥的旅途变成了一路上的"乡村游"，条件好的学子出行时还会带上一个或几个仆人，或者几个学子结伴而行，这其实也是一个庞大的旅游群体。宋真宗景德四年（1007），各地来京城应试的"贡举人集阙下者万四千五百六十二人"，[1] 由此拉动起的"乡村游"几乎成为常态化，可以想见，他们也带动了乡村旅游的繁盛。除此之外，农民辛苦劳作，农闲时也希望得到放松，他们既是乡村旅游的组织者，也是乡村旅游的参与者，苏轼在《和子由蚕市》一诗中写道："蜀人衣食常苦艰，蜀人游乐不知还。千人耕种万人食，一年辛苦一春闲。"农业生产的发展，农村生活条件的改善，使农民也具备了旅游的兴趣与渴望。

旅游者走进乡村，自然要观赏农事，诗人、旅行家范成大在乡间看到百姓插秧苗，禁不住停下脚步细心观看；理学家朱熹来到乡间，看到稻谷已经成熟，写下了"禾黍谁言不阳艳，晚炊流咏有余香"的诗句。在宋朝诗人的笔下，几乎所有农事活动都被写入诗中，有的还"去锄南山豆，归灌东园瓜"，亲自体验农业劳动；有的"挂杖闲挑菜，秋千不见人"，或者"菊援分阳甲，滕岩下早英"，相当于

---

[1] 见《续资治通鉴长编》卷五十一。

第五章 宋（上）：富而不强难立国

采摘活动。

春天，乡村百花盛开，"往来车马游山客，贪看山花踏山石"，像苏轼那样的"花痴"，甚至"只恐夜深花睡去，故烧高烛照红妆"。一些乡民看到种植花卉能带来商机，就有意识大量种植以吸引游客，"武陵儒生苗彤，事园池以接宾客。有野春亭者，杂植山花，五色错列"。洛阳等地素以牡丹著称，当地还组织起牡丹花会，赏花也卖花，欧阳修曾记载说，花会上"姚黄一接头，直钱五千"，说的是稀有牡丹花品种"姚黄"价格非常昂贵，种花、卖花甚至嫁接新品种成为一部分乡民吸引旅客并实现致富的手段。[1]

各地在发展乡村旅游中因地制宜，推出自己的特色。洛阳主打牡丹，成都附近的乡村则开发出"游江""蚕市"等活动，宋人陈元靓在《岁时广记》中描绘："于是，都人士女，骈于八九里间，纵观如堵。抵宝历寺桥，出，宴于寺内。寺前创一蚕市，纵民交易，嬉游乐饮，倍于往岁，薄暮方回。"从描绘的情景看，"游江"相当"旅游节"，"蚕市"相当于"商品交易会"。除"蚕市"外，有些地方还举办"药市"等活动，还有各种"庙会""道会"，这些"旅游搭台，经济唱戏"的活动，在当时广大乡村已不是稀罕事。

在各地乡村旅游中，还流行着许多人们喜闻乐见的游戏活动。宋时，一种叫"斗草"的游戏在广大乡村十分盛行，它分为"文斗"和"武斗"两种，"文斗"是比关于花卉百草的知识，看谁懂得多；"武斗"是双方各采摘具有一定韧性的草，相互交叉成十字状，各自用力拉扯，以不断者为胜。在宋朝，"斗草"游戏深受成人和儿童的喜爱，范成大在《春日田园杂兴》中写道："社下烧钱鼓似雷，日斜扶得醉翁回。青枝满地花狼藉，知是儿孙斗草来。"宋朝乡村旅游中还有荡秋千、放风筝、斗鸡等流行的娱乐活动，其中荡秋千是寒食、清明前后踏青郊外游的一项"保留活动"，被称为"半仙之戏"。放风筝也非常盛行，"万人同向青霄望，鼓笛声中度彩球"，[2]当时还流行一种玩法，清明节时人们将风筝放高放远，之

[1] 见欧阳修《洛阳牡丹记》。
[2] 见张公庠《宫词》。

后将线割断，让风筝带走一年的"霉气"。

乡村旅游的兴盛带动了经济发展，宋朝的旅店业等较以往有极大提升，与这股"乡村旅游热"有着密不可分的关系。宋朝之前，旅店业的主要经营者是官府，基本是为国家驿站系统配套服务的。宋朝以后，在鼓励商业活动以及旅游业兴盛的背景下，私营旅店业开始兴旺发达，不仅大城市里旅店林立，而且广大乡村也到处开设了旅店，在宋人的诗文中，"村店""野店""郊店""山店"以及"逆旅"等随处可见，宋仁宗时"朝廷发兵屯定州几六万人，皆寓居逆旅及民间"，显示出乡间旅店的巨大容纳能力。

当时的旅店业经营已较为成熟，不少旅店定价时已与旅游的淡季、旺季相挂钩，每到旅游旺季或者科举应试期间，"虽一榻之屋，赁金不下数十楮"。[1]临安钱江潮是著名旅游景点，每到观潮时，"自庙子头直至六和塔，家家楼屋，尽为贵戚内侍等雇赁作看位观潮"，[2]这期间"饮食百物皆倍穹常时"，那时观潮的人多住在周边乡村，旅店费用较平时自然也翻番上涨。

乡村旅游带动的不仅是旅店业，一些人看到了乡村旅游带来的商机，于是投资修建私家园林供人游览，类似于现在的公园，园主通过收取"茶汤钱"来获利。时人记述了这样一个案例："朱勔家本虎丘，用事后构屋盘门内，名泳水园。中有双节堂、御容殿、御赐阁、迷香楼、九曲桥、十八曲水、八宝亭。又毁阊门内北仓为养植园，栽种盆花，每一花事必供设数千本。游人给司阍钱二十文，任入游观，妇稚不费分文。"[3]在这个私人修建的"公园"里，不仅有亭台楼阁和花卉，还有游泳池，大门口有被称为"司阍"的收票员，每张门票20文，妇女和儿童不收门票。

发展乡村旅游，吸纳了大量劳动人口，旅游业及相关的旅店业、饮食业、种植业、交通业等都从中受益，进一步繁荣了乡村经济，也为朝廷增加了税收。苏轼知杭州期间曾上奏折，讲到杭州地区的"酒税"每年就有20多万贯，[4]这仅是杭州一

---

[1] 见吴自牧《梦粱录》卷四。
[2] 见吴自牧《梦粱录》卷四。
[3] 见徐大焯《烬余录》乙编。
[4] 见苏轼《杭州乞度牒开西湖状》。

地饮食行业为税收做的贡献。1076年（熙宁九年），全国各地"草市"为朝廷增加的商业税高达420多万贯，约占当时全国财政总收入的10%。宋朝被称为"最富的王朝"，繁荣的乡村旅游业在其中也做出了不小的贡献。

三、房地产热及其调控

宋朝经济大发展，经过一定时期的积累，加上相对宽松的经济环境以及对商业活动的重视，促进了商品经济的快速发展。与前代相比，宋朝在私有财产保护方面也有更多举措，如通过"立券"制度保护商品交易等。在宋朝，商人的地位也大为提高，商人甚至可以做官。在多种因素促进下，宋朝以商人为中心的富人阶层不断壮大，民间资本十分雄厚。宋真宗时，汴京出现了不少拥有百万贯资产的巨商，资产在十万贯以上者就更多了。时人记载："大桶张氏者，以财雄长京师。"[1] 此处的"大桶"可能是张氏的绰号，或是京城坊里的名称。宋徽宗时，汴京有一条界身巷，该地除了交易一些贵重物资外还交易金银，每笔交易动不动就成千上万贯，堪称当时的"金融街"。[2]

民间资本的积累和壮大，需要寻求投资渠道。投资手工业和普通商品的贸易虽然也有利可图，但商人们发现它们回报不稳定、风险较多，相对而言投资土地、房产更加牢靠。唐宋之前，在重农轻商政策下，商人地位普遍较低，不仅不能享受有关政治权力，在经济上也受到一定歧视，如战国时魏国就规定对商人"勿予田宇"[3]，也就是不允许商人拥有田产，相关政策在《史记》《汉书》中也有体现，如规定"贾人有市籍，及家属，皆无得名田，以便农。敢犯令，没入田货"[4]。到了宋朝，随着商人地位的提高，相关限制逐渐

---

[1] 见廉布《清尊录》。

[2] 《东京梦华录》："并是金银彩帛交易之所，屋宇雄壮，门面广阔，望之森然，每一交易，动即千万，骇人闻见。"

[3] 见睡虎地秦简所附《魏户律》。

[4] 见《汉书·食货志》。

取消，商人可以与其他人一样投资和买卖房地产。

房地产属一次性投资，风险低，稳定性好，具有司马迁所说"以末致财，用本守之"的特性，因此受到人们的追捧。除了富起来的商人，一些宗室贵族和朝廷官员也加入投资房地产的行列里来，"诸王邸多殖产市井，日取其资"。[1]宋仁宗的重臣夏竦就曾大量置办房地产，"时故相夏竦，邸店最广"。[2]除了这些热衷投资房地产的个人，朝廷还开办了专门开发房地产的机构"提举京城所"，该机构本负责城墙、皇宫等修建事宜，后来利用朝廷"划拨"的土地搞房地产开发，开发的房子有的卖，有的对外出租。北宋灭亡后，大量北方人口南渡，房地产需求进一步增加，时人记载："富家巨室，竞造房廊，赁金日增。"[3]更多的朝廷机构甚至军队也加入投资房地产的行列，时人记载："军前诸司，骈置铺席。"[4]

宋代经济发展的另一个结果是人口迅速增长，至宋徽宗时全国总户数超过2000万户，按当时每户平均5口人计算，总人口数超过1亿大关，是唐朝最高值的一倍。然而，从实际控制的土地面积来看，无论北宋还是南宋都较唐朝大为"缩水"，如果均以双方最高值进行比较，宋朝实际控制的土地面积甚至不足唐朝的1/3。人口增长了一倍，土地面积缩小了2/3，使宋朝的土地供需矛盾加大，农业用地和住宅用地都显得较为紧张。

城市建设用地紧张的状况在北宋首都汴京和南宋首都临安表现得都很充分。汴京、临安的人口都在百万以上，尤其临安，由于当时外有强敌压境，出于避战避难的心理，人们更愿意住在相对安全的首都，造成临安常住人口数量暴增，时人记述临安的情况："户口蕃息，仅百万余家，城之南西北三处各数十里，人烟生聚，市井坊陌，数日经行不尽。"[5]户数超过100万，可能不是严谨的统计数字，一般认为临安人口的最高值约为250万，不过这在那个时代已经是一个令人震惊的数字了。唐长安

---

[1] 见《续资治通鉴长编》卷一百八十七。
[2] 见《续资治通鉴长编》卷一百九十。
[3] 见赵彦卫《云麓漫钞》。
[4] 见赵彦卫《云麓漫钞》。
[5] 见耐得翁《都城纪胜》。

第五章 宋（上）：富而不强难立国

城东西 18 里、南北 15 里，共有 109 个里坊和 2 个市，占地面积约 84 平方公里，北宋汴京是在旧城基础上扩展的，受限于原有城市，其面积只有唐长安城的一半，而南宋临安的城区面积更小，还不如汴京。

有限的城市用地、快速增长的城市人口，造成城市人口密度的增加。时人记述汴京人口的情况："今天下甲卒百千万人，战马数十万匹，萃在京师，仍以七亡国之士民集于辇下，比汉唐京十倍其人矣。"[1] 当时汴京城内人口密度约为 2.0 万人/平方公里，相当于 20 世纪 30 年代北京、上海的人口密度。除汴京和临安，两宋时期还有泉州等人口达到数十万的大城市，至于中小城镇更星罗棋布，据统计，两宋时期见于史籍的市镇超过 3600 个。有学者认为，北宋城市化率为 20%，南宋为 22%，[2] 而据《中国城市统计年鉴——2009》的整理，1949 年中国城市化率仅为 10.64%。

为适应人口暴增、城区面积减少的情况，汴京、临安在城市布局方面不得不进行一系列突破，打破了唐长安城坊市制的格局，商业设施遍布街巷、桥头，这一点在《东京梦华录》中有许多描述，如称汴京"夜市直至三更尽，才五更又复开张。如要闹去处，通晓不绝"，《梦粱录》称临安"大街买卖昼夜不绝，夜交三四鼓，游人始稀，五鼓钟鸣，卖早市者又开店矣"。人口过于密集，造成城中房子紧张，时人记述："重城之中，双阙之下，尺地寸土，与金同价……非勋戚世家，居无隙地。"[3]

住房存在较大的供需矛盾，造成房价高涨。北宋建国不久的 976 年（太平兴国元年），大将军田钦祚在汴京买了一处住宅，花费是 5000 贯；到了 1117 年（政和七年），淮南转运使张根称"一第无虑数十万缗，稍增雄丽，非百万不可"[4]，意思是，在汴京购置一处住宅动不动就要几十万贯，如果加上装修，没有 100 万贯拿不下来，此时的房价较北宋初年已上涨了几十倍甚至百倍。房价高涨，人们的住房条件普遍很紧张，时人描述汴京普通市民的居住情况："四邻

---
[1] 见曾巩《隆平集》。
[2] 见赵冈《中国城市发展史论集》。
[3] 见王禹偁《小畜集》。
[4] 见《宋史·食货志》。

局塞，则半空架版，叠垛箱笴，分寝儿女。"[1]就连一些官员，在高房价面前也感到无能为力。宋朝宰相一级的高级官员月俸也只有300贯，县令只有30贯，以这样的收入标准，想在当时的一些大城市里购置一处房产，显得十分困难。宋朝名臣寇准曾任同平章事，相当于宰相，但他为官40年竟没有买过一处房子，诗人魏野赠诗："有官居鼎鼐，无地起楼台。"时人于是称寇准为"无地起楼台相公"。

宋代官员买不起房子的现象在当时很普通，欧阳修在给朋友的信中说："嗟我来京师，庇身无弊庐。闲坊僦古屋，卑陋杂里间。"欧阳修还写过一首《买宅》诗："我老未有宅，诸子以为言。东家欲迁去，余积尚可捐。"苏辙当了几十年的官，一直到年纪很大时还没有自己的房子，写诗感叹："我生发半白，四海无尺椽。"房子不好买，能不能买一块地自建住宅呢？也很难，曾任御史中丞的翁彦国在奏折中说："京师户口日滋，栋宇密接，略无容隙。纵得价钱，何处买地？"[2]

与此同时，宋朝也与其他朝代一样实行官员原籍回避制度，也就是不能在自己家乡为官，以避免亲友请托，如宋徽宗时规定："知县注选虽甚远，无过三十驿。"[3]1驿为30里，30驿相当于900里，所以那时当官几乎只能在"千里之外"。为解决官员的居住问题，朝廷也有一些制度，如修建官邸等，但只有少数要害部门的官员可以免费租住，其他官员则要付房租，由于官邸有限，更多官员只能租赁"私第"居住，时人记述："京师职事官，旧皆无公廨，虽宰相执政亦僦舍而居。每遇出省，或有中批外奏急速文字，则省吏遍持于私第呈押。"[4]

买的少、租的多，又抬高了房子的租金。综合史料记载，北宋早期汴京城内一处较好宅院月租金为10—20贯，这是相对讲究一些的住宅，通常是中高级官员们租住的，职级低的官员只能租差一些的房子。宋仁宗时苏颂曾任馆阁校勘，月俸是17

---

[1]见陶谷《清异录》。
[2]见《宋名臣奏议》卷一百。
[3]见《日知录》卷八。
[4]见叶梦得《石林诗话》。

第五章　宋（上）：富而不强难立国

贯，在日常花销中"赁宅、养马已费三之一"，同时期的诗人文同在开封府任职，租住的房子较为偏僻，条件也不好，他在《西冈僦居》一诗中写道："西冈颇幽僻，爱此远市廛。问得王氏居，十楹月四千。床榻案几外，空处无一缘。匽溷及井灶，圬壁皆相连。"这么简陋的居所，月租金竟然也高达4贯。北宋初年，每石米售价仅70—80文，1贯为1000文，从米价与房租对比中可以看出，房租是许多官员主要的经济负担之一，按平均水平考察，当时官员们的房租支出占其收入的比重通常在1/3至1/2之间。

宋朝房价高、房租贵，有供需矛盾方面的因素，也有人为炒房造成的影响，所以朝廷多次下诏，禁止官员参与炒房，如宋真宗时曾下诏"禁内外群臣市官田宅"，宋仁宗时曾下诏规定"近臣除居第外毋得于京师广置物业"，类似这样对官员进行房地产"限购"的措施，目的都是调控房地产市场以避免其过热。针对房租过高的问题，朝廷也进行过直接干预。1125年（宣和七年）下诏："在京官私房钱并减二分。"这里的"私房钱"指的就是官员们的房租，由朝廷出面将其统一调减20%。1139年（绍兴九年）下诏："连日阴雨，细民不易，其临安府内外官私房钱并白地钱不以贯百并放三日，其后凡遇连雨，或蠲公私房钱，或免客贩柴薪油面门税。"1151年（绍兴二十一年），针对低层级官员房租负担太重的问题又下诏："诸路公私房廊白地钱并减半。"1160年（绍兴三十年）又下诏："临安府在城，自绍兴二十一年以后官司续置到房廊赁钱，并减三分之一。"

此外，宋朝还从交易环节抑制房地产热。宋朝建国之初即颁布法令，要求所有房地产交易必须到官府办理手续，同时按一定比例缴纳契税。宋太祖赵匡胤规定"始收民印契钱，令民典卖田宅，输钱印契"[1]，宋朝《名公书判清明集》记载："诸典田宅者，皆为合同契。"房地产交易税收取的比例，北宋初年为2%，北宋中期上调至4%，到了南宋，这一比率高达10%，《名公书判清明集》记载，南宋初年"人户典买田宅，每百收勘合钱十文"，时人也记载："大率民间市

[1] 见《文献通考·征榷》。

田百千，输于官者十千七百有奇。"[1] 印证了南宋时期执行的是 10% 甚至更高的房地产交易税率。

但是，上面这些调控政策效果都不是很理想。朝廷对官员进行"限购"，但大多数官员其实并无炒房能力，有能力炒房的官员则总能找到制度的漏洞继续炒房，官府掌握信息的手段有限，有关政策其实难以彻底执行，有的官员还可以用他人名义炒房，"限购令"往往成为一纸空文。

要求降房租的规定在官办机构或许能得到一定执行，但让大量私人房主执行就不那么容易了，有的房主拒绝降低房租，有的地方官员对上面的政策阳奉阴违，对私人房主故意网开一面，还有的房主干脆"先涨再降"，南宋中期曾任吏部尚书的袁说友在一份奏折中就记述过这种先把房租调高再假装降低的事情。至于提高房地产交易税，其效果也较为有限。为逃避这项税收，许多房地产买卖者干脆私下里达成契约，避开官府。当时称经过官府登记备案的契约为"红契"，私下达成的为"白契"；社会上"白契"盛行，让房地产交易税未能成为高房价的"克星"，一直到南宋末期，大中城市里的房价始终居高难下。

四、土地兼并动摇募兵制

宋朝初年经济发展方面还有一个特点，那就是对土地兼并也采取了"宽容"态度，使土地兼并现象较为严重。中国是传统的农业社会，土地不仅是经济资源也是政治要素，不仅体现着社会的主要财富，也体现着各种复杂的利益关系。宋朝之前的土地制度经过了一系列变迁，从战国的井田制到秦朝和西汉的军功受田制，再到王莽改制的王田制、曹魏的屯田制、西晋的占田制，最后发展到北魏和唐朝的均田制，国家、封建地主和自耕农三者的力量不断博弈，每一次制度的修订其实都是试图使博弈由失衡重新达到均衡。

---

[1] 见李心传《建炎以来朝野杂记》。

第五章 宋（上）：富而不强难立国

之所以会产生失衡，是因为在私有制情况下土地始终存在着被兼并的问题，即"富者有资可以买田，贵者有力可以占田"[1]。这种兼并在宋朝之前至少经历过3次高潮：第一次在两汉时期，汉武帝时出现了"富者田连阡陌，贫者亡立锥之地"的情况，后来导致了赤眉、绿林农民起义，东汉时期兼并又卷土重来，导致了黄巾起义；第二次是南北朝时期，门阀制度加剧了土地的集中，出现了大量豪族庄园，这一时期国家长期分裂，隋朝短暂统一后又爆发了农民大起义；第三次是唐朝中后期，土地兼并发展到更为严重的程度，大批农民失地流亡，爆发了黄巢起义。

基于对历史的反思，历代统治者都把抑制土地兼并作为一项重要国策，虽然具体规定有所不同，但基本思路都是从限制土地占有量入手，对土地资源实行再分配，对土地买卖进行干涉，从而壮大和稳定自耕农阶层，维护国家的统治根基。在私有制情况下土地兼并的趋势是无法逆转的，除了制度原因还有人口与土地资源的矛盾，人口不断增长而土地资源增长有限，也助长了土地兼并的发生。所以，各个朝代在建立之初虽然都会加大对土地兼并抑制的力度，但土地兼并问题始终无法得到根本解决。总结王朝更替的规律，不难发现在其兴衰背后其实有着一条这样的暗线："限制兼并→放松兼并→兼并公开和大规模进行→农民起义→限制兼并……"

宋朝建立后一反常态，对土地兼并不再抑制。966年（乾德四年）宋太祖下诏："所在长吏，告谕百姓，有能广植桑枣、开垦荒田者，并只纳旧租，永不通检。"有人分析这道诏书颁布的原因："不抑兼并，富室连我阡陌，为国守财尔。缓急盗贼窃发，边境扰动，兼并之财，乐于输纳，皆我之物。"[2]"为国守财"可以理解为"藏富于民"，言下之意，无论土地归谁，财富最终都属于朝廷，所以没必要抑制兼并。考察宋朝的土地制度，"不抑兼并""田制不立"是突出的特点，既没有像唐朝初年通过均

---
[1]见《文献通考·田赋考二》。
[2]见王明清《挥尘余话》。

田、限田对土地资源实施一次"再分配",也没有对土地买卖给予限制或打击,反而从立法的角度对土地交易进行保护,对于历来都很敏感的土地兼并问题宋朝的统治者其实采取了放任的态度。

究其原因,有人认为是宋朝统治者看到兼并之势已无法阻挡,与其陷入周而复始的死循环不如"另辟蹊径",干脆不管不问,任其发展。还有人认为,宋朝的建立模式较为特殊,与两汉和隋唐不同,它是没有通过大规模农民战争而实现改朝换代的,赵匡胤通过兵变"黄袍加身",延续了后周的统治体系,抑制兼并的内在压力不足。这些因素或许都有,但却不是最根本的原因。考察宋朝放任土地兼并的背景,还应追溯到唐朝的中后期。

唐朝立国后实行"均田制",这是一项抑制兼并的重要政策,核心是平均占田和按人丁纳税,这项制度创造了"贞观之治"和"开元盛世",但随着制度效力的逐渐消散和灾荒、战乱的发生,唐朝中期以后大量人口失地逃亡,原有的税收模式难以为继,朝廷不得不实行"摊逃法",让未出逃的人去承担出逃人的税赋,激起更大的矛盾,"均田制"于是瓦解,"两税法"应运而生。"两税法"的特点是"舍人税地",也就是依据土地资源而不是人口去征税,这是一项重大政策调整,宋朝基本继承了这种财税思想,把征税的重点放在土地上,是否均田、限田对朝廷税收的影响不大。而从发挥生产要素效率的角度看,放松对土地交易的限制反而可以释放出一定活力,可以促进竞争、实现资源的优化配置、推动农业发展,这种"解放生产力"的做法也确实收到了实效,与前代相比宋朝的经济空前繁荣、商业高度发达,朝廷的财政收入和人口数量都达到了新的峰值。

但是土地兼具经济和政治的双重内涵,放任土地兼并等于将具有政治要素的土地逐渐变为单纯的经济资源,虽然促进了经济的繁荣,但也带来了其他的问题。宋朝把农户分为主户和客户,主户是有土地的农民,他们

第五章 宋（上）：富而不强难立国

要向国家缴纳土地税；客户是没有土地的农民，通过佃种别人的土地获得收入，虽然不需要向国家缴纳土地税，但要承担高额的地租。根据拥有土地的多少主户又分五等，第一、二等是"有田三五顷者"的上户，属富裕的地主阶层；第三等为中户，占田不多但可以自足，属自耕农；第四、五等为下户，除自己有限的土地外有时还要佃种别人的土地才能勉强维持温饱，属半自耕农。

据对《续资治通鉴长编》所载1023年至1061年（天圣元年至嘉祐六年）有关统计数字的平均计算，在此期间全国平均总户数为1051.5万户，其中主户平均为656.27万户，客户平均为395.2万户，即大约有37.6%的农户失去了土地。另据吕祖谦在1169年（乾道五年）所作《为张严州作乞免丁钱奏状》，在严州的主户中第一至四等户有10718户，不到总户数的9%；第五等户合计111669户，超过总户数的91%。宋朝的土地集中度极高，据统计，主户中的前三等在总户数中所占比例低于10%，占有的土地资源却超过三分之二，有30%—40%的农民没有任何土地。

放任土地兼并造成土地频繁换手，《宋史》称"豪强兼并之患，至今而极""权势之家日盛，兼并之习日滋，百姓日贫，经制日坏，上下煎迫，若不可为之势"。诗人朱继芳在《朱门》中写道"十数年间三易主，焉知来者复为谁"，辛弃疾在《最高楼》中写道"千年田换八百主"，罗椅在《田蛙歌》中进一步说"古田千年八百主，如今一年换一家"。失地农民的生活陷入困苦，苏洵称其"日剥月割"而"流亡无告"，他认为"其患始于废井田、开阡陌，一坏而不可复收"。面对严峻的现实，苏洵甚至提出过极端的想法："夺富民之田以与无田之民，则富民不服，此必生乱。如乘大乱之后，土旷而人稀，可以一举而就。"[1]

除了贫富分化，大土地所有者偷逃税收的问题也无法解决。西方学者认为"白搭车"会阻碍制度变革，所谓"白搭车"是指不付成本而坐享他人之利，在产权交易中个人收益如

[1] 见苏洵《衡论》。

果超过个人成本,人们就会设法"白搭车"。[1]对于宋朝的大土地占有者来说,如果可以通过隐瞒田产、在户籍资料上造假等手段偷税逃税,也一定会这么做。当时出现了一个奇怪现象:"富民买田而不收税额,谓之有产无税;贫民卖田而不推税,谓之产去税存。"[2]看来"藏富于民"并不意味着"为国守财",就连宋朝的皇帝对此也心知肚明。宋真宗时侍御史张廓奏报"天下旷土甚多,请遣使括责",宋真宗承认这个现实,却无奈地说:"此事未可遽行,今天下豪富之家田多租少,贫弱之家地薄赋重,须渐次改定。"

严重的贫富分化加剧了社会矛盾,两宋时期不断爆发农民起义,几乎所有起义军都把消灭贫富差距作为自己的口号,宋初成都茶贩王小波、李顺"疾贫富不均"而起义,北宋末年山东胥吏宋江举义提出"替天行道""劫富济贫",江浙的佣工方腊起义时强调平等和"无分高下",南宋初年洞庭湖地区的农民钟相、杨幺起义提出"我行法,当等贵贱,均贫富",这些主张无疑都针对的是严重贫富不均的现实。

无论北宋还是南宋最后都不是直接由农民起义所推翻的,这并不是"土地兼并周期律"的失灵,更不是宋朝放任土地兼并的成效,宋朝如果不是被少数民族政权提前灭亡了,一定也会倒在农民大起义的滚滚洪流中。宋朝长期与辽、西夏、金等少数民族政权对立,辽国的人口大概在300万左右,西夏的人口最多时才240万,金朝的女真人口在400万左右,而宋朝人口平均在5000万以上,最高时达到8000万,论经济实力、财政收入等双方也不在一个等量级上,但宋朝屡战屡败,只能靠一个个屈辱的和约"花钱买太平"。

宋朝军队的战斗力受到了质疑,这支常年保持在80万—120万人的正规军,论规模超过以往各代,论装备十分精良,理应把周边的任何对手都不放在眼里,却总打败仗,原

---

[1] 见道格拉斯·诺思《经济史上的结构和变革》,商务印书馆1992年出版。
[2] 见《古今考》卷二十。

第五章　宋（上）：富而不强难立国

因何在呢？也许要从兵制上找根源。宋朝之前各代通常实行的是役兵制，比如唐朝的府兵制就是其中之一，根据这种制度当兵是一种义务，男丁到一定年龄就要服兵役，其间除生活所需及军功奖赏外基本没有额外报酬。到了宋朝，在兵制上也一改前代的做法实行了募兵制，当兵不再是义务，国家花钱募兵、养兵，由此产生了相当惊人的费用，据宋神宗时陈襄的奏疏，当时仅禁军就有70万之多，每年"三千五百万缗之费"，相当于全国财政收入的一半，这也不是全部军费。都说宋朝很富有，但大部分钱其实都花在了军费上。

表面上看宋朝的统治者实在是"钱多、人傻"，但其实是迫于无奈，之所以实行募兵制是因为此时经济和政治基础发生了变化。唐朝的府兵制不是孤立的制度，它与均田制、租庸调制是一体的，国家通过对土地资源的干预而实现了对人的控制，为役兵制创造了条件。宋朝放任土地兼并，等于放弃了国家在土地资源分配中的主导地位，客观上放松了对人的控制，苏辙分析得很透彻："三代之民，受田于官，官之所以养之者厚，故出身为兵而不怨。今民买田以耕而后得食，官之所以养之者薄，而欲责其为兵，其势不可得矣。"[1]

说到底，自耕农是役兵制最重要的基石，放任土地兼并使自耕农阶层不断萎缩，对于失地的农民，再让他们去服兵役既不现实也在道义上说不通，吕大钧认为"客虽多而转徙不定，终不为官府之用"[2]，实行募兵制并不是钱多得没处花了，而是一种无奈。募兵制不仅造成贪图享乐、怯懦怕战的风气，也让很多人想尽办法去钻制度的漏洞，宋军中弄虚作假、骗取军饷的情况十分普遍，在册人数虽多，老弱充数者占了一半，宋人尹洙指出"计今四方厢、禁诸军，殆至百万，其不可用者且半"，不少将士"或老卧京师，或饱食塞下，或逸处郡邑，或散居亭邮，未尝荷一戈也"。

最庞大的规模和最慷慨的投入到头来只落了个"冗兵""冗费"的恶

[1] 见苏辙《栾城集》。
[2] 见《宋文鉴》。

名，宋朝军制上的失败其实是土地政策失败的延续。宋朝的统治者自以为找到了解决土地问题的良策，殊不知由此产生的老问题没有解决好而新的问题又产生了，结果也只是由一个恶性循环跳入到了另一个恶性循环中。

五、高薪制下的财政困境

北宋还有两个显著特点：一是官员队伍十分庞大；二是官员的待遇很高。宋太祖时官员人数不超过5000人，到宋真宗时已达9785人，宋仁宗在位的1049年（皇祐元年）增长到17300人，到北宋末年的1119年（宋徽宗宣和元年），这一数字达到了48377人。这里说的仅是"官"，而"吏"的数量更多。宋真宗时官吏人数还不算最膨胀的时期，有关部门呈报"减天下冗吏凡十九万五千余人"，清人赵翼评论说："所减者如此，未减者可知也。"[1] 可以作一对比：向前看，唐朝贞观年间全国官员人数为7000多人，而中央机构中的官员人数最少时不过643人；向后看，明朝洪武年间官员人数算不少了，但也不到3万人，从中可以看出宋朝政府的机构和人员有多么庞大。

宋朝立国后，在总结晚唐衰弱和五代十国乱局的教训方面可谓过犹不及，其中一个重要的结论是权力必须得到充分制衡，体现在机构设置上，就是通过增设机构来分割权力，在中央层面新设枢密院执掌兵权，又设三司掌天下赋税，其余三省、六部、二十四司都各有执掌，与前代相比机构出现了大面积臃肿和层叠。在地方上，行政区划也更细，全国由15个路陆续增至26个，各路设安抚使、转运使、提刑按察使、提举常平使等分掌兵民、财赋、司法、救恤，路下设州、县，其中县的数量超过1200个。

官员队伍的庞大还可以从科举方面进行观察，唐朝每年取进士30多人，明朝每年大约100人，清朝268

---

[1] 见赵翼《廿二史札记》。

第五章　宋（上）：富而不强难立国

年中开科 112 次，取进士 26000 多人，平均每年约 97 人，而宋朝共取士 115427 人，平均每年 361 人，居各代之首。宋太宗在位 21 年，通过科举走入仕途的将近 1 万人。为鼓励科举，宋朝还设了"特奏名"一科，专取久试不中、老年无成的举人为进士，累计取 50352 人，平均每年 157 人，仅这个数目就比明清时的正科人数多。人多力量大、人多好干事，但具体到官僚体系，人多所带来的却未必都是正能量。[1] 这是从人的本能去说的，而从制度设计的视角看，分权固然可以产生制衡，但也因此会增加沟通的时间和成本，同时使权力边界发生模糊甚至混乱，造成推诿和扯皮，这些现象在宋朝表现得都很严重，"三司官吏积习依违，天下文牒，有经五七岁不为裁决者，案牍凝滞，吏民抑塞，水旱灾沴，多由此致"。[2] 对地方来说也是如此，路一级政权进行分权改革后，过去州县只对一个上级的局面改成同时面对 4 个，这 4 个上级互不从属、各有强调，除缺乏沟通还经常"打架"，"上头千条线，下面一根针"，所有工作目标最终都要落到下面，这让基层无所适从、不堪重负。

宋朝官员的晋升也较为松懈，以年资论升迁成为常例，在京朝官通常每 3 年考核一次，称"磨勘"，合格者即可升迁，后又规定外任官也参照京官执行，宋朝的文武百官只要任期内不出差错，"至日限满，即与转官"，[3] 因为"级别"上去得快，所以基数自然也增加得快。

清朝大行捐纳，也就是捐官卖官，大量有钱的人通过捐钱而获得当官的资格，这是另一种吏治上的弊政，但清朝做得相对聪明，实行"出缺制"，正式职位严格控制，有做官的资格而没有合适的位子只能排队等，造成庞大的"候补官员"队伍。宋朝虽有类似的规定，但控

---

[1] 英国历史学家诺斯古德·帕金森经过长期研究发现，在官僚制度下一般都会不断增设机构、增加官员人数，机构会越来越庞大，人员会越来越冗滥，而行政效率却会越来越低。他对此进行了描述：一个不称职的官员通常有 3 条出路，一是申请退职，把位子让给能干的人，二是让一位能干的人来协助自己工作，三是用 2 个水平比自己更低的人当助手。出于对权力的渴望和保护权力的本能，一般人都会选择第三种做法，即用 2 个平庸的助手分担自己的工作，而 2 个助手也会上行下效，再为自己找 2 个助手……

[2] 见《续资治通鉴长编》卷四十八。

[3] 见李攸《宋朝事实》卷九。

制却不严,这么多人取得做官资格很快就能实授,安排不过来就"发明"新职位以"因人设岗",或者几个人共守一职,造成了另一种混乱,"居其官不知其职者,十常八九"。[1]有个叫王圭的官员被称为"三旨相公",因为其人只知"取旨、领旨、传旨",别的什么都不会。[2]官员队伍的快速增长往往以牺牲整体素质为代价,科举"扩招"的结果使更多的人涌进了官员队伍,其中难免鱼龙混杂,宋朝官员队伍中的懒官、怠政以及贪腐情况较唐朝均有加重。

一个庞大而低效的官员队伍,其待遇却相当不错。宋代官员的收入主要分俸料、衣赐、禄粟三部分,俸料以货币形式发放,相当于"基本工资";衣赐包括绫、绢、绵、罗等实物,相当于"实物福利";禄粟发放粮食,相当于"生活补贴"。以宰相和枢密使为例,俸料为每月300贯,相当于30万文,衣赐包括绫40匹、绢60匹、绵100两、罗1匹,禄粟每月100石,把这些钱物折合一下,大约每月收入为50万文,可以买上等好米12万斤。宰相、枢密使以下官员收入各有等差,俸料由每月300贯至20贯不等,但衣赐、禄粟变化不大,如禄粟一项,职位较低的官员每月也可领到20—30石,衣赐各项最低者也不低于1/4的水平。除了这些收入,宋朝官员还可以领到数目不等的"添支钱"和"餐钱",甚至还可以领到一定数目的柴火和干草,包拯当开封知府时每月领取的柴火是20捆,干草40捆。

唐朝之前官员致仕便不再领薪俸,唐朝规定可领半俸,宋初规定官员致仕后经特别恩准才可领半俸,后来宋太宗为鼓励大家主动致仕,规定均可领半俸,宋仁宗规定可领全俸,并且"岁时赐羊酒、米面,令所在长吏常加存问"[3]。宋朝还推行过"致仕转官"的奇葩政策,即官员退休后仍能继续升职,宋神宗时曾任宰相的吕公著在奏折中说本朝以来致仕的官员"例改官资",张存在吏部侍

---

[1]见《宋史·职官志》。
[2]见《宋史·王圭传》。
[3]见《宋史·职官志》。

第五章 宋（上）：富而不强难立国

郎的官位上退休，以后却还能不断升职，"凡十五年，积迁礼部尚书"。[1]在宋朝，只要能当上官财富也就有了，而且可以由合法渠道获得。而要想当官，就得拼命地参加科举考试，有人说这是宋朝统治者笼络读书人的一种手段，据说下面这首流传甚广的《劝学诗》就出自宋真宗之手："富家不用买良田，书中自有千钟粟。安居不用架高堂，书中自有黄金屋。出门莫恨无人随，书中车马多如簇。娶妻莫恨无良媒，书中自有颜如玉。男儿欲遂平生志，六经勤向窗前读。"

但问题是，数量庞大又享受"高福利"的官员队伍必然会对国家财政造成巨大压力，宋朝的财政本来相当宽裕，曾达到过每年1.6亿贯的峰值，远远高于之前的唐朝，也高于之后的明朝和清朝，但即使这样仍有些"招架不住"。"冗官"所产生的"冗费"长期困扰着宋朝，宋仁宗时岁入3900万贯，官俸支出占其中1/3；宋英宗时岁入4400万贯，官俸支出占1/5；而到了宋神宗时岁入虽然提高到了5060万贯，但全部拿来维持官僚体系的开支也不够，因为此时官俸及相关支出已是宋朝开国时的80倍！[2]

冗官、冗费再加上冗兵，被称为宋朝的"三冗"，它造成了宋朝的"两积"——积贫与积弱，从而使宋朝成为一个"让人看不懂的朝代"：一方面经济繁荣、商业发达，国家财力雄厚，另一方面又脆弱不堪，屡屡被周边一些弱小政权任意欺凌。问题不是出在经济或社会本身，问题更多地出在管理上，由于过度强调风险控制和权力制衡，制造出一套复杂而低效的行政体系，在降低执政效率的同时也消耗了大量的社会财富。王安石曾上疏："官乱于上，民贫于下，风俗日以薄，财力日以困穷。"[3]

宋朝统治者也认识到"三冗"之弊，从北宋早期即开始谋求破除"三冗"的办法。宋仁宗庆历年间范仲淹主持新政，严明官员升降、严格官员滥进，使恩荫减少、磨勘严密，一批碌碌无为或有贪腐行为的官员被淘汰，但新政引起既得利益集团的

[1] 见《宋史·张存传》。
[2] 见《文献通考》。
[3] 见王安石《上时政疏》。

反抗，推行仅一年零四个月即失败。随后是王安石变法，富国强兵是其根本出发点。在"三冗"问题上虽然王安石也有痛切的认识，并提出了许多具体的改革措施，但鉴于庆历新政失败的教训，王安石不敢在这个问题上用力过猛，没有把吏治作为整顿重点，宁愿成立新的机构推行改革也不敢轻易大刀阔斧地裁撤那些人浮于事的机构，即便如此也遭到保守派的猛烈攻击，变法也以失败而告终。宋朝始终没有解决"三冗"问题，使这个问题最终陷入一种悖论：要改革"三冗"，就需要有执行力的官员队伍去完成，而现有的官员队伍整体上又最不愿意改变它。[1]

六、走不出"采购怪圈"

《卖炭翁》里宫人们以强买方式进行"政府采购"的一幕令人印象深刻，这样的问题在宋朝依旧存在。宋朝政府试图革新政府采购行为，为此进行了不少创新，虽然取得一定效果，但仍难从"采购怪圈"中走出来。

在古代，朝廷从百姓那里收取的赋税并非全是货币，对于品类众多的一般性物资来说，不可能都通过赋税的形式获得，这就需要有关部门另行采办。一种方式是所谓"进贡"，各地将本地方最好、最有代表性的特产按一定数量献给朝廷；另一种方式是官府用货币向民间购买，也就是古代的政府采购。到了宋朝，官员们不仅薪俸很高，而且其他福利也很优厚，仅官员队伍日常耗费的物资就已经是一个庞大的数目了。

相对于采购粮食的"和籴"，采购其他一般性物资称为"和买"，为避免出现《卖炭翁》里的强买强卖现象，宋朝有意识地加强了"和买"的制度建设，规范采购行为。宋朝三司的权力很大，其中的度支司有一项重要职责就是对政府采购进行

---

[1] 法国汉学家谢和耐在《蒙元入侵前夜的中国日常生活》一书中描述："有关13世纪中国南方之安定繁荣的印象只不过是幻象，在此幻象背后的却是国库之连年悲剧性的空虚、农村之贫困和不满，以及统治阶层内部的党争。这座大厦已是十分脆弱，只要蛮族用力地推它一把，就会倒塌下来。"该书由刘东译，江苏人民出版社1995年出版。

第五章　宋（上）：富而不强难立国

统一管理，"凡上供有额，封桩有数，科买有期，皆掌之"，后来又专门成立了杂买务，该部门创设于979年（太平兴国四年），一开始隶属于三司，后归太府寺管辖，"掌和市百物，凡宫禁、官府所需，以时供纳"。[1]

宋朝流行一种博彩游戏，称为扑买，也称博卖或卖扑，开始是一些商贩为招揽生意与人玩的掷钱游戏，将一枚铜钱或一把铜钱随意掷出，视钱的正反面多少来定输赢，赢者得到事先约定的一些物品，输者以所掷铜钱为注。这种游戏一度玩得很火热，从官员到百姓都热衷于此，时人记述"池苑内除酒家艺人占外，多以彩幕缴络，铺设珍玉、奇玩、匹帛、动使茶酒器物关扑"，还记述"有以一笏扑三十笏者"，所扑买的对象也越来越多，甚至"车马、地宅、歌姬、舞女，皆约以价而扑之"。[2]官府借鉴了这种形式，在工商业官营、禁榷专卖、商税征收等方面推行扑买制度，一般先确定"标的"，比如某地的某项特许经营项目若干年的经营权，然后"造木柜封锁，分送管下县分，收接承买实封文状"，这个"实封文状"类似于标书，之后"取看价最高人给与"，还要张榜公告，"于榜内晓示百姓知委"，[3]这种邀标、开标、公示的程序，具备了招投标行为的基本特征。

在政府采购中扑买方式也有采用。1070年（熙宁三年）各地采购供应给朝廷的羊数目逐渐增大，于是到河北榷场采购契丹羊，"岁数万，路远抵京，则皆瘦恶耗死"，著作佐郎程博文受命就此进行调研，"博文募屠户，以产业抵当，召人保任，官豫给钱，以时日限口数、斤重供羊"，相当于就羊的采购进行招标，结果效果不错，"人多乐从，得以充足岁计"。此次招标解决了之前采购中存在的问题，"除供御膳及祠祭羊依旧别圈养栈外，仍更栈养羊常满三千为额，以备非常支用"，采购费用方面也"裁省冗费凡十之四"，这一做法后来被朝廷推广。[4]改革政府采购中的弊端是王安石变法中的一项重要内容，王安石推行市易法，设置市易司、市易务，将政府各类采购行为进一步

---

[1] 见《宋史·职官志》。
[2] 见《东京梦华录》。
[3] 见《续资治通鉴长编》卷二百十八。
[4] 见《续资治通鉴长编》卷二百十一。

集中统一管理。1072年（熙宁五年），朝廷一次集中采购的物资就多达60个品种，采取了所谓的"承揽"方式，是一种在招标基础上的总承包采购办法。[1]

古代朝廷对财政支出管理一般都相当严格，强调"量入为出"。在政府采购方面，宋朝除了加强集中统一管理、创新采购方式外，还特别强调实行预算管理。城郭、宫室的修缮，舟车、器械的制造，以及钱币铸造等都需要大量原材料，这方面的物资采购数量庞大。宋朝规定，少府、将作监预估的物资采购品种和数目汇总到工部，由工部按年度事先编制预算，上报度支司审核后方能拨款采购。[2]另一类重要采购对象是军需物资，宋朝对该项支出的审核、管理更为严格，除规定由专门部门编制预算、加强审核外，还经常派人赴有关地区进行审计监督，在现场检查发现预算编制不合理的，还会削减预算，减少采购规模。

宋朝对采购物资管理得越来越细，不仅对重要大宗物资实行专项管理，一些不太重要的物资也逐步纳入统一的预算管理中。1027年（天圣五年），朝廷下诏："应三司逐年于诸州军科买物色，访闻甚是劳扰。仰三司速具逐年科买诸般物色名件，开坐数目、及作何准备使用，具委无漏落，结罪文状申奏，当议特差近上臣僚与三司详定蠲减。如将来除详定名件外，非次合要物色，并须奏候敕命，方得行下诸处。"[3]该措施的目的，是建立起类似"采购清单"的东西，使采购行为更加科学规范。对于违反采购制度的行为，宋朝政府都会给予惩处，其中对不按照预算制度进行采购的，惩处一般都较为严厉。1098年（元符元年）二月，宋哲宗根据户部的建议颁布诏令，指出"官司应缘收买及造换、修完、出染之类物色"，对于其中"不豫行计料申乞、支拨收买"的情况，相关官员要受到"科杖一百"的惩处。[4]

[1]《续资治通鉴长编》卷二百四十一："上供荐席、黄芦之数六十色，凡百余州，不胜科扰。乞计钱数，从本务召人承揽，以便民也。"
[2]《宋史·职官志》："凡营缮、岁计所用财物，关度支和市。其工料，则饬少府、将作监检计其所用多寡之数。"
[3]见《全宋文》卷九四七。
[4]见《续资治通鉴长编》卷四百九十四。

第五章　宋（上）：富而不强难立国

根据所采购物资的特点，宋朝在政府采购中往往采取不同的付款方式。就地采购、就地使用的日常性用品，一般可以当场付款，或者按照签订的合约分期付款；绵、绢、布匹等季节性生产的物资，一般采取预付款方式，以利于解决农户生产资金短缺问题；军粮、马匹、舟船等军事物资，生产地和交付地往往不同，一般采取异地付款、延时付款的方式，保证所采购的物资最终安全到位，减少采购风险。

在影响采购行为的因素中，如何科学地评估价格一直是最难解决的问题。评低了，难免会出现《卖炭翁》里的强买现象；评高了，政府就会吃亏，也容易被人钻空子。在缺乏能及时反馈各地的各类物资价格波动"大数据"的情况下，确定合理的采购价格始终是难题，异地付款、分期付款、延时付款虽然降低了风险，但在物价波动较大的时期，经常会造成商户和百姓的经济损失。此外，纸币也成为困扰宋朝政府采购一个重要因素。北宋出现了世界上第一种流通纸币交子，它携带方便、安全，于国于民都大为有利，但宋朝没有建立起纸币发行的相应准备金制度，交子发行之初还较为谨慎，但后来慢慢成为朝廷的"提款机"，致使交子一再贬值，直至被民间弃用。但交子是朝廷的法定流通货币，官员如果强制让百姓接受，那政府采购就成了变相掠夺。

尽管想了不少办法，做了很多改进，但宋朝的政府采购制度仍然无法解决所有问题。在制度不完善的情况下，当权者思想重视不重视、管理是严还是松就成了决定采购行为质量的关键。当皇帝和主管官员较为重视、抓得也严时，采购行为就相对规范、侵夺百姓利益的问题也相对较少；当思想认识或管理松懈时，各种问题就层出不穷，从而形成一种"采购怪圈"。

宋朝后期，随着国家财政状况不断恶化，朝廷在政府采购方面的管理也越来越粗放，有的官员刻意压低价格，有的官员故意拖延付款时间，有的官员不仅拿贬值的交子购买物资，甚至和尚的度牒、官府的盐引都变成了官府的"采购资金",以至于许多百姓和商户拒绝官府的和买。明朝建立后,朱元璋对政府采购实行严格管理,为防止侵犯百姓利益行为的发生,朱元璋一度做出规定,要求宫廷里所有从市场上采购的物资,其价格必须比百姓之间的市场交易价高出10文钱,朱元璋还严禁有人打着宫廷旗号强买强卖,规定任何百姓遇到这方面的问题都可以直接来"告御状"。在朱元璋强力治理下,明朝初年的政府采购行为相对规范,出现的问题较少,但到后来,随着整个吏治的松弛,政府采购这样的事慢慢无人关注和重视,借机侵夺百姓利益以及中饱私囊的事也见怪不怪了,古代封建王朝的"采购怪圈"就这样一次次地周期性地循环着。

七、争议中的变法

北宋的财政状况逐步恶化,朝廷钱不够花,只能想办法增加百姓赋税,于是正常税收之外不断增加苛捐杂税,名目包括"杂变""支移""折变"等,还有一种"丁身税",其实就是按人头搞摊派,年满二十岁就要承担这笔额外支出。除了交钱,还有服杂役,包括"职役""夫役"等,"民被差役,如遭寇虏"。[1] 备受压迫和剥削的百姓忍无可忍,纷纷揭竿而起,仅宋初到1044年(宋仁宗庆历四年)爆发的农民起义就有10多次。

内部矛盾如此尖锐,外部矛盾也十分突出。与北宋同时,契丹族在北方建立了辽政权,党项族在西北建立了西夏政权,论规模和实力它们与北宋本不在一个等量级上,1003年(宋真宗咸平六年)官方统计的全国人口数为1427万,1023年(宋仁宗天圣元年)为2545万,而辽国人口只有300万左右,西夏人口最多时也不过240多万,但北宋在与辽、西夏的作战中却屡屡败北。

宋军人数虽多、待遇虽好,指挥体制却十分落后,又缺乏训练,军中吃空饷现象普遍,造成战斗力极差,

---

[1] 见苏辙《栾城集》。

第五章 宋（上）：富而不强难立国

被称为"百万熊兵"。1004年（宋真宗景德元年）秋，宋辽在澶州（今河南濮阳）激战，宋军先胜后败，被迫与辽朝达成"澶渊之盟"，以后宋朝每年给辽朝绢20万匹、银10万两以换取和平，辽朝后将其提高到绢30万匹、银20万两，这笔钱称"岁币"。宋仁宗时与西夏也有一次"庆历和议"，宋朝每年"赐给"西夏银5万两、绢13万匹、茶2万斤，另在每年各种节日赐给西夏银2.2万两、绢2.3万匹、茶1万斤。"岁币"不仅进一步增加了北宋的财政负担，而且滋长了辽、西夏上层贵族的贪婪，让他们对宋朝有了更大的觊觎之心。

表面繁花似锦，其实暗藏着重重凶险和危机。要解决问题，就必须大刀阔斧地来一次改革，而且是一场出重拳、下猛药的改革，小打小闹等于没改，这就需要改革者不仅具备高超的智慧，更要有极大的胆魄和勇气。这场改革的重任，最后落到宋神宗身上。宋神宗赵顼是宋英宗赵曙的儿子、宋仁宗赵祯的孙子，北宋的第6位皇帝。宋神宗天性好学，史书说他在当太子时就特别留意《韩非子》等法家著作，对法家"富国强兵"的主张很感兴趣。宋神宗一开始将改革的期望寄予了宰相韩琦，韩琦曾与范仲淹等人一起参与了宋仁宗时的"庆历新政"，有一定改革经验，又三朝为相，有很高威望，是推行改革的最佳人选，但此时的韩琦进取精神已大为消减，思想趋于保守，宋神宗继位不久他就坚决辞去了相位，出判相州。宋神宗继续寻觅改革良才，他曾与另一位参与过"庆历新政"的重臣富弼谈论改革事宜，但富弼此时变得"乃以一切坚守，无所施为为是"，[1]宋神宗提出富国强兵以雪前耻，富弼却说"愿二十年口不言兵"。[2]

宋神宗最后把目光放在了王安石身上。宋仁宗时王安石虽以度支判官的身份上万言改革书，却并没被采纳，这让王安石感到气馁。后来王安石因母亲病逝而辞官回乡守丧，宋英宗多次征召他来京任职，王安石均以服母丧或有病为由拒绝。宋神宗认为王安石就是他在苦苦寻觅的改革良

---

[1] 见叶适《习学记言》卷四十八。
[2] 见《宋史·富弼传》。

才，于是任命他为江宁知府，不久即改任翰林学士兼侍讲。宋神宗就改革问题专门召见王安石，王安石提出了革新的主张，勉励宋神宗效法尧舜推行改革。随后王安石上《本朝百年无事札子》，指出了当时面临的各种危机和因循守旧的危害，就吏治、科举、农业、财政、军事、教育等分别提出了具体的改革见解，宋神宗大为赞赏。1069年（熙宁二年），宋神宗任命王安石为参知政事，次年又升任同中书门下平章事，跻身宰相行列。宋神宗下诏设立制置三司条例司，由王安石、陈升之共同掌管，全面负责改革事项，一场规模浩大、影响深远的改革就此拉开大幕。

熙宁二年（1069）四月，即王安石刚被任命为参知政事2个月后，在宋神宗支持下，王安石派人到全国各路核查农田、水利、赋役情况，3个月后第一项改革措施——均输法即在江南六路推行，又过了几个月，青苗法、农田水利法等相继出台，至熙宁六年（1073）七月，王安石等人还先后颁布了募役法、保甲法、方田均税法、市易法、将兵法、免行法等，其中保甲法、募役法、将兵法针对的是兵制和军事弊端，其他诸法针对的主要是财政问题。

关于理财，王安石有一个著名的看法："善理财者，不加赋而国用足。"[1] 不少人对此表示怀疑，认为不加赋税而使朝廷府库充足根本无法做到，但王安石却认为能做到。当时有一些不法奸商通过操纵市场和物价从中牟取暴利，王安石设置了常平市易司对市场进行管理，该机构由朝廷拨款发起成立，通过贱买贵卖的方法调节物价高低，既稳定了市场又能赚到钱，这就是"市易法"。

当时各地向朝廷运送物资，由于信息传播不便以及调配等方面的原因，经常出现急需的东西到不了、不需要的东西却大量积压等问题，造成浪费。王安石提出由朝廷拨款成立发运使，统一采购原本由各地负责采办的物资，朝廷现存的物资有如不急需，也可以通过发运使向各地销售，不仅调节了供需，而且解决了各地向朝

---

[1] 见《宋史·司马光传》。

第五章 宋（上）：富而不强难立国

廷供应物资标准不统一、运价高昂等问题，发运使两边赚差价，还为朝廷赚了钱，这就是"均输法"。

这些改革措施从制度设计的角度看都很合理，但运用到现实却并非都能收到好的效果。比如青苗法，其针对的是过去常平仓制度存在的弊端，在农户青黄不接时通过发放低息贷款的方式帮其渡过难关，解决农户生产资金不足的问题。王安石曾在基层试行过该办法，效果很好，但青苗法在全国推广后却被各级官员机械理解，他们不去向农户详细解释这项制度的宗旨和目标，而是把它当成一项摊派下来的任务来完成，不需要的农户被强行摊派，急需资金扶持的却找不到门路，一些办事人员还利用这个机会"吃拿卡要"，好端端制度却备受诟病。欧阳修当时正知青州，针对青苗法曾两度上奏表示反对，拒绝在本辖区实行，已外任的前宰相韩琦也上奏折强烈反对青苗法。

不少改革措施都遇到了青苗法这样的尴尬。面对各方责难，宋神宗始终站在王安石等人一边，支持他们继续推进改革。宋神宗特别强调要加强农业生产，他认为"灌溉之利，农事大本"[1]，所以很重视兴修农田水利工程，尤其加强了黄河、漳河等重点河流水患的治理。此举也引起了一些朝臣的反对，他们的理由是"聚大众、兴大役"容易引发民变，有人甚至提出"开河如放火，不开如失火"[2]。大臣文彦博提出王安石等人主导的漳河疏浚工程存在弄虚作假现象，认为该工程只不过是移了东边的河，却掘了西边的民田，空劳百姓。宋神宗就派中使去漳河取"淤田之土"，他"自尝之"，感觉"极为细润"，验证了王安石所说漳河治理后可"灌溉民田，可以变斥卤而为肥沃"可信，从而对此类攻击改革的言论置之不理。[3]

募役法规定，乡户通过交纳"免役钱"可不必再去官府当差，官府用这笔钱雇人充役，"免役钱"属自愿交纳，等于在原有制度外让乡户多了一种选择，是一项"便民改

[1] 见《宋会要辑稿·食货》。
[2] 见《宋史·河渠志》。
[3] 见《宋史·河渠志》。

革"。但好政策总会被下面执行得走了样，有的官员没把募役法制定初衷搞清楚，认为朝廷想多收钱，结果加重了百姓负担，在一些地方引起了怨言。御史杨绘、刘挚等人搜集这些意见，将其归纳为"募役法十害"，宋神宗看后仔细询问了王安石等人，经一一解释后宋神宗认为募役法是一项好政策，命杨绘、刘挚承认错误。

但是，不利于改革的言论越来越多，王安石等人受到了越来越多的责难。当时发生了华山大地震，死伤惨重，有人认为王安石等人"与下争利，致华岳山崩"[1]。一些保守官员不断对改革进行攻击，在他们"导演"下，有位名叫郑侠的基层官员向朝廷呈上了一幅所谓的《流民图》，图上描绘的是变法实施以来各地灾荒不断、百姓四散逃亡的景象，一向反对变法的太皇太后曹氏、皇太后高氏看到《流民图》后都哭了，她们惊呼："安石乱天下！"高氏是宋神宗的生母，宋神宗对她格外敬重，宋神宗在高氏面前替王安石辩解，但高氏不听，反而对宋神宗说如果王安石真是难得的人才就应该将其外放，这样才能保全他。

重重压力下，宋神宗于1074年（熙宁七年）将王安石罢相，外放知江宁。这并非出自本意，所以一有机会他就想召回王安石。过了一年，宋神宗将王安石召回再次拜相，但朝中新旧势力的斗争更加尖锐，王安石的改革热情也受到打击。1076年（熙宁九年）初王安石以身体有病为由屡次请辞，加上儿子此时壮年早逝，王安石的精神受到极大刺激，宋神宗只得同意王安石辞去相位。发生在熙宁年间的这场"王安石变法"，其实背后一直是宋神宗在主导，宋神宗是这场改革的发起者、支持者，没有宋神宗就没有这场改革，没有他的支持这场改革也不可以持续近5年，从这个意义上说，将这场改革称为"熙宁变法"似乎更准确。

王安石第二次罢相后宋神宗仍没有放弃改革，这一次他亲自站在了改革的第一线。改革者的遭遇让宋神宗警惕和反思，他认为问题出在"干部队伍"上，由于官员队伍素质不高、

---

[1]见《宋史·王安石传》。

第五章　宋（上）：富而不强难立国

机构臃肿，才造成了办事效率的低下，导致许多好政策得不到正确理解和执行。王安石第二次罢相的次年，宋神宗将年号改为元丰，他向天下颁布了《寄禄格》，核心内容是精简办事机构、减少官员层级、裁汰冗员、提高办事效率，"台、省、守、监之官实典职事，领空名者一切罢去，而易之以阶，因以制禄"，这些措施重点解决官员虚职多实职少的弊端，使官员名实相符、有职有权，同时统一官员的薪俸，加大官员考核，使"卿士大夫莅官居职，知所责任，而不失宠禄之实"，这场改革同样声势浩大，被称为"元丰改制"。

宋神宗可以称得上是位"改革皇帝"，他所支持的"熙宁变法"和亲自主导的"元丰改制"可合称为"熙丰改革"，这是北宋中期以后最重要的一场改革。虽然在保守势力合力攻击下许多改革措施最终半途而废，但也取得了一定成效，方田均税法的实行一定程度上抑制了土地兼并，青苗法帮助了不少农民渡过难关，免役法尽管在一些地方执行中出现了偏差，但也受到许多地方百姓的欢迎，还有农田水利法，它的推行掀起了一股兴修水利工程的热潮，改革期间全国共兴修水利工程10793处，受益农田达3617万多亩。全国垦田面积不断扩大，宋初的976年（开宝九年）全国农田数为2.95亿亩，到1083年（宋神宗元丰六年）已增至4.61亿亩，增加了56.3%。[1]宋朝的人口数也大为增加，据1083年（宋神宗元丰六年）的统计，当时全国总户数上升至1721.2万户，与宋英宗时的统计数相比增加430万户，是北宋初年的5倍。改革前的景德年间全国税粮收入约为682.97万石，皇祐年间降到338.46万石，到1077年（宋神宗熙宁十年）增加到5210.1万石，增加了10倍左右，[2]之前频繁发生的农民起义也暂时得以缓解。

改革取得了切实成效，在宋神宗看来"富国"的目标已初步实现，他更渴望"强兵"。1081年（元

---

[1] 综合自《宋会要辑稿》。

[2] 陆佃《神宗皇帝实录叙论》："既而储积如丘山，屋尽溢不能容，又别命置库增广之……迨元丰间，年谷屡登，积粟塞上，盖数千万石，而四方常平之钱，不可胜计。"

丰四年）七月，经过精心筹划的西夏之战开始了，宋神宗命宋军分五路进攻西夏，试图一雪前耻。十一月底宋军攻至西夏腹地灵州（今宁夏吴忠西南）城下，眼看大功可成，但由于前线将领指挥失误，致使灵州久攻不下，西夏军反攻，宋军失利而返。次年，宋神宗决意再次出兵，在西夏腹地筑永乐城屯兵，准备来一个稳扎稳打，不料被西夏30万大军围困，永乐城失陷。两伐西夏不成，宋神宗受到极大打击，他在朝堂上忍不住失声痛哭，之后只得与西夏继续维持纳贡和议。1085年（元丰八年）初，宋神宗病危。到了这一年三月，年仅38岁的宋神宗赵顼驾崩，9岁的儿子赵煦继位，这就是宋哲宗。宋神宗的母亲高太后临朝执政，她做的第一件事就是从外地召回了反对改革的司马光等人，随着一批保守派重返权力核心，宋神宗、王安石等推行的大部分改革措施都遭到了否定。[1]

后世对宋神宗的评价也普遍不太高，虽然承认他的改革精神和对改革的支持，但也批评他在关键时刻向保守势力妥协，没有支持王安石把改革进行到底，有人甚至认为，当改革触及更深层利益时，宋神宗对改革由支持反而变成了反对，正是他态度的动摇导致了改革的失败。但是，仔细考虑历史会发现宋神宗的改革渴望一直是强烈的，他最能切身感受到改革的紧迫性和危机感，他的动摇、游移更多是出于无奈，保守势力是如此强大，他身为"万人之上"的帝王也不得不做出妥协。宋神宗虽然不是一名"盛世明主"或"中兴之主"，但他锐意改革的精神还是值得称道的，如果没有他，北宋的国祚也许会更短，因为在当时问题丛生、各方面矛盾异常尖锐的情况下，即便没有少数民族政权的威胁，仅内部矛盾和经济困境就足以将王朝击垮。

---

[1]古代帝王死后都有一个庙号，对其一生功过进行评价。宋神宗的庙号是"神"，据《谥法》，"神"的意思是"民无能名"，孔子对此的解释是："大哉，尧之为君也。巍巍乎！惟天惟大，惟尧则之。荡荡乎，民无能名焉。"表面上看，这是一个极高的赞美之辞，意思是恩德太广博，老百姓不知道怎么称赞好了。但也有人认为，宋神宗的这个庙号是在高太后主持下，保守派大臣们所选定的，用意是"明褒实贬"，想突出的是"不知道该怎么评价"。

第五章 宋（上）：富而不强难立国

八、王安石变法中的舆论战

宋神宗所支持的王安石变法最后是失败的，其失败的原因是复杂的，除了上面所提到的方面外，还有另一个思考点，那就是改革者对变法政策的宣传引导很不够，没能为改革营造一个良好的舆论氛围。王安石变法是一场峻急的改革，不仅体现为改革力度之大，还体现为改革措施出台之密集，王安石虽主张"得其人缓而谋之"[1]，但在实际操作中，青苗法、市易法、募役法、保甲法、方田均税法、均输法、科举新法等十几项重大改革在较短时间里纷纷出台，令社会无法详细了解和适应，改革者也没有足够精力去做宣传和引导的工作。

缺乏宣传引导，改革就容易引起误解，民众对变法的反应经常与改革者的初衷相违背。就以前文所提青苗法为例，在全国范围推行后，从执行者到受惠者普遍不理解其赈济贫弱的要义，各级官员机械执行，为完成上级下达的任务而将"贷款指标"层层摊派，或随意提高利息，加上程序烦琐和经办人员的刁难，即使那些真正急需资金的百姓也对该办法反应冷淡。

本意惠民却成扰民，民间对此议论纷纷，谏官趁机弹劾该法是"敛散之法"，御史李常还依据一些不实传闻攻击该法"勒民出息"，说"州县有钱未尝出而徒使民入息者"，宋神宗以此质问王安石，王安石让李常"具官吏主名"，李常用"非谏官体"予以搪塞。[2] 被宋神宗誉为"两朝顾命定策元勋"的韩琦也批评青苗法，他根据社会上的各种传言上了一份奏章，对青苗法进行全面批评，其中一条是城镇里没有青苗也被强行摊派了"青苗钱"，宋神宗大为吃惊，再次当面质问王安石。

一方面，大多数改革在政策设计上是没有问题的，只是由于解释和宣导不够而造成了误解；另一方面，当改革触及既得利益集团时，他

[1] 见王安石《临川先生文集》。
[2] 见《宋史·李常传》。

们又会利用社会上的误解和流言进行反击。募役法在设计时考虑到农户贫富不均，故将农户分为若干等，适用不同的役钱标准，其中有些农户可免缴，但有人故意做手脚，如东明县把不用纳钱的下户擅自提高户等，结果引发1000多人到京城"上访"，一度包围了王安石的住所，后经调解说明，大家了解真相后离去。

都说王安石有句"三不足"的名言，即"天变不足畏，祖宗不足法，人言不足恤"，大家认为这几句话说得好，表达了王安石改革的决心，但在当时说这些却是"大逆不道"的，包括宋神宗在内的几任皇帝对此都十分反感，王安石死后还因此被从孔庙中"请出"，但这些话却不是王安石说的，宋神宗曾亲自向王安石求证过，王安石坚决否认。[1]熙宁年间宋辽曾就河东划界进行交涉，宋朝主动让出数百里土地，社会上纷纷传言这是王安石的主意，说得还很生动，为王安石又编出"将欲取之，必固与之"的"名言"，时人苏辙、邵伯温等人在文章中也持此说。但考察一下《续资治通鉴长编》中王安石与宋神宗就宋辽划界谈判的20余则对话，可知王安石对弃地是坚决反对的。

当时有关改革的流言密布于朝野，宋神宗曾对臣下说："台谏所言，朕未知，外人已遍知矣。"[2]宋朝的信息传播较前代高度发达，官方的传播媒介有邸报，民间还有各种"小报"，宋神宗要了解"舆情"自然有很多渠道。邸报出现在汉初，是世界上最早的报纸，上面通常刊登有朝廷的大政方针、地方重要动态以及官员人事变动等信息，是了解政情民情的重要平台。宋朝的邸报也称"进奏院报"，因为它由进奏院编辑，进奏院类似汉代的百郡邸，即各地的"驻京办事处"，后经改革由朝官统领，隶属给事中，掌承转诏敕，也负责汇集邸报。当时反对改革的保守派主要集中在台谏和枢密院两个地方，而进奏院又受枢密院影响较大，所以保守派可以利用邸报来传达对改革的不满。改革派和保守派围绕进奏院的控制权

---

[1]见《宋史·王安石传》。
[2]见《续资治通鉴长编》卷二百一十。

第五章 宋（上）：富而不强难立国

也进行过斗争，但宋神宗在此问题上采取平衡的办法，使保守派在进奏院一直有很大的发言权，东明县民众围攻王安石住所的背后就有进奏院高官贾蕃的身影。

类似情况也出现在台谏，宋朝重视谏官，又"勒石三戒"表明"不杀士大夫"，所以谏官向来无畏，他们对变法一直保持着高密度的攻击，时人感叹："而乃一令方下，一谤随之，今日哄然而攻者安石也，明日哗然而议者新法也。台谏借此以贾敢言之名，公卿借此以徼恤民之誉。远方下吏，随声附和，以自托于廷臣之党，而政事之堂，几为交恶之地。"[1] 大量不利于变法的信息通过邸报、奏疏以及"民间访谈"等渠道汇总到宋神宗这里，青苗法被说成是"促富者使贫也"，募役法"破坏祖宗成法"，方田均税法"多致骚扰"，均输法"不免夺富贾之利"，农田水利法"侵坏户舍，妨碍秋种"，保甲法"教习凶愚"。

在王安石主持变法的前后十来年里，可以想见他的每一天都是忙碌的，的确没有精力去做舆论宣传和改革政策的培训、引导，更没有精力一一澄清那些谣言，而提出反对和批评的人却是轻松的，除了在朝堂之上反对改革，他们还通过聚会和著书立说表达不满。在宋人笔记、诗词等作品中王安石的形象通常是负面的，在司马光《温公日记》、邵伯温《邵氏闻见录》、范镇《东斋记事》、苏辙《龙川略志》、孙升《孙公谈圃》、刘安世《元城语录》以及陈师道《后山丛谈》等书中，都不时对变法进行攻讦，把王安石塑造成性格怪异、执拗和褊狭的人，把其他变法分子塑造成道德有亏欠的小人，苏轼写过"读书万卷不读律，致君尧舜知无术"等大量反对变法的诗。王安石等人自然能感受到这种强大的舆论压力，除了有限的反驳与辩解，他们能做的其实很有限。这种强大的舆论压力也影响到改革政策的制定和执行，改革者在许多方面不得不做出妥协和退让。

变法的主要对象是当时日益严重的"三冗"问题，其中尤以冗官最严重也最棘手，但从改革的过程看，

---

[1] 见章衮《王临川文集序》。

这个问题解决得也不好。当时冗官最集中的是司农寺、都水监之类的机构，大概考虑到人事改革最容易引起反弹，王安石在成立市易司、军器监等新机构的同时仍保留了那些多余的机构，又扩大了司农寺的职权，"诏以新法付司农寺，而农田、水利、免役保甲等法悉自司农寺"，[1] 同时让台谏兼领司农寺，本意是争取这些机构对变法的支持，最后这些地方却成了保守派的聚集地。制定募役法时曾规定不用当差的官户、女户、寺观等须按同等户纳钱，这引起一部分人的反对，有些情况甚至传到了宋神宗那里，引起宋神宗亲自过问，后来该办法做出修改，规定上述这些人减半收取，等于对富户进行让利，这样做的目的仅为了避免有人"打鼓截驾遮执政"。

"三冗"中的冗兵问题由来已久，核心是雇佣兵制造成的，保甲法最初的设计就是用兵民合一的府兵制代替雇佣兵，但因为这涉及宋朝的国本，又有大量保守派反对，宋神宗一直下不了决心，结果实行的是"与募兵相参"的妥协方案，直到王安石彻底离开政坛，他提出的以府兵征战守边的设想也未能实现。王安石以"不畏浮云遮望眼，自缘身在最高层"明志，但作为一场事关国计民生的重要改革，联系的是千家万户的利益，除做好设计和规划，还应做好组织、宣传和发动，让来自"最高层"的改革接上"地气"。

九、司马光不是经济保守派

改革的预期未能实现，不仅反对派力阻，宋神宗最终也产生了动摇。宋哲宗继位后，一向反对变法的太皇太后垂帘听政，起用司马光为相。司马光是王安石变法反对派的代表人物，但在私下里他们二人却是很好的朋友，"平生相善""游处相好之日久"。朝堂上，司马光用激烈的言辞弹劾王安石，反对他的主张；朝堂下，作

---

[1] 见《文献通考·职官考》。

第五章　宋（上）：富而不强难立国

为朋友司马光又多次给王安石写信，劝他不要"用心太过，自信太厚"，以"终益友之义"。[1] 如果不是互相钦佩对方的人品，这一点也很难做到。王安石落寞而死，消息传到京城，正在主持废除新法的司马光抱病给友人写信，认为老朋友死后"反覆之徒必诋毁百端"，所以他"意以谓朝廷特宜优加厚礼，以振起浮薄之风"，最后在司马光的建议下，朝廷追赠王安石太傅的一品荣衔。[2]

在后人眼中司马光的身上贴有保守主义的标签，一句"祖宗之法不可变"似乎代表了他对改革的全部态度。然而，作为一名传统儒家知识分子和朝廷重臣，司马光的思想远非"保守"就能概括的，比如他在财政管理方面的思想就不失丰富和深刻。

第一，以义理财。

中国儒家对"义"和"利"有着全面的认识，孔子的"重义轻利"，孟子的"义利两分"，墨子的"贵义尚利"，都是在不否认"利"的重要性的同时强调"义"更加重要，这种传统义利观不仅是道德和伦理规范中的重要标尺，也影响着人们的经济观。司马光是儒家传统义利观的继承者，作为朝廷重臣，他的义利观更具务实性。在他所上的《论财利疏》中，对于用何种义利观来指导经济发展和财政管理进行了论述，一方面指出"求利所以养生"，强调"利"对于百姓和国家的重要性，另一方面也指出"衣食货赂，生养之具，争怨之府"，甚至"民常以利丧其生"，强调过于重利、唯利是图带来的弊端。司马光认为应通过"义"来约束和规范"利"，将"义"作为追求"利"的前提和准绳，司马光将上述义利观概括为"利以制事，以义制利"，这种思想与荀子的义利观更为相近，这也是司马光理财思想的集中反映。

当然，"义"不是空洞或虚无的，更不是一句口号，司马光心中的"义"有具体所指，他提出"安民勿扰，使之自富"，他对此解释为：

[1] 见司马光《与王介甫书》。
[2] 见《续资治通鉴长编》卷三百七十四。

"古之王者，藏之于民，降而不能，乃藏于仓廪府库。故上不足则取之于下，下不足则资之于上，此上下所以相保也。"在传统儒家看来，重义与民本是一脉相通的，既是道义担当，也有利于经济良性循环发展。

"富民"其实就是司马光心中的"义"，众所周知，王安石在这方面的主张是"富国"，并以此作为变法的根本宗旨，表面看来二者殊途同归，其实有不小的差别，这两个目标要同时实现，必须寻找到最恰当的平衡点，而在司马光看来，王安石变法中许多偏激的举措恰恰破坏了平衡。《论语》说"百姓足，君孰与不足"，司马光认同这样的看法，他认为："善治财者，养其所自来，而收其所有余。故用之不竭，而上下交足也。不善治财者反此。"[1] 在司马光眼里王安石等人属于"不善治财者"，他们的做法是涸泽而渔，是害民、伤民和病民。其实，王安石并非不想"富民"，许多变法措施其实也兼具了"富民"的目标，但由于宋初以来就存在的"三冗两积"问题已十分严重，迫切需要一剂"猛药"来医治沉疴，而传统方法难以尽快见效，所以一些做法就不得不激进了，但如此一来也会带来社会承受能力的巨大风险，这是司马光最为担心的。

第二，养本取财。

理财的前提是生财，都说"生财有道"，但对于何为"道"，不同的人会有不同的理解，这是司马光与王安石分歧更大的地方。王安石强调"民不加赋而国用饶"，这个目标当然具有极大的诱惑性，会受到大家的欢迎，这正是宋神宗坚决支持王安石变法的原因之一。但在社会财富总量不变的情况下，"国用"和"民不加赋"其实是矛盾的，二者不可能同时实现。王安石在变法中更多地是运用技术性手段使财富重新分配，以实现"国用"迅速增加的目标，比如均输法就是通过行政手段加强对生产、流通方面的控制以直接增加朝廷收入，募役法是通过改革赋役制度来增加收入，青苗法则因执行中的走样最终蜕变为国家以高利贷牟利的工具，惠民、利民的色彩慢慢消退。

[1] 见司马光《论财利疏》。

第五章 宋（上）：富而不强难立国

司马光的理财主张不同，他认为"天地所生财货百物，止有此数，不在民，则在官"，他批评王安石等人的做法是"于租税之外，巧取百端，以邀功赏"。司马光主张保养财源，提出"养其本源而徐取之"，也就是先发展生产再增加税收。在发展经济方面，司马光认为各行各业都很重要，他提出："夫农工商贾者，财之所自来也。农尽力，则田善收而谷有余矣。工尽巧，则器斯坚而用有余矣。商贾流通，则有无交而货有余矣。"[1] 司马光认为各行业如果都能得到发展，就会形成良性循环，到那时"彼有余而我取之，虽多不病矣"，在"富民"的同时也实现了"富国"目标。

百业之中司马光尤其重视农业生产，他不仅从经济的视角看待这件事，还强调民心向背决定着政治兴亡。司马光除在一些奏疏中多次提到相关观点，还利用编纂《资治通鉴》的特殊机会以史为鉴，强调失去民心的危险性，《资治通鉴》用了很多篇幅记述各朝代百姓反抗过重剥削而发生起义的史实，得出"民者，国之堂基也"的结论。在治国实践中，司马光主张宽恤百姓，提出"凡农民租税之外，宜无有所预"的建议。

简单来说，司马光的生财之道是"向生产要效益"，而王安石的生财之道是"向管理要效益"，一个强调的是增量，一个强调的是存量，这决定了二人对改革路径的选择。司马光不反对改革，但他主张的改革是有限度的，比如他并不反对方田均税法里的一些内容，主张"宜更均量，使力业相称"，也就是根据资产状况适当调节不同阶层的财政负担比重，使财政负担落在真正有财力的人身上。然而，司马光的渐进式改革无法满足宋神宗急于清除积弊的需要，在宋神宗看来还是王安石的改革更能收到立竿见影的效果。

第三，用财有节。

管理国家财政与百姓理财在基本道理上是相通的，无外乎开源和节流两种途径，在一般人看来，主张开

[1] 见《司马光奏议》。

源是积极进取的行为,主张节流则偏于保守。

与主张开源的王安石不同,司马光更主张节流。司马光多次指出,财政支出过大既是"三冗两积"问题造成的结果,也是其现象产生的原因,他认为当时财政方面存在的突出问题就有5个,即"用度太奢,赏赐不节,宗室繁多,官职冗滥,军旅不精",他提出的解决办法是"多求不如省费",也就是"减损浮冗而省用之"。[1]王安石不同意这样的观点,他承认财政困难的现状,但认为其原因在于"理财未得其道",他的解决办法是"理财以其道,而通其变"。1068年(熙宁元年),司马光提出在财政状况十分严峻的情况下,应取消皇帝郊祀时赏赐大臣金帛的惯例,认为"方今国用不足,灾害荐臻,节省冗费,当自贵近为始,宜听两府辞赏为便",[2]但王安石反对这个做法,认为这解决不了问题,反而有损朝廷的形象。

在财政支出方面,司马光遵循传统量入为出的思想,强调"损上益下,王者之仁政也。然臣闻古之圣王,养之有道,用之有节,上有余财,然后推以予民",他认为"减节用度,则租税自轻,徭役自少,逋负自宽,科率自止"[3]。作为朝廷重臣,司马光还从自身做起,注意廉洁节俭,平时"食不敢常有肉,衣不敢纯衣帛",他教导儿子说生活中只要"衣取蔽寒,食取充腹"[4]就行了,司马光死后家无余财,"床箦萧然,惟枕间有《役书》一卷"。[5]

减省支出必然会遭到不少人的反对,在不减少支出的情况下又能解决财政问题岂不更好?然而,事实证明后者只是一种空想,经过一场变法,宋朝的财政问题不仅没有解决,反而更加恶化,北宋的灭亡很大程度上也与此有关。返回头看,司马光关于财政支出的主张虽然谈不上有多少新意,但在宋初以来财政包袱越背越重的情况下,这些主张其实有着

---

[1] 见司马光《论财利疏》。
[2] 见司马光《迩英奏对》。
[3] 见司马光《谏西征疏》。
[4] 见司马光《训俭示康》。
[5] 见刘延世《孙公谈圃》。

第五章　宋（上）：富而不强难立国

很强的现实针对性。

第四，财有专主。

北宋开国以来，朝廷机构设置呈现混乱、庞杂的态势，出于权力制衡考虑，许多机构出现了层叠，有些需要统一管理的职能也处在分权、分制状态，财政管理也是如此。按当时的体制，财政主要由"三司使"负责，但是该机构不负责管理宫廷支出，太府寺主管的内藏库、奉宸库也行使了很大的财政权力，而一些职能部门，如兵部、礼部、工部等也都有权任意支出，形成了"互相侵夺，又人人得取用之"的奇怪局面。

有权力又不用负总责，站在部门利益的角度就会提出一些看似合理又缺乏全局观念的计划，这也是宋初以来财政失控的一个原因。针对这种弊端，司马光提出"财有专主"的观点，也就是对财政进行统一管理，具体来说就是设置"总计使"，该职务超越各部，"凡天下之金帛钱谷，隶于三司及不隶三司，如内藏、奉宸库之类，总计使皆统之"，[1]使财政管理由分权向集权改进。

财政管理成效的好坏，还与负责此项工作官员的素质、工作态度有很大关系，财政管理是一个专业性较强的领域，建立一支有经验、有责任心又相对稳定的管理队伍也是一项重要工作。然而，宋朝为防范官员久居一地或久任一职而形成尾大不掉的弊端，官员经常频繁调任，不到几年时间就会"上自三司使，下至检法官，改易皆遍"，司马光认为这也是一项弊端，不符合"财有专主"的原则，他建议把"善治财赋，公私俱便"列为科举取士的科目之一，扩大财政专门人才的选拔范围，同时强调"久任"，认为"官久于其业而后明，功久于其事而后成"，[2]为此他还提出了一些具体的财政官员考核升迁办法。

司马光在与王安石的论争中确实说过"祖宗之法不可变"，其实那是有具体所指的，强调的是部分"祖宗之法"，有人将这句话抽出来使

[1]见《续资治通鉴长编》卷一百九十六。
[2]见《续资治通鉴长编》卷一百九十六。

之脱离具体语境，用以概括司马光对改革的全部态度，显然失之偏颇。从对司马光财政管理思想的分析看，他并不反对改革，只是在为什么而改、怎样去改方面有着自己的看法，而他的这些观点，从现在来看也并非一无是处。如果时光能够倒流，那些曾经反对过他的人，还真应该来听听他所上的这一课。

十、南宋的短暂繁荣

1127年（宋钦宗靖康二年），金兵大举南下，攻入北宋都城开封，俘获宋徽宗、宋钦宗，史称"靖康之变"。宋徽宗赵佶的第九子、宋钦宗赵桓之弟赵构随即在今河南商丘即位，改年号为建炎，南宋开始。在金兵强大的军事压力下，宋高宗赵构被迫逃到扬州，1129年（建炎三年）又逃到杭州，并于3年后正式将杭州确定为都城。

赵构共在位36年，一直处在外患和内忧之中。最大的外患自然是金兵。金兵灭亡北宋后继续南下，攻势更猛烈，试图消灭南宋，统一天下，但在南宋军民奋力抵抗下一直未能得手。金兵没有放弃，就在赵构到杭州的当年，兵分三路大举南下，中军路的目标就是生擒赵构，后来遇到海上暴风，才被迫撤退，如果没有这场暴风，赵构的结局也许跟前两任皇帝一样了，可见当时形势多么凶险。1140年（绍兴十年）金兵再次大举南下，南宋军民继续奋力抗击，先后取得了顺昌大捷、郾城大捷，收复了郑州、洛阳等地，金兵打算撤回河北，抗金形势一片大好，但赵构既怕从金人那里接回徽、钦二帝，威胁自己的皇帝宝座，又怕岳飞等抗金名将威望进一步提高，削弱自己的权威，于是跟秦桧等人合谋，解除岳飞、韩世忠、张俊等人的兵权，继而与金人议和，向金人纳贡称臣，史称"绍兴和议"。

和议后，外部压力虽有所减轻，但内部矛盾空前高涨，内忧加剧。"绍

第五章 宋（上）：富而不强难立国

兴和议"违背了南宋军民抗金的主流愿望，对抗金将领的迫害也不得人心。和议达成后，金人归还了宋徽宗的灵柩和宋高宗的生母韦贤妃，这时宋钦宗还活着，宋钦宗挽住韦贤妃的车轮，请她转告赵构，自己对皇帝之位已经毫无想法，只要能回去就行，愿意当一名"太乙宫主"，韦贤妃流着泪答应了。可赵构仍担心宋钦宗会威胁到自己，致使宋钦宗忧死北国。"绍兴和议"不仅在政治上不对等，而且使南宋面临沉重的经济负担。根据双方达成的约定，南宋每年要向金人纳贡25万两贡银和25万匹绢。宋朝南迁，领土本就大幅"缩水"，朝廷财政收入减少，还面临不能及时收上来的困难，这笔不小的支出更雪上加霜，只能靠增加租税来解决。

宋高宗在位期间，南宋可谓国穷民穷，到了"公家无半岁之储，百姓无旬日之积"[1]的程度。民生凋敝，租税加重，吏治腐败，"奸臣误国，内侍弄权"，导致社会动荡。梳理史料，可以发现宋高宗建炎年间各地发生的变乱每年多达40起左右，绍兴年间虽有所减少，但每年也在数起至20多起之间。1162年（绍兴三十二年），赵构以"倦勤"而想多休养为由传位给养子赵昚。赵昚接受了重任，也接手了一个"烂摊子"。在被立为太子前，赵昚曾担任过和州防御使、保庆军节度使、常德军节度使、宁国军节度使等职务，熟悉政务和军务，加上"性资英明，治行勤励"，又有宏图大志，所以继任后立志改变内忧外患的局面。

赵昚看到，要想振兴朝政必须振作人心，渴望收复失地仍是最大的"人心"。所以，赵昚继任后的第二个月就为岳飞、岳云父子平反，建"忠烈祠"供世人纪念。除岳飞父子外，被平反的还有李光、赵鼎、范冲等人，仍在世的主战派大臣，如主战派元老张浚、被秦桧罢官20多年的辛次膺、被贬居海南的胡铨等重新被起用，其他反对和议、主张抗金的陈康伯、张焘、虞允文、陈俊卿、王十朋等人也受到重用。这些举措深得人心，使国家道义得到回归，受到朝野拥护。

赵昚重用主战派，不只是为了

[1]见《宋史·李光传》。

迎合民意民心，更是因为他的内心深处有着挥戈中原、报仇雪耻的信念。在被立为太子前赵眘就曾上书，请求领军与金兵决战。即位后，赵眘整军修武，大力加强军队建设。为树立尚武之风，赵眘以身作则，亲自练兵讲武，学习骑射，史书称宋孝宗"二十八年之间，练军实、除戎器、择将帅、选士卒，所谓武备者，无所不讲"[1]。在赵眘亲自带动下，宗室、大臣纷纷主动请求减一半薪俸"以助军用"。为了强化军队战斗力，赵眘还改革军制，裁汰冗兵冗将，在全国范围内推行义兵制，具体做法是："籍民家三丁取一，以为义兵，授之弓弩，教以战阵，农隙之日，给以两月之食，聚而教之。"[2] 在国防开支大为减轻的情况下，仍保持了一支数量和质量都有保证的军队。

在用人上赵眘注重实效，不求全责备。他提出："知礼者不必知乐，知乐者不必知刑，若得其人不当数易，宜久任以责成功。"在具体用人标准上，提出"有材而不刻，慈善而不谬"，避免人才走向刻薄、愚慈的极端。他坚持"为官择人"，不"为人择官"，避免出现冗官闲官。[3] 针对之前存在的冗官现象，规定各级官员如无特殊情况，年满70岁必须退休，并减少各官署官员的数量。赵眘力倡直谏，曾向群臣宣布："朕方虚怀延纳，容受直辞。言而可行，赏将汝劝；弗协于理，罪不汝加。"[4]

赵眘还重视文化建设，主张各种学术流派共同发展，创造了一个文化事业的发展高峰。赵眘在位时期，不仅理学得到大力发展，新学、蜀学等流派也得到繁荣，南宋末年学者黄震称赞这一时期"正国家一昌明之会，诸儒彬彬辈出"[5]，思想家朱熹、陆九渊、陈亮、叶适，文学家陆游、范成大、杨万里、尤袤、辛弃疾等都活跃在这一时期。

对于南宋政权来说，要想保持稳定还需要解决严峻的经济、财政问题。赵眘深知农业是根本，所以经常督促地方官"勉农桑，尽

---

[1] 见章如愚《群书考索》。
[2] 见《资治通鉴后编》卷一百二十三。
[3] 见《宋史全文》。
[4] 见李心传《建炎以来系年要录》。
[5] 见《黄氏日抄》。

第五章 宋（上）：富而不强难立国

地利"，要求各地方大兴农田水利建设，指出"水利不修，失所以为旱备"[1]。1175年（淳熙二年），赵昚对有些地方水利建设不到位的情况给予批评，对有关官员进行了降职处罚，指出："昨委诸路兴修水利，以备旱干，今岁灾伤，乃不见有灌溉之利，若非当来修筑灭裂，即是元申失实。"[2] 赵昚在位时期"水利之兴，在在而有，其以功绩闻者既加之赏矣，否则罚亦必行，是以年谷屡登，田野加辟，虽有水旱，民无菜色"，经济得到恢复发展。[3]

赵昚重视民生疾苦，指出"民力不可以重困"，提出"赋税太重，朕欲除减"。在位期间，赵昚做了许多轻徭薄赋方面的事，比如：遇到灾荒年景，租赋收不上来，过去的做法是把它移到丰年再交，赵昚下诏不准丰年补收；福建路兴化军每年以"犹剩米"为名额外征收2.4万多石税粮供应福州，赵昚在1165年（乾道元年）下诏减去一半，后又全减；徽州额外增收"科杂钱"1.2万多缗，这笔钱是从五代延续下来的，征收了260多年，1173年（乾道九年）赵昚下诏免除。除此之外，赵昚还改革差役制度，实行均役法，革除役务繁重、摊派不公的弊病。

赵昚还是一位勤政的皇帝，平时日理万机，他说自己："蚤夜孜孜不敢怠遑，每日昃时已无一事，则自思曰：岂有未至者乎？则求三两事反覆思虑，唯恐有失。"[4] 赵昚对朝廷及地方官员要求也很严，监司、郡守就职时，都要带上一份御制表格，随时记录在兴利除害方面做过哪些实事。为了提高官员们的工作效率，赵昚规定朝廷各部门平时应避免不必要的应酬，减少繁文缛节。

赵昚经常告诫大臣们："士夫者，风俗之表，而天下所赖以治者也。故上有礼义廉耻之风，则下有忠厚纯一之行；上有险怪谕薄之习，则下有乖争陵犯之变。"除了勤政，赵昚还十分节俭，宋高宗称赞他"勤俭过于古帝王"，他自己也说："自古人

[1] 见《宋史·食货志》
[2] 见《宋史全文》
[3] 见《皇宋中兴两朝圣政》。
[4] 见《宋史全文》卷二十五。

君当艰难之运，未有不节俭；当承平之后，未有不奢侈。朕他无所为，止得节俭。"[1] 赵昚不大兴土木，平时也很少赏赐大臣，个人生活也很俭朴，平时穿的衣服都是洗了又洗。由于不铺张浪费，内府积蓄的钱越来越多，以至于穿钱币的绳子都腐烂了钱还没有动。

史书评价宋孝宗"卓然为南渡诸帝之称首"[2]，他在位期间南宋王朝由破敝走向了恢复，由苟且走向了振兴，整顿军事、革新政治、发展经济、减轻赋税、繁荣文化，使消沉的南宋王朝重新呈现生机。宋孝宗使用过隆兴、乾道、淳熙3个年号，人们把他在位的中后期称为"乾淳之治"。但是，宋孝宗接手的毕竟是一个沉疴痼疾的局面，尤其强大的外部军事威胁始终难以从根本上解除，这限制了"乾淳之治"取得的成就，也使宋孝宗最终成为一名"壮志未酬"的皇帝。但不管怎么说，如果没有宋孝宗，没有南宋初年这次难得的中兴，南宋王朝这艘千疮百孔的破船想在风雨飘摇中支撑150多年，似乎也是不可能的。

---

[1] 见《续资治通鉴》卷一百四十一。
[2] 见《宋史·孝宗纪》。

第六章

宋(下):失败的金融创新

第六章 宋（下）：失败的金融创新

宋朝经济全面繁荣，与北方的少数民族政权持续开展茶马贸易，海外贸易也十分发达，在这样的背景下，宋朝的铜钱大量流向四方，造成了"钱荒"。为克服"钱荒"，北宋时期尝试发行铁钱，但因为铁钱存在天然劣势，发行量有限。交子的出现是一种金融创新，如果能正确运用、科学发行，势必取得多方面成效，助推经济快速发展；但宋朝政府抵挡不住敛财的诱惑，频频打破发行限制，增大发行量，不按约期发行，使纸币变成了"提款机"，造成纸币被抵制。北宋末年，为解决财政困局，在蔡京等人主持下大规模增发纸币，纸币的信用进一步遭到打击，经济逐步崩溃。上述局面在南宋末年又一次重演，同样是为了克服财政困境，在贾似道主持下推出新的纸币，这种"换汤不换药"的所谓创新，最终也只能以失败而告终。两宋时期，交子、会子、钱引等纸币频出，从技术创新的角度看有一定先进性，但在目的与动机方面出现了偏差，反而加剧了经济形势的恶化，成为加速王朝灭亡的原因之一。

一、茶与马的贸易战

在与周边各少数民族政权的交往中，宋朝给人留下了羸弱而不堪一击的印象。但在对外贸易上，宋朝却有另外的表现，尤其在茶马贸易方面有着积极作为，取得较好成效。

在中国古代，马匹不仅是畜力的一种，更是战略性物资，无论早期的车战还是后来的骑兵作战，都离不开数量庞大且质量上乘的良马，战马的来源一定程度上决定着国防力量的强弱。[1] 由于气候和地理的原因，中国自东北向西南存在一条"农牧分隔带"[2]，广大西北及北部地区有优质草场，更适宜养马，而中原等内陆地区尽管也能养马，但马匹的质量难以与牧区相比。为获取优质马匹，历代的做法各有不同，有的主要依靠进贡，有的在牧区设置牧马场，有的通过边境互市来获得。

唐代在陇右地区设立有规模很大的牧马场，可以源源不断地获得优质马匹。北宋建立后，外围形势发生明显改变，西北及北部少数民族政权兴起，依靠进贡或设置牧马场的做法已经行不通了，而在内地养马，一方面马匹的质量难以保证，另一方面，北宋建立以后人口激增，造成耕地吃紧、地价上涨，养马的成本增加。内地养马"多畜驽弱，其费愈甚"[3]，在这种情况下，通过贸易手段获取国防建设所需的优质马匹几乎成了唯一可行的途径。

宋朝政府向牧区买马，最早使用的是铜钱，但这种方式弊端很多。首先，由于马匹是必须采购的物资，这就形成了卖方市场，定价权不在买方，造成"马贵钱贱"，平均每匹马要 30 贯钱以上，1072 年（宋神宗熙宁五年）朝廷出卖开封等地的官田，最高一等的官田约 3 贯一亩，1 匹马相当于 10 亩田，这样的贸易非常不划算。其次，北宋本身就存在"钱荒"的问题，大批铜钱外流无疑使金融形势雪上加霜，宋臣韩琦曾说："秦州永宁砦旧以钞市马，自修古渭砦，在永宁之西，而蕃汉多互市其间，因置买马场，凡岁用缗钱十余万，荡然流入虏中，实耗国用。"[4] 最后，铜钱也是一种金属，可以与其他金属合炼以制造兵器，宋朝大臣在奏疏中说"戎人得铜钱，悉销铸为器"[5]，这将进一步增强少数民族政权的攻击力。

---

[1]《史记》称"天用莫如龙，地用莫如马"，《后汉书》称"马者，甲兵之本，国之大用"。

[2] 20 世纪 30 年代地理学家胡焕庸在《地理学报》上发表《中国人口之分布》一文，第一次用等值线的方法绘制《中国人口密度图》，分析我国不同地区的人口密度对比，从人地关系的角度研究我国人口问题和农业问题，提出中国人口的地域分布以"瑷珲—腾冲"一线为界，划分为东南与西北两大基本差异区。

[3] 见《续资治通鉴长编》卷七十六。

[4] 见《宋史·兵志》。

[5] 见《续资治通鉴长编》卷二十四。

第六章　宋（下）：失败的金融创新

后来宋朝政府以帛换马，但也没有解决问题，原因是帛并非牧区所必需的物资，在交易中仍处于弱势地位，同样无法控制定价权，又造成了"马贵帛贱"的情况，往往需要数十匹帛才能换回一匹马，仅从生产成本的角度考虑就很不公平。

不过，宋朝政府很快发现自己手中也有一样"拳头产品"，那就是茶叶。牧区的食物结构主要是牛羊肉和乳酪制品，属高蛋白、高热量食物，不容易消化，而茶叶具有解油腻、助消化的作用，同时还能补充因蔬菜水果不足而导致的维生素缺乏问题，是牧区百姓离不了的生活必需物资。宋人洪中孚说"蕃部日饮酥酪，恃茶为命"[1]，宋臣王襄也说"蕃食肉酥，必得蜀茶而后生"[2]，听起来有些夸张，但牧区的确存在"一日无茶则滞，三日无茶则病"的谚语。

如同优质马匹是牧区的特产而宋朝无法自给自足一样，茶叶也是宋朝的特产而牧区无法自产。茶树对气温、降水量、土质、地形等条件都有严苛限制，少一点不行、多一点也不行，这使得茶树生长限定在了较为有限的范围，广大西北及北部牧区不在这一范围内，而宋朝的产茶区非常多，仅东南十路就有60个州、242个县产茶，每年茶叶产量达数千万斤，此外四川也大量产茶，每年产量在3000万斤左右。几乎取之不尽的茶叶资源如果运用得好，无疑可以抵消贸易对手在马匹上的优势，以茶易马势在必行。

宋朝的对外贸易机构最早是市易务，这是设置在边镇的官方贸易机构。1079年（宋神宗元丰二年）在秦州、熙州、河州、岷州和通远军设立了市易务，之后又增加兰州。朝廷在汴梁设置提举市易务，对各地的市易务进行管理，提举市易务后更名为都提举市易司，简称市易司，由于买马是其最重要的职责之一，所以在此基础上后来又专门成立了买马司。茶叶贸易也越来越受到重视，为加强茶叶贸易的管理，宋朝政府又

---
[1] 见罗愿《新安志》卷七。
[2] 见王襄《上钦宗论慧星疏》。

成立了茶场司,该机构与买马司并行,各司其职,一个负责买马,一个负责卖茶。由于分工不同,又互不隶属,这两个机构的"行动步调"经常不一致,茶场司更关心茶叶能否卖个好价,对于买马的事并不关心,而买马司希望把最优质的茶叶资源控制起来,将茶叶与马匹直接挂钩。在"卖高价"和"换马匹"两个不同的目标上,买马司更倾向于后者。

两个主管部门无法协调一致,不仅削弱了宋朝在外贸上的优势,而且遇到问题时两个部门还经常"掐架",比如茶场司获利不理想时就指责是买马司的干扰,而买马司完不成马匹采购任务时就指责茶场司不配合。一开始,朝廷没有意识到问题的严重性,只采取了一些技术性措施缓解矛盾,如根据茶叶生产的季节性特点调整马匹采购的节奏,这样做虽在一定程度上缓解了矛盾,但没有解决根本问题。后来宋朝政府终于认识到买马司和茶场司的分置是问题产生的根源,要解决根本问题,扭转对外贸易中的不利局面,就必须将这两个机构合并。1075年(宋神宗熙宁八年),负责茶场司的官员李杞谏言:"卖茶买马,固为一事,乞同提举买马。"[1]朝廷批准了这项建议,正式将茶场司和买马司合并为大提举茶马司,简称茶马司,买马、卖茶都由该机构负责。

茶马司成立后,将之前设在各地的相关机构整合为买茶场、卖茶场和买马场,其负责官员不再由各地的转运使等官员兼任,而由茶马司直接任命和管理,实行"垂直领导"。朝廷制定了《推赏磨勘》《买马赏罚指挥》等考核管理办法,明确了官员的业绩考核指标和奖惩、升降标准,其中对设于朝廷的茶马司官员实行综合性指标考核,既考核茶叶销售的收益,也考核马匹采购的数量和质量,保证主要目标不会偏废。

茶叶虽然是宋朝对外贸易中的"拳头产品",但毕竟它不属于稀缺作物,总产量很大,如果充分"放开搞活",一切都由市场说了算,那么就会产生利益驱使,形成茶农、茶商之间的恶性竞争,有条件的各地官府和百姓会为自身利益考虑而不断扩大茶

[1] 见《宋史·兵志》。

第六章 宋（下）：失败的金融创新

树栽种面积，茶商们也会将茶叶不加控制地输往牧区，之后竞相压价，"马贵茶贱"的一幕将重演，不利于形成茶叶的竞争优势，更无法发挥茶叶在换马中的特殊作用。

为了不让一手好牌打成"烂牌"，宋朝在成立茶马司的同时还实行了榷茶制度，也就是对茶叶实行严格管制和国家专卖。茶马司统一管理茶叶的生产、运输和交易，先划定"内销区"和"外销区"，"外销区"的茶叶只能卖给买茶场，任何官员、商人和百姓都不得私自贩运，为此各地设置了大量的买茶场，仅陕西就多达50多处。"内销区"的茶叶可以"听民自卖"，但"禁其出境"。买茶场收购的茶叶经专门渠道运往指定的边镇后，改由卖茶场和买马场共同负责对外贸易，首先用来换马，其次才是一般性销售。

茶马司成立后宋朝政府还颁布了《买马场法》，规定马匹交易只能在买马场进行，还规定只能用马匹来交换茶叶，不得交换其他物资。马匹交易对象受限后，定价权就不再由卖方决定，而是双方互相协商解决，茶马司趁机提出分等计价、随市定价等原则，扭转了马匹采购中的不利局面。对于违禁进行茶叶交易的，宋朝政府给予了严厉打击，制定了茶科罪则。对于按规定必须卖给官家的茶叶，茶农如隐匿不卖，一经发现将严厉处罚；对于将茶叶藏匿在一般货物中带往边镇或牧区的，一经发现将处以重罪，货值达到3贯以上的将被"刺面"；对于将茶种、茶苗等贩入牧区的更定为重罪，发现后相关人员一律流放三千里，发生此类事件的州县也犯失察罪，当职官并判处2年徒刑。

茶马司的设立以及榷茶制度的严格执行，保证了宋朝政府在茶马贸易中始终占据着主导权。通过茶马贸易，宋朝政府基本解决了对优质战马的需求，宋初每年从牧区采购的马匹约5000匹，茶马司成立后很快可达30000匹以上，而茶叶与马匹之间的比价也一直控制在约2驮[1]茶叶交换1匹马的合理水平，没有出现大的价格波动，为宋朝政府节约了大量铜钱和其他物资。同时，在茶马贸易中

---

[1] 每驮约为100斤。

有成千上万的商人常年奔波在中原王朝与周边各少数民族政权之间，通过贸易这种和平方式保证了双方的物资需求，也在一定程度上加强了各民族之间的交流与融合。

二、海外贸易全面兴起

中国拥有漫长海岸线，海外经济交往自古以来就很频繁，汉代的商船可远达印度东南海岸，与印度半岛、马来半岛的许多国家和地区建立了直接贸易关系。三国时，曹魏在北方与日本有经贸往来，孙吴在南方与东南亚国家建立有贸易联系，不过当时海外贸易总量还有限。在贸易形式上，除一部分商业性贸易活动外，官方贸易主要以朝贡方式进行，也就是各国派使臣携带物资来中国朝贡，中国皇帝以赏赐名义将产自中国的货物交给各国使臣运回，从贸易角度看相当于物物交换。

隋朝之前，商业性海外贸易一般称"市舶"，进贡性质的海外贸易称"贡舶"。隋炀帝在洛阳定鼎门外设四方馆，接待东西南北四方少数民族及外国使臣，该馆隶属鸿胪寺，下面分设使者四人，其中南蛮使者主要负责南方地区对外交往，包括"市舶""贡舶"在内的海外贸易名义上都由四方馆管理。不过，四方馆设置原则是"量事繁简，临时损益"[1]，加之隋朝存续时间不长，所以海外贸易的管理体系还没有建立起来，还不能把四方馆称为中国古代最早的海关。

唐朝中期之前，中国对外交往和贸易的主通道是陆上丝绸之路，由于战乱及经济重心南移等原因，海上丝绸之路随后兴起，逐渐成为中外贸易交流的主通道。在此背景下，海外贸易管理体系也发生了重大改革，661年（唐高宗显庆六年）朝廷在广州设市舶使，总管海路方向的邦交和外贸，包括向前来贸易的船舶征收关税、为宫廷采购外国货物以及管理海外商人向皇帝进贡的物品等。在此之前，海

[1] 见《隋书·百官志》。

第六章 宋（下）：失败的金融创新

外贸易实际上由各地方的行政官员兼管，新设的市舶使则由专官充任。

市舶使设立后，唐朝政府虽然介入了海外贸易事务，但并没有把关税作为朝廷的一项重要税收看待，设置市舶使的初衷更多是为皇家采购海外舶来的奇珍异品，所以市舶使在管理上多"拱手监临大略而已"，唐朝政府规定"除舶脚、收市、进奉外，任其来往通流，自为交易"，[1] 当时海外客商在广州的指定区域可"列肆而市"。五代十国期间，割据在东南的各政权大体也承袭了唐朝的做法，设立有博易务、榷货务、榷利院等机构，职权与市舶使一样，负责管理和发展沿海一带的海上贸易，这样的做法一直延续到宋朝。

北宋建立后致力于发展经济，商业活动越来越发达，其中尤以江南地区经济增长速度最快，拥有河港、海港达100多处。宋朝政府意识到商税在增加朝廷财政收入中的重要作用，为加强对外贸易管理，971年（宋太祖开宝四年）在广州设市舶司，989年（宋太宗端拱二年）、999年（宋真宗咸平二年）又分别设市舶司于杭州、明州（今浙江宁波），之后温州、泉州等地的市舶司也相继设立，在一些较小的港口则设立市舶务或市舶场，它们的共同职责就是管理对外贸易。

一开始，宋朝政府仍采取"州郡兼领"的办法管理市舶司，由地方官员充任市舶使，[2] 971年（宋太祖开宝四年）首任广州市舶使就是同知广州的潘美和尹崇珂。宋神宗继位后朝廷重视"理财"，经济领域里的常平、坑冶、茶马等职能相继独立，这些领域"俱号监司"，相继实行了"垂直领导"。在此背景下，1080年（宋神宗元丰三年）海外贸易体制再次改革，免除地方长官的市舶兼职，改由"专委官"的转运使直接负责市舶司事务。[3]

[1] 见《全唐文》卷七十五。
[2] 《宋会要辑稿》："初于广州置司，以知州为使，通判为判官，及转运使司掌其事，又遣京朝官、三班、内侍三人专领之。"
[3] 《续资治通鉴长编》："中书言，广州市舶条已修定，乞专委官推行。诏广东以转运副使孙迥，广西以转运使陈倩，两浙以转运副使周直孺，福建以转运判官王子京。迥、直孺兼提举推行，倩、子京兼觉察拘栏。其广南东路安抚使更不带市舶使。"

宋徽宗时，冗官、冗兵、冗费等"三冗"问题更加突出，朝廷财政压力增大。为增收收入，宋徽宗在经济领域广泛推行"专置提举制"，即由朝廷派人直接管理各项重要经济事务，在这种背景下成立了提举市舶司，也简称为"市舶司"，长官称"提举市舶"，相当于朝廷的"派出机构"，此举施行后，朝廷对海外贸易活动的控制和管理进一步加强。从北宋到南宋，经过多次整合、撤并，所设置的重要市舶司共有4处，其中广南路广州市舶司设置最早，存在时间也最长，其他还有两浙路杭州市舶司、福建路泉州市舶司和京东路密州市舶司等3处。没有设置市舶司但同样较为重要的对外贸易港口，则设市舶务、市舶场等，相当于各市舶司的下属机构。上述变化反映出唐宋以后中国海外贸易越来越繁荣，其在经济领域的地位也越来越高，同时也反映出朝廷对海外贸易带来的收益越来越重视。经过多次改革后的市舶司，已经初步具备了海关的职能。[1]

1080年（宋神宗元丰三年）市舶改革中所推出的《市舶条法》是中国古代第一部独立的海外贸易法，其中详细规定了市舶司的职守和相关管理政策，这些政策包括：外贸船只必须在相应市舶司领取公凭才能出海，否则以违令论罪；回舶船只必须回到原发舶地登记，抽解纳税；各市舶司负责管理本区域内相应的外国朝贡船舶、贡使及其活动，为减少成本，各国进贡物品一般不再运送京师，而就地变卖；对市舶领域内的违令、犯罪行为实施严厉打击，遇朝廷大赦也不减刑免刑。

随着市舶管理的规范化，市舶司内部体制也固定下来。市舶司的主要官员一般有4人，分别是提举市舶司、监官、勾当公事、监门官，其中提举市舶司即通常所说的市舶使，是市舶司长官，负责全面工作；监官主管"抽买舶货，收支钱物"；勾当公事也称"舶干"，主持市舶司日常杂务；监门官主管市舶库，"逐日收

---

[1] 对于市舶机构体制变化的过程，宋朝文献《翰苑新书》中总结："旧制虽有市舶司，多州郡兼领；元丰中，始令转运使兼提举，而州郡不复预矣；后专置提举，而转运亦不复预矣。"

第六章　宋（下）：失败的金融创新

支，宝货钱物浩瀚，全籍监门官检察"，以防侵盗之弊。[1] 这些官员之下还设有吏员若干名，有文字、孔目、手分、贴司、书表、都吏、专库、专秤、客司、前行、后行等，岗位设置更加专业，职责内容也十分广泛和具体，如孔目负责审核、验实海外客商的申请，发放公凭；手分负责钱物收支；都吏负责巡视、检查及安全方面的工作；客司负责接待各国贡使及商人。

当海外商船进入中国海域后，市舶司要派员"阅实其货"，这项工作非常重要，有时市舶使也会亲自参加。经过查验后就算入关了，征收关税必不可少，当时称为"抽解"，最早没有这项规定，991年（宋太宗淳化二年）开始施行，税率为"二分"，即20%，采取实物收税的办法。当时海上运输困难重重，风险很大，宋太宗后期抽解二分的制度做了调整，后改为"十先征其一"，宋神宗时一度改为"十五取一"，在北宋一朝，抽解税率总体呈下降趋势，不过有些特殊货物抽取比率会更高一些。[2]

除按比例抽解外，市舶司还对有些货物进行采购，称"博买"。这类货物通常是皇家御用之物或京中贵族们消费较多的物资，宋太宗太平兴国元年（976）七月朝廷向广南东路提举市舶官下诏："今后遵守祖宗旧制，将中国有用之物如乳香、药物及民间常使香货并多数博买，内乳香一色，客算尤广。"[3] 这里提到的乳香，主产于北非和阿拉伯半岛，是有药用价值的香料，由于用量较大，靠抽解办法无法满足需求，所以由市舶司直接进行采购，类似的物品还有犀角、象牙等，它们都是皇室贵族喜欢的奢侈品，牛皮、筋角等也常出现在博买清单中，因为它们是"堪造军器之物"。

通过抽解和博买，朝廷获取了大量产自海外的物资，一部分运往京城，由内府统一管理，主要供皇室消费和作为赏赐用，其余物资则出售变现，成为朝廷财政收入的一

[1] 见《宋会要辑稿》职官卷四十四。
[2] 对于特殊货物的征税标准，《宋会要辑稿》中有"其良者，谓如犀象，十分抽二分"的记载，还记载："以十分为率，珍珠、龙脑凡细色抽一分，玳瑁、苏木凡粗色抽三分。"
[3] 见《全宋文》。

部分。宋仁宗时,每年市舶司收入约50万贯,之后不断增长,据1140年(南宋高宗绍兴十年)的统计,仅广州市舶司变现的关税每年就高达110万贯,各市舶司收入总和约占当时朝廷财政收入的4%至5%,所以史书说"东南之利,舶商居其一"[1],对于南渡后的宋王朝来说,这项收入显得尤为重要。

三、铜钱的"国际化"

随着茶马贸易和海外贸易的全面兴起,宋代的主要货币铜钱也流向了许多国家和地区,在一些国家充当了主币或辅币的角色,掀起了一轮中国货币的"国际化"浪潮。时人描述"边关重车而出,海舶饱载而回",结果"钱本中国宝货,今乃与四夷共用"。[2]"蕃客"是宋代对外商的称呼,他们从事中外贸易主要有3个方向:第一个是由中国西北地区沿陆上丝绸之路前往西亚、中亚;第二个是从泉州、广州等港口沿海上丝绸之路前往越南、菲律宾、印尼等东南亚各国,之后前往中东,在那里转运非洲、欧洲;第三个是与朝鲜、日本的贸易,分别通过陆路、海路进行。

宋朝的铜钱随着贸易也大量来到了这些国家和地区:日本对宋朝的铜钱十分喜爱,时人记述"倭所酷好者铜钱而止",[3]有的日本商人把货物运到中国来卖,却不采购返程货物,而是把铜钱运回日本,最多的一次日商在台州城收集了10万贯铜钱运回日本,结果台州城在长达1个月的时间里陷入了"钱荒";朝鲜当时称高丽,由于陆地相接,贸易更为便利,大量铜钱涌入该国,以至于宋朝不得不多次颁布诏令"禁商人持铜钱入高丽"[4];越南北部当时称交趾,也很看重宋朝的铜钱,该国曾颁布命令"小平钱许入而不许出"[5];其他东南亚国家,如越南归仁当时称

---

[1] 见《宋史·食货志》。
[2] 见张方平《论钱禁铜法事》。
[3] 见包恢《敝帚稿略》。
[4] 见《宋史·高丽传》。
[5] 见李心传《建炎以来系年要录》。

第六章　宋（下）：失败的金融创新

占城，柬埔寨称真腊，苏门答腊岛东南称三佛齐，爪哇称阇婆，菲律宾群岛南部称蒲端，这些国家当时也有大量宋代铜钱流入，还有被称为大食国的今阿拉伯地区及印度半岛上的一些国家，甚至非洲东海岸，也都发现过大量的宋代铜钱，说明当时宋代铜钱在这些国家十分普遍。

除了上述这些国家，两宋还分别与辽、西夏、金等中国少数民族政权并立，宋朝的对外贸易也包括这些地区，宋朝的铜钱在这些地区分布更为广泛。苏辙曾说"北界别无钱币，公私交易并使本朝铜钱"[1]，宋哲宗时供备库使郑价出使辽朝，回来报告"北界支到抬箱人例物见钱七十余贯，并是国朝新铸钱宝"[2]。宋朝与这些少数民族政权建立有榷场开展贸易，除了这个渠道，这些少数民族政权通过战争手段迫使宋朝每年送上十万至数十万贯的所谓"助军旅之费"，也是一个重要的来源。

铜钱大量外流，也可以从宋代的铸币情况得到印证，据货币史专家彭信威先生研究，北宋时期铸造的铜钱在1.5亿贯左右，加上私铸，总量当接近2亿贯，还有仍能流通的前朝货币，全部货币流通量在2.5亿贯左右。对照一下唐朝，铸钱量较多的唐玄宗时期每年不过30万贯，到唐宪宗时已下降到13.5万贯，宋代的铸币量是惊人的，有人估计其总铸币量是唐朝的20倍以上，在中国历代空前绝后。铜钱是一种"贱金属货币"，铜除了用于铸钱还是一种生活和生产资料，这决定了铸钱的规模始终有一定限制，1078年（宋元丰元年），经过努力全国铜产量创造了1460多万斤的纪录，把这些几乎都用在铸钱上仍不够用。由于大量铜钱外流，全国性的持续不断的"钱荒"一直困扰着宋朝，史书里不断有"时铜钱已竭，图甚苦之""民乏铜钱""铜钱，民间难得"等记载。

大量宋朝的铜钱流入其他国家和地区，都做什么用了呢？除了作为对外贸易的支付工具，这些国家和地区纷纷把宋朝铜钱作为货币在本国、本地区使用，有的作为主币、有的作为辅币，成为本国货币体系的一部

[1] 见苏辙《栾城集》。
[2] 见陈均《九朝编年备要》卷二十四。

分。南宋诗人范成大出使金国，亲自考察了金国货币情况，回来报告"虏本无钱，惟炀王亮尝一铸正隆钱，绝不多，余悉用中国旧钱"，[1]也就是说金国基本没有建立自己的货币体系，仍用宋朝的铜钱为货币。如果考虑到北宋南渡后北方大部分地区已归金国占领，延续原有的货币也在情理之中的话，那么西夏、辽等政权也都使用宋朝的铜钱，说明宋朝铜钱在周边少数民族政权中实际上是唯一可以全部通用的货币。

在宋朝铜钱流入朝鲜前，朝鲜也铸造过本国的钱币"高丽钱"，但由于铸造工艺、规制、信誉等方面的原因，"高丽钱"还有一定的局限性，宋朝铜钱大量流入后与"高丽钱"通用，都起到主币的作用。日本铸造本国钱币的时间较早一些，但由于工艺粗糙、标准混乱，本国钱币的信誉也不高，宋朝铜钱的使用在日本反而超过了该国货币，是流通中的主要币种，这一现象引起了日本统治者的不安，1193年（日本建久四年），日本天皇诏令禁用宋朝铜钱，但宋朝铜钱在日本已"根基牢固"，此禁令事实上"无实际效力"。宋朝铜钱在越南也广泛使用，范成大曾在广西静江任职，他记述交趾"不能鼓铸泉货，纯用中国小铜钱"，[2]这倒不是很准确，因为越南也曾效法中国铸造过本国钱币，只是流通性不够，宋朝铜钱当时在越南更为流行而已。除了这些把宋朝铜钱作为主币使用的国家和地区，还有一些东南亚、中东国家把宋朝铜钱作为主币使用，或者作为对本国货币的辅助货币进行流通。

除了作为主币或辅币，宋朝铜钱还有着另一个功能，那就是储备财富。据有关资料，截至1998年日本共发现中国古钱币窖藏275处，遍及全国的39个县，总量达353万枚，其中宋钱占相当比重，这些用陶瓷、木箱等盛装埋藏的"备蓄钱"，类似于民间掌握的"外汇储备"。类似的情况在越南等东南亚国家也有考古发现，如1899年在河内发现过2个陶罐，里面藏有中国古钱币23000枚，其中绝大多数为宋钱。

---

[1]见范成大《揽辔录》。

[2]见《文献通考》卷三百三十。

第六章　宋（下）：失败的金融创新

宋朝铜钱广受欢迎，得益于中国货币文化历史悠久，到宋朝时铜钱的铸造就已经有了上千年的历史，铸造和管理的经验丰富，形制、工艺更为考究，不仅规格统一，而且用料也有严格的规范，虽然历代王朝都无法彻底解决的私铸问题在宋朝也有存在，但总体而言宋朝铜钱的铸造质量受到了广泛认可。1000 枚铜钱约重 5 斤，铸造它需"用铜三斤十两，铅一斤八两，锡八两"，按宋制，1 斤为 16 两，1 两约合今 40 克，即 1 贯铜钱为 3200 克左右，真正的"货真价实"。[1] 绍熙年间"大食蕃客啰辛贩乳香直三十万缗"[2]，即回收了货款 30 万贯，如果全部以铜钱结算，仅钱的重量就是 960 吨，用小船去运都载不了。

当然，更主要的是宋朝经济发达，铜钱始终保持了旺盛的购买力，这是宋朝铜钱得以"国际化"的基础。宋太宗时河东米只卖十多文一斗，岭南一带更便宜，米只卖四五钱一斗。宋仁宗时京西一斗谷也只卖 10 文钱，朝廷不得不下诏："恐太贱伤农，令下三司及早市籴。"[3] 随着时局的变化，物价也会出现一定波动，但放到整个 300 多年的历史去考察，宋朝的物价水平是较低且相对稳定的，这是铜钱始终"坚挺"的关键。宋朝铜钱"国际化"是一个自发的过程，一定程度上体现了宋朝经济建设和货币管理方面的某些成功之处。

一国发行的货币被别的国家作为辅币、主币甚至"外汇储备"去使用，用现在的眼光看这是求之不得的好事，是本国货币走向"国际化"的重要体现，不仅可以为本国对外贸易提供便利，还可以增加在国际金融体系中的话语权，享受类似"国际铸币税"所带来的实际利益。但对宋朝来说这些好处都感受不到，反而经常被铜钱大量外流所带来的"钱荒"所困扰，造成本国货币流通的短缺，以至于朝廷不得不再三下令禁止铜钱外流。

究其原因，还是对货币属性认识不到位造成的。对货币来说，

[1] 见《宋史·食货志》。
[2] 见《宋史·食货志》。
[3] 见《宋史·食货志》。

其商品价值与作为货币的价值是不同的，挖掘货币的交换价值才是发挥其效力的方向。从货币发展的历史来看，信用货币取代非信用货币不是一种倒退，而是进步，按照宋朝的综合国力和铜钱"国际化"取得的成功，宋朝初步具备了"升级"货币体系的基础，即以信用货币逐步取代非信用货币，但这个机会未能及时抓住，铜钱"国际化"带来的益处无法享受，反而受其弊端的困扰。

宋朝后来也推出了纸币，方向无疑是正确的，但问题是没有站在更高的视野看待这件事，纸币发行不能按照严格的规范进行，未能控制规模、保证充足储备，结果变成了朝廷的"提款机"，自然很快失去了信誉。如果宋代的交子也能始终能保持旺盛的购买力，像铜钱一样流向各个国家和地区，那么货币"国际化"的种种好处自然就可以享受到了。宋朝浪费了一次宝贵的机会，从这个意义上说货币"国际化"是不仅要有客观的条件和基础，还要有正确的态度、认真的精神和持续为之努力的过程才能实现的最终目标。认识不到位、措施有缺失，即使方向是正确的、外部条件也不错，目标也难以真正实现。

四、遭遇"钱荒"

对于"钱荒"，古今含义有所不同。现在说"钱荒"一般指银根收缩、资金紧张，古代的"钱荒"则主要指流通中的货币短缺，也就是"钱"不够用，影响到经济发展和百姓的日常生活。

一般认为最早的"钱荒"出现在唐代，但其实在此之前就已经发生过，表现最为突出的是东晋。到南北朝时期江南地区仍经常为"钱荒"所困，482年（齐高帝建元四年）出现"物贱钱贵"的现象，钱币的购买力持续增强，造成这种现象的原因并非生产出来的物资过于丰盛，而是由于通货严重不足，大臣孔觊曾上书指出："是天下钱少，非谷穰贱，此不可不

第六章　宋（下）：失败的金融创新

察也。"[1] 安史之乱使唐代的经济受到很大破坏，后经过努力得到了一定恢复，大量人口迁往南方，使江南的经济快速发展。经济的活跃要求有更多的货币加入市场流通，但朝廷货币发行的速度远远跟不上这种需要，又出现了"钱荒"，当时还进行了税制改革，推行"两税法"，朝廷规定一切税收全用铜钱，铜钱的需求量更大，加剧了"钱荒"现象。一种东西如果变得稀缺，就更容易被大家收藏，一些富户、巨商大量囤积铜钱，让市面上流通的铜钱进一步减少。780年（唐德宗建中元年）一匹绢约3200钱，794年（贞元十年）跌至1500钱，唐宪宗时一斗米200钱，40年后跌至50钱。

"钱荒"最严重的还是宋朝。司马光曾上疏说："臣闻江淮之南，民间乏钱，谓之钱荒。"[2] 史书还记载，宋神宗熙宁年间"两浙累年以来，大乏泉货，民间谓之钱荒"，[3] 宋哲宗元祐年间"浙中自来号称钱荒，今者尤甚"[4]。这时对"钱荒"的描述主要是"物贵钱贱"，属金融学中通货紧缩的范畴，只是与现代通货紧缩的成因不同，"钱荒"造成的通货紧缩更多的是由货币政策本身而引起的。

按照经济学的观点，使用单一货币才是将交易成本降至最小的制度安排，中国人很早就明白了这一点，所以秦朝统一中国后立即统一了货币，规定"半两钱"为法定货币。到汉武帝在位期间，先后进行了6次币制改革，最终才把货币制度规范起来，确立了"五铢钱"的法定货币地位，这种货币不仅在汉代使用，而且被以后历代所借鉴，一直到晚清这种铜质钱币都是主币，成为中国古代使用时间最长的货币。然而这项币制有着明显的弊端，那就是铸币的原材料不足。中国在古代是"贫铜国"，铜矿资源少、品位差，铜一向很稀缺，而且铜又是生产物资和生活物资，除铸币外还大量使用在生产和生活中，再加上佛教在中国一直很兴盛，铸造佛像又消耗掉很多铜，所以历代以来

[1] 见《通典》卷九。
[2] 见《宋史·食货志》。
[3] 见郑獬《郧溪集》。
[4] 见苏轼《乞赈济浙西七州状》。

铜材都很缺乏。随着商品经济的发展和人口的不断增加，要求货币供应量相应增加，但受制于铸币原材料的匮乏货币又无法大量供应，这就是历代以来"钱荒"不断爆发的根源。

"钱荒"一再发生不仅对经济发展、商品交换会产生巨大的破坏力，而且从经济学的角度看，货币的持有和流动体现着社会购买力的再分配，货币的增加与减少会加剧财富的转移与流动，所以"钱荒"带来的不仅是不方便，还容易加剧贫富分化、酿成社会问题，所以历代统治者对此都十分重视，也都采取了一些办法来应对"钱荒"，有些办法取得了一定成效，有些则效果不明显。

晋安帝时桓玄辅政，曾提出废钱改用谷帛，也就是恢复到物物交换的形态，是一种货币制度的倒退，经过激烈讨论这个办法并未大面积推行。南北朝时期废钱改用谷帛的方案又多次被提出，沈约更主张销毁一切铜钱，提出"销铸勿遗，立制垂统，永传于后"[1]，还有的朝臣建议"小额用钱，大额用物"，这些办法都是被"钱荒"逼出来的，但如此一来商业就会受到极大摧残，一些商人会因此"弃商归农"，所以这并非解决"钱荒"的正途。相对来说唐代解决"钱荒"的措施更实际些，比如奖励开采铜矿以增加铸钱，还曾并省天下佛寺，把寺院里的铜像、铜钟等集中起来销毁铸钱，政府尽最大可能向市场投放货币以减少缺口，同时下令严禁销毁铜钱，限制以铜为器、限制大量蓄钱、禁止钱币出境等，这些措施在一定程度缓解了"钱荒"。

为克服"钱荒"，北宋政府一开始主要从两个方面着手加以解决：一方面最大限度地提高铜的产量，加大铸钱力度，宋神宗熙宁年间每年铸钱达到370万贯，而在唐代开元盛世时期每年的铸钱量只不过十几万贯而已，1080年（宋神宗元丰三年）铸钱量更达到了506万贯，为中国封建王朝之最；另一方面，在金属货币供不应求的情况下进行金融创新，推行交子、会子等纸币，增加货币供应量。

[1] 见《宋书·孔琳之传》。

第六章　宋（下）：失败的金融创新

纵观历代为解决"钱荒"采取的措施，通常有限制铜的使用、限制私藏、禁止铜钱外流、扩大铜矿开采、推行替代货币以及实行物物交换等。这些措施即使能收到一些效果，但作用也是有限的，因为私藏、外流、毁钱等只是造成"钱荒"的次要原因，而在"贫铜"的中国古代社会，无论怎样扩大供给也都无法从根本上解决问题，顶多治标却不能治本。从根本上看，"钱荒"问题还是出在"钱"的本身上，铜钱属于金属货币，这种货币有许多优点，比如坚固耐磨、不易腐蚀、便于流通、适合保存等，同时金属还质地均匀，可以任意分割，分割后还可以再熔化以恢复原形，谷物、布帛、茶叶、贝壳等缺乏这些性能，金属货币代替一般物品成为通用货币是一种趋势。

但金融货币又有贵金属与贱金属之分，铜钱、铁钱属于贱金属货币，它们的价值量较低，不适合大宗交易，而且铜、铁等铸币材料又与生产和生活资料相冲突，所以贱金属货币后来被金、银等贵金属货币所取代，而贵金属货币的主导地位也未能长久，最后又被纸币等信用货币所取代，这是货币的发展轨迹。中国货币发展呈现"起步早、进化慢"的特点，在秦代中国就以金属货币统一了全国币制，这在当时的世界上是领先的，但其后2000多年里中国一直以贱金属货币作为主币，又逐渐落后了世界货币发展的历史，偏偏中国古代又缺乏铜资源，就使这样的货币政策显得更不合理。

五、铁钱的尝试

面对北宋时期出现的"钱荒"，一些人逐渐认识到只有靠金融创新才能从根本上解决中国古代的"钱荒"问题，固守陈旧的货币政策不是出路。为此，北宋也曾进行了货币创新方面的试验，一开始是想用铁钱来缓解"钱荒"的问题。

铁钱即以铁为材质铸造的金属货币，中国古代货币最常用的材料是铜，铁钱的出现较铜钱晚。关于铁钱的起源，古代学者通常认为始于唐朝藩镇割据时期，因为铜材无法贩运才不得已用铁铸钱。[1]其实这个说法并不准确，铁钱的历史虽没有铜钱早，但在唐代之前就已经有了，最早的铁钱出现在西汉，即汉初的"铁半两"。

按照西汉的规定，原本是不允许铸造铁钱的，[2]但考古发现似乎又推翻了这项记载。1955—1959年间在湖南省衡阳市、长沙市的10余座西汉墓葬中分别出土过铁钱数百枚，直径2.3—2.5厘米，重1.9—2.5克，形制与当时流通的半两钱相似，被称为"铁半两"。对于这批铁钱的性质目前仍有争论，有人认为它们并不是流通货币，而是专门作陪葬用的。两汉交替时公孙述趁乱割据蜀地，于25年（建武元年）称帝，国号成家。当时蜀地铁矿产量较大，而铜不易得，公孙述于是废铜钱，置铁官钱，所铸造的铁钱在蜀地流通，形制上主要模仿汉朝的五铢钱，被称为"铁五铢"，这是公认的正式流通使用过的铁钱。此后，东汉时期铁钱还曾零星出现在史籍里。[3]南北朝时，梁武帝萧衍在位48年，其间推行了多项重要改革措施，"普通中，乃议尽罢铜钱，更铸铁钱，人以铁贱易得，并皆私铸"，[4]"普通"是梁武帝所用年号之一，时间为520年—527年，按照这条法令，在梁朝统治区内，包括历代以来的铜钱都被禁用，而改用新铸的"铁五铢"。为鼓励大家接受铁钱，新铸的铁钱上还有"五铢大吉""五铢大富""五铢大通"等吉祥语，这一时期铁钱得到较大范围的流通，造成私铸泛滥，史书说"所在铁钱，遂如丘山"[5]。

---

[1] 如明代宋应星在《天工开物·冶铸》中认为："铁质贱甚，从古无铸钱。起于唐藩镇魏博诸地，铜货不通，始冶为之，盖斯须之计也。皇家盛时，则冶银为豆，杂伯衰时，则铸铁为钱，并志博物者感慨。"

[2] 如《资治通鉴》记载，汉文帝时"法使天下公得雇租铸铜、锡为钱，敢杂以铅、铁为他巧者，其罪黥"。

[3] 如《通典·食货》引皇甫谧《高士传》："郭泰过史弼，送迎辄再屈腰，泰一手揖而去，弼门人怪而问之。弼曰：'铁钱也，故以二当一耳。'"郭泰和史弼主要生活在东汉桓帝时期，根据这项记载，在东汉后期铁钱仍在部分地区使用，当时2枚铁钱可当1枚铜钱用。

[4] 见《隋书·食货志》。

[5] 见《隋书·食货志》。

第六章 宋（下）：失败的金融创新

宋朝之前铁钱虽间断发行，在个别时期和局部地区也曾流通使用过，但总体而言货币体系仍以铜钱为主。北宋初年出现了较为严重的"钱荒"，为解决问题，宋朝政府在部分地区试行铁钱，首先选中的是曾有铁钱流通史的蜀中，史书记载："蜀平，听仍用铁钱。开宝中，诏雅州百丈县置监冶铸，禁铜钱入两川。"[1] 其后，铁钱在四川大量铸造，数量颇众，以后每换一次年号几乎都铸有本年号的铁钱，清代收藏家刘燕庭曾在四川做官，专门收集四川的宋代铁钱，"共得到不同式样，就达三百九十三种之多"，[2] 可见铁钱在当时四川流通范围之广、时间之长。除四川禁铜钱、行铁钱外，在陕西、河东、两广、河北、京东等路也曾铸行过铁钱，宋徽宗时两广、陕西、河东等路还曾专行铁钱、禁铜钱，这些地区属当时的"沿边"或"沿海"地带，是禁止铜钱外流的重点管理区。

与宋朝并立的辽、西夏政权也铸造铁钱，原因却与宋朝不同。辽、西夏统治区内铜矿资源较丰富，[3] 但史书中多有其铸造铁钱的记载，考古发现也印证了这一点，究其原因，并非方便本地区交易流通，而是主要用来交换宋朝的铜钱。[4] 辽政权辖内铁矿资源也很丰富，今辽宁省鞍山市首山、河北省平泉市罗杖子等地都发现大型冶铁遗址，由于资源非常丰富，辽代铸造的铁钱便源源不断流向边市，通过互换，加剧了宋朝铜钱的外流。与辽政权类似，西夏也铸造有铁钱，其主要用途也是在"对外贸易"方面，铁钱主要流通于沿边的榷场。

因此，两宋时期铁钱有所兴起，铸造量和使用范围较以往有所扩大，对宋朝政府来说主要是货币需求量加大但铜原料紧张所造成的，对辽、西夏来说则主要出于"货币战争"的考虑。为防止铜钱外流，宋朝政府铸造的铁钱主要流

---

[1] 见《宋史·食货志》。

[2] 见鲍康《观古阁泉说》。

[3] 以辽为例，《辽史·食货志》记载："先代撒剌的为夷离堇，以土产多铜，始造钱币。"

[4] 关于这一点，可以从宋代一份朝臣奏议中找到答案。《文献通考·钱币》记载，1048 年（宋仁宗庆历八年）知泽州李昭遘进奏："北房亦能铸铁钱，以易并边铜钱而去，所害尤大。"据此可知，辽政权铸造铁钱的主要目的是为交换宋朝的铜钱。

通于沿边地区，并在部分地区禁行铜钱，以此防止铜钱外流，但由于边禁不严，辽、西夏仍能用铁钱兑换到大量铜钱，在这场"铁钱之战"中宋朝总体处于劣势，这从两宋时期铜钱日益严重的外流情况中就可以看出来。

在中国约5000年的货币发展史中，铁钱流通的时间加在一起只不过几百年，其间还只是在部分地区流通。为什么铁钱的生命力如此"脆弱"呢？其实这与货币进化史是相适应的，在货币的金属本位制中"贵金属"代替"贱金属"是基本趋势，中国古代货币价格轻重理论认为"币重而万物轻，币轻而万物重"[1]，货币的购买力与其自身价值密切相关，相对于铜，铁是一种"贱金属"，铁钱的购买力较铜钱差了很多。史书记载："蜀用铁钱，其大者以二十五斤为一千，其中者以十三斤为一千。"[2]1000枚铁钱就重达一二十斤，如果1匹上好的绢值2万钱，那么就得用一二百斤铁钱去购买，货币的作用本是使商品交易更便捷，但铁钱在这方面显然处于劣势。史书记载"铁钱十纳铜钱一"[3]，从中看出铜钱与铁钱的"兑换率"在不断拉大，到宋朝时已经达到了1∶10的悬殊程度，以当时专属铁钱流通的四川为例，当时一个卖柴的山民每天可得约100文收入，一个月约3000文，如果全部是铁钱，那就是30000枚，重达好几百斤，使用起来当然不便。

此外，铁作为金属在冶炼方面还有一项劣势，其熔点为1535℃，远超铜的1083℃、金的1064℃、银的962℃、铅的328℃和锡的232℃，熔点高不仅造成冶炼难度加大，而且在当时冶炼技术下使铁更不容易与其他金属合炼，这一点远逊于铜。此外，铁更容易锈蚀，难以保存，如果时间久远些，铁钱的鉴定、辨识就成了难题。正是由于以上诸多不利因素，才使得铁钱在中国古代并未真正流通起来，不同时期出现的一些铁钱，都是特殊原因造成的，在整个中国古代货币史中只能算"浪花几朵"罢了。

[1] 见《管子·轻重篇》。
[2] 见《文献通考·钱币考》。
[3] 见《宋史·食货志》。

第六章　宋（下）：失败的金融创新

六、纸币的诞生

"钱荒"在继续，铁钱因其自身天然劣势不足以缓解铜钱匮乏的问题，在这种情况下，人们终于想到了纸币。纸币是纸制货币，本身不具有价值，而是一种价值符号，属信用货币。纸币通常有一定面值，但必须以某种信用作为担保。宋代的交子是中国，也是世界上第一种由政府发行的纸币，它滥觞于唐代的飞钱。

唐代的主要货币是铜钱，属非信用货币，货币本身的价值就是货币价值，随着生产的发展和商品流通的加快，铸造铜钱的速度赶不上需要，出现了"钱荒"。为解决这一难题，唐宪宗元和年间出现了飞钱，一些商人在全国主要城市设立联号，用飞钱来代替通行的铜钱作为交换工具，减轻对铜钱的需求。飞钱是纸质的，不仅携带方便而且安全，除商人使用外，也得到了官方认可。[1]但飞钱还属于汇兑工具，不是政府发行的货币。

宋初，在"钱荒"持续加重的背景下，成都一带出现了"交子铺户"，存款人把现金交给这些铺户，铺户把存款数额填写在用楮纸制作的纸卷上，称之为"交子"，作为取款的凭据。交子使用越来越广泛，商人们便联合成立了联号，在各地设立分铺，承诺存款人可随到随取，使交子的使用更加广泛起来，但此时它仍不是法定货币。1023年（宋仁宗天圣元年）朝廷设立了益州交子务，在民间流行的交子基础上正式发行"官交子"，用纸印刷，上有图案、密码、画押、图章等印记以标明面值和防伪，作为支付凭证流通，从而成为世界上第一种法定纸币。交子的好处显而易见，既克服了"钱荒"，而且也携带方便、安全，于国于民都大有利，然而对国家来说运行信用货币必须十分谨慎，要恪守信用原则，否则适得其反。

宋朝政府开始还比较谨慎，规定一界交子的流通期限仅为2至3年，期满后须兑换下一界交子方

[1]《新唐书·食货志》："宪宗以钱少，复禁用铜器。时商贾至京师，委钱诸道进奏院及诸军、诸使富家，以轻装趋四方，合券乃取之。"

能继续使用,每界交子发行量也有严格限定,同时明确了相应的准备金制度,保证交子可以自由兑换。问题是,这些做法未能坚持下去,冗官、冗兵、冗费问题长期困扰着宋朝的财政,对一直缺钱的朝廷来说"忍不住"就把交子务当成了"提款机",限额发行、存足准备金这些制度一再被突破。交子的发行后来到了"不蓄本钱而增造无艺"的程度,朝廷做起了无本生意,"官无本钱,民何以信",因而交子一再贬值。[1]尽管朝廷不愿意放弃这棵"摇钱树",南宋时又以"关子""会子"和"钱引"的名称改头换面,但都无法摆脱被民间弃用的结局。

中国人不可谓不聪明,中国历代君王对财富的渴望不可谓不强烈,但纸币这个能带来显而易见好处的东西却在中国古代屡试屡败,这是因为人们只看到它的好处,而没有看到发行它应当具备的条件。鼓吹发行纸币的一些大臣甚至认为,纸币与金属货币一样,价值多少都由朝廷决定,朝廷定多少就是多少。其实纸币本身几乎没有使用价值,它的货币价值体现在国家信用上,没有国家信用的支撑纸币一钱不值,明朝大臣蒋德璟说得好:"百姓虽愚,谁肯以一金买一纸?"[2]发行纸币的目的应该定位于方便市场流通、活跃和完善金融市场上,而不是解决财政困难或者临时用来聚财敛财的工具,所以发行程序应当极为严格,发行额度应当科学计算,没有计划和节制的滥发其实是把纸币变成了一种面向整个社会的强迫性公债,必然使其失去信誉,进而引发通货膨胀和金融市场的混乱。

不过,宋朝纸币的发行,促进了货币防伪技术的提升。伪造、变造货币不仅扰乱了金融市场和经济生活,而且也是对政府权威的挑战,所以历代均视其为严重犯罪行为。回顾古代制币史,为了打击假币,历代推出了许多有效的货币防伪措施。

第一,统一标准。

反假币的前提是有"真货币"作参照,"真货币"即法定货币,

---

[1] 见《宋史·食货志》。
[2] 见《明史·蒋德璟传》。

第六章 宋（下）：失败的金融创新

也就是依靠政府法令使其成为合法流通的货币。中国古代被公认的最早法定货币是齐刀，产生于春秋时期，齐刀上铸有"齐法化""齐建邦长法化"等字样，"法化"即法定推行的标准之意，齐刀的形制于是固定下来，为尖首、弧背、凹刃，末端还有圆环。

秦朝统一，建立了大一统的封建国家，统一货币是大一统重要内容之一。《汉书·食货志》记载："秦兼天下，币为二等，黄金以溢为名，为上币，铜钱质如周钱，文曰半两，重如其文。"自此，"秦半两"成为天下流通的主要法定货币，唐代司马贞《史记索隐》转引《古今注》："秦钱半两，径一寸二分，重十二铢。"不仅规定了统一形制和重量，《秦律》还规定，只有官府才拥有铸币权，任何私铸都是犯罪行为。

西汉建国后一度允许各郡国和民间铸造货币，但私铸货币所引发的弊端很快暴露出来，最大的问题就是标准失去权威，"劣币"驱逐"良币"，引起市场混乱，所以到公元前144年（汉景帝中元六年），朝廷重新将铸币权收归中央政府，颁布了"铸钱弃市律"。为消除之前私铸时期形成的货币乱象，公元前113年（汉武帝元鼎四年）朝廷下诏由钟官、辨铜、均输等"上林三官"铸造五铢钱，称"上林三官钱"或"上林五铢"，以紫铜为原料，制作精细，重量统一，钱币上的文字严谨规矩，与假币放在一起很容易辨识，投入流通后，"民之铸钱益少，计其费不能相当，唯真工大奸乃盗为之"。[1]

隋唐以后，货币的标准化更加严格统一，如唐代"开元通宝"，其标准为："径八分，重二铢四絫，积十文重一两。"[2] 还有唐高宗李治乾封年间所铸的"乾封泉宝"，其标准为："径寸，重二铢六分，以一当旧钱之十。"大小、重量均严格统一，假币想蒙混过关就不能"缺斤少两"，这让盗铸无利可图。从秦朝至晚清，方形圆孔铜钱是流通最广泛的法定货币，不同朝代和时期对铜钱的铸造标准会有一些改动，如重量、文字、材

---
[1] 见《史记·平准书》。
[2] 见《旧唐书·食货志》。

质要求等，但各时期所颁布的标准都是明确的，均由朝廷统一制定，是辨识货币真伪的权威依据。

第二，控制原料。

早在汉代，已有不少人提出通过垄断铸币原料来打击货币盗铸现象，贾谊认为"铜布于下，伪钱无止，钱用不信，民愈相疑"，他提出"铜不布下，则伪钱不繁，民不相疑"，为此建议朝廷"上收铜，勿令布下"。[1] 到汉武帝时，在推出"三官五铢"的同时朝廷实施了对铜材的垄断，不仅垄断新出产的铜，还曾下令将包括各种"杂钱"在内的民间所拥有的铜都集中起来运往长安，熔炼后用来铸造新钱。

对铸币原料控制的范围越来越广，两汉交替时的王莽执政期间不仅禁铜，而且连用来炼铜的炭都禁。[2] 铸造铜钱所用的其实并非全部是铜，人们发现，在铜里掺入一定比例的铅和锡可增加钱币硬度，使钱币更加耐磨损，相当于增加了钱币的使用年限，为此，铅、锡等也进入国家所控制原料的行列，如585年（隋文帝开皇五年）诏令："出锡镴之处，并不得私有采取。"[3] 到了唐朝，下令对铜、铅、锡等铸币原料的开采、冶炼、运输、交易实施全过程国家专卖，百姓不得私自拥有这些东西，如719年（唐玄宗开元七年）朝廷诏令"诸州界内有出铜矿处官未置场者，百姓不得私采。金、银、铅、镴、铁等亦如之"，[4] 723年（开元十一年）朝廷又"禁卖铜锡及造铜器者"。[5] 唐朝以后禁铜方面的法令不仅继续实施，而且更加严格，处罚更加具体和严厉。[6] 一些不宜官方督造而又是民间所需要的器物，如寺庙里的铜钟等，必须由有关方面向官府提出申请，得到特许后方能铸造，且必须

---

[1] 见贾谊《新书·铜布》。
[2]《汉书·王莽传》："欲防民盗铸，乃禁不得挟铜炭。"
[3] 见《隋书·食货志》。
[4] 见《天圣令·杂令》。
[5] 见《新唐书·食货志》。
[6] 如五代时期的937年（后晋天福二年）颁布诏令："禁一切铜器，其铜镜今后官铸造，于东京置场货卖，许人收买于诸处兴贩去。"955年（后周显德二年）诏令："今后除朝廷法物、军器、官物及镜，并寺观内钟磬、钹、相轮、火珠、铃铎外，其余铜器，一切禁断。"后周还规定，民间隐匿铜器5斤以下的"徒三年"，超过5斤的一律处死。到了宋朝，朝廷诏令："凡山川之出铜者悉禁民采，并以给官铸焉。"

第六章　宋（下）：失败的金融创新

由官府派专人全程监督。南宋将铜列为禁榷品，对违禁者规定了详细的处罚办法："诸私有铜及鍮石者，一两杖八十，一斤加一等，十五斤不刺面配邻州本城。为人造作器物者，与物主同罪，配亦如之，作具没官。"[1]

宋朝出现了最早的纸币交子，对于印制交子的材料，朝廷也进行了严格控制。古代纸张从原料上可分为麻纸、竹纸、皮纸等几类，其中皮纸质量较高，一种被称为"楮皮纸"的川纸光亮洁白、经久耐磨，被确定为印制交子的专用纸张，"物料既精，工制不苟，民欲为伪，尚或难之"。[2] 到了元朝，印制纸钞改用质量更好的桑皮纸，《马可·波罗游记》中有制作这种纸的工艺过程，朝廷将其确定为钞纸，并严格控制，使造假者难以找到原料。

在宋朝，朝廷不仅控制造币的原料，就连铸币、印钞的工匠也进行控制，时人记述："兵工失业，亦或转而为盗，故当饥岁，尤宜鼓铸以聚民。"[3] 所以，当某个铸钱的钱监因各种原因停止铸钱时，一般不会将工匠就地解散，而是把他们派往别的钱监，以防工匠流落到社会上。对于民间有盗铸"手艺"的匠工，宋朝政府甚至把他们集中起来，让他们到官府钱监中效力，将功赎罪，宋朝时陕西等地"募私铸人丁为官匠，并其家设营以居之，号铸钱院"，这种办法被"诸路效仿"。[4]

第三，技术防伪。

官府在铸币时，有时会主动提高铸造难度，以此作为反假币的重要手段之一。在西周时期，当时使用的主要是贝币，但天然贝较稀少，于是出现了形制上仿海贝的骨贝、玉贝、铜贝等，为了增加钱币的权威性，包金贝、鎏金贝应运而生，包金贝是在铜贝外表包上一层金箔，而鎏金贝制作工艺更为复杂，这些技术为普通人难以掌握，从而减少了假币的出现。到了秦朝，通用的是"半两钱"，其表面是平整的，一些不法商人把这种钱最外面的一圈剪下来，用7到

[1] 见《庆元条法事类》。
[2] 见《宋史·食货志》。
[3] 见陆游《家世旧闻》。
[4] 见《宋史·食货志》。

8枚"半两钱"剪下的"边角料"又能铸成一枚新钱,针对这种情况,汉初推出法定货币"五铢钱"时,为防止有人剪边,就在方孔圆形的基础上增加了一圈围边,如果再剪,围边就不在了,真假一目了然。这种围边的形制被以后的铜钱所广泛采用,据说想出这个办法的是汉高祖刘邦的妻子吕后。

汉武帝推出"上林五铢",除统一标准外还规定"周郭其质,令不可得摩取镕",并规定"以赤铜为其郭",[1]这些措施都增加了盗铸的难度。王莽执政期间推出的货币"一刀平五千",又称"金错刀",采取的是错金工艺,技术难度超过包金、鎏金、镶金、镀金,在当时属绝对的"高科技",普通人根本无从掌握,令其假币很少出现。除提升铸造技术,钱币的外表也有一些防伪措施,如许多铜钱上所铸的文字都属特定书法,唐朝"开元通宝"上的文字由欧阳询等书法家所写,宋朝的"淳化元宝""至道元宝"由宋太宗赵光义用楷、行、草等不同字体所书写,宋徽宗独创的"瘦金体"也用于钱币文字,这些字体都有自己的独特之处,相当于"防伪标记"。

宋朝推出纸币后,防伪的手段更多了,除了用特定钞纸印刷,还实行多块印版套印,有时多达6块:"所铸之印凡六:曰敕字,曰大料例,曰年限,曰背印,皆以墨;曰青面,以蓝;曰红团,以朱。六印皆饰以花纹,红团、背印则以故事。"[2]好些印在纸币上的图案,都繁密而细致,是精心设计的,都是鉴定真伪的重要参考。除了图案,纸币上还有一些钤记签押,是纸币拥有法定效力的标记,元代时为进一步增加纸币的权威性,还印上了皇帝印玺。纸币上的签押、密押设计得隐秘而巧妙,普通人根本看不出来,不掌握其中秘密就无法印制出能以假乱真的钞票。

第四,严刑峻法。

打击假币离不开严刑峻法,历代有关这方面的法令都相当严厉。

[1]见《汉书·食货志》。
[2]见曹学佺《蜀中广记》。

第六章 宋（下）：失败的金融创新

汉朝沿用了秦朝的做法，规定："盗铸钱及佐者，弃市。"[1]北周规定："私铸钱者绞，其从者远配为民。"[2]唐朝开元年间规定："敢有盗铸者身死，家口配没。"[3]唐朝永淳年间规定："私铸者抵死，邻、保、里坊、村正皆从坐。"[4]针对伪造纸币的犯罪，宋朝规定伪造交子"犯人处斩"，宋理宗即位之初"诏天下恤刑"，然而"伪造符印、会子、放火"等不在宽刑之列。元朝以后，对于这方面的犯罪也都列入重点打击和严惩之列。[5]

历代不仅制定了极为严厉的刑法用以打击伪造假币的犯罪行为，还将其要点直接印在纸钞上，如金代贞元年间颁行的纸币上就印有"伪造交钞者斩，告捕者赏钱三百贯"[6]，元代至元年间的纸币上印有"伪造者处死""首告者赏银五锭"，[7]明代"大明宝钞"上印有"伪造者斩，告捕者赏银二十五两"，清朝的纸币上印有"伪造者依律治罪不贷"。应该说，这些醒目的文字还是很有效果的，至少有一部分心存伪造钱币想法的人看到"伪造者斩"字样时，恐怕都会心惊肉跳，从而放弃了心中的贪欲。

七、蔡京的"积极财政"

如果仅从统计数字来看，北宋是一个财政富裕的王朝，但到了北宋末期，尤其宋徽宗执政时期，却出现了"府库空虚"的财政危机。在金兵威胁下，北宋长期处于"战时状态"，在广大北方地区，各行业生产都受到严重影响，随着战场上的一次次失利，生产也受到严重

[1] 见《二年律令·钱律》。
[2] 见《册府元龟》。
[3] 见《太平御览》卷八百三十六。
[4] 见《新唐书·食货志》。
[5]《元史·刑法志》所载有关伪造纸币的犯罪规定就多达12条，有伪钞罪、改钞罪、补钞罪、阻滞钞法罪等，根据所犯罪行分别予以严厉打击。《明会典》中也载有伪造宝钞罪，规定："凡伪造宝钞，不分首从及窝主，若知情行使者皆斩，财产并入官，告捕者官给赏银二百五十两，仍给犯人财产。"
[6] 见《金史·食货志》。
[7] 2013年4月13日《辽沈晚报》报道："一张700多年前由楮树树皮为原料制成的纸钞落户沈阳金融博物馆，它发行于元代，是当时面额最大的，值黄金40克。尤为难得的是，纸钞上写着'伪造者处死'字样。记者看到，这张纸币呈深灰色，文字呈黑色，边缘参差不齐，长度比成人的巴掌大，钞首通栏横书'至元通行宝钞'，下面是蔓草肥叶硕果纹饰框，框内上部有钞值'贰贯'字样，下画有二至四串铜钱，左右各有一行八思巴文，意为'至元宝钞，诸路通行'，下部还有11行的钞文，其中包括'伪造者处死''首告者赏银五锭'字样。"

破坏，处在日渐萎缩的状态。偏偏宋徽宗在位时，人祸之外又频受天灾，在其25年统治期间共发生14次大水灾、6次大旱灾、5次大火灾和4次大地震，也严重影响到物资生产，带动财政收入的减少。北宋财政收入峰值出现在宋神宗熙宁、元丰年间，宋徽宗时呈下降趋势。

财政收入在减少，但支出却没有减少。宋徽宗时"吏禄泛冒已极，以史院言之，供检吏三省几千人"，御史中丞张克公说："今官较之元祐已多十倍，国用安得不乏？"[1] 仅十几年光景，官员人数就增加"十多倍"？这里可能有夸张的成分，但至少说明这一时期官员队伍膨胀速度相当惊人，由此产生的额外财政支出也是一笔天文数字。

北宋还有一项巨大的支出，那就是军事及相关费用。宋朝初年，朝廷共有常备军22万，到宋仁宗时猛增到125万，时人富弼说："自来天下财货所入，十中八、九赡军。"[2] 宋徽宗即位后，军费继续增加，以京师地区为例，前任宋哲宗时每月吏禄兵廪支出40多万贯，到宋徽宗初期很快增加到60万贯，中期增加到68万贯，晚期增加到120万贯。除常规军费支出外还有一些额外支出，如1103年（崇宁二年）曾向吐蕃、西夏境内拓边，"费钱亿万"；1122年（宣和四年）出兵攻打燕京，"月费米三十万石，钱一百万缗"。频繁对外用兵，造成了"边事数易而国力大匮"的局面。[3]

收入在减少，支出在增加，财政必然难以为继，朝廷内外一空，造成了"公家无半岁之储，百姓无旬日之积"[4] 的窘境。为应对财政困难，尤其应对大额临时性支出，北宋朝廷采取了额外加税的办法，如为向辽国兴兵，曾向百姓加征"免夫钱"，具体标准是：正常税钱每1贯额外收"免夫钱"10贯，或按照户等计口出钱，每夫20至30贯。但是，这些解决不了根本问题，反而激化了社会矛盾。宋徽宗也曾想向"三冗"开刀，通过深化改革破解难题，但之

---

[1] 见《宋史·食货志》。

[2] 见《续资治通鉴长编》卷一百二十四。这一说法被宋仁宗时任三司使的蔡襄在《论兵十事》中印证："一岁所用养兵之费，常居六七，国用无几矣。"

[3] 见《宋史·食货志》。

[4] 见《宋史·李光传》。

第六章　宋（下）：失败的金融创新

前经历过多次变法的失败，让宋徽宗缺乏信心，尝试一下，遇到困难就缩手了。

怎么办？这时"能臣"登场了。蔡京曾是王安石变法的坚定支持者，他的弟弟蔡卞还是王安石的女婿。变法失败后，司马光要求各地在5天之内废除王安石推行的所有新法，众人认为根本无法做到，结果只有知开封府蔡京做到了。司马光表扬蔡京："使人人奉法如君，何不可行之有！"[1] 蔡京由变法派摇身一变成为保守派，时人虽讥其见风使舵，但也不得不佩服他的行政执行力。宋徽宗即位后，蔡京几经辗转，最后被重用，于1103年（崇宁二年）二月升任左仆射。参知政事在元丰改制中已被取消，左仆射相当于宰相。蔡京之所以能引起宋徽宗的注意并予以重用，绝不是因为他与宋徽宗是书画界的"同道"，而主要得益于他对经济问题的看法。蔡京并不认为此时财政难以为继，更不主张节省支出，他认为"今泉币所积赢五千万，和足以广乐，富足以备礼"[2]，这迎合了宋徽宗的心理。

为此，蔡京还发明了一个"丰亨豫大"的理论。"丰亨豫大"之说源于《易经》，其中"丰""豫"都是易卦："丰，大也，明以动，故丰，王假之，尚大也"；"豫，顺以动，故天地如之，而况建侯行师乎？天地以顺动，故日月不过，而四时不忒。圣人以顺动，则刑罚清而民服。"按蔡京的解释，王朝在最兴盛时一切都崇尚盛大，不必忧此虑彼，而应当日行中天，依天理而动，那样才能安逸和快乐。

蔡京鼓励宋徽宗多花钱，设法把朝廷、宫室都搞得雄伟高大、富丽堂皇，认为这才是明主之德，才能体现大宋王朝的昌盛。宋徽宗在一次宴会上拿出玉盏、玉卮给辅臣们看，对大家说："欲用此，恐人以为太华。"蔡京立即回答："臣昔使契丹，见玉盘盏，皆石晋时物，持以夸臣，谓南朝无此。今用之上寿，于礼无嫌。"还有一次，宋徽宗说："先帝作一小台财数尺，上封者甚众，朕甚畏其言。"蔡京说："事苟当于理，多言不足

[1]见《宋史·蔡京传》。
[2]见《宋史·蔡京传》。

畏也。陛下当享天下之奉，区区玉器，何足计哉！"[1]《水浒传》描写的"生辰纲"，原型就是蔡京大兴的"花石纲"。"纲"指运输货物的船队，为了给宋徽宗修造豪华园林，蔡京从江浙等地调集花石运往开封，其规模越来越大，为此专门设置了苏杭应奉局，索求奇花异石。运送花石的船只每10只编为一纲，驶离长江后沿淮水、汴水而上，舳舻相接，络绎不绝，前后持续了20多年。

那么，蔡京的钱是从哪里来的呢？持续增加税赋肯定行不通，因税赋征收标准有极限。蔡京的办法主要有两个：一方面，改革盐法、茶法，通过加强专卖加大征敛，增加一部分收入；另一方面，也是最主要的方面，通过改革币制、铸行"大钱"来增加朝廷收入。北宋流通最广的货币俗称"小平钱"，类似于五铢铜钱，重3克左右，因为铸造精良、分量足而广受欢迎。蔡京担任宰相后，以铜材匮乏为借口，铸行所谓"大钱"，最早在陕西路试行，铸造的是"当五大钱"，也就是1枚这样的铜钱可以当5枚"小平钱"使用。大约因为最初的发行量较小、发行地区也有限，所以对金融市场的影响不大，推出后没有引起通货膨胀。蔡京的胆子于是大起来，随后推出了"当十大钱"，标准的"小平钱"每枚重1钱多，崇宁年间的"当十大钱"每枚仅重3钱甚至更轻，不仅虚出的面值更大，而且向全国范围内强行推广。

除增加铜钱的面值，蔡京还铸造了"夹锡钱"，主要原料是铁和锡。"夹锡钱"最早在缺铜的地区铸行，后来逐渐扩大范围，1112年（政和二年）朝廷颁布钱式，"命诸路以铜钱监复改铸夹锡"，为使百姓接受"夹锡钱"，朝廷颁布了严格法令："凡以金银、丝帛等物贸易，有弗受夹锡、须要铜钱者，听人告论，以法惩治。"[2]

"当十大钱"推出后，首先遭遇到技术难题：用这种钱买东西经常需要找钱，而"找零"往往成为问题。时人记述："优人因内宴为卖浆者，

---

[1] 见《宋史·蔡京传》。
[2] 见《宋史·食货志》。

第六章　宋（下）：失败的金融创新

或投一大钱饮一杯，而索偿其余，卖浆者对以'方出市，未有钱，可更饮浆'，乃连饮至于五六。其人鼓腹曰：'使相公改作折百钱，奈何！'"[1]当然，这只是技术性的小问题，还有办法解决，更大的问题是私铸泛滥。用不到3枚"小平钱"就能改铸1枚"当十大钱"，中间利润可观，自然有不少人铤而走险，私下铸造，官府难以禁绝。时人记述："崇宁更钱法，以一当十，小民嗜利，亡命犯法者纷纷。"[2]时任监察御史的沈畸说："游手之民，一朝鼓铸，无故有数倍之息，何惮而不为？虽日斩之，其势不可遏也。往往鼓铸，不独闾巷细民，而多出于富民、士大夫之家。"尚书省也奏言："私铸当十钱，利重不能禁，深虑民间物重钱滥。"[3]

更严重的问题是，大量官铸、私铸的"大钱"如潮水般涌向市场后，加剧了原本就已经严重的通货膨胀。"大钱"推出前，边郡粮草的价格是"斗米止百余钱，束草不过三十钱"，"大钱"泛滥后"斗米有至四百，束草不下百三十余钱"，部分地区"至斗米钱四千，束刍钱千二百"，[4]就连京城开封也出现"斗米千钱，民兵缺食"的局面。宋徽宗在所下的诏书中也不得不承认："物价腾涌，细民艰食，嗷嗷几至失业。"

严重的经济和金融混乱，激化了社会矛盾，沈畸一针见血地指出："钱轻则物重，物重则民愈困，此盗贼之所由起也！"[5]在这种情况下，蔡京被宋徽宗罢去宰相之位，但不久又将其召回，原因是蔡京的办法虽然带来了很多问题，但也实在找不出更好的办法维持局面。就这样，蔡京罢了召、召了罢，先后四登相位，表面看是蔡京个人仕途浮沉的尴尬，实际上是北宋面临诸多困局而无解的悲哀。1124年（宣和六年），蔡京最后一次罢相，2年后金军大举入侵，宋徽宗禅位给宋钦宗。为了避难，蔡京举家南下。蔡京南下时虽携带大量财宝，但"道中市食饮之物，问知蔡氏，皆不肯售，至于诟骂，无所不道"，富可敌国的蔡京竟然"穷饿

---

[1] 见曾敏行《独醒杂志》。
[2] 见赵善璙《自警编》。
[3] 见《群书考索》后集卷六十。
[4] 见《宋史·食货志》。
[5] 见《宋史·沈畸传》。

而死"，[1] 成为北宋王朝的一个讽喻。

八、贾似道的新纸币

到了南宋，其疆域较北宋大为缩小，西以大散关和秦岭、东以淮河为界，不仅经济总量大为缩水，而且战争对经济的破坏程度更严重，"民去本业，十室而九，其不耕之田，千里相望"[2]。经济萎缩带来的直接后果是财政收入锐减，"渡江之初，东南岁入犹不满千万"[3]。虽然以后的南宋各代皇帝都想尽办法发展经济、增加财政收入，但始终无法恢复到北宋超过一亿贯的财政峰值，成为一个"穷财政"。

财政收入在减少，但支出却迅猛增加。为了与金、蒙古争战，南宋不得不养着一支规模庞大的军队，其数字逐年攀升，以宋高宗绍兴年间为例："绍兴十二年二十一万四千五百余人，二十三年二十五万四千五百四十人，三十年三十一万八千一百三十八人。"[4] 仅至第二任皇帝宋孝宗时，在籍兵员人数就已攀升到80万。南宋实行的是募兵制，养兵成本高昂，庞大的军事开支压垮了南宋财政。[5]

从技术层面看这样的财政体系已经崩溃了，靠传统增收节支的手段已难以为继。为此，有人想到通过币制改革的办法增加收入，但北宋末年滥铸"大钱"造成的恶果尤在昨天，所以在这个问题上朝廷起初持慎重态度。不久，又有人建议借鉴北宋发行交子、钱引的做法发行纸币，并于1136年（绍兴六年）尝试发行交子。交子始创于北宋，是世界上最早的纸币，作为一项金融创新，交子有一定技术含量，但北宋未能遵循信用货币的规律，将交子变成"提款机"，造成了失败。南宋重启

---

[1] 见王明清《挥麈后录》。
[2] 见李心传《建炎以来系年要录》。
[3] 见李心传《建炎以来系年要录》。
[4] 见《宋史·兵志》。
[5] 1162年（宋高宗绍兴三十二年），殿中侍御史吴芾指出："大农每岁养兵之费十之九。"朱熹也指出："今日财赋岁出以千百巨万计，而养兵之费十居八九。"

第六章 宋（下）：失败的金融创新

交子，等于把这头难以驾驭的老虎从笼子里放出来，自然也引起了激烈反对，绍兴六年的这次尝试只发行150万贯就终止了。

但发行纸币所带来的"好处"一直诱惑着南宋君臣，而南渡后出现的"铜钱荒"以及铜材匮乏等也使民间对货币有着巨大需求。在沉寂20多年后，1161年（绍兴三十一年）南宋成立会子务，发行新纸币会子，分1贯、2贯、3贯3种面值在东南各路流通。其后，南宋还发行过钱引、关子，加上初期试行的交子，至少发行过4种纸币，且发行量越来越大、使用范围越来越广。以会子为例，宋孝宗淳熙年间（1174年—1189年）仅发行了2400万贯，到1246年（宋理宗淳祐六年）就激增至6.5亿贯。再以钱引为例，淳祐年间同样进入发行高峰，1243年（淳祐三年）之后的12年中共发行了12.6亿贯。北宋虽有交子、钱引，但币制结构以铜钱为主，纸币仅充当辅币；到南宋时纸币成了主币，铜钱、铁钱反倒成为辅币。

交子最早出现在1023年（宋仁宗天圣元年），至会子出现已过去了近一个半世纪，其间人们对纸币的特性与规律也进行了许多理论探讨和实践，为防止"恶虎伤人"，也想出不少办法，如预备钞本、按界发行等。北宋末年，周行己提出交子之弊在于朝廷"不以钱收之"，导致流通中的纸币数量太多，要保证正常流通，须"以所收大钱，桩留诸路，若京师以称之则交钞为有实，而可信于人，可行于天下"[1]，这种思想被称为"称提论"。南宋发行会子前，参知政事沈该进一步提出："官中常有钱百万缗，如交子价减，即官用钱买之，方得无弊。"[2] 也就是，朝廷在发行纸币前不仅要预备好充足的金属币等准备金，而且当纸币贬值时要用准备金对纸币进行回购，从而保持纸币的购买力。除货币回笼外，分界发行、限定每界发行量、界满以新换旧、可用纸币纳税等也都被视为"称提"的重要措施。

因为金属币不足，之后又出现"阴助称提"，也就是用各种实物及

[1] 见周行己《浮沚集》。
[2] 见《宋史·食货志》。

茶盐钞引、官诰度牒等来收兑流通中过多的纸币,以达到纸币总量平衡。[1]应该说,措施还是不少的,能想到的都想到了,但实施的效果却不佳,主要原因是"称提"产生的有限效力远远跟不上纸币发行的速度,一些"称提"措施逐渐难以为继。如按界发行、3年一界、界满兑换的措施,执行一段时间后就因为回购能力不足而无法将上一界纸币收回销毁,造成各界纸币混用的情况。后来有人想出用新一界纸币折换上一界,但又不能保证1:1折换,而是1:2甚至1:5,严重打击了纸币的信誉,加剧了纸币的贬值。

南宋末年贾似道当国,面对"称提无策"的局面,又提出发行关子。宋高宗时在婺州屯兵,因水路不通,运钱不方便,就在婺州发行关子,凭关子可在杭州等地兑换现钱或茶、盐、香货钞引,每1000钱贴水10钱,相当于手续费。贾似道发行的关子则不同,是完全按照会子的方式发行的,是以一种纸币代替另一种纸币,结果未能挽回纸币的信誉,反而进一步增加了纸币总量。

会子、钱引、关子等几头失控的"猛虎"横冲直撞,打乱了正常的经济秩序,最直观的后果就是物价飞涨。北宋中期的1030年(天圣八年),范仲淹在一封书信中说:"窃以中田一亩,取粟不过一斛。中稔之秋,一斛所售不过三百金。"[2] 那时一石米的价格在300至400文之间,这个水平徘徊了很长时间。到1208年(南宋嘉定元年),米价已大涨到每石10贯,淮南地区达20贯;1234年(端平元年),每石米涨到60至70贯;1237年(嘉熙元年),每石米涨到180贯。购买力下降,造成会子等纸币严重贬值。1240年(嘉熙四年)南宋第18界会子发行时,每贯在市面上的实际价值已经在200文以下了,到这界会子废止时仅值50文。每贯本应为1000文,但宋代"以七十七钱

---

[1] 比如,宋高宗曾下诏:"正以客旅算请茶、盐、香、矾等,岁以一千万贯,可以阴助称提,不独恃见钱以为本,又非全仰会子以佐国用也。"宋孝宗曾下诏:"将算请茶、盐、矾钞引,权许收换第一界,自后每界收换如之。"

[2] 见范仲淹《上资政晏侍郎书》。

第六章 宋（下）：失败的金融创新

为百"，所以每贯的面值实为770文，此时会子残值已只剩下6.49%，时人记述："十八界二百不足以贸一草屦。"[1]

物价狂涨，纸币贬值，纸币的信誉越来越差，在民间逐渐不受欢迎。时人指出："市井视之，粪土不如，朝廷宝货，自轻太甚。"[2]拿着会子、钱引等纸币甚至买不到东西，"自军兴费广，朝廷给会子数多，至是折阅日甚。朝论颇严称提，民愈不售，郡县科配，民皆闭门牢避，行旅持券终日有不获一钱一物者"。[3]

北宋时发明了纸币，效果并不好，南宋的统治者对这一点应该是清楚的。宋孝宗对会子所带来的负面效应其实十分清楚，曾说："朕以会子之故，几乎十年睡不着。"[4]既然如此，为什么还要重启纸币，甚至还患了"纸币依赖症"呢？原因恐怕还是在恶化的形势上，军事失利造成经济衰退，被军事投入和经济衰退所挤压，财政入不敷出，虽然进行了一些改革，但无法从根本上改变经济和财政上的困境，只好再次将发行纸币当成解决问题的手段。纸币作为信用货币，应当以方便交易、减少交易成本为发行目的，而不是增加收入。南宋的"纸币改革"表面看解决了一时之需，却使问题一步步复杂化、恶化，最终发展到推行任何措施都无法走出困境的程度，这种饮鸩止渴、抱薪救火的做法正是导致南宋灭亡的一个深层次原因。

---

[1]见方回《论贾似道十罪可斩书》。
[2]见李曾伯《可斋续稿》。
[3]见《宋史·黄畴若传》。
[4]见洪迈《容斋三笔》。

第七章

元明：经济转型错失

第七章　元明：经济转型错失

元朝凭借强大的军事力量结束了宋朝的统治，但在国家治理与经济建设方面元朝却并不成功。在金融方面，元朝以纸币为法定货币，并延续了宋朝滥发纸币的旧路，造成金融体系崩溃，为王朝覆灭埋下了祸根。明朝建立后大力发展农业生产，经济迅速得到恢复。然而，在明朝的经济结构中农业经济占比高达90%，因为不能调整结构实现转型而使生产力发展受到严重阻碍。与同时期欧洲一些实现成功转型的国家不同，明朝政府制定了一系列与经济转型背道而行的政策，错失了这次难得的转型机遇。明朝中后期，朝廷的财政状况越来越严峻，张居正凭借强有力的行政手段推行经济领域内的改革，虽然部分取得了成功，但并没有解决根本问题。至崇祯皇帝在位时，明朝的经济和财政困境已积重难返，出现了严重的通货紧缩现象，崇祯皇帝被迫"开源节流"，这反而加速了明朝的灭亡。

一、元朝重走前朝失败的旧路

1271年，忽必烈取《易经》里"大哉乾元，万元资始"之意，将正在崛起的东方帝国改国号为"大元"，元朝正式建立。在13世纪结束前元朝取得令人称奇的军事成就，统一了中国，结束了自晚唐以来分裂的局面。然而，元朝建国不到100年就灭亡了，有人觉得惋惜，称其"盛年而逝"，是说它还远没到残旧老化的程度，按照初始的发展轨迹，元朝理应在中华民族的历史上创造出另一个强汉或盛唐。

分析元朝"早逝"的原因，有人认为最重要的一条是它没能处理好民族矛盾,作为一个少数民族建立的政权,元朝在民族融合方面做得很不够,比如它把全国的人口划分为蒙古人、色目人、汉人和南人四等,汉人、南人在政治、经济上被歧视和加重剥削,不能担任重要官职,就连各衙署的副职也规定尽量由色目人担任,汉人甚至不能打猎、习武,这当然引起占全国人口大多数的汉人和南人的不满,最终通过农民起义推翻了元朝统治。

其实这种看法并不全面,类似"四等人制"的政治制度固然存在并贯穿元朝始终,但至少从元朝中期开始情况就已经发生了改变。元朝的统治者其实也意识到了这样的政策不可能持久,所以进行着悄悄的变革,大批汉人进入元朝统治集团。1303 年(元成宗大德七年)在京的官员人数为 506 人,其中汉人 351 人,占 69%;外任官员人数为 15895 人,其中汉人 12436 人,占委 78%。[1] 这里统计的还只是"高级干部",在各级地方政府的属员、胥吏中汉人所占比例更高,"四等人制"其实已经流于形式。元朝中期以后民族矛盾已不再是社会的主要矛盾,元朝的灭亡或许仍与此有一定关系,却不是最重要的原因。

那么,引发元朝"早逝"的主要原因是什么呢?这个问题可以作多维度剖析,但至少有 3 个方面不容忽视:一是元朝政府异常困难的财政状况,二是元朝百姓十分沉重的税收负担,三是令人瞠目的通货膨胀,这 3 个方面有着相互的关联。

元朝建立不久财政就出了问题,1283 年(元世祖至元二十年)"不足者余百万锭"[2],当时每年的财政收入不到 300 万锭,赤字却达到了 100 万锭,这还是忽必烈在位时期。从元初到元成宗大德年间状况都是如此,每年收入保持在 300 万锭上下,支出却在 400 万锭左右。到元武宗继位时情况进一步恶化,财政收入为 280 万锭,赤字却高达 240 万锭。1311 年(元武宗至大四年)朝廷收入增加到了 400 万锭,而支出却高达 2000 万

---

[1] 据《元典章》。
[2] 见《元史·桑哥传》。

第七章 元明：经济转型错失

锭，财政赤字是收入的400%。

解决这些财政赤字，元朝政府的办法主要有两个：一是加重税赋，二是滥发纸币。在税收方面，元初规定每户征粟2石作为丁税，后来以"军食不足"为由增加到4石，翻了一番。除丁税外还有地税，"中田每亩二升又半，上田三升，下田二升"，水田则"每亩五升"。[1]江南本来只收秋税，后又增加夏税。除这些与土地有关的税收外，还有其他数十种"杂税"，不仅名目繁多而且标准一再提高，从元朝中期到元末，70年里盐税增加了20倍，茶税增加了240倍，商业税平均增加了10倍。重税之下百姓难以按时足数缴纳，元朝便推行了"扑买"政策，由商人替那些缴不起税的佃农代缴，这部分钱转成高利贷，由佃农背负。

在滥发纸币方面，元朝无疑是历代最坏的榜样。元朝把纸币作为主币，这在各朝代中是唯一的。纸币具有高风险性，本应谨慎发行，但为了解决日益严重的财政危机，元朝政府不断突破发行上限。元初，纸币每年发行量在2万至23万锭之间，约占财政收入的1%至10%。随着财政赤字的扩大，纸币发行量逐步上升，元朝中期以后有25个年头的纸币发行量突破100万锭，以1320年（元仁宗延祐七年）为例，该年度发行"至元钞五千万贯、中统钞二百五十万贯"[2]，至元钞、中统钞是不同的纸币版别，5贯相当于1锭，这一年发行的纸币量高达1050万锭，相当于当年财政收入的250%。

高税收造成了百姓的高负担，纸币滥发又造成物价的狂涨，进一步加剧了百姓负担。据元朝官员的奏折，1302年（元成宗大德六年）"往年物直中统一钱者，今直中统一贯"[3]，1贯相当于1000钱，物价涨了1000倍，这个说法也许有夸张的成分，但元朝中期以后通货膨胀的情况的确极其严重。元朝末年在大都用10锭钱还买不来1斗粟，这笔钱相当于50贯，放在北宋初年可以买50头

[1] 见《元史·耶律楚材传》。
[2] 见《元史·英宗本纪》。
[3] 见郑介夫《太平策》。

猪或5亩水田。这时候纸币已滥发到无以复加的程度，商人做生意，所用纸币经常"舟车装运，轴轳相接"[1]。元顺帝至正四年（1344）五月，黄河发了大水，朝廷征调河工修河，却拿不出赈灾和修河的钱来，又用一大堆纸币去充数，河工和灾民早已视这些"大元宝钞"为废纸，河工大量逃亡，红巾军等农民起义队伍迅速壮大，元朝走向灭亡。

当然，上面这些还都是现象，不是原因。元末，有一首无名氏所作的《醉太平》唱遍大江南北："堂堂大元，奸佞专权。开河变钞祸根源，惹红巾万千。官法滥，刑法重，黎民怨。人吃人，钞买钞，何曾见？"[2] 开河变钞、钞买钞，说的都是经济盘剥。其实元朝统治者并非不懂经济，面对经济和财政困境，也曾屡次试图通过变法解决问题，但问题不仅没有解决，而且一步步滑向不可收拾的深渊。

元朝是历史上吏治最松散的时期之一，官员贪腐十分严重和普遍，产生的后果也不限于道德和法制层面，对经济发展的影响也十分深远。通过享有特权或官商勾结，元朝出现了许多大土地所有者，他们"私田跨县邑，赀无算"，[3] 不仅"阴结大官为势援，所为不法，人莫敢谁何"，[4] 而且通过制度漏洞逃避朝廷税赋。有些富户每年收租可达数十万石，占有数千户佃农，本应缴纳巨额税赋，但许多失地的佃农已不在官籍，这些富户就可以光明正大地逃税。这边收、那边漏，元朝政府拼命加税，但税收总体水平难以有质的提高。

在元朝统治的全部98年里共换了11位皇帝，其频度在历代也是少见的。为争取支持，元朝的最高统治者不仅无法"铁腕治吏"，还经常通过赏赐的办法收买人心。元朝不富，但赏赐往往都是"大手笔"，不仅赏赐金银财宝，土地、房产、奴婢、园林、山泽、矿冶都在赏赐之列，经对元武宗至大年间到元文宗至顺年间的24年史料进行梳理，发现赏赐多达4780次，有位公主一次被赏了

---

[1] 见《元史·食货志》。
[2] 出自陶宗仪《辍耕录》。
[3] 见虞集《道园学古录》。
[4] 见王祎《王忠文集》。

2000顷田地，权臣伯颜一次被赏田5000顷。元武宗即位，仅在大朝会上就赏出去420万锭，超过当年的财政收入。元仁宗即位大朝会，仅赏赐的白银一项就达185万两。官员的贪腐和特权不仅造成了政治的黑暗，而且带来了严重的经济问题，是导致元朝财政困难的直接原因。加收重税、滥发纸币只是治标之策而无法治本，元朝由盛而衰并最终"早逝"，其实是从经济崩溃开始的。

二、高利贷泛滥的时代

考察元代的经济，还有一个十分突出的现象，那就是高利贷在这一时期相当泛滥，高利贷的剥削程度也达到了一个顶峰。

在中国古代，民间借贷行为一直十分活跃，并广泛存在高利贷现象，不过在最早的时候，借贷多属以物易物的互助性质。《说文解字注》解释："贷，施也。谓我施人曰贷也。"这里"施人"的意思就是无偿地施予他人。那时生产力水平低下，人们多依靠互助而生存，汉初时有人对其情景进行过描述："八家相保，出入更守，疾病相忧，患难相救，有无相贷，饮食相召，嫁娶相谋，渔猎分得，仁恩施行，是以其民和亲而相好。"[1]

随着生产的发展和人们财富的增加，借贷行为也发生了一些改变，由"有无相贷"慢慢发展为"有借有还"，但一开始还没有利息的概念。到西周时期，借贷开始收取利息，《周礼》称"凡民之贷者，与其有司辨而授之，以国服为之息"，东汉经学家郑玄解释："以国服为之息，以其于国服事之税为息也。于国事受园廛之田而贷万泉者，则期出息五百。"这里的"国服"，指的是百姓生产所获得的产品，贷"万泉"，不仅要归还成本，还要"出息五百"，这种"万分之五百"的额外付出就是借贷利息。

这时的借贷行为以实物借贷为主，以低息为特点，但很快又有了新的发展，主要是借贷利息的急速

[1] 见韩婴《韩诗外传》。

上升。至少到汉初时，民间借贷的成本已相当高昂，时人称"当具有者半贾而卖，亡者，取倍称之息"[1]，意思是，当农民急需要用钱的时候，比如要向官府缴纳赋税，他们只得将手中的粮食等以半价卖出，而没有粮食等作物的那些人只能去借贷，但会被索取成倍的利息。在之后的历代文献中，经常提到类似"倍称之息"的情况。[2]到宋代，民间实物借贷依然是"倍称之息"的状况，王安石推行青苗法，其最重要的考虑就是民间借贷利息太高。王安石变法中"立新法本以为民，为民有倍称之息，故与之贷钱"[3]，青苗法规定，每年正月三十日前农民可以申请贷夏料，五月三十日前申请贷秋料，借贷可以是钱币，也可以是粮食等实物，夏料、秋料的归还期是当年的五月和十月，即每期约5个月，"各收息二分"，算下来年利息高达近50%，但相对于"倍称之息"仍算是"优惠贷款"。王安石变法失败后青苗法也被废除，此后"贫者必取于豪右之家，而有倍蓰之息"[4]，"蓰"指的是五倍，"倍蓰之息"指的是一倍至数倍，尤甚于"倍称之息"。

到了元代，民间借贷的利息更高。在元代黑水城遗址中出土了大量契约文书，其中27件涉及实物借贷，有5件提到了实物借贷的利息，均为120%，显示"倍称之息"仍在继续。在生产力水平有限、物资缺乏的时代，相对于金钱，人们更注重实物，实物借贷中普遍存在"高利贷"现象也就不足为奇了。然而，动辄年息高达100%，这种借贷是普通人无法承受的。

古代也有利息稍微低一些的借贷形式，不过它有一些附加条件，最重要的一条是借款人须提供财产作质押。《说文解字》解释："以物受钱曰质。"在这里，"质"的意思就是用财物作为抵押品去借钱。对

---

[1] 见晁错《论贵粟疏》。
[2] 如《北齐书》记载，北齐大臣卢叔武在乡时"有粟千石"，每至春夏时节"乡人无食者，令自载取"，到了秋天大家用收成归还，"岁岁常得倍余"，卢叔武的本意并非以借贷来牟取暴利，但乡人以"倍余"的标准主动归还，说明当时民间借贷的收息标准就是一倍左右。
[3] 见《宋史全文》卷十二。
[4] 见《续资治通鉴长编》卷三百七十八。

第七章　元明：经济转型错失

于普通百姓而言，最基本的财物是房屋和耕地，这是最常见的抵押品，至少到汉代时，人们已经较为普遍地用它们做抵押来进行借贷了。对于那些连房屋、耕地都没有的人而言，甚至以子女进行抵押，西汉就有"数年岁比不登，民待卖爵赘子以接衣食"[1]的现象，这里的"赘子"就是把儿子抵押给别人。传统的"二十四孝"中有"契身葬父"的故事，说的是东汉时董永家境贫寒，幼年丧母，与父亲相依为命，父亲去世后，董永无钱葬父，"乃从人贷钱一万"，董永对钱主说："后若无钱还君，当以身作奴。"[2]董永的行为可以理解为另一种形式的"质押借贷"，只是他用来质押的不是财物，而是他自己。

质押借贷与普通的信用借贷相比，利息可以低至一半甚至更低，所以质押借贷受到了借贷者的广泛欢迎，于是产生了经办此类业务的专门机构——质库。质库又称质舍、解库、解典铺、解典库等，至少在魏晋南北朝时已经产生了，当时佛教盛行，一些规模较大的寺院由于香火旺盛，积攒的香火钱很多，看到百姓有借贷需求，就开办起质押借贷业务。需要借贷的人，既可以用房屋、耕地质押，也可以用农具、衣物、首饰等质押，这类物品耐放且有一定价值，寺院放贷后没有风险。质库出现的初期收取多少放贷利息，史书里没有明确记载，不过通过考古有相关的发现。[3]由于利息相对较低，质库越来越受到欢迎，业务量不断增长，到了唐代，人们将质库称为无尽藏院，宋代称为长生库，不仅寺院开办，一些有钱的地主、商人也开办。随着业务量的增加，借贷成本也不断下降，为了与同行竞争，质库不断降低收息标准。据南宋报国寺碑刻记载，当时寺院开办的长生库收取的借贷年利息在24%到30%之间，另据南

---

[1] 见《汉书·严助传》。

[2] 见《太平御览》卷四注引刘向《孝子图》。

[3] 如吐鲁番地区曾出土过一些文献，年代在魏晋南北朝之间，其中有质库收息方面的记录，一份文献记录，一名叫崔基的人正月十九日借了100文钱，到六月七日还本钱40文，相应的利息支付了9文，从借款日至还款日共计4个月零18天，按40文钱的利息是9文来计算，借贷的月利息为5%，折合年利息为60%。在这批文献中，还记录一名叫王爽的人，正月二十八日借了40文，到四月十日还本钱15文，相应的利息支付了2文，按同样的方法计算，借贷的月利息也是5%，年利息也是60%。

宋官府判案案例的记载，由地主、商人开设的质库，收取的借款利息还要更低一些，年息在17%至20%之间。[1]在宋代，人身质押被法律所禁止，像董永那样"契身葬父"已成违法行为，但对于没有财物可供质押又急于用钱的穷人来说，仍然有以自身或妻儿作质押的情况。宋太祖时大臣毋守素奏称："部民有逋赋者，或县吏代输，或于兼并之家假贷，则皆纳其妻女以为质。"[2]从毋守素所奏情况来看，以妻女为质并不是个别现象，在民间仍大量存在。

到了元代，质库发展成为解典库，许多著名的典当商家将"分支机构"开遍大江南北，本钱越多，开设的机构就越多，业务量也越大，单位综合成本也就越低，就可以不断降低所收取的借贷利息，在竞争中更有优势。当时，南京有经营高利贷的典当商约500家，其中"福建铺本少，取利三分四分；徽州铺本大，取利仅一分二分三分"。[3]质库、典当铺之所以愿意降低收息标准，除同业竞争外，更重要的因素是质押物价值。由于质押时评估值往往较低，借贷者一旦不能如期清还本息，质押物将归质库、典当铺所有，处置后获利空间很大。所以，综合来看百姓质押借贷的成本并不低，基本也属于高利贷范畴。

除上述实物借贷、质押借贷外，古代民间货币借贷的利息标准也不低，其总体水平介于实物借贷与质押借贷之间，大多数情况下在50%左右，但个别时候也常出现年利息超过100%甚至更高的情况。中国人民银行2002年1月颁布的《关于取缔地下钱庄及打击高利贷行为的通知》规定："民间个人借贷利率由借贷双方协商确定，但双方协商的利率不得超过中国人民银行公布的金融机构同期、同档次贷款利率（不含浮动）的4倍。超过上述标准的，应界定为高利借贷行为。"如果按照这个标准来界定，古代民间借贷大多属于高利借贷行为。

高利贷的危害自不必说，历代

---

[1]见南宋后期人编纂的《名公书判清明集》。
[2]见《宋史·毋守素传》。
[3]见周晖《金陵琐事剩录》。

第七章 元明：经济转型错失

以来朝廷也制定了许多律令给予禁止和打击，先秦时期就有"凡民同货财者，令以国法行之。犯令者，刑罚之"[1]的记载，即强调民间借贷行为必须遵守国家法令，违反者将受刑事处罚，但先秦以至汉初时期这方面的文献记载不多，官方颁布的法定借贷利率是多少不得而知，不过相关法令是存在的，如汉武帝时旁光侯刘殷、汉成帝时陵乡侯刘䜣等人都因为"取息过律"而被免去爵位。王莽篡汉后实施一系列"改制"，其中一项是放贷于民，分为"消费性借贷"和"生产性借贷"两种，前者年利息为36%，后者为10%，这是当时的法定标准。到了唐代，借贷的法定利息标准为年息50%上下，这一标准被宋代引用，梳理宋代有关借贷法定利息标准的文献，有低至年息48%的，有高至70%的，其余基本介于此范围内。元代将标准大幅降低，元世祖至元十九年（1282）规定"今后若取借钱债，每两出利不过三分"，[2]元武宗至大元年（1308）规定"诸人举放钱债，每贯月利三分"。[3]综合判断，元代法定的民间借贷利息标准为年息30%左右，这一标准又被明、清两代引用。[4]应该说，历代以来对民间借贷收取利息的上限是有规定的，在当时的条件下其标准也相对较为合理。但规定是一回事，实际执行是另一回事，除典当类的质押借贷因其特殊性能满足这一标准外，广泛存在于民间的各类实物借贷、货币借贷多超过法定标准，民间借贷中的高利贷现象十分普遍，演变成为"法不责众"的局面。

造成这种现象的原因，一方面是由于古代王朝法治意识及执法能力均较为薄弱，面对民间大量存在的高利贷现象，很多时候只能采取默许的态度，在打击高利贷方面虽然法律有严格规定，但打击的重点往往放在了利率过高、过于不合理的那些借贷行为上，如511年（北魏宣武帝永平四年）朝廷规定"若收利过本

[1] 见《周礼·秋官司寇》。
[2] 见《通制条格校注》。
[3] 见《全元文》。
[4] 如《大明律》规定："凡私放钱债及典当财物，每月取利，并不得过三分，年月虽多，不过一本一利，违者笞四十。"

及翻改初券，依律免之"[1]，这里强调"收利过本"才是重点打击的对象。宋代也有类似规定，如982年（宋太宗太平兴国七年）诏令："富民出息钱不得过倍称，违者没入之。"[2]对于虽然超过法定利率标准，但看起来似乎并不算太严重的那些借贷行为，由于实在管不过来，朝廷多采取了默许的态度。

另一方面，中国古代王朝实行的是量入为出的财政政策，财政能力有限且增长空间不大，往往只能应对日常性行政支出，遇到灾荒、战争等困难时期，朝廷的救助能力不足，民间借贷其实承担着这方面的某些职能，客观上弥补了朝廷在这些方面的不足，所以历代朝廷在明确颁布了法定利率的同时，又默许高利贷的存在，即使高利贷现象达到泛滥的程度，也从未想过将其从根本上予以禁绝，使古代民间借贷行为事实上呈现出了法定利率与实际利率并存的"二元利率"状况。

三、明初"重典治吏"的经济原因

经历了长达20年的战乱，到明朝建立时经济已受到严重打击，朝廷每年能收上来的税粮只有1200万石。明太祖朱元璋虽然文化程度不高，但善于总结王朝兴衰的经验教训，他积极倡导重农富民的思想，大力发展农业生产，通过奖励垦荒、解放奴婢、兴修水利、大量移民等措施使经济迅速恢复和发展。

由于连年战乱，大量土地出现荒芜，为发展经济，解决迫在眉睫的吃饭问题，明太祖朱元璋颁布了一系列诏令发展农业生产，朱元璋为此还告诫大臣们："军国之费所资不少，皆出于民，若使之不得尽力田亩，则国家资用何所赖焉？"[3]为防止官员在农业生产上不作为，朱元璋想了很多办法，其中重要的一条就

---

[1]见《魏书·释老志》。
[2]见《续资治通鉴长编》卷二十三。
[3]见《明太祖宝训》卷三。

第七章 元明：经济转型错失

是制定严格而翔实的法令来监督、鞭策各级官员抓好此项工作。明律规定"田地小损谓之荒，大损则为芜"，除非"水旱、冰雹、蝗虫等天灾所致"，其他田地无故荒芜或"应课种桑麻之类而不种者"，相关官员都要予以处罚，具体处罚标准是："俱以十分为率，一分笞二十，每一分，加一等，罪止杖八十。"[1] 处罚的对象不仅包括主管官员，还有其他相关人员，"长官为首，佐职为从"。这里的"十分为率"，意思是无论里长还是县长都把自己所管辖的土地分为10份，以此进行考核，每荒芜其中的10%称为"一分"。

除了督促各级官员带领百姓加强垦耕，明朝初年还进一步加强了户籍管理，坚决制止"脱漏户口"的现象。户籍管理需要成千上万基层官吏扎实工作，明律规定，如果里长工作失职，在户籍登记中没有做好实地勘察，致使户口脱漏的，"以户为计，一户至五户，里长应被笞五十；每五户加一等，罪止杖一百。若是发生漏口之事者，则以所漏之口为计，一口至十口，里长应被笞三十，每十口加一等，罪止笞五十"。如果是县里的相关官员工作疏忽，导致脱口和漏户，也会受到处罚，"脱户者，十户笞四十，每十户加一等，罪止杖八十；漏口者，十口笞二十，每三十口加一等，罪止笞四十。"[2]

明太祖朱元璋在位31年，经济得到了快速发展。1393年（洪武二十六年），天下田亩数为850多万顷，比元朝末年增长了4倍多。粮食产量增加迅速，从朝廷税粮征收增长就可以看出来，1393年（洪武二十六年），天下税粮合计3200多万石，是元朝平均水平的1.5倍以上。这些成就的背后有亿万广大人民群众的辛勤努力，但不容否认的是，从制度层面督促各级官员戒散戒懒、努力作为也是取得成功的保证之一。

朱元璋出身于社会底层，深知民间疾苦，对元朝统治失控的症结也做过深入的剖析和反思，他曾说："元氏昏乱，纪纲不立。主荒臣专，

[1] 见《大明律·户律》。
[2] 见《大明会典》卷一百六十三。

威福下移。由是法度不行，人心涣散，遂至天下骚乱。"[1]在建国之初他告诫臣下："天下初定，百姓财力俱困，譬犹初飞之鸟，不可拔其羽；新植之木，不可摇其根。"[2]然而历史的发展往往具有强大的惯性，官场上的贪墨之风、特权思想并没有因为改朝换代而彻底改观，相反一些旧有的习气仍在明初的官场上蔓延。当时"天下有司役民无度，四时不息"[3]，一些官员变身为豪强地主或与之勾结，依旧兼并土地、隐匿人口、逃避税收，一些人自视为功臣，特权思想严重，腐化堕落、骄奢淫逸，大将军蓝玉蓄"庄奴""假子"数千人，借势渔利，户部的一些官员勾结在一起，借掌管全国钱粮的职权大行贪污，仅此一案的赃款就可折合粮食数百万石。基层的情况也很糟糕，有些地方"所在有司，凡征收，害民之奸，甚于虎狼"[4]。种种迹象表明，如果不采取果断措施加以制止，元朝官场上发生的一切势必会重演。

而明朝初年朝廷的财政收入情况一样不容乐观，经过元末连年的战争，加上饥馑疾疫，北方很多地方"乱兵杀掠，城郭空虚，土地荒残，累年租税不入"，冀鲁豫一带"十室九空"。[5]1377年（洪武十年）户部上报，全国税收没有达到预定标准的就有178处，此时已距明朝正式开国有10年了，江浙一带本是重要的税收来源，但"两浙富民畏避徭役，大率以田产寄他户"。[6]朱元璋正是看到了这些现象，联想到元朝灭亡的根源，所以才痛下决心去解决问题。与元朝统治者重治标不同，朱元璋采取了治本之策，这就是通过整顿吏治来消除贪腐、破除特权，从而挽救政治和经济。由于积弊既久且深，朱元璋只得下猛药、出重拳，为惩戒贪腐，在《大明律》之外又颁布了《大诰》，制定了150多条专门惩治贪污和特权的规定，用凌迟、枭首、抽肠、挑筋、断手等残酷刑罚惩办职务犯罪，这些措施在历史上产生了很大

---

[1] 见《明太祖实录》卷十四。
[2] 见赵翼《廿二史札记》卷三十三。
[3] 见《皇明经世文编》卷十二。
[4] 见朱元璋《大诰三编》。
[5] 见《明太祖实录》卷六十一。
[6] 见《明史·食货志》。

第七章 元明：经济转型错失

影响。

后世对明朝初年的这场"重典治吏"仍有褒贬或争议，但不可否认的是其效果是明显的，到朱元璋晚年的1393年（洪武二十六年），天下土地总面积达到了850多万顷，是元末的4倍多，相信这多出来的土地大部分并不是通过"开荒"增加的，是破除兼并后重新纳入朝廷登记的，而朝廷征收的税粮也达到了3200多万石，是元末的270%。这场"重典治吏"打下了深厚的政治和经济基础，为明朝后来取得的各项繁荣创造了条件。

有人认为明朝初年的"重典治吏"刑罚过重，其做法属于"法外施刑"，并不可取。但是，如果放到当时的历史环境中去考察，这场"重典治吏"恐怕又是无奈之举和唯一的选择。面对积弊深重的现实，尤其是面对日益严峻的经济状况，妥协和温和的办法都无法达成治本的目标，而只治标不治本又只会步前朝失败的后尘，成为另一个"早逝"的王朝。对于这场"重典治吏"，清人赵翼的评价较为中肯，他说朱元璋的有些做法"虽不无矫枉过正"，但是它得以"挽颓俗而立纪纲，固不可无此振作也"。

四、被迫实行的"低薪制"

明朝的官员以低薪著称，名臣海瑞生前官至都察院右都御史，相当于"最高检察长"，正二品，名义上的俸禄并不少，每个月62石禄米，可以养活62个人，但经过"折色"，每月的所得仅是禄米1石、银12两多和宝钞412贯，折合下来仅有4石米左右，日子自然清贫。总督胡宗宪曾对别人说："昨闻海令为母寿，市肉二斤矣！"[1] 胡宗宪的意思是：海瑞还能吃得起肉，简直太惊讶了。不是海瑞不喜欢吃肉，而是吃不起。海瑞死后，同乡到其家中清点遗物，只在一只竹笼中里发现"俸银八两、葛布一端、旧衣数件"，这是海瑞的全部

[1] 见《明史·海瑞传》。

遗产。金都御史王用汲来探视，发现"葛帏敝籯，有寒士所不堪者"，王用汲"因泣下，醵金为敛"。[1] 翻开《明史》，可常看到官员无钱下葬或死后欠债无力偿还的事例，形成了"海瑞现象"。[2]

明太祖朱元璋在位时设置了一个新机构，名叫通政司，负责奏章以及臣民密封申诉等事项，有些职能类似于信访局，长官称通政使，正三品，与六部侍郎同级，相当于副部级。首任通政使名叫曾秉正，曾任刑部主事、陕西参政等，"在位数言事"，朱元璋选他任通政使，看中的是其为人正直。一向对臣下很严厉的朱元璋对曾秉正却很敬重，"颇优容之"。但曾秉正后来仍因"忤旨"而被朱元璋撤职，按规定，曾秉正只能离开京城回原籍居住。曾秉正的原籍在南昌，这难坏了他，原来曾秉正跟海瑞一样，每个月能实际拿到手的收入并不多，也是"月光族"，家无余财，要回南昌，连路费都没有。情急之下，曾秉正竟卖了亲生女儿凑路费。事情被朱元璋得知，放在一般皇帝，肯定会为之落泪，伤感、自责、内疚大概属人之常情吧，但朱元璋不这么看。朱元璋认为一个人连女儿都能卖，不是连基本的人伦都不要了吗？朱元璋"大怒，置腐刑"，把已经被免职的曾秉正抓了起来，以酷刑惩戒。[3]

---

[1] 见《明史·海瑞传》。

[2]《明史》中多见官员贫困现象的记载，比如：南京户部右侍郎段民"贫不能殓"；工部尚书宋礼"卒之日，家无余财"；吏部尚书张邦奇为官50多年，死时家产不够富人"一宴会之费"，靠门生故吏凑钱才得以下葬；广西道御史刘准"不能养其母妻子女"，病死后欠下30多石米债；翰林院编修罗伦以廷试第一名中进士，但平时得靠卖字来补贴生活。

[3]《明史·曾秉正传》："会初置通政司，即以秉正为使。在位数言事，帝颇优容之。寻竟以忤旨罢。贫不能归，鬻其四岁女。帝闻大怒，置腐刑，不知所终。"

[4] 关于二者的区别，南怀瑾先生在《论语别裁》中指出："'俸'等于现在的月薪，'禄'有食物配给。"

明朝大臣的薪俸如此低吗？朱元璋为什么要这样做？其实，朱元璋所定的薪俸标准并不低，只是执行中出现了偏差。古代官员的"工资"一般称俸禄，包括"俸"与"禄"两部分。[4] 一般说来，"俸"主要以货币形式发放，"禄"发放的形式主要是实物，除粮食外还有绢、布、炭等日用品，甚至还有花椒、盐、柴火等。对官员发放

第七章 元明：经济转型错失

俸禄的制度最早开始于西周时期，魏晋实行九品中正制，其后官员品级体系逐渐完善和固化，俸禄与品级之间形成了对应关系，官员的职位一旦确定品级也就明确了，也就享受着相应的俸禄。各代对官员薪俸标准都格外重视，将其视为维系庞大官僚队伍正常运转的一项重要保障。朱元璋分别于1371年（洪武四年）、1380年（洪武十三年）和1387年（洪武二十年）三次为官员"定薪"，将官员分成九品，每品又分为"正"和"从"两档，从最高的正一品到最低的从九品形成18档"工资体系"，朱元璋命人将其刻在石头上，不仅昭示天下、统一执行，还将其作为后代的"永制"。

1387年（洪武二十年）的这次"工资改革"，在标准上较之前有所降低，并且取消了俸钞，官员的收入主要以禄米的形式发放，其中品级最高的正一品每年可领禄米1044石，品级最低的从九品每年可领禄米60石。明朝的1石约合76.5公斤。[1]当时一个普通人的日常基本所需，包括食物以外的其他杂费在内每个月折合1石米就够了，正一品官员每个月可领禄米87石，也就是可以养活87个人，从九品每个月可领禄米5石，也可以养活5个人。

官居正二品的海瑞每个月可以领取禄米62石，能同时养活62个人，日子过得却那么苦，是故意装清廉还是不会过日子呢？其实都不是，问题出在"折色"上。1402年（洪武三十五年）朝廷颁布诏令，将各级官员禄米中的一部分折成银钞发放，官员品级不同，发放米和银钞的比例也不一样，如一、二品官员禄米占40%，银钞占60%；七、八品官员禄米占80%，银钞占20%。总的来说品级越高薪俸中的银钞占比越高，这是因为品级低的官员所领取的禄米本来就不多，如果银钞折占的比例太高，实际能领到手里的禄米就太少了。这种"米钞兼支"的办法就是"折色"，之后其具体政策还不断发生着变化，折合的物品、折合的比例都在不断调整，总的趋势是禄米越领越少，银钞以及其他实物越领越多，尤其

[1]见吴慧《中国历代粮食亩产研究》，农业出版社1985年出版。

朝廷迁往北京后，受漕运能力的限制，禄米的占比大幅度减少，如万历时期正一品官员每年可领取的 1044 石禄米已被折合为以下内容：禄米 12 石，银 215 两 5 钱 1 分 2 厘，宝钞 7128 贯。

每个月只能领取 1 石禄米，其余是近 17 两银子和近 600 贯的宝钞，这就是明朝正一品官员的月收入。明初的米价约 1 两银子 1 石，但到万历时期已涨至 4 至 5 两银子 1 石，18 两银子还买不到 5 石米。

至于宝钞，也就是明朝所发行的纸币，朝廷最初颁布的标准是"1 贯宝钞 =1 两银子 =1000 文钱"，但由于滥发严重，其很快失去了信誉，万历时期 1 贯宝钞的市值已跌到 4 文钱左右，600 贯宝钞仅值 2 两多银子，还买不来 1 石米。经过这番换算，明朝万历年间的正一品官员每个月的收入实际折合下来也就只有几石米，只能养活几个人。像海瑞这样生活在明朝中期的正二品官员，薪俸经"折色"后每年可领取禄米 12 石、银 152 两 1 钱 7 分 6 厘、宝钞 4944 贯，每个月的所得是禄米 1 石、银 12 两多、宝钞 412 贯，折合下来只有 4 石米左右，日子自然过得清贫，吃不起肉很正常。"折色"是明朝官员"低俸制"的根源，清人赵翼说"明官俸最薄"[1]，指的就是经"折色"后的薪俸水平。

有人认为对官员实行"低俸制"是朱元璋重典治吏的一部分，众所周知，朱元璋治吏一向严苛，其中既有总结元朝灭亡教训的时代背景，也有朱元璋本人的感性认识，颁布于洪武末年的"折色"制度的确让官员们的收入水平大幅度下降。但这是误解，明朝官员的"低俸制"其实与朱元璋没有太多关系，如上所述，朱元璋为官员们制定的"工资标准"并不低，如果他有意只给官员们发放低俸，没有必要再搞出一套较高的标准。朱元璋在位时先后进行了 3 次大的"工资改革"，尽管标准有不断降低的趋势，但包括最后一次改革在内都不算太低。

至于"折色"，早在洪武初年朝廷也颁布过类似的诏令，如 1376 年（洪武九年）2 月诏令："文武官吏俸、

---

[1] 见赵翼《廿二史札记》卷三十二。

军士月粮,自九月为始,以米、麦、钞兼给之。"[1]但这些诏令颁布的主要目的是配合当时开始的"大明宝钞"的发行,属于局部的、临时性的,1402年(洪武三十五年)颁布的"折色令"是一个转折,意味着"折色"实现了制度化和标准化,官员收入自那时起发生了根本性的下降。洪武虽然是朱元璋的年号,但1402年(洪武三十五年)朱元璋却早就死了。4年前的1398年(洪武三十一年)朱元璋驾崩,皇太孙朱允炆继位,改年号为建文,但朱元璋的儿子朱棣随后发动了"靖难之役",于1402年(建文四年)攻入当时的都城南京,建文帝朱允炆下落不明,朱棣成为新皇帝,即明成祖。他不承认"建文"这个年号,于是将建文四年改为洪武三十五年,所以1402年(洪武三十五年)的"折色令"并不是朱元璋颁布的,更与他重典治吏无关。

其实,实行"低薪制"更多地是出于无奈。与年财政收入曾达到过1.6亿两的宋朝相比,明朝的财政能力明显下降,明朝中期的1578年(万历六年)朝廷主要财政收入为银337.8万两、米2073.3万石、麦587.6万石、草1414.2万束,全部折合成银两只不过2080万两,比宋朝差得远,也比不了唐朝。唐朝贞观年间朝廷的年财政收入已突破了3000万两,当时官员总数不到7000人,明朝初年官员人数约3万人,比唐朝贞观年间增长了数倍,到了明朝中期这一数字达到了10万人,是唐朝贞观年间的十多倍,这里说的还仅是科举正途出身的官员,不包括数量更为庞大的胥吏和杂役。

明朝还有一支数量同样庞大的"特殊官员",他们就是藩王、宗室,这些"朱氏子孙"增长速度极快,据时人测算,其大约每30年就翻一番,朱元璋在位时"亲郡王以下男女"只有58人,到1604年(万历三十二年)竟达到了令人震惊的8万人。[2]这些"朱氏子孙"不仅与官员一样享受禄米的待遇,而且还享受赐田,他们拥有的田地可免除全部税粮,一

[1] 见《明太祖实录》卷一百四。
[2] 见徐光启《处置宗禄查核边饷议》。

方面他们大肆兼并土地，名下的田地越来越多；另一方面一些人为逃避国家税赋主动把田地"挂靠"在他们名下，使享受免税政策的田地规模十分庞大。据1502年（弘治十五年）统计，当时全国田地共835.7万顷，但征收赋税的只有422.8万顷，仅占50.6%。税基减少、财政收入不足，官员、藩王、宗室的队伍却越来越庞大，加上越来越多的军费支出，明朝有限的财政收入被一个个"黑洞"所吞食，实行"低俸制"其实是无奈的选择。尽管当时就有不少大臣指出其中存在的问题，呼吁朝廷提高官员收入水平，但这个目标始终无法实现。

与明朝形成鲜明对比的是宋朝，如前所述，其官员薪俸待遇相当高，但"高薪"的宋朝却是一个"贪官的世界"。"高薪养廉"看来不成立，那么"低薪"能否"养廉"？明朝的实践又走向了另一个极端，因为它同样也是"贪官的世界"。嘉靖时严嵩被查，抄出的家产不计其数，有人将其财产名录登记在册，居然写成了一本叫《天水冰山录》的书，记录财产清单就用了6万字。即使被大家认为一代名臣的张居正，在家里也抄出大量金银和其他财物，如果按当时官员的薪俸标准，他们的日子能过得去就不错了，哪里来的那么多财产呢？

明朝固然有海瑞那样的清官，但更多的官员并不甘于清贫，他们利用手中的权力，寻找一切机会为自己谋取利益，时人进行过剖析："今日贪取之风，所以固胶于人心而不可去者，以俸给之薄而无以赡其家也。"[1] 薪俸水平太低不仅不能"养廉"，反而助长了官员的贪腐，甚至让一部分人贪起来更"理直气壮"。其实，官员贪腐现象产生的原因是多方面的，薪俸标准的高低不是主要诱因，无法仅通过其标准的调节来消除或制止腐败现象。官员的薪俸水平不在于高或低，而在于适当与合理，要与社会经济发展的总体水平相适应，还要与各行业平均收入水平相协调，太高了不好，太低了也不行。

---

[1] 见顾炎武《日知录》。

第七章 元明：经济转型错失

五、消费需求全面升级

明朝经济还有一个突出特点，那就是消费出现升级。出身贫寒的朱元璋一再强调节俭的重要性，他当上皇帝后"宫室器用一从朴素，饮食衣服皆有常供"[1]，希望以身作则影响百官，并进而带动整个社会形成节俭的风气。朱元璋的表率作用收到了良好效果，明初的整体社会风气皆以贪污浪费为耻，有一次宦官用米喂鸡，明成祖看到了立刻训斥一番。但到了明朝中期，以等级为特征的传统礼制进一步突破，知识分子阶层、商人阶层整体崛起，影响到社会风尚的变化。从消费的角度看，人们的消费观逐步由朴素变为追求享受，一些原本只能由皇室、贵族和官员才有资格享受的衣食住行也逐渐走向商业化和世俗化。

从饮食消费看，一部分富裕家庭开始讲究起来，万历年间编纂的《通州志》记载，该地之前在饮食上很简朴，"贵家巨族，非有大故不张筵"，但如今"无故宴客者，一月凡几，客必专席"。《陶庵梦忆》是万历年间文人张岱的文集，里面记载了大量美食及有关的趣闻，仅作者喜欢的土特产就罗列了57种，北方人想吃南方的海鲜很快就能送到。从服饰消费看，明朝中期以后人们逐渐突破了原有的服饰制度，富裕人家竞尚奢华，时人记述"国朝士女服饰皆有定制，洪武时期律令严明，人遵划一之法。代变风移，人皆志于尊崇富侈"，还记述"今男子服锦绮，女子饰金珠"，[2]崇尚服饰奢华成为一种时髦。从住房消费看，明朝中期以后不仅房舍等第之分不断被突破，而且在江南又兴起了"园林热"，由士人带动、富商跟进，私家园林被大量修建。明人所著《建业风俗记》记载，之前"富厚之家多谨礼法，居室不敢淫"，而到嘉靖末年"士大夫家不必言，至于百姓有三间客厅费千金者，金碧辉煌，高甍过倍"。明朝中期以后的"消费升级"现象是之前历代所没有的，与当时世界范围内的经济变革潮流不无关

[1] 见余继登《典故纪闻》卷四。
[2] 见张瀚《松窗梦语》。

系，是社会经济发展的必然产物，带着经济结构转型的强烈信息，在经济上其实有着积极的意义。

当时世界范围内正经历着一场经济变革，农业收入在一些发达的欧洲国家GDP中占比已经下降到40%左右，以纺织业为代表的工业经济及以交通运输业为代表的服务业所占比例不断上升。然而明朝的经济结构始终以农业占主导地位，[1]这是一种低效益的农业经济，这样的经济结构自然难以满足"人们日益丰富的物质需要"。当时虽然在个别地区也出现了手工业、商业快速发展的势头，但总体来说还是局部的和自发的，没有形成趋势和潮流，更没有改变农业在经济结构中占绝对地位的状况。[2]

只有经济结构调整才能满足更为丰富多样的需求，也才能带动经济的转型，但明朝政府没能主动抓住这一机遇，反而从强化集权统治的惯性思维出发实施了一系列扼制经济转型的政策。朱元璋继承了历代君王重农抑商的思想，把农业称为"本"，把商业、手工业称为"末"，建立了严格的户籍管理制度，把人分成"军、民、医、匠、阴阳诸色户"，一般农民很难脱离本户籍去经商，而商人想去外地经营手续也十分繁杂。商人、手工业者还要承担很重的税，明初规定三十税一，到万历时提高到3倍，成为十税一，天启、崇祯时还继续增加，沉重的商税让商户们苦不堪言，有的倒闭，有的转向农业生产。

政策的歧视、社会的鄙视和沉重的税役，使整个社会弥漫着一种"轻商""贱商"的氛围。不仅如此，明朝政府还厉行专卖，对市场交易行为横加限制，《大明律》首次设"盐法""茶法"专条，规定对盐、茶由国家垄断经营，盐商、茶商必须取得"盐引""茶引"等专卖许可证才能经营，否则构成私盐

---

[1] 管汉晖、李稻葵《明代GDP及结构试探》(《经济学(季刊)》第九卷第3期)认为整个明代"基本是农业主导的经济结构，大部分时间农业在整个经济中所占的比重都在90%以上"。

[2]《国富论》的作者亚当·斯密曾分析过中国明朝的经济发展状况，认为中国虽然一向是世界最富有的国家，土地肥沃、人民勤恳，"但它的经济发展似乎停滞了"，以至于看到的中国经济状况"与500年前客居该国的马可·波罗所描绘的情况没有什么区别"。

第七章　元明：经济转型错失

罪、私茶罪，处罚手段极为严厉。不仅传统的生活必需品盐和茶叶纳入专卖，像金、银、铜、锡等重要物资也全部实行专卖，抑制了市场经济的发展。传统农业经济只能满足初级的物质需求，进一步的物质需要只能通过大力发展手工业、商贸和服务业来解决，而这正是明朝经济的短板。

六、未能持续的"旅游热"

考察明朝出现的"供给侧"升级，有一个现象较为典型，那就是"旅游热"的出现。一些钟情山水的文人或结伴、或独行，遍游山川，出现了徐霞客等一批旅行家和沈周、唐寅那样喜欢自然山水的画家。中国古代并不崇尚旅游，在相当长时间里没有"旅游"而只有"旅行"，而旅行也只有少数人才能参与。旅游热潮出现在明朝中期，它助推了当时整个社会的"消费升级"，但这股热潮仅一闪而过，对经济和社会转型发展没有产生应有的贡献。

说到古代旅游，一般会想起孔子的话："父母在，不远游。"[1] 这虽是站在伦理角度说的，但也与当时的经济和社会形态密切相关。中国古代长期处在自给自足的农耕型经济形态下，土地是经济的基础，人们不仅依赖土地更被它束缚，出行的动力本就不足。同时，中国幅员辽阔、物产丰富，人们对物资交流的依赖性不高，统治者出于社会稳定的需要，对无缘无故的远游一般都不支持，所以古人说"必有方者，亦非远游也"[2]，还说"离家一里，不如屋里"[3]，民间俗语则说"在家千日好，出外一朝难"，梁实秋最后总结："中国人是最怕旅行的一个民族。"[4]

其实在古代的很长时期里，整个世界也都不时兴旅游，而只有旅行，有国外学者认为："旅游是新生事物——即使在某些定义中商业旅行被视为旅游的一种，旅游的起源

[1]见《论语·里仁》。
[2]见《论语正义·里仁》。
[3]见元无名氏《朱砂担》。
[4]见梁实秋《旅行》。

还是相对更近代。"中国古代也有帝王的巡游、官员的出游、文人的远足、商贾的苦旅和僧人的漫行,但这些要么出于明确的政治目的,要么是因为仕宦或商业的现实需要,往往带有浓厚的目的性和功利性,参与者也只是少数人。旅游不仅需要情怀,更离不开物质基础,古人虽然也说"一生能着几雨屐",还说"读万卷书,行万里路",劝人多出门走走,但正如梁实秋所说,在古代要出门旅行并不是一件乐事,因为其中有许多"苦恼的成分","出门要带行李,那一个几十斤重的五花大绑的铺盖卷儿便是旅行者的第一道难关"。[1]

秦始皇、汉武帝、唐玄宗能游泰山,是数十万甚至更多的人辛苦努力的结果,修驰道、备车马、演练典仪,短则数月、长则数年。曹操能观沧海,身后如果没有十几万军队恐怕也难以成行。这些虽属极端事例,但在古代,一个人要从蜀中到中原或者从中原到岭南,那绝非是一件"说走就走"的事。对古人来说远足是件庄重的事,曹操写的《观沧海》被认为是古代第一篇专门以山水为歌咏对象的作品,但山水其实并不是它的重点,有幸站在海岸的高处远眺大海,恐怕连曹操都觉得这样的机会实在太难得,所以他听到看到的不是"视听之娱",也不是一个旅游者内心的休闲与沉醉,而是"老骥伏枥,志在千里"的宏阔感慨。

"旅行"成为"旅游",这种风气的转变似乎一夜之间就来了,时间是明朝的中期。明朝初年也崇尚俭朴,但到了明朝中期,在经济快速发展的同时,以等级为特征的传统礼制也进一步突破,人们对传统消费观念也进行了反思和批判,陆辑认为适当的奢侈消费没有坏处,因为有消费才有财富的创造,消费越多人们创造的财富越多,他举例子说,人们跑到苏杭一带游玩,那些舆夫、舟子、歌童、舞伎也就有了生财的门路。除了这些思想基础,明朝中期以后快速发展的经济和繁荣的商业活动也为"由俭入奢"提供了物质基础。依靠发达的手工业和商业,一部分人富裕了起来,他们追求衣食住行的奢华、舒适与便

---

[1] 见梁实秋《旅行》。

第七章 元明：经济转型错失

捷，推动了"消费升级"。

从旅游消费角度说，还有一个额外的有利条件。明朝十分注重基础设施建设，朱元璋在位时花大力气组建了全国交通网和驿站系统，在各地设置有水马站、递运站、急递铺等机构，后来又花巨资疏通了古运河，在各地广开道路，到洪武末年基本建成了以南京为中心、辐射南直隶所属府州及全国13个布政司的交通干线，东起辽东、西至松潘和甘肃、南到崖州、北抵大宁和开原，都纳入便捷的水陆交通网中。

明朝中期以后"旅游热"突然兴起，有学者评述"那样如醉如痴举国若狂的旅游热潮，为历史上所罕见"[1]。在城市经济得到快速发展的江南地区，一些大城市的周边首先出现了旅游者聚集的情况。史称"吴人好游，以有游地、有游具、有游友也"[2]，南京周边的钟山、牛首山、清凉寺、鸡鸣寺、灵谷寺、栖霞寺、燕子矶等成为旅游名胜，秦淮河更是游人如织。在杭州，西湖边常年都是人来人往，时人对西湖的旅游盛况做过描述，称每年的七月半游西湖的人更是人山人海，那时如果去西湖则"一无可看，止可看看七月半之人"[3]，情形如同今天的"黄金周"。在江南的另一重镇苏州，可供旅游的景点也不少，史载"虎丘、天平、观音、上方，诸山游人最盛，竹舆轻窄，上下如飞"[4]。苏州的莲花荡也是游人喜欢光顾的地方，时人描述，每年农历六月二十四日还被当地人开发为"荷花节"，届时"楼船画舫至渔刀小艇，雇觅一空"，"其男女之杂，灿烂之景，不可名状"。[5]

北方也一样，王士性称燕京人特别"好游"，每逢节假日各处景点都人头攒动，以至"游人塞途"。当时北京西直门外也有个西湖，"每至盛夏之月，芙蓉十里如锦，香风芬馥，士女骈阗，临流泛觞，最为胜处矣"。[6] 北京西直门外还有一

---

[1] 见滕新才《明朝中后期旅游文化论》，《旅游学刊》2001年第6期。
[2] 见《古今图书集成》所载"苏州府风俗考"。
[3] 见张岱《陶庵梦忆》。
[4] 见徐崧、张大纯《百城烟水》。
[5] 见张岱《陶庵梦忆》。
[6] 见孙承泽《春明梦余录》。

处景点高梁桥,时人称其为"京师最胜地也",每年春天这里都"士女云集"。[1]除了"名胜游""周边游",还有"宗教游",泰山、华山、武当山、普陀山等都成为重要的宗教旅游圣地,时人记述泰山旅游:"渡江以北,齐、晋、燕、秦、楚、洛诸民,无不往泰山进香者。"[2]其他的佛教、道教名山也都有大量进香、崇道或礼佛的善男信女,带动了旅游业的发展。

明代"旅游热"的另一个突破是女性的广泛参与。古代妇女地位和自由都受到很多限制,明代也如此,曾出现了《女戒》《女训》等束缚妇女行动的东西,但在"旅游热"的带动下,相关约束似乎并没有产生实效,时人说到杭州的旅游,称"阖城士女,尽出西郊,逐队寻芳,纵苇荡桨,歌声满道,箫鼓声闻",[3]在描述南京秦淮河的游客时,时人称"士女填溢,竞看灯船"[4]。女性几乎不受限制地与男人同游,反映出这股"旅游热"确实得到了最广泛的参与。

明代旅游的兴盛还可以从其他侧面去考察,在明代典籍中出现了一类专门为旅游者编写的书籍,数量众多,包括详细介绍全国水陆交通、驿站情况的工具书《环宇通衢》《一统路程图记》《天下路程图引》《天下水陆路程》《图像南北两京路程》《南京水陆诸路》等,以及专门出版的"旅游地图",如《广舆图》《广舆图叙》《皇舆考》《广皇舆考》《今古舆地图》《舆地图考》《地图综要》等,甚至有专门介绍某一地区景点的书籍,如《北京八景图》《顺天京城图》等。

"旅游热"的出现带动了相关地方经济的发展。各大旅游景点游人增加,对饮食、住宿提出旺盛需求,除官府办的驿站外,一些商业化的旅店、饭馆也大量出现,时人记述泰山附近商业繁荣的情况:"客有上中下三等,出山者送,上山者贺,到山者迎。客单数千,房百十处,荤素酒筵百十席,优俣弹唱百十群,奔走祇应百十辈,牙家十余姓。"据统计,当时每天进泰山的游客有八九千

---

[1] 见袁宏道《游高梁桥记》。
[2] 见谢肇淛《五杂俎》。
[3] 见张瀚《松窗梦语》。
[4] 见张岱《陶庵梦忆》。

第七章　元明：经济转型错失

人，如果在春天这个数字则高达两万，地方官府开征"山税"，每人一钱二分，算下来当地仅此就"岁入二三十万"。[1]各行各业的从业者也从"旅游热"中获利颇多，旅店、饭馆不必说，还有其他相关服务业，"驴马槽房、戏子寓所、密户曲房"无不从中受益。徐霞客游至安宁温泉，看到当地"庐舍骈集"，池室、佛阁、官宇等形成了"旅游一条街"。[2]

明朝诞生了徐霞客、王士性、曹学佺这样的旅行家，还有擅长写旅行诗文的张岱、杨慎、袁宏道这样的文学家，以及擅长作山水画的沈周、文徵明、董其昌等画家，更有水利专家潘季驯、农学家徐光启、医药学家李时珍，他们专攻的领域虽不同，但相同的是都无法关起门来取得各自的成就，他们的成功与当时的"旅游热"多少都有关联。

遗憾的是这股"旅游热"未能持续，这是因为传统的小农经济格局有着强大惯性，新事物的萌芽难以快速成长，如同明朝中后期经济结构转型的趋势一闪即逝那样，这股"旅游热"也昙花一现，它在经济方面所产生的积极因素未能被充分利用，它所推动的"消费升级"没有使整个经济和社会发生质的改变。随着王朝的再次更替，中国很快又回到小农经济占绝对主导的形态之下，人们的旅游活动也沉寂了下来。周振鹤在概括中国古代旅游史时指出："在唐虽有游人，而多数留连光景，作为诗料；在宋游风已经稍杀为少数；在清代几乎萎缩到只有极少数人才热爱山水；而晚明却是登峰造极的好游典型。"[3]明代中后期掀起的这股全民"旅游热"，是中国古代旅游史中的一个高峰，但也几乎是仅有的一次高峰。

七、三个治世未能催出一个盛世

明朝第三位皇帝、明成祖朱棣也有雄才大略，即位后励精图治，发展经济，提倡文教，使国家进一

[1] 见张岱《琅嬛文集》。
[2] 见《徐霞客游记·滇游日记》。
[3] 见周振鹤《从明人文看晚明旅游风气及其与地理学的关系》，《复旦学报（社会科学版）》2005年第1期。

步富强，疆域更加辽阔。明成祖即永乐皇帝，所以有人把他创造的这一繁荣阶段称为"永乐盛世"。历史上，一个统一而强大的王朝建立后，如果很快创造出治世，并坚持发展方向不动摇，便有可能更进一步创造出比治世更高的盛世，汉朝先有"文景之治"、后有"汉武盛世"，唐朝先有"贞观之治"、后有"开元盛世"，就体现了这样的规律。表面上看，明朝初年先有"洪武之治"、后有"永乐盛世"，似乎是汉唐雄风的再现，但人们讲到中国古代三大盛世时一般并不将"永乐盛世"包含在内，在人们眼中"永乐盛世"只不过是一个治世。

永乐时期的确呈现出繁荣富庶的景象，农业得到进一步发展，国家每年征收的税粮超过3100万石，比洪武年间多出300万石左右，史书记载："计是时，宇内富庶，赋入盈羡，米粟自输京师数百万石外，府县仓廪蓄积甚丰，至红腐不可食。"[1]四川按察司副使周南于1412年（永乐十年）上奏，称其在重庆所属的涪州和长寿县"见积仓粮五万余石，每岁所发不过五百石，约可支百年。"[2]

依仗强盛的国力，永乐皇帝在位期间兴办了一些大型工程，包括迁都北京、疏通大运河、营建长陵等，仅为北京的修建就征调数十万能工巧匠和上百万民工。史书记载："明初，工役之繁，自营建两京宗庙、宫殿、阙门、王邸，采木、陶甓，工匠造作，以万万计。所在筑城浚陂，百役具举；迄于洪、宣，郊坛、仓庾犹未迄工。"[3]永乐皇帝在位期间兴兵收复安南、五征漠北、亲征蒙古，为维护国家统一做出了贡献，但也耗费巨大。史书记载："帝凡五出塞，士卒饥冻，馈运不继，死亡十二三。"[4]史书还记载："比年师出无功，军马储蓄十丧八九，灾眚迭作，内外俱疲。"[5]永乐皇帝还派郑和下西洋，加强了中外交流，但耗费同样极多。上述活动无不消耗巨大人力、物力和财力，《剑桥中国明代史》估算永乐

---

[1] 见《明史·食货志》。
[2] 见《明太宗实录》卷八十三。
[3] 见《明史·食货志》。
[4] 见《明史·杨荣传》。
[5] 见《明史·夏原吉传》。

第七章　元明：经济转型错失

年间这些活动的消耗几乎相当于同期国家财政收入的3倍，为弥补这些亏空，朝廷大量无偿征用劳动力和物资，同时加重赋税。[1] 永乐末年，局势发展到十分严峻的程度，完全没有"盛世"的样子，反而人民流离、饿殍盈路，各地不断爆发农民起义。[2]

永乐二十二年（1424）七月，65岁的永乐皇帝朱棣在北征返京途中驾崩，临终前下遗诏将帝位传予太子朱高炽。朱高炽即明仁宗，深感于严峻的内外形势，即位伊始就立即推出了一系列措施解决所面临的问题。可惜的是，明仁宗在位不到一年也因病去世，继位的是他的儿子朱瞻基，即明宣宗。明宣宗延续了明仁宗的改革，以更大力度进行政策调整，缓解社会矛盾，解决财政困难，恢复社会稳定。

明仁宗刚即位，就采纳夏原吉等人的建议，停止下西洋的活动，"罢西洋宝船，迤西市马及云南、交阯采办"。[3] 明仁宗、明宣宗均减少了对外用兵，每有边将晋见，明仁宗都告诫他们："民力罢矣，慎毋贪功。寇至塞，毋为首祸，违命获功，吾所不赏。"[4] 安南人黎利反叛，屡次打败官军，明宣宗认为国中疲惫，远征无益，于是答应黎利的请求册封陈氏之后为安南国王，后黎利篡位自立，派人入朝纳贡谢罪，有人建议派兵讨伐，明宣宗不许，册封黎利为安南国王。通过停止下西洋和息兵养民，减少了国家的消耗，也减轻了百姓的兵役和徭役负担。

明仁宗、明宣宗都很注意控制支出，明仁宗刚即位就下诏"罢所市物"，要求地方上贡物品时力求简省。光禄卿井泉准备按惯例派人到南京采办玉面狸，明仁宗训斥："小人不达政体，朕方下诏，尽罢不急之务以息民，岂以口腹细故，失大信耶？"[5] 永乐时"云南取宝

---

[1] 见《明宣宗实录》："丁男疲于力役，妇女困于耕耘，富者怨征敛之繁，贫者罹冻馁之苦。"
[2] 仅就对《明太宗实录》进行的统计，永乐年间发生的农民起义就多达40余起，其中永乐十八年（1420）发生在山东的唐赛儿起义有数万人参加，虽然最终被镇压下去，但影响深远。如此规模的农民起义发生在一个王朝的上升阶段，在历史上是非常罕见的，即便用治世的标准去衡量，这样的事情也不应该发生。
[3] 见《明史·仁宗本纪》。
[4] 见《昭代典则》。
[5] 见《明史·食货志》。

石，交趾采金珠，撒马儿等处取马"，明仁宗下诏"悉皆停罢"。[1]明仁宗驾崩前留遗诏，要求"陵墓务必从俭。"明仁宗的献陵仅3个月即完工，与永乐皇帝的长陵相比规模小得多。明宣宗继承节俭的好传统，锦衣卫指挥钟法保请求赴东莞采办珍珠，明宣宗怒道："是欲扰民以求利也，下之狱。"[2]工部报告内府纻丝等短缺，请下诏苏杭等府织造，明宣宗说："供用之物虽不可缺，然当念民力，今百姓艰难，可减半造。"[3]

明仁宗、明宣宗都很重视民生疾苦。明仁宗刚即位，开封等地就发生水灾，明仁宗立即下令免除相关地方的税粮，随后山东等地遭灾，明仁宗又及时减免了税粮，史书记载："帝闻山东及淮、徐民乏食，有司征夏税方急，乃御西角门诏大学士杨士奇草诏，免今年夏税及科粮之半。"[4]明宣宗在位时减免税粮的情况就更多了，仅《明史》所记就有15次。1430年（宣德五年）二月，明宣宗诏问杨士奇可从哪些方面恤民，杨士奇提出减轻官粮税额、减少官匠服役期等，全被采纳，结果民心大悦。1432年（宣德七年）明宣宗再次诏问还有哪些方面可恤民，杨士奇奏："官田减租额一事，圣恩已下，玺书已明，民间已知，户部格而不行，至今仍旧额追征，小民含冤不已。"明宣宗大怒："户部可罪也！"[5]再次下诏恤民，并警告官员如有拖延不行，必治罪。明宣宗还多次下诏，严禁农忙时节扰民，不允许以军务为由扰民。通过减轻百姓负担、禁止扰民，缓解了永乐末年出现的社会矛盾，也释放了生产力。

明仁宗、明宣宗通过政策调整，革除了前期遗留下来的弊政，在大力恢复和发展经济的同时，又广开言路、轻刑罚、任用贤能，各方面都有新的建树，这一时期经济有了恢复与发展，朝廷的财政困境得到缓解，社会矛盾得到缓和。史书评价仁宣之治："吏称其职，政得其平，纲纪修明，仓庾充羡，闾阎乐业，岁不能灾。盖明兴至是历年六十，

---

[1] 见《明史纪事本末》卷二十八。
[2] 见《明史·宣宗本纪》。
[3] 见《大政纪》。
[4] 见《明史·仁宗本纪》。
[5] 见杨士奇《三朝圣谕录》。

第七章　元明：经济转型错失

民气渐舒，蒸然有治平之象矣。"[1] 清代史学家更将仁宣之治与成康之治、文景之治并列，认为："明有仁宣，犹周有成康，汉有文景。"[2]

可惜的是，仁宣之治持续时间很短，前后只有11年左右，比文景之治和贞观之治短得多。更重要的是，仁宣之治后没有出现像汉武盛世、开元盛世那样更强盛的时代，明宣宗驾崩后其子朱祁镇继位，即明英宗，在位期间发生了土木堡之变，被蒙古瓦剌部打败，明英宗被俘，明宣宗的儿子朱祁钰随后称帝，即明代宗，之后明英宗归国，通过夺门之变重新登基。这一系列事件使明朝元气大损，盛世更遥遥无期了。

仁宣之治创造了繁荣，也留下了遗憾。其中的原因，固然与明仁宗、明宣宗在位时间太短有一定关系，但更重要的原因在于，仁宣时期采取的各项调整措施，所针对的只是当时存在的诸多问题中较为明显、较易解决的部分，通过诸如兴修水利、减免赋税、赈济灾荒、对外息兵、减少采办等措施就能见到成效，而一些深层次的矛盾和问题却未能触及，为后面留下了隐患。

明初以来，最深层次的问题无疑是流民问题，比赋税问题严重得多。明朝最初的流民是元末农民大起义中产生的，史书记载："自兵兴以来，民无宁居，连年饥馑，田地荒芜。"[3] 明太祖朱元璋对此十分重视，采取招抚的办法加以解决，取得一定成效。永乐皇帝朱棣以靖难之役上位，其间因战乱又产生了新流民，且朝廷对土地兼并抑制力度不够，遇到灾荒，流民问题便加剧，史书记载："占夺民业而为民厉者，莫如皇庄及诸王、勋戚、中官庄田为甚。"[4] 永乐年间爆发的民变多因流民问题所引发，明仁宗、明宣宗也深知其严重性，采取了一些招抚的办法，但没能从制度层面去打击兼并、改革土地政策，因而流民问题未能得到妥善解决，始终成为危及社会稳定的巨大隐患。明朝中期以后流民问题变得

[1] 见《明史·宣宗本纪》。
[2] 出自清代史学家谷应泰《明史纪事本末》，该书专列《仁宣致治》卷。
[3] 见《明太祖实录》卷十二。
[4] 见《明史·食货志》。

一发而不可收，流民几乎遍布全国，总数约600万人，占在籍人口的十分之一。

在政治层面，明初以后逐渐出现了宦官干政的问题，仁宣时期非但没有予以警示和解决，反而有所助长。明太祖朱元璋称帝后汲取汉、唐以来的历史教训，对宦官的管理十分严格，不仅宦官人数较少，而且规定其不得干政。永乐皇帝朱棣以兵变继位，其间一些宦官出过力，宦官于是逐渐被重用。1420年（永乐十八年）十二月设"东缉事厂"，简称"东厂"，命宠信的宦官担任首领，可随意监督、缉拿臣民，权力逐渐膨胀，开启了宦官干政之端。明仁宗、明宣宗虽广开言路，肯于纳谏，却没有革除宦官干政的弊端，对宦官继续加以重用，明宣宗还设内书堂，"选内使年十岁上下者二三百人，读书其中"，[1] 宦官得以读书识字，破了明太祖朱元璋所定"内臣不许读书识字"之规。明宣宗还明确内阁与宦官所掌控的司礼监联合辅政，致使宦官势力不断崛起。

仁宣时期是一个重要的经济和社会转型期，资本主义萌芽不断滋长，传统的生产和生活方式发生着深刻变革，站在社会和经济发展的角度看，需要来一场综合性的、大刀阔斧的改革才能引领一个新盛世的出现。可惜的是，这样的深层次改革并没有出现，出现的仅是一些类似"宽政""仁政"的政策调整，没能解决深层次矛盾和问题，以致接连出现3个治世也未能催生出一个盛世来。

八、"闭关锁国"仍感觉良好

十六世纪，中国与欧洲都面临着同样的危机：封建制度带来的体制弊端不断加剧，各种矛盾日趋激化，新的资本主义制度正在旧体制的母腹中孕育。为此中西方也同时进行了一些变革，在欧洲发生了宗教改革运动，在中国的明朝出现了"隆庆开放"和

[1] 见《御批历代通鉴辑览》卷一百三。

第七章 元明：经济转型错失

张居正改革。然而，这些不同变革最后有了不同的结局，影响着中西方国运的沉浮。

明朝初年对海外贸易采取了抑制政策，其背景有两个方面：一方面自给自足的农业经济可以充分满足国内需求，不需要搞外贸；另一方面明朝初年东南沿海存在很多安全隐患，倭寇和反明势力"趁中国未定"在沿海抢掠作乱。到了明朝中期，手工业、商业得到快速发展，孕育出一股经济结构转型的巨大冲动，完全放弃对外贸易与这个发展趋势相背离。海盗、倭乱之所以无法禁绝，同旺盛的海上走私有着直接联系，当时有识之士曾指出"市通则寇转而为商，市禁则商转而为寇"[1]，说的就是这个道理。经过一番争论，到明穆宗的隆庆朝终于决定解除海禁，允许民间私人"远贩东西二洋"，朝廷在漳州设立督饷馆，负责对私人海外贸易进行管理并征税，由此私人海外贸易获得了合法地位，史称"隆庆开海"或"隆庆开放"。

明朝的这次"对外开放"迅速带来了对外贸易的繁荣。中国商品不仅实用而且价格很低，具有很强的市场竞争力，以丝绸为例，在欧洲，中国同类商品的价格仅是本地产品的50%甚至1/3，在北美洲的墨西哥，中国产品的价格仅是西班牙产品的1/3，在南美洲的秘鲁，这比价甚至达到了令人惊讶的1/9。一时间，世界各地的商人纷纷涌向中国，疯狂采购中国商品，1621年荷兰东印度公司曾以4盾/磅的价格在中国采购生丝，运到欧洲就卖到了16.8盾/磅，毛利率高达320%。中国商品在国际贸易市场上一时间所向无敌，尽管缺少这方面的准确统计数据，但从随后白银向中国净流入的速度和数量判断，明朝已毫无争议地是当时世界上第一大出口国。

但是明朝的对外贸易呈现的是"一边倒"态势，出口量很大进口量却很小，大量商品出口没有换回同等数量的商品，而是换回大批白银。明朝是当时世界上白银最大的流入地，

[1]见胡宗宪《筹海图编》。

当时美洲白银总产量的 1/3 — 1/2 输向了中国；1571 — 1821 年间美洲有 4 亿比索的白银输入马尼拉，其中大部分最终转到了中国；当时全世界白银产量中的 1/2 流向了中国，总数多达数亿两，明朝成了名副其实的"白银帝国"。[1]

明朝对外出口的产品主要是丝绸、茶叶、瓷器等，这些商品不需要拿出大量资金扩大再生产，所以商人们喜欢把手中的银子囤积起来，形成了私人手中的巨大"白银储备"。李自成进入北京后通过"大索"的办法逼官员、富商交出他们手中的白银，居然很快得到了 7000 万两，相当于朝廷 20 年的财政收入，这还仅是北京一地。富人阶层普遍喜欢囤积白银，一方面白银是财富的象征和避险的工具，另一方面也说明消费仍然不够活跃，有钱都想花，也都会花，但花不出去也是问题。大量白银没有进入消费领域，物价不仅没有上涨反而长期低迷。[2] 物价不涨对百姓来说或许是件好事，但 100 多年不涨似乎也有问题，这通常预示着经济转入了通货紧缩。

也许是受到改革倒退的影响，明朝在对外开放方面也坚持得不彻底，万历朝以后"禁海令"作为"祖制"又被屡屡提起，使政策处于一种尴尬的状态。崇祯皇帝继位的那一年 3 月，朝廷下令禁止私人出海贸易，此举受到官民的广泛反对，执行了 3 年，福建巡抚熊文灿等上疏请求重新开海，崇祯皇帝批准，但仅过了 1 年此项政策又被收回。纵观明朝中后期实行的开放和改革两项重大政策，都属"虎头蛇尾"的烂尾工程，虽然有人赞誉张居正改革取得了巨大成功，挽救了大明王朝，但客观地说还谈不上挽救，只是稍微延长了一个行将灭亡王朝的落幕时间而已，历史上把"万历中兴"不称"万历盛世"，就是这个原因。

放眼当时的世界，明朝正处在

---

[1] 见德国学者贡德·弗兰克《白银资本》，刘北成译，中央编译出版社 2008 年出版。

[2] 据彭信威《中国货币史》（中国人民大学出版社 2020 年出版）研究，15 世纪初期明朝的米价为 2 — 3 钱/石，15 世纪后半期有所上涨，达到 5 钱/石左右，此后一直到 17 世纪的 100 多年里米价一直维持在这种超稳定状态。

第七章 元明：经济转型错失

一个经济、社会转型的重要关口，需要来一场大变革才能实现这种转型，一场"人亡政息"的改革和一段不尴不尬的开放显然无法承担起这个历史使命。的确，张居正改革取得了部分成果，有人将其归结于张居正在政治上坚持"务实性"的结果，张居正久历官场、深谙韬略，对官场积弊了解最深，改革之始他把最大力气和最重的一刀砍向了吏治，所以提高官僚体系效率、降低交易成本这两个目标他都达到了，使多少年没有解决的一些问题解决了，取得了丰硕的经济成果。

但这种改革也带来了另一个结果——利益的再分配，而这并不是张居正的本意，因为他在解决这个问题上根本就是有心而无力。改革受到了既得利益者——官僚、宗室和地主阶层的反对，张居正依靠官场上锻造出来的经验"以一人敌百人"，仍能巍然不倒，但由于他改变不了既得利益者的政治格局和严酷现实，死后被清算就不为怪了。

张居正改革的最大动因是解决财政困境，其次是提高官员队伍的执行力和效率，这些目标似乎都实现了，然而这些目标又都有些"小"，当时社会面临的深层次问题是土地兼并，经济上面临的深层次问题是经济结构转型，而这些张居正改革都无法做到。还有海禁的问题，朝廷屡次三番强调禁海，理由都是保证沿海的安全，显然把海禁所涉及的对外贸易问题做了简单化处理，制定政策的水平只停留在"头痛医头、脚痛医脚"上，从而没有看到阻断对外贸易带来的严重后果是经济结构转型的乏力，而这种乏力的结果也许是一系列重要机遇的丧失。据现代学者研究，整个明代的200多年间GDP年平均增速不到0.3%，不仅低增长，而且在经济构成中农业始终占到90%以上，结构也十分不合理。[1]

从财政上看，与土地有关的税收是明朝政府收入的主体，由于土地的有限性，朝廷的岁入也只能大体维持在每年数百万两的水平上。这是典型的农业国家的特征：重视农业、抵制商业，不重视或者严格控制对

---

[1] 见管汉晖、李稻葵《明代GDP及结构试探》，《经济学（季刊）》第九卷第3期。

外贸易，由于经济运行的低效和结构不合理，经济发展速度十分缓慢。这种状况势必造成王朝的周期性更替，因为根据马尔萨斯的人口理论，人口是按照几何级数增长的，而生存资料只能按算术级数增长，在完全由农业经济占主导的情况下，人口不能超出相应的农业发展水平，要解决这个矛盾，多增加的人口总要以某种方式被消灭掉。

但在中国的历史上，一个王朝的灭亡并不能唤起一种新制度的诞生，新的王朝建立后，原来的社会和经济矛盾有所缓和，通过抑制土地兼并、发展农业、整顿官僚队伍等措施，往往又会形成一个新的"盛世"——比如后来的"康乾盛世"，在这样的"盛世"里问题和矛盾又被最大化地掩盖了，统治者听到的只是一片盛赞和讴歌，前朝亡国带来的那些血淋淋的教训又无人提起。明朝实行了海禁，清朝实行的是"闭关锁国"，即使"康乾盛世"里的那几位皇帝，对世界的看法和认知也与农民朱元璋相差无几，他们更关心江山社稷是否能代代相传，不到万不得已他们不会主动发起任何一场改革。没有改革的迫切性就没有改革的冲动，没有冲动和激情的改革只适合于小打小闹。

与明朝"隆庆开放"几乎同时，十五至十六世纪的欧洲经历了一场宗教改革运动，它所针对的也是封建制度暴露出的一系列严重问题，最突出的是资本主义萌芽逐渐发展壮大，而以罗马教会为代表的封建专制统治仍很严重，圈地运动造成了土地兼并加剧，教会还阻挠新兴资产阶级的原始资本积累，以大农场主、大牧场主为代表的新兴资产阶级主张放债取息，主张放弃重农抑商的政策，教会都给予了严厉打击，使各种社会矛盾越来越突出。当时的欧洲刚刚经历过中世纪的思想禁锢，以地理大发现和文艺复兴为标志的思想解放为宗教改革运动奠定了思想基础，所以宗教改革运动来得更为彻底和纯粹，比如在土地政策方面，许多地方通过改革没收了教会的土地，把它分配给农民和新兴的资产阶级。马克思就此评价说："教会所有权是古老的土地所有权关系的宗教堡垒，随着这一堡垒的倾覆，这些关系也就不能维持了。"[1]通过这样的改革,围绕土地而产生的矛盾也得到较为彻底的解决,为资产阶级登上历史舞台创造了条件。

十五至十六世纪的欧洲宗教改革运动虽然没能马上消灭封建制度,但触动了封建制度的根基,这一点与张居正"治标不治本"的改革有很大不同,因而它释放出了无穷活力,推动了欧洲"大航海时代"的繁荣。在新兴资产阶级的带动下,欧洲不断发起广泛的跨洋活动,加强了与各大洲之间的沟通,开辟出众多的新贸易线,对外贸易的繁荣又促进了资本主义的发展,葡萄牙、西班牙、荷兰等一批世界强国先后在欧洲崛起。

在内部消费升级和外部工业革命的共同推动下,明朝中后期产生了以新经济形态为代表的资本主义萌芽,这是市场寻求经济转型的努力,正确的做法应该是相信市场的力量,顺应这种潮流,通过改革减少政策对经济发展的束缚和干预,通过调整建立起以工业、运输业、服务业为主导的新的经济结构,那么中国就能跟上全球化进程,成为世界最重要的经济体,后来半封建半殖民地的历史也就不可能出现了。明朝统治者似乎背道而驰,一方面希望经济繁荣以不断增加朝廷的收入,另一方面又坚守农业经济的基本国策,抑制商业、手工业发展,使经济转型始终无法实现。

机遇青睐有准备的人,言下之意,任意挥霍和错失机遇的人就会受到惩罚。几个世纪里,欧洲不断"与时俱进",而小农经济下的中国仍沉浸在东方大国"万邦来朝"的自大与自恋中,岂不知因为机遇的错失已被人家甩出去至少几条街,当双方终于要用舰炮对话时,中国人这才痛苦地发现,自己与对手的差距竟然已经到无以复加又无可救药之大的地步。

九、马政见证兴衰

所谓马政,指的是中国封建王朝对马匹的管理制度,包括马匹

---

[1] 见马克思《所谓原始积累》,《马克思恩格斯选集》第二卷。

采办、牧养、训练、使用等。马属奇蹄目马科马属，最早为野马，约4500年前被人类驯化，成为人类的伙伴和朋友，人们现在利用马匹可以开展农耕、运输、游猎、畜牧、娱乐等活动。在中国古代，马匹的作用更为重要。《周礼·夏官》记载："校人掌王马之政，辨六马之属。种马一物，戎马一物，齐马一物，道马一物，田马一物，驽马一物。"这里说的驾车、作战、打猎等仅是马匹的一部分作用，在生产力水平还不发达、生产工具较为有限的古代社会，马匹是人类主要的畜力来源和重要的交通运输工具，人们生活的方方面面几乎都离不开马。

在冷兵器时代，战争形态经历了车战、骑战、骑兵与多兵种配合等阶段，这些作战模式都离不开战马。相较于步兵，骑兵具有更强的机动性和冲击力，适合冲锋和远距离奔袭。战国时期军事家孙膑曾总结了骑兵的10种优势，包括乘虚败敌、追散乱击、迎敌击后、遮其粮食、绝其军道、败其关津、出其不意、烧其积聚、掠其田野等，得出结论："夫骑者，能离能合，能散能集，百里为期，千里而赴，出入无间，故名离合之兵也。"汉代名将马援也总结："马者，兵甲之本，国之大用，安宁则以别尊卑之序，有变则济远近之难。"

正因为战马在战术及战略方面的特殊地位，所以历代统治者对马政都给予高度重视，史书中有"游牝别群，则絷腾驹，班马政"[1]的记载，意思是，放牧时要把母马单独分开，把公马系住，颁布关于养马的政令。这是"马政"概念的最早提出。周朝设太仆下大夫二人、校人中大夫二人，专门管理马政。秦汉以后马政集中于太仆卿管理，建立起较为完整的养马机构，形成分布较广的养马管理体系。唐朝时马政进一步完备，设太仆寺统管全国马政，分乘黄、典厩、典牧、车府四署，辖各地牧马场60多所，还对全国驿马及其它官私马匹建立起簿籍。

明太祖朱元璋起兵于乱世，建立政权后又时刻受到来自北方游牧民族的军事威胁，所以更深知马匹的战略

---

[1] 见《礼记·月令》。

意义，对马政给予前所未有的重视。建国初，朱元璋即指出："昔人问国之富，即数马以对者何？盖事在戎。"朱元璋认为："其马载甲士，代涉劳，备边御侮，足折冲，斯力之大，斯功之美，可不爱育乎！所以古人先马而后钱粮，故数马而对。马之功不但备戎事耳，若使君有道，则马之力牵犁耜驾粪车，辟土沃田，其利甚焉，所以古重之者为此也。"朱元璋多次强调"马政，国之所重"，从立国之基的高度认识马政，建设马政事业。朱元璋对马政的重视影响到明朝早期的几位皇帝，如明宣宗朱瞻基就曾告诫大臣："军国所用，马之为最。军国之政，马政亦大。"

洪武四年（1371），朱元璋下旨"置群牧监于答答失里营所，随水草利便立官署专司牧养"。为加强对马政的统一管理，朱元璋又于洪武六年（1373）下旨设置太仆寺，"掌牧马之政令"。洪武三十年（1397），又"置行太仆寺于山西、北平、陕西、甘肃、辽东，掌马政"。太仆寺下设5个"分寺"，体现出朱元璋对马政的高度重视。朱元璋去世后，燕王朱棣通过"靖难之役"夺取了皇位，再次扩大马政机构，于永乐四年（1406）"设北京、辽东二苑马寺"，其中清河等六监隶属于北京苑马寺，永宁等六监隶属于辽东苑马寺。次年，再"增设北京苑马寺监"，永乐六年（1408）"增设甘肃苑马寺监"。至明朝永乐时期，一套完整的马政体系基本形成，其构成除太仆寺、苑马寺外，还有茶马司及盐课司等。其中，太仆寺为明朝五大寺之一，隶属于兵部，掌管与马政相关的政令；苑马寺负责管理各监苑，各监苑负责马匹牧养；茶马司、盐课司负责通过茶马贸易、盐马贸易获取马匹。

明朝主要通过互市解决马匹来源问题，其中以西北地区为主要获取方向。茶叶是藏族生活的必需品。史书记载："西番故饶马，而仰给中国茶饮以去疾，太祖著令以蜀茶易番马，资军中用。"[1] 还记载："帝绸缪边防，用茶易马，固番人心，且以强中国。"[2] 这表明，以茶易马不仅是

---

[1] 见《明史·杨一清传》。
[2] 见《明史·食货志》。

明朝获取马匹的重要途径，而且可以收到政治上的制衡效果。除茶叶外，盐、布帛也是换取马匹的重要物资。

对于获取的马匹，明朝采取官牧与民牧结合的方式牧养。唐朝时，马匹以官牧为主，北宋王安石变法推动了民牧的开展。明朝借鉴宋朝民牧经验，在强化各监苑官牧放养的同时大力开展民牧。洪武六年（1373）规定，江南每11户共养1匹马，江北每户养1匹马，由官府提供种马，养马户可免劳役。永乐十年（1412），政策有所调整："每十五丁以下养马一匹，十六丁以上养马两匹。"弘治二年（1489），朝廷推广免粮养马政策，即每50亩地领养公马1匹，100亩地领养母马1匹，这些土地可免租赋，但马匹如有损失则停止免粮。对马政的重视，相关管理体系的基本完善，加上养马方面激励政策的不断出台，使明朝早期的马政事业达到兴盛。永乐二十二年（1424）全国有"马数共八十九万一千二百八十匹"，其数量基本能满足官私所需。

明朝马政兴盛的局面未能延续，中期以后，由于私茶泛滥，致使朝廷获取马匹的数量开始减少，又由于朝廷财政困难、管理不善等原因，使得官牧萎缩、民牧艰难，马政逐渐走向衰败。明朝推行茶马贸易，并不单纯将其看作一种经济行为，而将其视为"制西番以控北虏"的一项策略。具体实施中，不仅规定了严格的限制条件，而且推行"贱马贵茶"方针，如明朝初期用1匹马可换茶叶1800斤，这个比价相对合理，但后来1匹上等马只能换茶叶120斤，中等马只能换70斤，[1]而内地的茶叶价格却没有上涨，这种茶马价格的"双轨制"造成巨大的获利空间，成为茶叶走私的政策诱因。

明朝政府对私茶有严格管理措施，如规定百姓存茶量不得超过1个月之用，还规定："以私茶出境者，斩；关隘不觉察者，处以极刑。"然而，这些措施根本抵挡不住高额回报的诱惑，不少人开始从事茶叶走私活动，最后发展到大规模和半公开化的状态。私

---

[1] 见《明史·食货志》。

第七章 元明：经济转型错失

茶大量盛行，削弱了明朝政府在茶马贸易中的定价权和获取马匹的能力。

在马匹官牧方面，明朝中后期主要依赖西北牧场，这里生活条件艰苦，负责牧马的官吏和士卒待遇也往往不高，加之政治腐败，朝廷对马政不如先前那样重视，往往以贬谪官员充数，致使官吏逃亡事件时有发生。明朝中后期，官牧系统普遍存在用人不当、督理不勤、亏空草料等现象，使牧养能力不断下降。

民牧主要集中于内地，而明朝人口增长很快，土地兼并越来越严重，农业生产与牧马之间的用地矛盾十分突出，加上养马有一定技术难度风险，造成农民养马的积极性普遍不高，一些地方出现拒养马匹事件。明人丘濬分析指出："盖马所以蕃息者，以其群聚之相资，腾游之有道，今小民一家各縶一马，而欲其生息固难矣，况求其皆良乎？"[1]明朝中期以后，马政出现松弛与衰退。史书记载："盖明自宣德以后，祖制渐废，军旅特甚，而马政其一云。"[2]明人杨时乔也认为："马政莫详于明，亦莫弊于明。"[3]以陕西为例，明初其监苑所牧马匹常年保持在数万水平，而到弘治末年只有2000多匹；牧马军人编制1200多名，实际仅700多名。再以宁夏镇为例，有官军3万多名，但拥有的骡马仅4100多匹。明人彭孙贻认为："骑兵决战，一兵必二三马更番驰骤而不疲毙。"[4]按照这个标准，明朝军队中骑兵的占比就相当有限了。

明朝的主要威胁来自北方游牧民族，早期由于马政兴盛，明朝在战略上还时有攻势，如明成祖就曾6次北征塞外，每次出兵多达数十万人。明朝中期以后，军事上便以守势为主，这种消极防御的战略实属无奈，马政的衰败是重要原因之一。表面上看，明朝中后期由于综合国力下降而导致了马政不兴，继而导致国防力量的下降和最终灭亡。但反过来看似乎也是成立的：由于在马政方面的治理失误，导致了国防力量的下降，致使内外部安全形势一步步恶化，最终

[1] 见丘濬《大学衍义补》。
[2] 见《明史·马政》。
[3] 见杨时乔《马政纪》。
[4] 见彭孙贻《平寇志》。

导致了灭亡。

十、一场不彻底的改革

  为改变困局，尤其为了改善朝廷日益恶化的财政状况，明朝中后期接连实施了多次经济改革，包括嘉靖新政、隆万新政和张居正改革等，但这些改革的主要举措大多集中在财政税收领域，无法触及类似"供给侧"这样的深层次经济问题，无法回应新经济急需政策"松绑"的诉求。

  明朝一开始实行实物征税，洪武年间每年可征米2400余万石、麦470余万石，到正德年间降为米2200余万石、麦460余万石，嘉靖时征麦虽能保持在460余万石的水平，但征米急降至1800万余石。赋税为什么会下降呢？是朱元璋之后的领导人对"农业工作"抓得不紧吗？问题不在这里，问题的核心是土地兼并，这是所有封建王朝的顽疾，也是所谓"历史周期率"产生的根源。江山一旦坐上，功臣、宗室、官僚、富商，个个都有理由有能力去买房置地，土地越来越向少数人那里集中，到明朝中期全国约有一半的纳税土地被大地主们以各种方式"隐占"了，所谓"隐占"，就是占有着土地又能通过钻制度的空子来逃税，而朝廷居然没有办法。

  收入逐年下降，支出却无法减少，随着北方少数民族的崛起，修边的费用不断增长，嘉靖时每年的饷银超过500万两，加上赈济、官俸等大宗开支，每年财政支出超过1300万两，而把税收折算成银两，再加上盐税、商税等收入朝廷每年的收入至多不过900万两，形成了数百万两的财政赤字，严重入不敷出。古代帝王最怕这种财政赤字，因为当时实行的不是信用货币，不能通过发行货币去消化赤字，没钱过日子时穷人得去乞讨，朝廷就得散摊。到1567年（隆庆元年），也就是"隆庆开放"的这一年，太仓存银只有130万两，而要支付的款项中有俸银135万、饷银236万以及年例银182万，仅这3项就高达553万两。这一年张居正升任吏部左侍

第七章 元明：经济转型错失

郎兼东阁大学士，他上《陈六事疏》，提出了改革的设想，但全面改革的条件尚不具备。又过了几年，到1573年（万历元年），年仅10岁的明神宗朱翊钧继位，张居正升任内阁首辅，掌握了朝政大权，改革的条件成熟了。

历代经济改革的重心无不是经济问题，无外乎税赋标准的调整、收税方式的改变以及增收节支措施的改进等，或为强国或为富民，或二者兼有。摆在张居正面前的本来最棘手的也是经济问题，尤其是如何增加朝廷财政收入问题，但这场改革最先和最重的一刀却砍向了"干部队伍建设"上。这是因为，在张居正眼里财政问题只是表象，改革还面临着更多的深层次问题，这些问题被他总结为宗室骄恣、庶官瘝旷、吏治因循、边备未修、财用大匮等"五大积弊"。

"宗室骄恣"主要指土地兼并，明朝是土地兼并最严重的时期之一，皇室、大臣以恩赏方式得到大量土地，福王在河南封藩一次就得到赏赐200万亩，周边的土地不够用，还"并取山东、湖广田益之"。在皇室、官员以外，地主也大量兼并土地，一个普通地主拥有几十户佃农是常事，浙江、福建这些地方有自己土地的农民竟然只剩一成。权贵和地主占有大量土地和财富，不仅胡作非为，破坏社会公平正义，而且通过隐瞒的办法少交税，致使国家税收减少。"庶官瘝旷"和"吏治因循"指的是官员的慵懒和贪腐，由于吏治不清，官场上充满了各种形式主义，免责、扯皮、虚饰成为官场常态，造成行政的低效，朝廷诏令无法贯彻执行，而普遍存在的贪赃枉法又侵入整个官员队伍的肌体内部。由于以上这3个问题，造成了后面的"边备未修"和"财用大匮"，前面是原因，后面才是结果。

通过对问题的剖析，张居正抓住了要害，所以有针对性地提出了省议论、振纪纲、重诏令、核名实、固邦本等6项改革措施："省议论"讲的是避免空谈，讲求实际；"振纪纲"讲的是整顿纪律，加强风纪；"重诏令"讲的是提高办事效率，严禁推诿扯皮；"核名实"讲的是加强官员的考核和监督；"固邦本"讲的是调整赋税，发展经济；"饬武备"讲的是加强军队和边防建设。这6项措施中有4项涉及"干部队伍建设"，这是张居正改革区别于历史上其他经济改革的鲜明特色。没有一支过硬的干部队伍，再好的改革措施也难以落实到位，张居正比其他一些改革家更为老练、成熟，原因正在于此。

在加强"干部队伍建设"的具体措施上张居正推出了考成法，"尊主权，课吏职，信赏罚，一号令"，[1] 强化行政监督，以六科监察六部，加大官员的考核和奖惩，提高官员的素质，改善工作作风，在此基础上又提出减汰冗官冗员，整顿邮传和铨政，不仅减少了财政支出，还提高了办事效率，同时打击了腐败，进一步扭转了官场风气。官风、政风的改善为其他改革措施的推行创造了条件，在此基础上张居正推出了"一条鞭法"，清理丈量全国土地，清量漏税的田产、追缴欠款，在此基础上统一役法，把原来的里甲、均徭、杂泛等项徭役合并为一项，统一按白银征收，这项措施减少了各种积弊，又使朝廷的税收得到明显增加。后世谈论张居正改革往往说"一条鞭法"的重要性，但清查土地、追缴欠款这种需要极大工作力度和组织纪律才能完成的事，如果没有一支相对过硬的官员队伍去执行，恐怕也只是一纸空文而已，或者像北宋熙宁变法的"青苗法"那样被底下一念就走样，再好的政策也出不了朝堂。

张居正改革虽是一场经济改革，但除"一条鞭法"外在经济领域里大刀阔斧的措施并不多，整顿吏治反而占了改革的重要篇幅，但这场改革在经济上一样取得了巨大的成功。经过改革，太仆寺和太仓的存银多达700万两，太仓储备的粮食达1300余万石，"足支八年"，朝廷多年里收入不够支出的状况得到彻底扭转。

趁着改革的"春风"，大明朝这艘航船理应乘风破浪、勇往直前，带领中华民族昂首屹立于世界东方。但情况与此相反，张居正改革期间就不断受到非议和攻击，依仗张居正数十

---

[1] 见《明史·张居正传》。

年官场经营积累的威权，改革尚能向前推进。1582年（万历十年）张居正病死，反对改革的声音立即高涨和凝聚，形成群起攻讦之势。有人攻击改革"务为烦碎"，有人认为清丈土地"增税害民"，还有人认为"一条鞭法"乱了祖制。在舆论几乎一边倒的情况下，对张居正本来就有所不满的万历皇帝下令撤销了张居正死时特加的官爵和封号，随即对其抄产清算，张居正的长子张敬修被逼自杀，张氏家族的其他人惨遭迫害，而各项改革措施也随着张居正而"人亡政息"了。

十一、陷入财政困局

明朝建立后在财税方面执行的是轻徭薄赋的政策，这在很大程度上与明太祖朱元璋本人的经历有关。朱元璋长期生活在社会底层，对百姓疾苦有着切身体会，对元朝末年种种弊政尤其是掠夺性税赋政策感受很深，无论从感性还是理性出发，他都倾向于制定较轻的税赋征收标准。

明朝前期的税收制度继承了唐朝的两税法，同时吸收了宋朝税收制度的一些经验。按两税法，朝廷分夏、秋两季征税，每户人家按照田亩和资产多少交纳税钱。洪武时期规定，官田每亩征收粮食5升3合5勺，民田每亩减2升，分别合0.0535石和0.0335石，这个标准是比较低的。按照这样的标准，弘治十五年（1502）全国征收的田赋约2700万石，按当时粮价折算约合2700万缗，这是明朝前期田赋征收的大致水平。田赋是明朝的正税，占全部财政收入的70%以上，其它的商税等只是财政收入的补充。对标宋朝1亿多缗的财政收入，可以看出明朝早期财政收入水平并不高。

为维持财政收支平衡，明朝前期采取的主要措施是减少公共建设支出、降低官员薪俸标准、压缩官衙办公经费等，也就是以"小政府"的办法来适应财政收入的低水平，由于控制基本得当，所以很少出现赤字。但随着时间推移，与财政支出关联的一些关键性指标纷纷发生变化，使财政支出不断攀升。明朝的宗室人数最高峰值比宋朝多出4倍，宦官超过宋朝数十倍乃至数百倍，文武官员比宋朝也要高出1至1.5倍[1]，胥吏数量的最高值虽与宋朝相近，但宋朝至少有一半役人没有俸禄，而明朝胥吏皆有，还有军队数量，大致也比宋朝多1倍。总之，从财政供养人数的角度看，明朝超越了宋朝并随时间推移最终远远高于宋朝。

支出不断加大，明朝的财政赤字问题逐步暴露出来。成化年间兵部尚书余子俊上《灾异陈言事》，列举了财政支用的七大不足："供奉上用不足，京军布花不足，外夷赏赐表里不足，馆待厨料不足，此皆仰给于内库；京官月俸折色不足，京民赈济仓储不足，边方转给军饷不足，此皆取办于京仓。"[2] 正德时期财政赤字最多时超过300万两，嘉靖七年（1528）为11万两，隆庆元年（1567）为345万两，万历十八年（1590）为54万两。董其昌记载，万历朝末年"老库将尽，京粮告竭，太仓无过岁之支"，还记载"从古以来未有公私匮竭如今日之穷者"。

明朝税收主要由各地方征收，收齐后有一部分解往朝廷，主要用于皇室支出、朝廷官员俸禄支出及军费等，称为起运；剩下的留在地方，主要用于地方官员俸禄支出、分封在各地的宗室禄米支出、生员廪食米支出以及抚恤孤寡病老等，称为存留。经对弘治十五年（1502）地方起运、存留情况进行统计，结果为起运占比68%、存留占比32%，这一统计结果带有普遍性，即明朝中央与地方税收分享的大致比例在7:3上下。

地方上事务烦杂，除一些大宗支出外，还有许多杂项支出，如山川社稷神和圣贤名宦祠的祭祀、官员的迎来送往、科举生员赴考津贴、乡试费用、衙门修缮、日常办公用度等，存留部分往往难以满足支出需求。为解决地方财政不足的问题，各地通行的做法是加派，即在朝廷正税之外加收各种杂税。比如，在田赋之

---

[1] 见李华瑞《宋、明税源与财政供养人员规模比较》，《中国经济史研究》2016年第1期。

[2] 见《明宪宗实录》。

外增收加耗，一开始的理由是补偿存储、运输的损耗，但越收越多，有的县一年能收数百两，变成一项杂税。再如，各地根据自身条件，有的征收"湖港之税"，有的征收"盐商船税"，有的征收"盐引钱"，巧立名目，横征暴敛。地方官府还采取摊派的办法，从百姓那里获取物资或劳役，变相征税。在执法、审案中，地方官府还收取公堂钱、赃罚银等，相当于乱收费、乱罚款，这些钱不按规定上交朝廷，留作地方使用或中饱私囊。

在征税管理方面，除乱立名目、乱收费、乱罚款、乱摊派外，对应征应收部分的管理也存在很大漏洞。明朝规定，宗室、有爵位者、官员和有功名者可享受一定数量的免征特权，一些人便打起这方面主意，将土地置于这些特权者名下。据弘治十五年（1502）的统计，全国当时的田地总数为8357多万顷，但朝廷能征收到田赋的土地仅4228多万顷，有约一半的土地因为各种理由而享受免征税待遇。一些豪强、地主还勾结官员，隐匿土地、田产，从而逃避纳税，这一部分土地究竟有多少，朝廷并不清楚。

就地方政府而言，支出不断增加，正税的税基却很难增长，只好不断增大加派的各类杂税数额。地方官员趁机上下其手，浑水摸鱼，造成严重混乱，如同无数条大小河流注入进一片沼泽，结果水没能成为资源，反而形成了一个越来越大的泥潭。朝廷虽然掌握这些情况，但无法制止，反而要给予默认。宣德八年（1433）周忱奏行《加耗折征例》，将加派制度化，统一标准并争取逐年递减。但是，这项措施并不能改变入不敷出的根本问题，逐年递减成为空想，各地仍维持着乱收税的局面。

在解决财政难题方面，明朝政府曾对发行纸钞寄予过厚望。元朝以纸钞为主币，由于滥发严重，造成金融崩溃。鉴于此，明朝初年规定铜钱为主币，铸"洪武通宝"与历代铜钱兼用。但由于铜材缺乏，铜钱不够流通所用，"而商贾沿元之旧习用钞，多不便用钱"，所以洪武八年（1375）"诏中书省造大明宝钞，命民间通行"。纸钞发行后，朝廷"禁民间不得以金银物货交易，违者罪之"，宝钞一度成为法定主币。纵观宋朝与元朝，都未能逃出将纸币当成"提款机"从而造成金融大混乱的结局，明朝也一样。明朝强化宝钞的金融地位，却不按货币规律行事，没有建立货币准备金制度，宝钞的印制、发行和流通全部依赖行政权力，势必难以长久。果然，还在朱元璋在世时宝钞就开始贬值。洪武二十三年（1390），朱元璋对户部尚书赵勉说："近闻两浙市民有以钞一贯折钱二百五十文者，此甚非便，尔等与工部议，凡两浙市肆之民，令其纳铜送京师，铸钱相兼行使。"从中可以看出，此时宝钞只有最初发行价值的四分之一了。其后宝钞加速贬值，一路直下，正统十三年（1448）"每钞一贯折铜钱二文"，仅剩发行时价值的五百分之一了。[1] 宝钞的失败从根源上看是朝廷把发行纸币当作了弥补财政亏空的手段，这是一种本末倒置的行为，当财政亏空越来越大时，宝钞发行额也将不加节制地增加，结局可想而知。

加派的杂税太多太滥，既加重了百姓负担，加剧了社会矛盾，也无法有效管理。针对这种情况，万历朝之前出现了一些征税改革，试图将各类杂税、摊派折算到田亩里统一征收，如江南的征一法、江西的鼠尾册、东南的十段锦法、浙江和广东的均平银法、福建的纲银法等。至万历朝，张居正综合各种办法的优长推出了一条鞭法，核心是将田赋和各种杂税、徭役合并征收，摊入田亩，除政府需要征收的米、麦外，其它一律折收银两。与征税改革配套，朝廷统一清丈全国土地，清查溢额脱漏，从而使财政收入有了明显增加。从太仓银库的收入看，隆庆元年（1567）仅为23万两，万历五年（1577）就猛增到435.94万两，10年间增长了近20倍。

一条鞭法的推行在一定程度上缓解了明朝的财政危机，也减轻了百姓的部分负担。然而，一条鞭法重在征收方式的改变，这样的革新放在明朝初年或许有效，但当社会矛盾、民族矛盾日益突出时，仅靠技术性改革已无法解决问题，这时的社会需要一场更广范围、更深力度的综合性改革。可现实是，一条鞭法的推出已经遇到了不少阻力，张居正死后这些阻力更大了，还在万历朝时各类取消的加派

---

[1] 见《明英宗实录》。

便已死灰复燃，之后迅速蔓延，一条鞭法名存实亡了。至明末，农民起义四起，朝廷为镇压起义军而加征剿饷、练饷。后金入侵，辽东战事吃紧，军饷更加不足，又加征辽饷。剿饷、练饷本为临时性加派，辽东战事一起变成了"岁额"。"三饷"的征收是百姓在正税及各种已有杂税之外的又一大笔沉重负担，崇祯朝每年征收的"三饷"高达约2000万两，张居正费尽心力才使朝廷库银每年增加到400多万两，对比之下可看出"三饷"是多么沉重。清初，摄政王多尔衮总结明朝灭亡原因时指出："前朝弊政，莫如加派，辽饷之外，复有剿饷、练饷，数倍正供，远者二十年，近者十余年，天下嗷嗷，朝不及夕。更有召买，粮料诸名目，巧取殃民。"

财政事关国本，财政收入水平的确定不能脱离社会的承受能力，同时也要考虑综合支出尤其各项刚性支出的需求。明朝初年制定的财政税收政策偏于感性，没有综合考虑各种复杂因素及其变量，造成收支逐渐失衡，而朝廷在财政管理方面的不作为，又错过了改革的最佳时机，导致地方与朝廷在财权问题上不断博弈，由此使问题变得更加复杂和严重，恶性循环，最终成为积重难返的死局。

十二、通货紧缩最终导致明朝灭亡

此时的明朝，凭借着价廉物美的商品，在对外贸易方面仍然呈现出强劲发展的态势，只是外贸的主导权不在朝廷，而在外商以及本地的"买办"商人那里，大量廉价商品换回的白银也多积攒在商人们的手中。伴随着大量商品等劳动成果的输出，白银这种货币迅速涌入，对市场来说接下来要发生的事似乎很容易判断，那就是通货膨胀。

但奇怪的是通货膨胀并未发生，明朝"对外开放"后的"CPI"不仅长期不高，甚至有些低迷。明朝的米价在从十五世纪后半期到十七世纪的100多年里一直很稳定，物价不涨对百姓来说当然是好事，但100多年不涨似乎也有问题。从很多记载可以看出，物价没涨的原因主要是百姓收入水平不高，内需不足。时人记述："司计者日夜忧烦，遑遑以匮乏为虑者，岂布帛五谷不足之谓哉？谓银两不足耳。"[1] 明人王锡爵在给友人的信中说："今日所以年荒而米贱者，由于银贵。"[2] 白银不是越来越多吗？为什么会出现"银贵"的怪事？这是因为，白银虽然不少，但掌握在少数富商的手中，由于贸易结构单一，生产丝绸、茶叶、瓷器这些商品不需要拿出大量资金扩大再生产，所以商人们喜欢把手中的银子囤积起来，形成了巨大的"白银储备"，由于没有进入消费领域，所以没有引发通货膨胀。

内需严重不足，物价长期低迷，反而促成了通货紧缩。明朝后期，菲律宾和日本两个重要白银输出地因为各自原因突然大幅减少了流出，造成明朝这个"白银帝国"出现了"钱荒"，就连朝廷的军费和日常支出也遇到了困难。此时崇祯皇帝已经继位，他是个充满忧患、试图发愤革新的皇帝，但管理经济是个外行。面对严重的通货紧缩，他给出了两剂猛药——开源、节流，正是这两招，把摇摇欲坠的明朝彻底推向了覆灭。

在"开源"方面，崇祯提出加大税收，与本来就贫苦不堪的普通百姓争利；在"节流"方面，他带头提倡节约，穿缝补过的衣服，吃粗茶淡饭，裁撤冗员，压缩朝廷经费。这些措施表面看多少缓解了一些财政困难，但由此产生了更大的负面作用，税收增加后社会矛盾进一步激化，各地农民起义风起云涌，而非常时期的撤员、降薪，又进一步动摇了统治根基。1628年（崇祯元年），远在大西北的一个朝廷最基层的驿站里的一名驿卒接到通知，他被裁员了，原因是朝廷财政困难，到处在压缩编制。这个驿卒就此失了业，开始在社会上闯荡，经过多次碰壁后他参加了农民起义军，16年后他成为最大一支农民起义队伍的首领，率部攻入北京，结束了明朝的统治，他就是李自成。

面对起义军围城，崇祯皇帝还想放手一搏，但他面临着一个最棘

---

[1] 见靳学颜《钱谷论》。
[2] 见《王文肃公文集》卷十八。

手的问题——国库里没钱了。为了筹钱,崇祯下令变卖了很多御用之物,包括自己吃的人参,他还放下天子的尊严向大臣们去借钱,但除了几个太监慷慨"捐款"外大部分官员都表示自己很穷,没钱。城破,崇祯上吊自杀,李自成率部进入北京,通过"酷索"的办法向侯门、宦官、百官、商贾搜钱,短时间里居然得到白银7000万两,相当于朝廷20年的财政收入。

纵观明朝灭亡的过程,说它亡于通货紧缩可能有些偏颇,但严重的经济问题确实是导致其灭亡的根本原因。它虽然是世界头号"出口大国",但大量廉价商品换回的只是一些貌似"值钱"的白银,这些白银被少数人囤积起来,既没有转化为投资也没有转化为内需,反而成为包袱和累赘。李自成得到了7000万两白银,面对这么多"钱"他大概也想不出来如何花,能做的只是化成银板往老家运而已,而这些"钱"也没能帮助他坐住江山。

崇祯皇帝原本还有别的办法挽救危局。如前所述,三国鼎立时蜀汉、孙吴都很弱小,经济更加脆弱,但诸葛亮、孙权不约而同地想到了一个办法,即货币贬值。蜀汉的"直百五铢",孙吴的"大泉五百""大泉当千"等先后推出,虽然是对社会财富的一种掠夺,但客观上帮助他们渡过了暂时的财政难关。对崇祯皇帝来说这个办法未必解决根本问题,但至少可以为内部革新和军事斗争赢得时间,比"开源节流"显然更高明,但他却没有这么做。不是崇祯皇帝不够聪明,而是明朝政府默认了银本位制,论斤称两的白银是主要流通货币,明朝政府等于丧失了货币发行权。就这样,或许可以在最后关头拿来拯救这个王朝的一条路也断了。

第八章

清：盛世的终结

第八章 清：盛世的终结

清朝建立后，经过一番励精图治与改革，国力逐渐达到鼎盛，出现了"康乾盛世"。但盛世是短暂的，由于封建王朝内部存在的无法克服的问题，"康乾盛世"如同之前的两大盛世一样，也很快消散在历史的长河中。与此同时，西方国家正在急速转型，在工业革命的隆隆机器声中，中国与西方国家拉开了距离，尤其在军事方面。西方列强通过两次鸦片战争，把政治、军事和经济的锁链套在了清政府的身上，清政府虽然也试图进行革新与变法，但积重难返，这些努力都没能改变被殖民、被奴役的命运，《辛丑条约》的签订标志着西方列强手中的锁链将清政府彻底套牢。除了在科技、工业制造以及军事方面存在着巨大鸿沟，清政府统治下的中国在经济制度方面也十分落后，一方面承受着西方列强的经济剥削，另一方面要面对时常到来的金融风潮。最终，一场股灾引发了一次革命，将清政府推翻，彻底结束了中国封建时代。

一、盛世是怎样衰落的

1644年，明朝的崇祯皇帝在北京煤山殉国，清朝摄政王多尔衮以"为明复仇"之名率八旗兵占领北京，清朝这个中国历史上最后一个封建王朝开始了。这时，经过几十年的战争，生产遭到严重破坏，"人民多遭惨杀，田土尽成丘墟"，各地呈现的局面多是"官虽设而无民可治，地已荒而无力可耕"。[1]为了巩固统治、缓和矛盾，清朝统治者采取了一些政治、经济措施并取得成效。

康熙、雍正、乾隆3位皇帝在

[1] 见清朝户部题本，《明清史料》丙编第八册，北京图书馆出版社2008年出版。

位期间，中国社会在封建体系下达到了极致，经济快速发展，人口增长迅速，疆域辽阔。这一时期，国家财政收入常年保持在6000万至7000万两，最高年份达到8000万两，中国的国内生产总值约占世界的三分之一，工业产量占世界的32%。[1]此外，国库存银也不断增加，1673年存银2136万两，1691年激增至3185万两，1791年增至4737万两，1725年增至4000万两，1730年增至6218万两，1763年增至4706万两，1777年达到8182万两。[2]康熙、乾隆两朝还5次全免全国农业钱粮，折合近3亿两白银。

然而，这时正处在世界范围内社会转型的重要时刻，而清朝的统治者们以"天朝上国"自居，盲目乐观，不肯睁眼看世界，拒绝开放、囿于传统、故步自封，梁启超对这一点剖析得十分深刻："中国环列皆小蛮夷，其文明程度，无一不下我数等，一与相遇，如汤沃雪，纵横四顾，常觉有天上地下惟我独尊之概，始而自信、继而自大、终而自画。"[3]与此同时，皇室、贵族和大臣们仍挥霍无度，八旗子弟享受特权却不思进取，逐渐堕落成一群游手好闲的纨绔子弟。因此，也有学者指出所谓"康乾盛世"只不过是"饥饿的盛世"。[4]

"康乾盛世"是中国封建王朝最后一个盛世。所谓盛世，一般指那些在较长时间内保持政权稳定、经济繁荣、科技和文化发达的时期，这样的时代国家政权强大稳固、人民安居乐业，而乱世刚好相反，意味着国家的羸弱、外族的欺凌和人民的离乱。对盛世的期盼和渴望在中华民族的血液里一脉相承，成为超越阶级与阶层的集体性精神追求。封建时期的思想家向往"为往圣继绝学，为万世开太平"，老百姓则在戏里唱"宁为太平犬，莫作乱离人"，无论引领时代的领袖还是被时代浪潮裹挟的普通人，对盛世的渴求和对乱世的恐惧都是一样的。作为概念，"盛世"

---

[1] 见美国学者保罗·肯尼迪：《大国的兴衰》，国际文化出版公司于2006年出版。

[2] 见李强、徐康宁、魏巍：《"康乾盛世"真的存在吗？——基于经济数据测算的分析》，《北京社会科学》2013年1期。

[3] 见梁启超《新民说·论进步》。

[4] 见张宏杰：《饥饿的盛世：乾隆时代的得与失》，湖南人民出版社2012年10月出版。

第八章 清：盛世的终结

或许最早出自封建政治家和史家之口，但它代表了最为广大的人民心声和跨越时代的思想意涵，因而不能把它贴上"封建"的标签而加以摒弃。东汉末年有思想家指出："惟察九风以定国常，一曰治，二曰衰，三曰弱，四曰乖，五曰乱，六曰荒，七曰叛，八曰危，九曰亡。"在其看来国家存在的9种形态中代表盛世的"治"仅居其一，其它8种形态均与衰弱、离乱相关。[1] 据统计，发生在中国历史上的战争数量超过了世界战争总量的三分之一，从西周到民国约3000年时间里，即使排除掉一些国内局部战争和对外征战，发生大规模战乱或国家分裂的时间就超过了1200年，春秋战国之乱、三国两晋南北朝之乱、五代十国之乱、宋辽金元之乱、清末民初之乱被称为中国历史上的"五大乱世"。

所幸的是，中国的历史总能在治乱交错中曲折前行，如小说家所言"天下大势，分久必合"，不管乱世持续多久，中国这个大一统的中原国家最终又会走向统一，有时也会慢慢走向繁荣。乱世之后有盛世，人们把"汉武盛世""开元盛世""康乾盛世"并称为中国历史上的"三大盛世"，此外还有更多的治世，也就是那些虽不如盛世繁荣强盛但也政治相对清明、阶级矛盾相对缓和、经济发展相对较快、社会秩序相对安定的时期，如西周的"成康之治"、西汉的"文景之治"、东汉的"光武中兴"、南北朝的"永明之治"、唐代的"贞观之治"、宋代的"仁宗之治"以及明代的"永乐之治"等。乱世可以毁灭国家，可以中断文明，而盛世、治世又将裂隙暂时弥合、将伤痛暂时抚平，正是因为有这些盛世和治世中华文明才能历经数千年而生生不息，成为世界几个古代文明中唯一没有中断的文明。

人们渴望盛世，是因为盛世难得，盛世是短暂的。汉武帝在位时间算是比较长的，但也只有54年，其开始的几年大权尚且旁落，晚年国势又渐趋颓唐，算起来"汉武盛世"也只持续了不到50年时间；唐玄宗在位44年，但最鼎盛的开元时期不过

---

[1] 见荀悦《申鉴》。

28年，前强后弱、对比鲜明，即使把"贞观之治"的22年加在一起计，唐朝前期的这段盛世期也只有50年左右；清代康雍乾三帝在位时间相加有133年，算是最长的一段盛世了。"三大盛世"满打满算持续的时间不过200多年，在有国家概念以来的数千年历史长河中只能算几朵浪花罢了，这也就是孟子说的"天下之生久矣，一治一乱"[1]。

对于治乱交错的原因，朱熹将其归为"气运"，他认为"气运从来一盛了又一衰，一衰了又一盛，只管恁地循环去"，王夫之则将其归为"天道"，他说"一合而一离，一治而一乱，于此可以知天道焉"。[2] 其实历史的真相并没有那么玄奥，考察"三大盛世"的衰亡的原因，不难看出有以下几点：

第一，丧失忧患。

成书于战国时的《周易·系辞》告诫治政者"安而不忘危，存而不忘亡，治而不忘乱"，但这一点似乎很难做到。盛世创造的繁荣麻痹了众人，人们的忧患意识较创业时期大为降低，财富的增长又助长了人们的享乐思想，更削弱了人们的进取心。

汉武帝开创了中国封建王朝的第一个盛世，随着年龄的增长，汉武帝慢慢地也丧失了进取意识和创新精神，晚年更陷入昏聩，发生了"巫蛊之祸"，造成父子相残，太子刘据因此自杀，汉武帝虽然下罪己诏作自我批评，但汉朝的国势就此逆转，盛世已经不再。然而，皇室贵族在长期和平环境中形成了安于享乐的思想，晚年的汉武帝带头挥霍浪费，仅皇室的膳食、服饰和器物方面的开支每年就达5亿钱，约占全国财政收入的1/8，其他王公贵族也竞相攀比，催生出拜金主义和享乐主义。

唐玄宗在位的中期便逐渐骄傲自满起来，沉湎于享乐，史书说他"自恃承平，以为天下无复可忧，遂深居禁中，专以声色自娱"[3]。唐玄宗听信谗言，把包括太子在内的3

---

[1] 见《孟子·滕文公下》。
[2] 见王夫之《读通鉴论》卷十六。
[3] 见《资治通鉴》卷二百一十六。

个儿子贬为庶人，进而杀害，使政局陷入持续动荡，又宠爱杨玉环，使其兄杨国忠专权，朝政越发不可收拾，最终导致安史之乱的发生。当时宫廷贵族们的生活也十分奢靡，贵戚们向唐玄宗一次所献的馔食就有水陆珍奇数千盘，每一盘所需花费都相当于10户中等人家的财产，唐玄宗为杨贵妃的3个姐妹都修造了豪华府第，耗资巨大。

康雍乾三帝在位期间皇室、贵族和大臣们挥霍无度，八旗子弟享受特权却不思进取，逐渐堕落成一群游手好闲的纨绔子弟，他们害怕劳动，终日以打茶围、蓄画眉、玩票、赌博、斗蟋蟀、坐茶馆为乐，意志消磨，毫无斗志。

在中国历史上，每当面临艰难与困厄时，人们的忧患意识反而容易迸发出来，上至君王，下至普通百姓，都会将困难化作破除危机与风险的强大精神力量，这就是《素书·安礼》所说的"畏危者安，畏亡者存"。可是，太平日子过久了，人们又容易变得麻木与迟钝，容易满足于现状，从而看不到眼前的危机，失去了化解危机的最佳机会，盛世往往就此终结。

第二，财政困境。

盛世走向衰落往往会从各个方面发生，但最先表现出来的又往往是朝廷的财政，中国历史上"三大盛世"由强转弱都与财政逐渐出现困境有关，而造成这些问题的不是经济状况突然变差，而是统治者的好大喜功。

汉武帝强化国防，在位期间频频发起远征，维护了国家的统一，但由于不能"量力度德"，所以也有了穷兵黩武的评价，更为重要的是，大规模用兵带来了沉重的经济负担，经济改革创造出的成果因此被抵消，《汉书》记载汉武帝末年"天下虚耗，人复相食"[1]，全国总人口由高峰时的5000万一下子减少到3000万。

唐玄宗在全国设置十大节度使，让他们集军、民、财大权于一身，为贪功求官，节度使们经常蓄意挑起战争，加之唐玄宗本人也有好战的性格，结果边境地区的安定局面被打

---

[1]见《汉书·食货志》。

破，与吐蕃开战后双方互有伤亡，与南诏国开战后，20万唐军将士战死或病死，朝廷因此背上了沉重的经济负担，而"安史之乱"的发生又进一步加剧了唐朝的财政危机，乱前朝廷征收赋税的基数有900万户，乱后锐减到193万户，即使唐玄宗还想卧薪尝胆、从头再来，也没有机会了。

康熙皇帝在位时有三征噶尔丹，乾隆皇帝自称有"十全武功"，这些军事行动无不伴随着大笔的军费开支，康熙初年朝廷财政收入还不高，每年只有2500万两左右，其中80%用到了军费上。后来清政府的"家底"逐渐殷实，但有时也感到吃力，朝廷不得不在正常税收之外另想办法，乾隆皇帝在位期间，仅盐商捐输一项就超过1310万两。

盛世充满荣光，开创盛世将闪耀于青史，但更应该把握好理想与现实的平衡，保持清醒的头脑，克制"建功立业"的冲动，量力而行、建立有弹性的财政体系，以实现可持续发展。

第三，吏治反弹。

盛世的开创都经过了一段励精图治的过程，离不开官员队伍的精干、廉洁和高效，但承平日久，吏治又难免出现松懈反弹。

汉武帝在位的前期尚能任用一些能人、贤臣，但到后期却宠信江充这类投机分子，也出了田蚡、主父偃这样的大贪，最后发展成忠臣、廉臣受到排挤，行贿受贿成风的局面，司法腐败和军队里的腐败表现得也很突出，这些都削弱了官员队伍的整体力量。

唐玄宗在位的前期重用姚崇、宋璟等贤相，但后期不再任人唯贤，而看谁能投其所好，先后重用了李林甫、杨国忠等人，这些人要么"口有蜜，腹有剑"，要么"媚事左右，迎合上意"，结果忠言绝路、冤狱四起，吏治几乎全面崩塌。

康雍乾三帝在位的中后期吏治也开始逐渐变坏，虽经大力整顿但腐败问题依然突出，大案要案查一批出一批，尤其乾隆皇帝在位时，腐败更明显回潮，以至于后来出了和珅这样的大贪官。

第八章 清：盛世的终结

中国古代的历史存在治乱循环的怪圈，吏治似乎也一样。任人唯贤，官员队伍的素质就高一些；反贪腐工作抓得紧，官员就比较廉洁自律一些。但是，中间随时充满了变量，思想上稍有松懈，就立即会形成负面的连锁效应，贪官、庸官和懒政现象就会由局部蔓延到整体、由量变到质变，削弱了行政团队的执行力，影响到社会进步和经济发展。

第四，后继乏人。

在封建王朝统治下，治政呼唤明主、反腐依赖清官，统治者的个人的素质、能力对治国理政具有决定性作用。然而，封建帝王实行的是世袭制，从一般规律看，不可能代代都遇明主、英才，像康熙、雍正和乾隆祖孙三代都出类拔萃的情况在历史上已属罕见，现实的情况往往是一代不如一代，当杰出人物离世，后继位者天资平平、能力一般，在上代人卵翼下又没经过大风大浪的洗礼，很容易成为庸主，前辈人开创的盛世伟业更难以为继了。

汉武帝驾崩前，匆忙立年仅8岁的小儿子刘弗陵为太子，刘弗陵"生于深宫中，长于妇人之手"，加上年幼，皇权从此旁落，之后的刘贺、刘恂、刘奭、刘骜、刘欣等几任皇帝大多暗弱无能，毫无建树，西汉王朝始终中兴无望。

唐玄宗虽然有30多个儿子，但经历了一场安史之乱，国力严重衰微，皇权受到一定动摇，唐玄宗到西蜀避难，儿子李亨在灵武继位为皇帝，即唐肃宗，唐玄宗称太上皇。李亨不思如何平定国难，反而处心积虑防范父亲，形成权力分裂。李亨死后，儿子唐代宗李豫在位的时间虽然不短，但能力平平，无法承担起唐朝中兴的重任。

乾隆皇帝有17个儿子，选谁为接班人成为他头疼的事，曾先后立过3位皇太子，最后正式立第十五子颙琰为接班人，即嘉庆皇帝。虽然选来选去，但事实证明嘉庆皇帝缺乏前三任皇帝的雄才大略，视野不够开阔，身处世界发展转型与变革的关键时刻，却大力实行闭关锁国政策，让中国失去了与世界同步发展的机会。

盛世带来和平与繁荣,但这样的日子过久了人们就容易麻木,丧失忧患意识。孟子说"君子有终身之忧,无一朝之患也"[1],只有生于忧患、又始终不忘忧患,才能不忘初心,树立起历史的使命感和责任担当。历史经验还表明,任何时候都要保持艰苦创业的本色,"成由勤俭败由奢",要反对骄奢淫逸之风,反对享乐主义,不能因为这些而削弱了进取之心。还要坚决克服官僚主义,克服庸官、怠政现象,坚决反对腐败,建立起廉洁、高效的干部队伍。

二、被鸦片打败的财政

嘉庆皇帝驾崩后,皇位传到次子爱新觉罗·旻宁手中,即道光皇帝。道光皇帝于1820年继位,时年38岁。此时大清国已由盛转衰,从经济上看,嘉庆皇帝单单为镇压一个白莲教起义就花费了2亿两军费,相当于朝廷5年多的财政收入,漕运问题、八旗问题以及西北回部问题、官员贪污和不作为问题等都日益凸显,道光皇帝接手的可以说是个烂摊子。但道光皇帝颇有大志,登基后改组军机处、整顿漕运和河防,颁布了许多制度严查贪污,取缔部规陋习、强化吏治,同时修改盐法、允许开矿,在节流的同时大力开源,朝廷的财政状况有所改观。登基的第六年出兵西北,平定了回部张格尔叛乱,维护了国家的统一和领土完整,因为这些成绩道光皇帝获得了"小康熙"的美誉。

乾隆年间鸦片流入中国,嘉庆时已有泛滥之势,对鸦片的社会和经济危害道光皇帝有着比较清楚的认识,所以登基之后即不断下令严禁。登基的当年,道光皇帝接到广东方面的报告,说查获了澳门屯户叶恒澍贩卖鸦片,道光皇帝亲自过问,下令断绝澳门与黄埔间的交通。当时外商来中国只能在广州做生意,要到广州第一关

[1] 见《孟子·离娄下》。

是澳门,第二关是黄埔,断绝二者之间的交通意味着广州海关对外贸易的中断,也意味着整个中国官方对外贸易的中断,此次中断长达2个月。叶恒澍一案最后得到彻查,负责对外贸易的广州"十三行"受到严厉追究,朝廷重新颁布了禁烟谕旨,规定开烟馆的将处以绞刑,贩卖鸦片的判充军,吸食鸦片的处杖刑,刑罚较前代大为升级。

除登基第一年即严令禁烟外,其后各年道光皇帝又不断颁布谕旨,一再重申对鸦片必须予以禁绝:第二年,严禁海上缉私的水师官兵私放鸦片船及偷漏银两;第三年,颁布《失察鸦片烟条例》,重申偷漏卖放禁令;第九年,颁布《查禁官银出洋及私货入口章程》,命两广总督等妥议截禁鸦片来源及严禁洋钱流通章程;第十年,颁布《查禁鸦片分销章程》,命内阁通谕各地严禁内地种卖鸦片;第十一年,颁布《严禁种卖鸦片章程》,命两广总督确查外船囤积私销鸦片积弊并酌议杜绝办法;第十三年,命各省督抚严防外国船只侵入内地洋面;第十四年,命闽浙总督等妥善斟酌肃清洋面之策。

派林则徐赴广东禁烟前,清政府内部进行过一次大讨论,出现两种观点:一是主张严禁,手段要硬要狠;二是主张弛禁,认为不能太极端,甚至认为可以通过鸦片贸易合法化来增加税收。两种观点激烈交锋,道光皇帝曾把严禁派官员黄爵滋的奏折发往各省督抚及盛京、吉林、黑龙江将军,让他们发表意见,结果收到29条反馈意见,赞成严禁的仅有8条,反对的21条。但道光皇帝采纳了少数派的意见,在林则徐去广东前他半个月里19次进行召见,商谈禁烟事宜。正是由于道光皇帝的大力支持,林则徐、邓廷桢等人才得以用霹雳手段在广东等地查禁鸦片。

1839年5月12日,林则徐领导的民间缴烟完成,拘捕吸毒者和烟贩1600多人,收缴鸦片46.15万两、烟枪42741杆、烟锅212口。5月18日,鸦片收缴全部完成,包括英国商人在内共收缴各国商人的鸦片共计19187箱和2119袋,总重量237.6万斤。林则徐奏请将这些鸦片运京,在北京销毁,道光皇帝批准,但随后有人向道光皇帝建议,数百万斤鸦片往北京运,耗费人力物力巨大,且不安全,不如就地销毁。

道光皇帝于是给林则徐下诏,鸦片"毋庸解送来京",改为就地销毁,同时要求销烟活动公开举行,"俾沿海共见共闻,咸知震詟"。[1]当虎门销烟的情况传到北京后,道光皇帝对林则徐的禁烟成绩非常满意,在诏书中指林则徐等人为"亲信大臣",进一步表明支持禁烟的态度。1839年8月30日是林则徐55岁生日,道光皇帝御笔题写了"福""寿"二字赐给他,并题字"愿卿福寿日增,永为国家宣力"。对禁烟可能引起的冲突道光皇帝并非没有想过,但他不怕。当时清政府上下对外部世界都所知甚少,许多大臣认为仅凭"天朝声威"就可以"慴服夷人",完全不把洋人放在眼里。

紧接着,英国舰队大举入侵,这支舰队的主力是16艘主力战舰、500多门舰载炮以及不到数千人的陆军。从1840年6月到1842年8月双方共进行了较大规模的战役12次,清军投入的总兵力超过10万人,英军最多时不过7000人,但英军以少胜多,在北至天津、南到广州的数千里海陆如入无人之境。战后统计,清军共战死约3100人、伤4000余人,英军战死71人,伤400余人,英军因疾病、食物中毒、船只倾覆等非战斗死亡2000多人,战斗死亡不足人员损耗总数的4%。即使这样,中国方面的损失仍然是有限的,死伤合计不到万人,对于80多万常备军来说尚谈不上重创,更何况还有4亿多人口可以动员,而战事主要集中在沿海地区,英军的战术基本是打了就走,除少数几个地方外,英军并没有占据中国多少领土。

对于一场国与国的全面较量来说,打到这种程度只能勉强算是个开头。对英军来说,虽然所向披靡,但区区不到万人就想全面征服中国,估计他们也没做过这种打算。然而,道光皇帝继续往下打的决心越来越动摇,因为他的日子很不好过。战事

[1]见魏源《道光洋艘征抚记》。

第八章 清：盛世的终结

一开，各地要钱的奏折如同雪片般飞向道光皇帝的御案。在收复定海战役时，浙江方面提出从藩库临时支出 10.5 万两，不几天又报告说这笔钱不够用，要求将原本协济云南和上解户部的 96.28 万两截留作为临时军费，为了应急朝廷只得批准。

英军第二次炮击厦门，闽浙总督邓廷桢奏请从藩库、监道库中再拨银 15 万两，朝廷诏准。琦善赴广州主持军政事务后，道光皇帝指示所有军需，无论地丁关税都准其酌量动用。琦善不客气，立即回奏急需大量款项，道光皇帝下令户部从广东邻近省份临时拨银 300 万两给广东。清朝军费支出实行奏销制，花钱先报计划，批准后才能支用，这是平时的情况，紧急事态下要应急就得皇帝"特批"了，所以要钱的个个理直气壮。然而，管钱的人却如坐针毡，如果放在乾隆朝，有 8000 万两的库存白银在手，这个家谁来都好当，但现在朝廷财政仅能勉强维持，财政没有余钱可支，如果按这样花下去就麻烦了。道光皇帝一开始对军费奏请还比较大方，后来就越来越抠了。1841 年 3 月，新任闽浙总督颜伯焘奏称急需 300 万两，奏折先到户部，户部打了个对折，准备拨给 150 万两，呈请道光皇帝朱批时，又被删去了 50 万两。1841 年 8 月英军攻陷厦门，福建方面急请拨款 300 万两，道光皇帝索性不准。

当时，清军自知在海上打不过对手，于是改在重要江海要塞防守，由于不知道英国舰队的进攻方向，只得处处设重兵死守，人就不够用了，只得从相邻省份调兵。军队开拔不是小事，须支付整装银、盐菜口粮、车粮行船路费等，比如要调东三省满营出征，军官整装银就得按 80 两至 350 两的标准发放，士兵为 30 两，盐菜口粮银的发放，满洲旗人士兵每月 2.2 两，绿营士兵每月 1.3 两。清军平时的军费只是人头费和简单的日常训练费，却不包括"开拔费"，按几万人调防去计划，这将是一笔不小的数字。

不给钱还要人家上路，的确没道理。道光皇帝还不算昏庸，没有硬逼将士们饿着肚子去上阵，他的用兵方针是能不调动就不调动、能早些撤防就早些撤。1840年9月，英国舰队从天津退往山东海面，道光皇帝赶紧命令沿海各省撤防，"以节縻费"，但3个月后广东局势再报危急，又只得下令增防。1841年7月，奕山在广州谎称取得胜利，道光皇帝没有核实真伪，迫不及待地再次下令各省撤防，结果英军随后发起新一轮进攻，清军来不及重新布防，吃了大亏。撤了布、布了撤，纯粹瞎折腾，贻误了不少战机，增加了不少伤亡。但说起来，还真不是道光皇帝指挥水平不行，而是经费问题困住了他的手脚。鸦片战争期间经道光皇帝之手批出去的军费超过2000万两，加上其他方面的投入清政府额外的军费支出超过7000万两，而1842年清政府全年财政收入不过3714万两。

这就是道光皇帝最后选择求和的原因，而英国人本来也没打算就此占领或灭亡中国，所以也愿意接受。据参与《南京条约》谈判的两江总督伊里布的幕僚张喜说，英国人开始提出的赔款是3000万银圆，经过讨价还价最后确定为2100万银圆，[1]当时还没有"袁大头"，这时指的是西班牙银元，每枚含银约0.72克，2100万银圆折合白银约1470万两。

英国人为打这场仗花了多少钱呢？1843年5月英国政府曾就在中国的战争花费问题接受过议会质询，留下一份对华战争的账单，根据这份账单其总费用是421.5万英镑，按当时广州海关货币兑换的行情，1中国海关两约合6先令8便士，即1英镑约等于3两，英国远征舰队的军费支出约1263万两。

从常识来说似乎有点儿不通：花1200多万两军费去打仗，尽管打得很顺手，但毕竟也损失了那么多人，只要求1400多万两的赔偿，不符合"侵略逻辑"。后来八国联军侵华，法国只派了800人参加，付出微小的伤亡代价，不仅劫掠走大批宝藏财富，战后还分了7000多万两赔款，俄国派了4000人，分去1.3亿两。但这正是英国人的"高明"之处，他们知道光皇帝此时最关心什么，如果赔款要得太多，道光皇帝不仅心疼而且又实在拿不出来，恐怕还要死战下去。英

[1]见张喜《抚夷日记》。

国人有比钱更看重的东西，那就是香港的割让以及通商口岸的扩大。

道光皇帝关心的并不是英国人最在意的，英国人最想要的道光皇帝似乎也不太关心，所以《南京条约》就签订了。《南京条约》在清政府内部有个"万年和约"的名称，道光皇帝希望这份条约能就此结束噩梦。然而噩梦没有结束，《南京条约》打开了一个魔盒，中国从此开始了上百年的屈辱史。

检讨鸦片战争失败的原因，有人说近代中国没有走上工业化道路，军备制造、军事训练与西方存在几个世纪的差距，才造成了这样的结果，道光皇帝战略上的摇摆也负有不可推卸的责任。但回到体制和制度层面去反思，这场战争的失败恐怕还有更深层次的原因，比如财政体制方面。清朝建国200年来，财政收入大体维持在3000万至4000万两白银的水平上，没有大起也没有大落，这种"超稳定"状态与清朝财政收入结构有关。在清政府的财政收入中地丁、盐课、关税是主要项目，其中与土地相关的地丁一项通常占2/3左右。由于土地面积是相对稳定的，如果税率没有大的改变，这项收入自然相对稳定，这是以自然经济为主导的农业国家财政的共同特点，不仅清朝，之前的历代王朝也基本维持着这种状况。

但在这种状况下政府的作为是十分有限的，财政支出只能保障军费、官俸、皇室支出以及赈济等几项，财政余地不大，遇到对内和对外战争只能采取临时性加税、捐纳等手段予以筹办。财政支出的这种维持性决定了军费与军备的维持性，即使面临严重的军事威胁，这种惯性也难以迅速改变。清政府对军事并非不重视，每年财政收入的一半都拿去做了军费，但这些钱还是太少了，按每年2000万两计算，平均到80万人的头上，人均只有25两，勉强算个"人头费"，发展军事科技、造船造炮、强化训练，哪有财力去保障？

国家是阶级矛盾不可调和的产物，政府是国家的管理形式和结构形式，政府除了保护人民安全、协调内部矛盾外，更重要的是要有能力保护国家的领土与主权。要履行好这些使命，政治、军事、外交和法律的措施都必不可少，而财政通常也是重要的手段之一，财政不能仅以维持政府运转为目的，它还有配置资源、调节分配、促进经济发展的任务。当英国已经完成了资产阶级革命和产业革命，对国家和政权有了新的认识时，而中国还处在2000多年前的秦朝所确立的封建统治框架之下，对付几场农民起义还可以，去跟已完成近代化的西方国家打，没有取胜的可能。鸦片战争折射出来的工业制造能力、军事实力的巨大差距只是表象，国家治理体系、治理思想的巨大差异才是要害，双方的差异由表及里再由里及表，把各自的综合实力早已框定在了不同的等量级上，地盘、人口、常备军乃至所谓GDP，不仅帮不了忙，反而误导了决策者。

三、失败的咸丰币改

《南京条约》签订后的第8年，即1850年（道光三十年），这一年的正月十四日道光皇帝驾崩，时年68岁。道光皇帝共有9个儿子，其中第四子奕詝本年20岁，即皇帝位，是为咸丰皇帝。

咸丰皇帝刚登大宝，头疼的事便接踵而至。户部报告说存银才只有187万余两，各省秋拨大多数还未起解，在途的也只有225万两。这个数字与常年相比相差甚大，为解燃眉之急，户部奏请"筹饷事例"，也就是按"老办法"临时筹钱。所谓"老办法"主要指捐纳，这是好听的说法，说得难听些就是买官卖官。这不是一件光彩的事，所以新帝登基通常会下诏停止捐纳，户部此时提出这样的建议，实在是被逼得没办法了。咸丰皇帝开始批准了这项建议，但后来又叫停，转而发谕令让各省督抚清清家底，看能不能挤出点儿钱报上来帮朝廷应急。

户部奉旨去摸各省的家底，报上来的数字让人心寒：各省情况不同，"请留"的省份自己的钱还不够用，要靠其他省帮助，自然拿不出一文钱；

"留协"的省份情况好些,但清查下来总共也只有26万两可调用,这些省份中还有一些钱原本是准备留给自己备用的,即使加上这些总数也只有130万两,全部解到京城也无济于事。咸丰皇帝让户部再想想办法,户部憋了半天,提出了几条应急措施:停发文职六品以上、武职四品以上官员的俸银一年;裁撤文武官养廉银以作军饷;提取当铺、杂商生息成本银;增加学额和乡试名额,目的是增加学费和考试费收入;重开捐纳,并实行劝捐。一个堂堂大国,都在打那点儿学费、考试费的主意了,财政困境可想而知。

1851年(咸丰元年)初,广西爆发了太平天国金田起义,为镇压这场起义,清政府又被迫增加了大笔军费支出,财政雪上加霜。在极端困难的情况下,1853年(咸丰三年)朝廷在山西、陕西、广东等省议行"劝捐"。随后,咸丰皇帝还谕令清查历年查抄获罪官员财产情况,内务府回奏说历年查抄家产所得款项已经陆续用光了,库里太值钱的东西已经没有,只有3口金钟,重33000余斤,咸丰皇帝马上决定把金钟熔铸成金条,并把这件事交给他的弟弟恭亲王奕䜣去办。经过5个月的熔铸,最后铸成带"咸丰三年制成"字样的5两金条1000块,10两金条500块,2两金条4000块,3两金条3000块,还有未铸字的5两、10两、15两各3块,总计重27090两。

上述临时性措施虽能多少缓解一些财政压力,但都解决不了根本问题。在这种情况下有人提出用币制改革的办法来解决钱的问题,其中四川学政何绍基提出的具体建议是铸造3种"大钱",一种是1枚当100枚铜钱用,一种是1枚当500枚铜钱用,一种是1枚当1000枚铜钱用。何绍基不仅是著名书法家,没准还是个"三国迷",因为他的这个办法如同当初蜀汉铸造的"直百五铢"和孙吴铸的"大泉当千"。咸丰皇帝虽然没有立即批准何绍基的建议,却将该奏折交户部存记。之后,御史蔡绍洛再奏请铸"大钱",咸丰皇帝已被财政危机弄得焦头烂额,就批准了。

1853年（咸丰三年）五月，首先铸"当十大钱"，1枚当10枚制钱使用，但重量仅6钱，钱上铸"咸丰重宝"字样；八月，又铸"当五十大钱"，1枚当50枚使用，但重量仅1两8钱，钱上铸"咸丰元宝"字样；十二月，户部又奏请铸"当千大钱""当五百大钱""当百大钱"等，全部诏准，在除西藏、蒙古以外的各省通用，其后有18个省开铸了大钱，到1856年（咸丰六年）各省铸造大钱的铸局多达26个，除铜制"大钱"外，还铸造了铁"大钱"、铁制钱和铅制钱等，形式十分丰富。

除了铸造"大钱"，朝廷还发行了纸币。一开始，由于之前有太多历史教训，所以清朝皇帝都不敢轻易尝试纸币。1814年（嘉庆十九年），侍讲学士蔡之定奏请发行纸币，即遭到嘉庆皇帝的严厉申斥。然而，在财政危机愈演愈烈的情况下，印行纸币的呼声再起。在所有建议中陕西道监察御史王茂荫的奏折最后打动了咸丰皇帝，王茂荫提出"钞法十条"，主张用稳重的方针印行纸币，控制数量、调节流通、维持币信。1853年（咸丰三年），咸丰皇帝擢升王茂荫为户部右侍郎兼管钱法堂事务，派他与左都御史花沙纳等人主持印行纸币，王茂荫等人迅速拟定出《试行官票拟订章程十八条》，于当年5月开始推行银钞。

此次发行的纸币称"官票"，先在京师试用，之后向各省推广，面额以银两为单位，有1两、3两、5两、10两和50两等不同面值，用高丽纸印制，上有满汉文"户部官票"字样；同年又颁布《钱钞章程》，发行"钱钞"，以制钱为单位，有250文、500文、1000文、1500文和2000文等面值，用较好的白纸印制，上有汉字"大清宝钞"。这两种纸币同时运行，合称"钞票"，这也是民间把钱俗称为钞票的由来。对清政府而言，"大钱""钞票"仓促上市，其目的只为解决迫在眉睫的财政危机，自然缺乏细致的章程和准备，所发行的"钞票"又明确为不可兑换纸币，民间对此疑虑重重。发行当年京师所在的顺天府就推行遇阻，其中以"官票"的阻力最大，因为它面值太大，又不能兑换成真正的银两，所以商人普遍拒绝接受。

在朝廷的强力推行下"钞票"又勉强维持了几年,但贬值程度相当惊人,1861年(咸丰十一年)6月官票"似已绝迹不行",而钱钞"则跌落到2.6%至5.2%",可以说"惨到极点"。[1]但这又让外国商人找到了机会,他们以很低的价钱从社会上大量收购"钞票",之后拿到清政府海关,以原面值充当税款,因为是国家法定货币,海关竟然不能不收。据统计,"咸丰十一年间发行大钱票钞共合银60249000两以上,而同一时期户部银库收入总计大约在86673000两,前者约当后者的69.5%"。[2]6000多万两虽不可能全是"空手套白狼"所得,但清政府无疑用很小的成本就得到了这笔钱,比起捐纳、劝捐,这种财富掠夺更具有隐蔽性和普遍性。

中国人不可谓不聪明,中国历代君王对财富的渴望不可谓不强烈,但纸币这个能带来显而易见好处的东西却在中国古代屡试屡败,这是因为人们只看到它的好处,而没有看到发行它应当具备的严苛条件。鼓吹发行纸币的一些大臣甚至认为,纸币与金属货币一样,价值多少都由朝廷决定,朝廷定多少就是多少。其实纸币本身几乎没有使用价值,它的货币价值体现在国家信用上,没有国家信用的支撑纸币一钱不值。

发行纸币的目的应该定位于方便市场流通、活跃和完善金融市场上,而不是解决财政困难或者临时用来聚财敛财的工具,所以发行程序应当极为严格,发行额度应当科学计算,没有计划和节制的滥发其实是把纸币变成了一种面向整个社会的强迫性公债,必然使其失去信誉,进而引发通货膨胀和金融市场的混乱。咸丰朝这次"币制改革"前后不足10年,虽然"赚取"了数千万两银子,帮助朝廷勉强渡过了财政危机,但对经济的破坏性却是严重的,加剧了晚清经济和财政状况的进一步恶化。

[1] 见魏建猷《中国近代货币史》,黄山书社1986年出版。
[2] 见彭泽益《十九世纪后半期的中国财政与经济》,中国人民大学出版社2010年出版。

四、全国范围的"乱收费"

咸丰朝的"币制改革"因先天不足而失败,未能形成为财政源源输血的长效机制,清政府的财政困境仍未摆脱。财政问题带来连锁反应:由于财力不足,赋税征收的力度就不断加大,加上清查历年"积欠",激化了社会矛盾;还是由于财力不足,清政府的基层权力体系被削弱,地方逐步"空心化",加上社会矛盾尖锐,造成天地会、哥老会等帮会势力的兴起,并最终引发了太平天国运动。

太平天国运动让清政府措手不及,与丢城失地相比一个更严峻和令人头痛的问题摆在咸丰皇帝面前:为镇压太平军又要支付巨额军费,从哪里来?1853年(咸丰三年)户部奏称:"自广西用兵以来,奏拨军饷及各省截流筹解,已至二千九百六十三万两,各省地丁、盐课以及关税、捐输,无不日形支绌。"大学士文瑞的奏折更让咸丰皇帝看了触目惊心:"现在户部库存不过支三、四两月,兼之道路梗塞,外解不至,设使一旦空虚,兵饷亦停,人心猝变,其势岌岌不可终日。"[1]

别的钱可以拖,兵饷却不能拖,拖则生变,这个道理咸丰皇帝懂。但是办法在哪里呢?在清政府财政收入里地丁是大项,其次是盐税、关税,这几样都是着急办不来的,况且太平军攻城略地后大片地区"沦陷",税基大减,即使能收上来也较常年大为减少。在这种情况下,有人建议开辟新的税种,拟对经商的上等铺户每月征银2钱,中等铺户每月征银1钱,小本下户及工匠等免征,等于是国家对中、上等铺户收取"月租费",该办法计划先在北京试行,之后推广到各省城,再推广到各州县。然而试行并不顺利,1853(咸丰三年)十二月,新税种还未开征,仅向商户传达了有关律令,京城各家钱铺、粮店等便以闭市作对抗,不仅给百姓生活带来不便,而且现在是非常时期,任何惊

[1] 见《清文宗实录》卷九十七。

扰都可能产生无法预期的动荡，清政府赶紧收回成命。

正当咸丰皇帝和大臣们一筹莫展的时候，来自江苏前线的一份奏折引起了咸丰皇帝的注意，这份奏折提出了一个筹钱的好办法。上奏折的人叫雷以针，1853年（咸丰三年）初他以左副都御史的身份会同河道总督杨以增巡视黄河，事毕雷以针主动上奏杀贼自效，得到批准。雷以针捐资募勇，自成一军，扎营于扬州东南之万福桥，此时钦差大臣琦善在扬州建江北大营以对付太平军，雷以针所部归琦善节制。按理，雷以针所部的经费应由琦善解决，但琦善正为自己的军费发愁，哪能顾得上一支杂牌军？正当雷以针所部进退两难之际，一个名叫钱江的浙江监生跑来向他献策，以收取厘金的办法筹措军费，该办法在扬州仙女庙、邵伯等地试行，效果很好。

所谓厘金，就是向商户和商品征税，最初的想法是"每百分仅捐一分"，一分又是一厘，故称"厘金"。咸丰皇帝看到奏折后大为高兴，立即着两江总督怡良、江苏巡抚许乃钊等人加以推广。办事效率一向很低的清政府这次动作却很快，1855年（咸丰五年）四月湖南巡抚骆秉章就办起了全国第一个省级厘金局；八月，以兵部侍郎身份在江西督办军务的曾国藩也在江西试办厘金；十一月，湖北巡抚胡林翼在湖北试行；十二月，四川总督黄宗汉在四川创办厘金。到1857年（咸丰七年），全国各省基本上都开征了厘金。

厘金分两种，一种是"坐厘"，类似于商品税和交易税，另一种是"行厘"，类似于通过税。也就是说，无论货物在本地还是异地销售，不仅本地要收钱，而且在贩运途中所经之地也要收钱，而后面这种"通过税"更是厘金的大头。征收的对象最早是米、盐、布匹等日常所需物品，后来扩展到几乎所有品类，分为百货厘、盐厘、洋药厘和土药厘四种，其中"洋药厘"专指进口鸦片厘金。据对江苏、广西、浙江等省的统计，每省收取厘金的商品多达数百至上千项。收取的比率也很快突破了1%的设计，根据商品种类不同,各地分别制定了不同的比率,江苏的平均费率为5%,广东为7%,福建高达10%。[1]

一开始,厘金征收多由隶属军需部门的各省粮台、军需局、筹铜局等代理,随着征收规模的不断扩大,各省都设立了厘金局,有的也称厘捐局、捐厘局、税厘局等,省里设总局,府县及口岸分设大大小小的分局、分卡,配巡队、巡船,形成"五里一卡、十里一局"的局面,仅湖北一省所设立的厘金局、卡,最多时就达到了480多处。[2] 厘金的征收迅速解决了军费这个燃眉之急,据有关史料统计,在镇压太平天国运动期间曾国藩共报销军费2000余万两,其中由厘金支出的就高达1600万两左右。

站在公共财政的立场看,这时候收取的厘金还不能称为"税",而只能是一种收费。税收是筹集财政收入的形式,而收费是政府有关部门为机构和个人提供特定服务而向直接受益者收取的代价。税收的主体是国家,收费的主体是行政部门;税收具有无偿性,收费则用于成本补偿的需要;税收由国家列入预算统一安排,而收费具有专款专用的性质。以筹集军饷为初始目的的厘金未能及时纳入政府的预算中,在征收工作中,各地执行办法不一,形成各自为政的局面,各省的总局委员由督抚任命,户部的官员铨选规则在此失效,征收和管理的权力基本上也在地方手中,以至于各地实际征收了多少朝廷也不能真实掌握。从这些情况看,厘金只是一种收费,还是一种"乱收费"——充满着混乱的收费。

厘金制度虽然帮助清政府暂时渡过了财政难关,让其没有立即倒在太平天国的面前,但该制度的推行却从多个方面极大地破坏了国家经济,让清政府从此再无翻身的可能。

第一,妨碍了商品贸易的正常进行。

各地遍设局、卡,过则收费,形成一个个内部的"贸易壁垒"。有人做过统计,要把湖北的砖茶

---

[1] 见罗玉东《中国厘金史》,商务印书馆1936年出版,2010年重印。

[2] 见《清会典事例》。

运到内蒙古，一路上须交厘金及正常关税 13 次，把羊毛从包头运往北京要交 17 次。从自贡到重庆一路上有局、卡 21 个，从涪陵到重庆有 16 个，在苏州的大运河上几乎每隔 16 千米就有一个厘卡。商户还常受到官员刁难，反复翻检货物，耗费大量时间。

第二，抬高了商品和原材料价格。

据 1874 年 10 月《申报》的一则报道，苏州和上海短短一点儿距离商贩就要"报捐"3 次，交纳的厘金"适当资本的二成或三成不等"，如果运到更远的地方，厘金在成本中所占比例可想而知。商品价格的提高一方面加重了百姓的生活负担，另一方面提高了原材料价格，损害了本已脆弱的民族手工业和制造业的发展。

第三，严重影响了中国商品的竞争力。

为鼓励对外贸易，一般国家都会实行税收保护主义政策，对本国商品实行税收优惠而对别国商品加重税率；清朝政府则相反，在列强的胁迫下通过签订一系列不平等条约不断降低国外产品的关税，并在相关条约中规定洋货"自在某港按例纳税之后，即准由中国商人遍运天下，而路所经过税关不得加重税例"，也就是洋货免征厘金。本国产品从原材料采购到生产、运输和销售等环节都承担着沉重的税费，严重削弱了本国产品的竞争力，为洋货在中国的倾销打开了方便之门。

第四，削弱了中央集权。

开征厘金后，清政府的财权不断下移，以奏销制、协留款制为核心的"收支两条线"制度名存实亡，地方督抚财权扩大，并进一步向人事权延伸，削弱了中央集权。太平天国运动后曾国藩、左宗棠、李鸿章等一批有实力的地方督抚纷纷崛起，其基础就是从办厘金开始的。

站在清政府的角度，如果应对得当也许是另一种局面。道光、嘉庆时期清朝仍拥有世界第一的人口基数和排名前列的经济规模，商业、手工业也有长足发展，但朝廷税收体制延续着千百年来习惯的做法，即以土地税、盐税为主体，商业税微不足道，因此造成了财政的贫乏。根据当时的情况，改革税收体系、增加商业税征收具有一定的现实条件和物质基础，但清政府缺乏这方面的远见和规划，情急之下草草推出的新税又因遭到抵制而不了了之。当初，如果通过科学的规划把厘金变成正常的商业税收，制定全国统一的征收规则，组建统一的征收队伍，把收入纳入国家财政预算的统一安排，钱一样收上来了，而情况或许没有这么糟。一场大规模的"乱收费"虽然部分解决了清政府的财政难题，延续了王朝的寿命，但也制约了商品贸易和经济发展，削弱了中央集权，断送了大清王朝的最后机会。

五、金融缺位的洋务运动

十九世纪上半期中国发生了两件大事，一是鸦片战争，二是太平天国运动。对清政府来说，在外患、内忧的双重夹击下国势更加衰颓，根基更加不稳，表现在经济上就是国家的财政状况日益恶化。鸦片战争前清朝的财政收支基本平衡并保持少量盈余；第一次鸦片战争赔款高达1960万两，支出军费约4000万两；第二次鸦片战争赔款1600万两，军费不少于4000万两。两场战争下来，产生了1亿两的额外支出，大约是1840年财政收入的3倍，这彻底改变了清朝的财政状况。随之爆发的太平天国运动，一方面使国家财政收入大幅减少，如1853年的财政收入还不到正常水平的一半；另一方面每年都要增加一笔巨大的军饷支出。

面对政治经济已难以为继的局面，李鸿章、左宗棠、曾国藩、张之洞等一部分朝廷官员意识到中国正面临"数千年未有之变局"，他们"痛定思痛"，提出学习西方先进科技、富国强兵的口号，得到了朝廷的支持。1861年（咸丰十一年），朝廷设立总理各国事务衙门，除负责外交，还负责推动包括新式教育、交通、工业、经济、军事等各项建设，拉开了洋务运动的序幕。其后一批"洋务派"受到重用,在他们的主持下,各地大规模引进西方先进科学技术,以"自强"为口号创办了江南制造局、金陵制造局、福州船政局等一批近代军事工业项目,在很短时间内填补了铸铁、炼钢、机器生产等方面的空白;又以"求富"为口号大力发展民用工业和新式交通运输业,创办了一批近代矿业、电报业、邮政、铁路等企业,近代纺织业、自来水厂、发电厂、机器缫丝、轧花、造纸、印刷、制药、玻璃制造等工业企业纷纷建立起来,缩小了与西方先进国家在这方面的差距。

办工厂、造机器、修路架桥,这些都需要大量资金,尤其造枪造炮、买军舰、办学堂还是"只出不进"的花钱项目,洋务运动兴起的30多年间共兴办了19个军事工业企业、30个民用工业企业,还兴办了一批近代交通运输企业,清政府眼看日子都过不下去了,突然之间哪来这么多钱呢?

资金的确是个大问题,为了解决这个问题清政府和"洋务派"们都想尽了办法,在国家和地方财政都极为困难的情况下努力解决资金来源问题。军事工业主要靠政府投资,具体来源是军费拨划,如江南制造局刚建立时每月需要经费约1万两,是从淮军军费中列支的。中央财政困难,有时就直接从上缴国库的关税、厘金中留一部分充作经费,再不足时靠"洋务派"分掌的各地财政予以解决。至于民用项目,资金来源主要有官款和招商引资两部分,官款即财政资金,一般不直接投资企业,而以"借垫"的形式给企业使用,以此为"启动资本"设立公司,向社会出售股份获取资金,如轮船招商局设立时借垫官款13.5万两,同时以股份制形式募集股金100万两,作为开办企业的资金。

可以看出,办洋务的资金一部分来自中央和地方财政的拨款,一部分来自以股份公司名义募集的资金,资金的这种来源方式决定了企业"所有制"形式,一种是官办,一种是所谓"官督民办";前一种是纯粹的"国企",后一种虽然打着股份公司的旗号,但控制权都在"洋务派"手中,如 30 家民用工业企业中李鸿章经办的就有 12 家，他们"亦商亦官"的身份决定了这些企业其实也都是"国企"或"准国企"。

这一点与西方近代工业化国家有所不同。19 世纪 30 年代德国开始了近代工业化，其解决资金来源的渠道主要有两条，一是从银行融资，二是设立股份制公司吸引民间资本。同期的法国除了通过银行募集资金外还进行了金融创新，设立了"土地信贷银行""动产信贷银行"等类似于交易所性质的金融机构，将社会闲散资金集中起来支持工商业发展，在提高资金使用效率的同时也降低了融资成本。在中国洋务运动兴起前后，近邻日本正经历着一场明治维新运动，实现近代工业化是其中重要内容，其资金来源主要是国内已经有相当实力的金融业，1868 年日本维新政府上台，2 年时间就印出了 4800 万日元的纸币，仅拿出其中的一半就解决了维新政府的日常运转问题，剩下的是支持本国工商业发展的资金。

从西方工业近代化的成功实践可以看出，其工业化的资金来源主要是本国金融体系以及通过设立股份制公司等手段募集社会资金，政府直接投入并不是资金来源的主渠道。政府的财政资金总是有限的，靠省吃俭用筹集建设资金难免捉襟见肘，更何况清政府的财政岌岌可危，依靠它推动近代工业化进程，不用说民用工业，就连朝廷力保的军事工业在关键时刻也经常"掉链子"，李鸿章曾费了很大力气为海军争得每年 200 万两共 5 年的军费和相关军事工业投资，但实际拿到手的仅有 50 万两，一向强势的李鸿章也无可奈何，因为朝廷财政能挤出来这点钱已经费了九牛二虎之力。

政府不花钱也能办成事，而且办得更好，一向标榜"师夷长技以制夷"的"洋务派"们难道不明白这个道理吗？道理未必不明白，但面对现实"洋务派"们却无能为力，因为这个问题涉及了制度层面，也就是体制问题。"中体西用"是洋务运动最根本的指导思想，体制是不能轻易改变的。

从金融体制上看，清朝中期以后实行的是从明朝继承而来的银本位

第八章 清：盛世的终结

制，主币是白银，而且是银两，国家也没有真正意义上的银行，不能像日本那样通过准备金制度和杠杆效应发行信用货币，政府没有钱，能想到的就是加捐加税。当时也有钱庄和票号这样的金融机构，但它们与近代银行有很大不同，钱庄、票号一般规模较小，经营上以家族管理为主，业务仅限于国内或某个地区，借款利率较高，向它们借款的人多以应急为主，很少用于生产性资金周转，这些特点决定它们无法代替银行的作用，也满足不了政府大宗借款的需求。

维持政府运营需要钱，巨额军费需要钱，办洋务也需要钱，省吃俭用无济于事，加捐加税也有极限，没有自己的银行又不能举内债、不能印钞票，清政府最后只剩下了一条出路：向外国银行借款。据统计，晚清时期朝廷累计举外债85笔，金额高达3.7亿两，这些钱不仅需要支付8%—10%的高额利息，而且许多借款都以关税、盐税、路权做抵押，在金融控制权被外国银行掌握后，清政府的财政大权最后也拱手相让了。清政府建立的第一家官办银行——大清户部银行的诞生已经是二十世纪初的事情了，在此之前许多有识之士不断呼吁建立自己的银行，但清政府一直迟迟未能响应，一方面是决策者先进金融知识的缺失，另一方面是固守旧制的惯性和惰性早已消弭了创新进取的精神，近代公司制度在中国迟迟不能落地生根，也与此有关。

近代公司制是各国工业化进程的重要推手，但在中国传统社会里，千百年来习惯地认为工商业者是社会的"末流"，无论其如何富有，终究没有与国家及其代理人谈判、签约的资格。在很长时间里相当多的人无法设想由民营公司控制着国家的某些重要领域，自然也没有人主动思考并为公司制的建立做出制度上的安排。尽管洋务运动中不少企业对外出售股份，但这与"股份制公司"完全是两个概念，前者只是吸引公众财务投资的一种形式，企业所有制形式和经营方式并不受此影响。也是到了二十世纪初清政府《公司律》的颁布，才标志着这一局面的结束，而这时喧闹一时的洋务运动已经结束了。

货币并不等同于资本，把货币转化为资本无外乎两条最便捷的途径：一是通过银行等金融机构为中介，把货币募集起来贷给企业；二是注册成立公司，通过参股的方式直接投资。偏偏这两条路都行不通，没有银行、不能注册真正意义上的公司，这就是当时洋务运动所面临的体制壁垒，是它无法突破的底线，这不仅决定了洋务运动开办企业资金来源渠道的单一性和匮乏性，也决定了这些企业在体制和机制上的困局，从而决定了它们的前途命运。

有人说一场甲午海战终结了洋务运动，如果北洋水师打了胜仗，洋务运动就是另外一个结局，它会推动中国完成近代化工业化的革命，开创国富民强的新局面。持这种观点，是没有看到洋务运动除"外伤"之外还存在着致命的"内伤"，其实不用经受外力的摧残洋务运动天生的不足就会让它夭折，洋务运动中所开办的企业后来纷纷倒闭，直接根源也不是一次偶然的海战结果，战败后晚清被迫向列强全面开放市场，是这些企业难以为继的最后原因。

六、中国本土银行姗姗来迟

近代中国的落后不仅体现在军事、政治和外交上，在经济方面也十分衰弱，基础薄弱、列强打压加之观念和体制的陈旧，让中国没能跟上近代工业化革命的步伐，成为积贫积弱的根源，这一点在金融领域表现得更为突出。

近代中国金融体系主要由票号和钱庄等传统金融组织和外国银行组成，票号、钱庄虽然具备近代金融的一些特征，但与银行相比它们还有很大差距，一方面它们的实力和规模一般都比较小，票号的实力稍强也十分有限，无法满足大规模商业贸易发展的需要；另一方面它们的业务模式相对单一，经营手段和内部管理相对落后，虽然也经办存、放款业务，但由于总量有限，客户不多，无法满足工商业的融资需求。金融业的滞后已经严重地制约了经济的发展，但在很长一段时间里清政府并没有意识到这个问题的重要性，对已经内忧外困的清政府而言，也许意识到这个问题也无力解决，在这种情况下外国银行便乘虚而入。

外国在中国设立的第一家银行名叫丽如银行，设立于1845年，总行最早在孟买，后迁至英国，进入中国后开始专门为外国洋行在华贸易办理外汇业务，后来经营范围逐渐扩大，开办起存贷款业务，甚至获得了发钞权，所发行的纸币可以在中国市场流通。此后，汇丰、麦加利、花旗、三井等银行纷纷进入中国，汇丰银行更把总行也设在了中国，以便对中国金融市场的控制，到20世纪30年代，各类在华的外国银行已多达50家以上。这些外国银行大多实力雄厚，除垄断了中国外汇业务外还大量吸收存款，1936年有过一次统计，汇丰等17家外国银行在中国吸收了超过14亿元的存款，而当时中国本土25家银行的存款总额才13.6亿元。除此之外，许多外国银行都设法在中国争取到了发钞权，像丽如银行那样在中国发行过纸币的外国银行超过了20家，俄国的卢布票、日本的金票长期流通在中国东北地区，汇丰、麦利加等英美银行发行的纸币流通于长江流域，云南主要流行的是法国东方汇理银行的纸币。由于没有本土银行，当时清政府尚且无法印行纸币，这些外国银行大肆在中国发行纸币，发行了多少、有多少准备金、退出市场前回收了多少，都成了一笔糊涂账。

除此之外，外国银行还与钱庄、票号等联手，通过贴票、贴现等手段扩大对金融市场，尤其是刚刚发育起来的资本市场的渗透，它们放款给这些机构，纵容投机和炒作股票，从中牟利，外国银行利用把握市场的优势，一有风吹草动就逼迫还款、收缩银根，看着钱庄、票号和大批中国民族工商户倒闭破产。经过几次对外战争和太平天国运动，清政府的财政几乎难以为继，不得不向外国银行借款，汇丰等外国银行又获得了一项新业务，借款不仅有高额利息，而且以关税、盐税以及路权等做抵押，通过经办借款外国银行进而控制了清政府的财政。新中国成立时汇丰银行经营了85年，总共获利5.4亿港元，相当于开业资本的200倍以上，这些超额利润不是通过正常业务就能取得的。

没有银行，不能发钞，也不能向内举债，只得借外债度日，不仅损失了财富，而且让财政、金融、关税这些经济命脉都受制于人。清政府在经济上的失败比军事失败还严重，号称有5000年文明史的泱泱大国长达数十年间难道没有一个人能看出问题的症结吗？其实不是，早就有人提出了开办本土银行的建议，1859年洪仁玕在《资政新篇》中就提出过要"设银行""发银纸"，郑观应在《盛世危言》中列出专门篇目详细阐述设立银行的必要性和好处，还有许多有识之士纷纷指出开办本国银行抵抗外国银行的入侵，他们向朝廷建议，与其借外债不如"举内债"。从国外经验看，中国的近邻日本明治维新前所面临的经济环境也类似，但日本人克服困难和阻力坚决开办自己的银行，大量印行纸币，不借外债，外国银行在日本根本没有市场，许多被迫倒闭，日本社会也从来没有"洋买办"这样的阶层。

但不知因为固守"国本"的观念过于顽固还是清政府办事效率太低下，十九世纪眼看就要结束了，中国的本土银行还不见踪影。直到1896年，在时任督办铁路事务大臣盛宣怀的奏请下，朝廷才下诏开办银行，这就是于次年成立的中国本土的第一家银行——中国通商银行。在中国通商银行筹建过程中，外国列强纷纷出面干预，有的声称要筹办中外"合资"银行予以抗衡，有的拉拢中国商人试图控制中国通商银行的商股，在盛宣怀的努力下这些手段最终都没有得逞。中国通商银行开业后获准发行纸币，但很快就遭到了暗算，一些日本人秘密印行该行的假币投向市场，造成混乱，大批存款人前来挤兑，事件虽然得以平息，但银行的声誉大损，业务发展受到严重影响。

中国通商银行实行的是股份制，官股、商股各占一半，所以该行还不能算是一家"国有银行"。中国第一家"国有银行"是大清户部银行，也称大清银行，该行虽然也有一部分股份可以由官员和民众认购，但规定"以中国人为限，不得转卖外国人"，除商业银行的一般业务外，该行还承担统一货币、代理部库的责任，既是一家商业银行，又是清政府的中央银行，但它成立时已经到了二十世纪，中国半殖民地半封建社会的总格局已经再也无法改变了。

七、西方银行眼中的甲午战争

1894年是农历甲午年，这一年中日因朝鲜问题发生激烈冲突，最终升级为战争。日本虽然经过20多年的明治维新国力上升很快，但巨额战争费用对其而言也是难题。1894年7月31日，日本外务大臣陆奥宗光向各国驻日公使发出通告，内称"帝国与清国现进入战争状态"，日本对中国宣战。次日，光绪皇帝下谕旨对日应战。

几天后，明治政府为战争经费问题专门召开会议，会上明治政府大藏大臣、主计局长、国债局长等共同提出了一份建议书。这份建议书首先估算了此次中日交战所需专项军费的规模：如果半年之内结束战争，需要5000万日元；如果1年之内结束战争，需要1亿日元；如果1年半之内结束战争，需要1.5亿日元。现在日元与人民币的汇率大概是100∶5.8，1亿日元只相当于590万元人民币。但这是现在，而那时日元是相当值钱的。举个例子，当时日本一名纺织女工每天通常工作12小时以上，但以1892年的薪资标准她们每月的平均收入仅为1.7日元。再举个例子，1891—1893年日本全国财政收入分别是8000万日元、8700万日元、8500万日元，1亿日元比一年的财政收入还多。所以这笔军费堪称惊人，这又是一笔"计划外"临时性支出，所以必须做出特别安排。

日本大藏省为此提出调用财政余款、增加税收、向西方国家借款、发行公债等办法去解决，算是个"多策并举"的方案。但增加税收、发行公债又有很大负面作用，尤其会对国家经济的正常发展造成破坏，向西方国家借款除要支付巨额利息外，还容易受制于人，也不是好办法。所以，大藏省的计划提出后内阁首相伊藤博文、内务大臣井上馨等都表示反对，他们提出的办法是发动国民捐款。伊藤博文算了笔账：日本当时有4000万人，一人捐1日元就是4000万日元，1894年只剩几个月了，这笔钱足够支撑到来年。明治政府手中还有2600万日元财政盈余，如果动用这笔钱，那只需捐1400万日元就够了。这个办法也有人反对，因为1日元再说不多也是一名纺织女工半个多月的工资，并不容易捐出来。况且，一旦战事旷日持久，后续军费仍无法解决，不能总靠捐款去解决。

听说明治政府正为钱的事发愁，一些西方银行闻风而动，一家英国财团立即表示可以给明治政府贷款，额度不少于2亿日元，年利息只要4%。但前大藏大臣松方正义等人反对向外国借款，他们认为清政府之所以沦落到现在这个地步，外债借得太多就是原因之一。松方正义认为，增税、捐款、借款都不妥，最好的办法是发行公债。经过争论，松方正义等人的方案被采纳。8月15日，明治天皇发布敕令，授权伊藤博文内阁按年利息6%向国内先发行军事公债5000万日元。10月23日，明治天皇又裁准了日本国会通过的议案，将军事公债的额度再增加1.5亿日元。几个月后，这一额度又增加了1亿日元。2.5亿日元在手，按照5000万日元可支撑半年计算，可以打两年半，日本军方底气大增。

与此同时，捐款也在日本全国各地进行，不过主要目的已不是解决战争经费，而是舆论宣传和战争动员。"军资献纳运动""义捐运动"在各地展开，各大新闻报刊也积极鼓吹、动员，街头到处有义卖、募捐活动。财阀、企业也不落后，有的组织起"报国会"，有的表示可为军队无偿或低价提供船只，有的直接向前线捐献急需物资。一家军火商更积极：一次捐赠了 5600 支步枪。

那边财大气粗、热火朝天，而中国这边却有些冷清和孤单。清政府的财政状况早已入不敷出，收入少、支出大，每年还要拿出巨款去赔偿西方列强的历次战争赔款，早就揭不开锅了。清政府当时每年的财政收入为 8000 万两左右，但支出通常都在 1 亿两上下，钱不够花成为常态，解决的办法是向西方银行借。清政府一向不重视金融建设，没有自己的银行，想发内债都不行，所以只剩借钱过日子。这一仗不得不打，但筹集军费立即就成了极其头疼的问题，宣战后驻朝鲜的清军每天都要大笔经费支持，否则不战自败。

1894 年 9 月，清政府向上海一家洋商借来 500 万两应急，年利率高达 7%。为什么不向西方银行借款？为什么支付这么高的利率？因为向西方银行已借得太多了，人家怀疑清政府的"偿付能力"，更怀疑这一仗中国能不能打赢。打赢，那是惨胜；再败，那就是彻底的惨败。败仗意味着赔款，如果再有大笔赔款压在清政府身上，那还怎么还？谁会轻易给这样的"客户"放款？500 万两根本支撑不了多久，到了 11 月，清政府总算向汇丰银行又借来 1000 万两，年利率仍为 7%。就这样零敲碎打地一笔笔去借，清政府之后又累计借来了 4154 万两，不仅利率都在 7% 上下，而且拿到手的只有 3896 万两，其他的被扣为手续费、佣金等。不仅利率高、不能全额拿到钱，而且还附带着其他苛刻条件，如每笔钱必须用关税等做抵押，否则免谈。

不比不知道，一比气死人，中日两国在西方银行那里的"待遇"何其悬殊：一边主动上门"求贷款"，什么条件都不提，利率只要 4%，额度几乎无限量；一边能避则避，实在不行就附加上苛刻条件，年利率涨了几乎一倍，但也只能提供少量款项，且没法全部拿到手。西方银行的态度说明了一切，谁胜谁负，未战已一目了然。

八、大清国的"偿付能力"

1900年是农历庚子年，英国、美国、法国、德国、俄国、日本、意大利、奥匈帝国等8个国家组成联军以武力侵占了北京，慈禧太后携光绪皇帝等仓皇逃往西安。为保住权位，慈禧太后命庆亲王奕劻、直隶总督李鸿章等与列强进行和谈。1900年10月，李鸿章来到已被八国联军占领的北京，被列强安排在东城区金鱼胡同的贤良寺居住。此时的北京，名义上归大清国管辖的地方只有2处，一处是这里，一处是奕劻的庆亲王府。

各国驻华公使不断开会，商讨如何向清政府要价，大家纷纷"献计献策"，有的提出必须惩办所谓"祸首"，也就是那些仇洋的中国官员，有的提出在北京设立一支永久性的驻军，有的提出必须让清政府拆除大沽炮台，并在天津至北京间设立多处军事据点。几乎所有的国家都提出，必须让清政府狠狠地赔上一笔，赔得越多越好，八国联军总司令、德国人瓦德西很直白地说："要求中国赔款，务达最高限度！"当时出兵的是8个国家，但讨论赔款时却一下子来了14个国家的代表，比利时、荷兰、西班牙、葡萄牙、瑞典和挪威等6个国家声称自己也有人员和财产损失，是"受害国"，也要求赔偿。

这时候的清政府已经完全丧失了任何与列强讨价还价的能力，慈禧太后指示李鸿章尽快与列强达成协议，以便"圣驾"能够返京。重新获得慈禧太后信任的军机大臣荣禄更直言不讳地电告李鸿章，和谈要把握的唯一原则就是不能追究慈禧太后的责任，也不能让慈禧太后交权归政，除了这些其他的任何条件都可以接受。列强完全可以来个"狮子大张口"，反正要多少清政府就得答应多少，但这也取决于另一个因素，那就是清政府的赔偿能力。关于这一点，英、法等国最清楚，因为他们不止一次跟清朝政府有过这方面的交易，知道数额太大并不切实际，美国人马士在《中华帝国对外关系史》中说："英国公使最初表达了他的政府的意见，认为所提出的要求不应该超过合理的数目。"

但德、俄等国不这么认为,他们提出可以让清政府去贷款,但这项建议又遭到了英、法、美等国的反对,因为当时在中国的最重要几家外国银行和财团不是英国的就是法国、美国的,他们不傻,用一个英国外交官的话说,就是"以我们的财政信用来担保总数如此之大,而属于我们的一份如此之小的一笔款项"。英国提出了"分期摊还"的方案,先定总额,之后分摊到各年,让清政府慢慢还,但该方案又遭到日本的反对,日本刚刚迫使清政府签订了《马关条约》,清政府为此要向日本赔偿2.3亿两,这笔钱还没有还完,日本担心新的赔款方案会影响到自己的利益。争来争去,英国提出的方案占了上风,因为这照顾了大多数国家的利益,既可以保证清政府有还款的能力,又能保证从清政府那里获得最多的赔款。

确定了赔款的方式,下面就是确定赔偿数额了,这个问题更加复杂,因为要太多清政府一样拿不出来,而要少了又"便宜"了中国人。简单地说应该是以下公式:

清政府的赔款总额＝清政府财政每年可以分摊的赔款数 × 分摊年限。

年限好确定,当然越长越好,关键在于清政府的财政每年还能拿出多少钱用于赔款。这有些不太好确定,因为清政府的财政管理水平一向混乱,户部等主管部门又去了西安,而即使有中国人提供的资料,列强也未必放心。为了弄清这个问题,列强们一致决定不用着急,坐下来慢慢算账。

各国公使反复与清朝负责谈判官员进行磋商,据参与谈判的中方官员杨文骏记载,仅他参加的此会谈就多达十四次,每次开会都有三四个钟头,各国公使问得很细,重点问清政府的财政里哪些科目还能挤出钱来、能挤出多少,一笔一笔地算,特别怕给中国人遗漏点儿什么。这时北京及周边地区都在列强占领之下,各国也不着急,着急的倒是清政府,恨不得列强们马上报个数来,自己照单全收。但列强这一回倒是很"认真",不把账弄清楚不结束，然而一笔笔地算下去终归是个乱账，没有专业人士参与无法定案，在这种情况下英国人赫德的介入起到了关键作用。

罗伯特·赫德出生于英国北爱尔兰，毕业于贝尔法斯特女王学院，19岁来华，先在英国驻宁波领事馆担任翻译，后辞去领事馆的职务加入中国海关，历任粤海关副税务司、大清国海关总税务司，同治三年（1864）被清政府加按察使衔，正三品。赫德的经历大致是这样的：大学刚毕业就从英国到了中国，成为英国政府驻外机构公务员，后来自己砸了"铁饭碗"，跑到中国的事业单位去打工，是外籍雇员，再后来被清政府聘任为该单位的主管，享受高级公务员待遇。

赫德不仅是清政府海关的总负责人，而且是个有心人，平时注意搜集清政府经济、财政方面的信息，对有关情况一清二楚。为了确定各国关切的赔款数额问题，他一连撰写了4份报告，进行了详细的研究和测算。赫德首先通报了他所掌握的清政府的"家底"，据他提供的确切数字，清政府最新财年的岁入是8820万两，而岁出是10112万两，在岁出中有2400万两是"借款开支"，即偿还之前的赔款和借款，其他费用都属于基本支出，已减无可减，清政府的财政面临了严重的赤字，且没有任何现金储备。

赫德的报告让各国空欢喜一场，敢情没钱可赔了？赫德说，先别急，还有别的办法。根据赫德的测算，清政府每年的实际税收不到1亿两，4亿多人口每人每年仅负担2钱多一点儿，这个税负水平比一般国家都要低，甚至比日本还低，中国可以增税，但数额要进行限制。赫德说："通过增税办法来增加的赔款开支，每年不应超过2000万两，也就是说应当尽可能地低于这个数目而不能再多。"赫德建议，清政府可以通过向百姓增税来额外获得一笔税款，按照当时的水平，这笔钱只要不超过2000万两中国就可以承受，用这笔钱专门来偿付新的战争赔款。

问题是，加什么税呢？赫德不同意增加关税，不仅因为他担任着清政府的海关总税务司一职，增加关税等于给自己找麻烦，而且关税已作为之前种种借款的抵押，不能再拿来做担保了。赫德建议从田赋、厘金和盐税中想办法，其中的重点是盐税，赫德提出："如果指定盐课盐厘等等作为新赔款担保，最简便的方法就是把英德续借款合同规定的现行管理盐厘办法，推广到全部盐政收入。"

在大清的官场上赫德是个风云人物，清朝官员普遍认为赫德能力很强，尤其在税务建设方面是中国人远不能及的。恭亲王奕䜣常称赫德为"我们的赫德"，李鸿章、郭嵩焘等洋务派对赫德给予赞誉，慈禧太后对他也很满意，亲自接见。赫德作为清政府聘用的官员，理应维护中国的利益，但关键时刻他"义无反顾"地站在了自己国家的一边。对于这一点赫德本人并不隐瞒，郭嵩焘曾跟赫德有过一次对话，郭嵩焘问："君自问帮中国，抑帮英国？"赫德答："我于此都不敢偏袒，譬如骑马，偏东偏西便坐不住，我只是两边调停。"郭嵩焘又问："无事时可以中立，有事不能中立，将奈何？"赫德笑言："我固是英国人也。"

在赫德提供的4份报告里附有详细的数据和计算方法，在他一步步推导下，最终的赔款数字被锁定为4.5亿两，这笔钱分39年付清，其间每年按4.5%收取利息。这笔巨款分给了14个国家，几乎所有国家对于所获得的赔款数都感到满意，因为这不仅远远超过了他们的所谓损失，更远远超出了他们的预期。美国不是八国联军的主力，原来打算只要能分100万两就够了，结果分得了3200万两。正在修筑西伯利亚铁路而苦于没有资金的俄国分得1.3亿两，俄国外长拉姆斯道夫掩饰不住内心的兴奋，说这是该国"历史上少有的最够本的战争"。

庚子赔款的协议达成已是1901年9月的事了，距李鸿章到北京与各国谈判已近一年，这一年都在谈判，谈得最多的就是赔款问题，为了确定最终的数字，列强几乎替清政府算了一年的账。所以庚子赔款绝不是列强按中国"人均一两"而拍头脑给出的，"4.5亿两"和"4.5亿人"只是巧合，但"人均一两"的说法在当时就广泛流传，如1910年12月份的美国《时代周刊》在一篇报道袁世凯的文章里就持这种观点。4.5亿两也不是中国所最终承担的数额，因为分期摊还每年都有利息支出，算下来本息合计98223万两，开始的几年平均每年分摊1800万—2000万两，这与赫德测算的每年新增2000万两税收相吻合。从1902年起中国人要拿出相当于协议签订时全国年财政收入约1/4的钱支付战争赔款，这笔钱通过加税的方式最终将分摊到每一个中国人的头上，中国要用几代人的辛勤劳动去偿还这笔钱。

第二次鸦片战争后中国开始了洋务运动，经过30年的努力中国的经济有了一定起色，清政府的财政收入也由之前每年3000多万两突破了1亿两大关，出现了所谓的"同光中兴"，不少中国人为之振奋，以为中华民族的振兴已经开始了。然而庚子赔款又在经济上彻底打垮了清政府，《南京条约》的赔款是2100万银圆，大约是清政府当时年财政收入的1/2，《北京条约》《天津条约》的赔款不足这个水平，如果说清政府的财政体系尚能勉强承受，那么墨迹未干的《马关条约》的2.3亿两和此次庚子赔款的4.5亿两，再加上沉重的利息负担，将是清政府的财政所完全不能承受的，单从经济上说清政府把现在及未来已经输了个精光，从此再无振兴的可能。这正是列强最希望看到的结果，通过在北京驻军、在京津沿途设立军事据点，列强把清政府牢牢控制了起来，使之成为替自己"收钱"的代理人，不仅振兴成为空谈，而且中国也彻底失去了反抗的能力，这就是列强们要花一年时间去算账的原因。

九、列强不再提开放通商口岸

《辛丑条约》是中国近代史上赔款数额最多、主权丧失最严重的不平等条约。然而，与之前一系列不平等条约相比，《辛丑条约》没有再提在中国增设通商口岸的事。1842年,清政府在鸦片战争中败给了英国人,随后签订的《南京条约》规定,清政府向英国赔款2100万银圆,款项分4年缴清。1843年3月英国人把第一批从中国勒索到的赔款运到了伦敦造币厂,造币厂的大门外围满了人,有人发出了热烈的欢呼。马克思在《英中条约》一文中指出:"惯于吹嘘自己道德高尚的约翰牛,却宁愿用海盗式的借口经常向中国勒索军事赔款,来弥补自己的贸易逆差。"

其实英国人在意的还不是这些赔款,他们更在意通商。《南京条约》签订后,英国政府马不停蹄派官员与清政府继续谈判,进一步细化《南京条约》中规定的事项,尤其通商方面。1843年6月中英双方又签订了《五口通商章程》,8月签订了《五口通商附粘善后条款》,这两个文件被看作是《南京条约》的附件,就英国人关心的通商细节进行了规定,如英国商人可在通商口岸雇用引水、押船人役,英商卸货后可自投商贾,无论与何人交易,听从其便。对于关税,规定"凡系进口、出口货物,均按新定则例,五口一律纳税,此外各项规费丝毫不能加增"。

随后,清政府被迫开放了广州、上海、宁波、厦门、福州等5处口岸,在这些地方废除了原本实行的公行制度,采取协定关税的办法允许英国商人进行自由贸易。所谓协定关税,是指英国商人的进出口货物都应缴税,但税率须经双方议定,《五口通商章程》专附"海关税则",规定了26类160多种货物的税率,名义上是双方商定的结果,其实都是按英国方面的意愿制定的,进出口货物的税率均有明显下降。

对于中国潜在的巨大市场英国人一直寄予厚望,《南京条约》的英方全权代表璞鼎查曾说:《南京条约》的订立开放了一个巨大国家的贸易,将使兰开夏所有纱厂的生产不够供应它一省需要的袜子。"的确,税率的降低刺激了英国货物对中国的出口,鸦片战争后连续几年,英国货物对华出口均呈现非正常增长,1840年中国的英货输入总值仅52.4万镑,1844年就激增至230.6万镑,增长了340%。鸦片战争爆发前几年,英国经济发展遇到了停滞,其中以 1837 年最为严重,中国市场的开拓帮助英国走出了经济低谷,就此马克思分析说:"1842 年底,英国工业从 1837 年的几乎不断遭受的那种停滞情况已经开始缓和。1846 年是商业兴旺达于顶点的一个时期。1843 年,鸦片战争替英国商业开辟了中国市场,新开辟的市场,尤其是给了纺织业的发展以新的推动。"

自《南京条约》开始,之后列强每与清政府签订不平等条约,几乎都把增设通商口岸作为"必备条款",中国先后被迫开放的通商口岸多达 110 个。对中国而言,在不平等背景下开设的大量通商口岸不仅极大地损害了中国主权,而且严重破坏了中国经济的发展,大量机器制造的外国商品涌入中国,造成一部分农业和小手工业者破产,一些人开始脱离农村来到城市,有的成为城市里其他行业的劳动力,有的则成为城市流民。

在清政府 1895 年 4 月与日本签订的《马关条约》中仍有增设通商口岸的规定,但到《辛丑条约》签订时,这一条却不再提了。有人认为这是因为中国开放的通商口岸已经足够多,没有必要再增加了,但这样的解释不符合列强贪婪的本性。其实,之所以不再提增设通商口岸的要求,与列强掠夺方式的改变有关。

资本主义分为自由资本主义和垄断资本主义两个发展阶段,在前一个阶段,体现在对外贸易上就是商品的输出,一部分发达国家由于生产技术的提高,商品制造成本不断降低,商品迫切需要大量外销,这些国家提倡自由贸易,大力实施海外殖民,但是随着生产力的进一步发展,随着国内劳动力等生产要素成本不断提高,商品生产的利润不可避免地出现停滞不前的情况,国内资本出现过剩,迫切需要寻找新出路,于是资本主义的发展进入到下一个阶段,在资本的形态上体现为集中和垄断,在对外贸易上体现为资本的输出。

马克思在《资本论》中说,资本输出"之所以发生,并不是因为它在国内已经绝对不能使用,这种情况之所以发生,是因为它在国外能够按更高的利润率来使用"。资本出现过剩，是自由资本主义向垄断资本主义过渡的显著特征，它是平均利润率下降导致的必然结果。从19世纪后半期到20世纪初，英国先后经历了若干次经济发展的起伏，也就是经济危机，在危机中出口贸易不断下降，生产出现停滞，商品生产的利润率也逐步降低，仅这一阶段，这种经济周期在英国就出现了至少7次，导致工业生产的增加率由36%降至2%。

追求利润最大化是资本的天性，生产利润的降低消减了投资的愿望，导致大量过剩资本的存在，为寻找出路，资本输出便是必然的选择，正如列宁在《帝国主义是资本主义的最高阶段》中所说，帝国主义"其所以有输出资本的必要，是因为资本主义在少数国家中已经'成熟过度了'，'有利可图'的投资场所已经不够了"。1870年前后，英、法、德、美、日等主要资本主义国家资本输出的总价值大约为50亿美元，到1914年增加到近500亿美元，在此过程中资本输出的增长速度大大超过商品输出，资本输出获取的利润也大大超过商品贸易取得的收入。

资本输出通常有两种方式：一种是生产资本的输出，在国外建工厂、修铁路，通过开办实业获取利润；一种是借贷资本的输出，通过开办银行、发行有价证券等方式，获取利息或分成。通过资本输出的方式实施经济掠夺，比商品输出更为彻底、利润更高，第一次世界大战前英、美、法、德四国集中了世界工业生产的3/4，所发行的有价证券占到全世界的80%。列宁就此分析说："差不多全世界其它各国，都是这样或那样地成为这四个国家、这四个国际银行家、这四个全世界金融资本'栋梁'的债务人或纳贡者了。"

鸦片战争后，在向中国进行商品输出的同时，列强也在向中国进行着资本输出，最突出的领域在金融方面，由于清政府金融建设方面长期滞后，使外国银行轻易进入并控制了中国的金融，继而通过金融控制了中国的关税、财政和资本市场，造成清政府财政枯竭，加重了对外债的依赖，由此形成恶性循环。除此之外，生产性资本输出也十分严重。早在19世纪40年代的"五口通商"时期，外国商人就在中国的通商口岸开办了一批船坞工厂，利用中国廉价的原料和劳动力获取利润。除了造船、修船行业，外资进入的另一个重点领域是船运业，据对进出中国各通商口岸的轮船数和吨位的统计情况，1872年外国商船总吨位占63.3%，以后逐年增加，到1907年时竟达到了84.4%。

之后，外国资本进一步大量涌入中国，开办了许多铁矿、煤矿和纺纱厂。在煤矿投资中，1906年全国煤矿总资产约2800万银圆，其中英国投资或合资1086万元银圆，占38.9%，日本投资242万银圆，占8.7%，其他国家投资或合资1039万银圆，占37.2%，外资单独投资或合资在中国煤矿的总投资有2368万银圆，占全部投资的84.8%。

通过不平等条约的签订，列强在中国取得了铁路修建权，从1876年修成的第一条吴淞铁路到1948年，中国境内共修建铁路58条，总长度2.34万公里，连同附设支线合计通车里程为2.49万公里，但在这70多年中真正为民族资本所控制的铁路仅仅是375公里。

外国资本控制中国铁路，要么直接经营，要么参与经营，不仅掌握了铁路本身的权益，而通过对不平等条约的故意曲解，获取额外的利益，如额外侵占铁路沿线的开矿权、伐林权甚至征税权，为了保护自身利益，列强通常还在铁路沿线驻扎军队，把铁路所经过的区域变成自己的殖民地。当时中国的很多行业中，外国企业不仅取得了垄断地位，而且往往一个工厂的投资就能超过中国整个行业的全部资本，如英资上海耶松船厂，1900年合并了另外2家船厂后资本增加到557万两白银，是中国当时大大小小全部22家华商船厂总资本的5倍多。

在中国传统优势领域外国资本也大量侵入，削弱了中国民族产业的竞争力。以茶叶生产为例，过去中国茶叶生产和销售的模式通常是茶农生产、中国茶商收购、十三行商人转手、外国商人出口国外，随着外国资本的输入，外商看到这一领域有利可图，于是直接在中国建厂，就近大量低价收购茶叶，利用中国廉价的劳动力进行加工，之后再出口到国外。19世纪60年代后，俄国商人先后在湖北开办了新泰、阜昌等茶厂，采用新式蒸汽机生产，雇佣工人多达数千名，进而垄断了汉口的茶叶贸易，而华商却没有太大作为，直到20世纪初才开办起自己的茶厂。

这种贸易方式的转变，也改变了原有的盈利模式，茶叶虽然仍是中国对外出口的大项，但更多的利润被外国商人而不是中国的茶农、茶商拿走了。据对1895年至1914年间47家外国工业厂矿企业的统计，其账面利润率平均为14.14%，有的高达30%—40%，而同期资本主义国家的工业利润率不足10%，这还是其账面利润，通过支出利息、超额预留提存和折旧等方式其获得的隐性利润更高。这就是《辛丑条约》不再提增设通商口岸的原因，不是列强的"疏忽"，更不是"仁慈"，而是传统的掠夺方式已经过时了。

十、投资冲动下的金融风潮

一直到清朝末年，中国的GDP总量仍位居世界第一，但与之相对应的是，金融业的发展十分落后，从货币政策制定到金融市场监管，都与世界先进国家有很大差距。在激烈的经济竞争中，还在学步中的中国金融业不断走着弯路，在近代至少酿成过三次大的金融风潮，本就脆弱的社会财富在这些风潮中轮番遭到洗劫。

第一次，贴现风潮。

贴现，现在商业银行经办的一项很普通的业务，指远期汇票经承兑后，汇票持有人在汇票尚未到期前在贴现市场上转让，受让人扣除贴现息后将票款付给出让人，或者由银行购买未到期的票据。简单地说，就是为了获取资金，把远期收益在当前兑现，前提是拥有银行出具可以将来兑现的汇票。

19世纪60年代初，中国的江南地区正在经历着一场太平天国运动，但这场运动非但没有打垮上海的经济，反而让上海呈现出一派繁荣之势，许多躲避战乱的人来到这里，或购房或租房，使房地产市场呈现爆发式增长。据《上海法租界史》，一块原来只值每亩200两的地皮很快就可以卖到1200两。同时，棉花投机生意在上海也很火爆，很多懂行不懂行的人都涉猎其中，据《上海近代贸易经济发展概况》，不到10两一担的花布很快涨到30两，1863年上海的原棉出口较上一年提高了3倍。

无论"炒房"还是"炒布"，都需要大量资金，但此时上海的金融市场发育还很不成熟，中国最早的银行——大清户部银行40多年后才成立，能为投资者提供融资的只有票号、钱庄等民营金融机构，它们的资金实力又非常有限。获利的冲动和资金的不足煎熬着人们，怎么办？这时外国银行出面了，他们推出了贴现业务，接受中国钱庄和票号出具的票据，钱庄、票号及商人闻风而动，纷纷用票据去贴现以获取投机资金，开始还相对正规，但票据也是有限的，有人干脆自己开办钱庄，不为做生意，只为能出具票据，这样一来就乱了。

1863年，太平天国运动基本结束了，大量的避难人口离开了上海，上海的房地产市场瞬间崩盘，房价大幅下降仍无人问津，房租跌了一半，在房地产市场投机的商人亏得血本无归。屋漏偏逢连阴雨，国际市场上棉价又大跌，1865年伦敦市场上的棉花由每包15镑急跌到8镑，投机在棉花市场上的商人也损失惨重。外国银行、钱庄和票号、投机商人构成了贴现的资金链，资金链断了，从事投机的洋行率先倒闭，紧接着是钱庄和票号，这股因贴现引发的倒闭潮在1866年形成高峰。

第二次，倒账风潮。

过了十几年，上海又刮起了一场倒账风潮。倒账，近代金融从业者的一句俗语，意思是"账倒了"，无法给储户支付，得关门了。这次风潮

第八章 清：盛世的终结

出现在1883年前后，起因是大批钱庄盲目为一些新开办的公司发放贷款，公司经营不善，造成坏账，连累到钱庄纷纷倒闭。

19世纪70年代，受洋务运动的影响中国又兴起了一股开办公司热，1872年上海轮船招商局成立，其性质是官督商办的股份制公司，对外发行股票。由于有北洋大臣李鸿章作后台，公司成立后业绩很好，股票价格也一路上涨，每股面额为100两的股票最高时涨到了250多两，这带动了其他一批公司的开办，其中包括许多矿业公司，股价也都一路看涨。

上海的投资者和钱庄经历过十几年前的贴现风潮的洗劫，此时元气稍稍恢复，本应十分谨慎，但面对这一次投资机会又开始了蠢蠢欲动，公司股价上涨自然是投资者追捧的结果，钱庄觉得太慢，他们想出了一招，直接向这些公司发放贷款，抵押的东西也很简单，用这些公司自己发行的股票就行。在一个较为完善的资本市场里，股票作为一种有价证券是可以拿来抵押的，这种业务现在称为质押贷款。但在当时，资本市场还很稚嫩，公司治理结构、信息披露这些防范风险的措施都谈不上，一旦公司经营不善，股价就将暴跌，甚至成为一张废纸。但是，获利冲动大过了对风险的恐惧，大批钱庄向这些新开办的公司发放"质押贷款"，甚至主动请客吃饭央求人家接受贷款，有的钱庄资本金只有几万两，但一出手就是几十万两，其他资金自然是众多储户们的。

1883年前后，这些新开办的公司大多因经营不善而引起了股价暴跌，开平矿务局的股价5月份还在200两以上，10月份就跌到了70两，跌破了100两的"发行价"。钱庄损失惨重，贷款无法收回，"质押"的股票一天天缩水，储户闻讯来挤兑，钱庄只好关门。上海南北市有钱庄78家，受连累的有68家，其中40多家倒闭，镇江、宁波、汉口、北京、福州等地的钱庄也受此牵连而大批倒闭，成千上万的储户失去了血汗钱，他们听到消息去找钱庄时，那里已空无一人，能做的也只是"遂将店内所有物价抄掠一空"而已。

375

第三次，贴票风潮。

又过了十几年，到1897年前后，上海又爆发了一次金融风潮，影响更大，损失更重。这一次金融风潮是由另一种称为"贴票"的新的金融业务所引起的。贴票也是一种与票据有关的业务，意思是"贴钱兑换票据"，储户到钱庄存钱，存100两，约定年息为1分的话，存一年利息是10两，本来的流程是钱庄出具100两的存单，期满后储户拿存单去钱庄取110两的本息。钱庄觉得这样还不足以吸引储户，于是推出了这样的新业务：储户只需来存80两，钱庄就出具100两的存单，存满一年来取钱直接取的是100两，换算下来，年息超过了2分。

说白了，贴票就是一种高息揽储，当时钱庄的年息大约是1分，通过贴票手段年息被提高到2—3分，储户得到的是超额回报，钱庄得到的是大笔资金。问题是，这么高的资金成本钱庄能消化了吗？这有一个背景，当时鸦片生意火爆，大量鸦片商人急需资金，这成为钱庄最重要的客户。另一个客户是"合会"，也就是赌场，赌场从钱庄贷出款来，通过更高的利息放给赌徒。有这两类客户，再高的资金成本钱庄也敢要。

这还是想真正做生意的那些钱庄的想法，对于一些胆子更大的钱庄，他们突然发现用票据可以轻易换来真金白银。票据是什么？不过几张纸而已，哪来这么好的事？于是票据这种"无本买卖"又开始泛滥起来，有一些有"门路"的人纷纷成立自己的钱庄，一个绰号叫"杨四"的法租界巡捕在大马路开了一个钱庄，开出空票4万两；一个叫孔阿才的人在四马路开了一个钱庄，本金只有几百两，开出的空票就有5万两。这些人并不怕，他们可以用新储户的钱去还到期的存款，在高息吸引下，新储户又源源不断找上门来，成了一种"击鼓传花"式的游戏。

当然，这样的游戏肯定会有玩不下去的一天，有人也许明白，但又总觉得自己的运气不会那么差，都幻想着泡沫破裂前自己能全身而退，这种心理被英国经济学家凯恩斯归纳为"搏击理论"：在这个世界上，傻不可怕，可怕的是做最后一个傻子。贴票泡沫于1897年下半年破灭，一部分钱庄无法兑付储户的钱，开始是退票，后来直接倒闭，一个月就倒闭了几十家，许多钱庄老板"跑路"，跑不了的有些选择了自杀。大批储户血本无归，有的跳河、服毒，有的家庭破裂，巡捕房、法庭接到大批有关"贴票"的经济纠纷案件，既无力一一侦查，也无力审判执行，上海社会被"贴票"弄得一团糟。

贴现、质押贷款、贴票，这些名词现在或许不算新奇，但在一个多世纪前绝对是新鲜事物，普通百姓难以搞懂。正是这些"新名词"背后暗藏的所谓"创新业务"，使中国近代的金融业接连遭受重创，而每一次金融风潮所波及的，也绝不仅仅是钱庄、票号自身，中国的民族工商业在一次又一次浩劫中被打击，广大百姓辛苦积攒的财产也在这一次又一次金融风潮中被洗劫，近代中国百姓的"积贫"、国家的"积弱"，在这几场金融风潮中都能找到直接的答案。

在一个创新型社会里，经济需要创新，金融更需要创新，所谓不进则退，说明在原地踏步也是一种倒退，金融业要满足经济发展的需要，要持续健康发展，必须时时刻刻在创新。但金融创新的技术性很强，面对大量金融衍生产品的出现，如何分辨良莠是普通投资者难以做到的，这就需要创新者始终把握为何而创新、怎样去创新的原则，切忌投机心态和短期行为，切忌钻市场的漏洞打"擦边球"，更不能利用甚至煽动公众的投机心理制造所谓热点，一旦市场失去控制，伤害的不仅是广大储户和投资人，那些推波助澜的机构自身恐怕也会先倒下。

清末以来政权日渐式微，最高统治当局面前净是棘手的事，根本不可能把金融建设放在重要议事日程，货币制度、资本市场建设、金融监管都严重跟不上经济发展的需要，大清银行20世纪初才姗姗来迟，支撑民族工商业发展的是一些民营钱庄、票号。在以银两、银圆为主币的情况下，市场倍感银根短缺，严重制约了经济的正常运行，一些正常的资金需求也无法得到满足，正是在这种情况下，金融领域里的各种投机行为才得以大行其道，一次风暴洗礼所得来的沉痛教训往往管不了几年，不久之后新的投机行为又会上演。上海的贴票风潮刚过，仅5年后天津就上演了一次"贴水"风潮，可以称为贴票风潮的"升级版"，是市场如此不汲取教训吗？根本的问题，还在于诱发这类投机行为的金融环境没有得到改善。

金融风暴来临需要国家出面"救市"，这是市场度过危机的最后一道闸门，但在这场风暴中，清政府几乎没有什么作为，不是不想救，而是力不从心。19世纪下半期以来，贸易逆差加上战争赔款，造成了中国市场资金面上总体呈现银根吃紧的态势，清政府以税权、财政权为抵押多次向外国银行贷款，私人钱庄为了扩大资金规模也向外国银行借钱，外国银行实际控制着近代中国的金融命脉。每次金融风暴即将来临时，嗅到一丝味道的外国银行抢先脱身，他们抽走银根、逼迫还款，加剧了风险的生成和破坏力，缺少"救市"手段的清政府只能干看，任由市场自我挣扎。

十一、一场股灾终结了封建时代

光绪三十四年（1908）11月14日，光绪皇帝暴崩，时年38岁，慈禧太后指定醇贤亲王奕譞的孙子、摄政王载沣3岁的儿子溥仪为新皇帝，是为宣统皇帝，次日慈禧太后也病故，由光绪皇帝的皇后隆裕太后和载沣共同摄政，此时的朝政已微在一息，一切都在做最后的维持。

就在这一年，在上海证券市场上正发生着一件大事，有一种物资持续看涨，引得中外投资者纷纷介入。这种物资就是橡胶，由橡胶树、橡胶草等植物乳胶提炼加工成的一种材料，由于它绝缘、有弹性，所以广泛应用于各种工业产品和人们的日常生活中。当时对橡胶的需求量猛增，以英国为例，1908年进口橡胶84万英镑，1909年就增长到141万英镑，已经开始工业化的各个国家都大量需要橡胶，使橡胶成为紧俏物资，伦敦证券市

第八章　清：盛世的终结

场发行的橡胶股票也大受追捧，当时有一只橡胶股票发行价10镑，不久就炒到了180镑。本来这件事跟中国的关系不大，因为中国当时仍处在农业经济阶段，对橡胶的需求量并不大，但橡胶主要生产在南洋地区，国际金融资本便把炒作橡胶的中心逐渐转到了上海，1909年底的几个月时间里，先后就有40家橡胶公司把总部设在了这里。这些公司大量打广告，采取各种办法招徕投资者。于是，本来就充满了投机气息的上海到处充斥着各式各样的橡胶股票，有一种蓝格志橡胶股票，发行价为60两，很快便被炒到了1000两以上，有些人通过橡胶股票大赚了一笔。

到宣统二年（1910）初，美国限制橡胶的使用，因为成本太高了，这诱发了橡胶市场的震动，这一年6月伦敦市场橡胶价格应声而落，紧接着各种橡胶股票狂跌，不少股票成为一张废纸。"股市有风险，入市需谨慎"，对投资者来说"愿赌服输"，但对大清王朝来说，这时的经济乃至政治、民生都跟股票市场捆绑得太紧了，这场股灾动摇了清朝的国本。当时国内炒橡胶股票的资金约3000万两，赴伦敦炒股的超过1000万两，二者相加超过4000万两。要命的是，这么多的钱不可能都是"散户"的，实际上它们大部分来自钱庄和银号，它们介入橡胶股票的方式，一种是在内部调动资金直接去炒，一种是向投资者放款，正是由于他们的推波助澜，资本市场才一下子发展到失控的境地。从钱庄、银号借了钱去炒股的投资者转眼血本无归，跳楼的跳楼，跑路的跑路，重创了钱庄和银号。当时清政府虽然已有官办的大清银行、交通银行等金融机构，但真正支撑起民族产业发展的还是这些钱庄和银号，这些钱庄和银号如果出了问题，就将拖累整个经济。

橡胶股灾发生后，上海地方政府赶紧出面救市，向朝廷提出了一些挽救金融市场的方案，但一来清政府已经到了财政捉襟见肘的程度，无力拿出巨资来救市，二来此时的掌权者比慈禧太后、李鸿章这些人也高明不到哪里去，都没有看到这场股灾将带来的巨大破坏力，出于政治斗争的需要，对主张救市的官员借机进行打击。结果，兆康、森源等一大批实力雄厚的钱庄和银号纷纷倒闭，形成了民族资本金融机构的倒闭潮，并迅速由上海扩展到各地，继而引发实业的倒闭潮，全国工商业全面恐慌，等清政府意识到问题的严重性试图救市时，已无力回天。

这场由股灾引发的金融风暴继而演变为系统性的经济危机。根据清政府宣统二年（1910）的财政预算计划，当年的财政赤字本来就已高达4000多万两，现在又逢橡胶股灾引发的经济危机，财政收入将远远达不到预期，而支出又无法削减，这一年的日子怎么过呢？大概意识到了这个严重问题，不知是谁给朝廷出了个主意，要把川汉、粤汉铁路收归国有，以此做抵押换取英、法、德、美四国财团600万英镑的贷款。600万英镑约合4000万两白银，刚好弥补橡胶股灾的损失。

但这是一个馊主意，因为当时铁路公司虽然是官办的，修路的资金却大多数来自民间。在洋务运动中，政府号召民营资本投入铁路建设，光绪二十四年（1898）清政府颁布了《铁路简明章程》，规定了国家鼓励民间资本投资铁路项目的各种优惠政策，一时间上至达官富商，下到普通百姓都纷纷拿钱去修铁路。光绪二十九年（1903）设立的川汉铁路公司，通过发行股票募集的资金超过1000万两。掌握这些铁路公司的是一些游离于政界、商界之间的商人，他们非官非商、亦官亦商，能量很大，清政府的想法是让他们用铁路公司的积累先退还投资者的股金，之后再拿去抵押，但这些商人多年来以铁路为掩护大搞投机，在橡胶股灾中也损失不小，根本没有这个能力。

当朝廷要收回这些铁路时引起了投资者的恐慌和愤慨，铁路公司的高管们趁机煽动，各地纷纷开始了保路运动，以四川保路运动声势最为浩大。宣统三年（1911）6月成立"四川保路同志会"，张贴文告，四处讲演，上京请愿；8月，召开川汉铁路股东特别大会，斥责朝廷"夺路劫款，行同强盗"，开展罢市罢课和抗粮抗捐活动；9月，四川总督赵尔丰诱捕保路同志会领袖，激起大量群众到四川总督衙门请愿，赵尔丰下令镇压，酿成血案，成都附近农民在同盟会、四川保路同志会的领导下组成保路同志军起义，围攻省城，朝廷下旨从湖北调集军队入川镇压保路运动。湖北的军队入川，武汉空虚，接下来发生的事大家都知道了，这一年的10月在武汉三镇发生了辛亥革命，清政府被一举推翻。

这一天，迟早会来。在许多人的心里，大概这一天来得实在太慢太慢了，让这个王朝结束，实在有太多太多的理由，让它继续存在下去，实在有太多太多的说不通。但从直接的诱因来说，这一天的到来起于一场革命，而诱发这场革命的直接原因是一场股灾，一场股灾结束了一个王朝。也许在50多年前一群农民发起的那场革命中它就应该结束了，在后面的这50多年里，统治集团中的一些人尝试了改良与维新，搞了洋务也搞了变法，但都无法找出一条让它重新振兴、挣脱身上重重锁链的道路来，中国人只好再发动一场革命，把这个政权送进历史。

但是，革命虽然成功了，却无法彻底改变中国的根本状况，更无法扭转中国已经在军事、经济上被列强牢牢控制的现实，之前签订的一系列不平等条约也没有因为革命的胜利而马上被推翻，中国人在经济上仍然被压榨和剥削着，巨额的战争赔款和大笔外债仍然要一笔一笔、一年一年地偿还，中国的领土和市场被各国打开和占领，中国民族经济的腾飞仍遥不可及，只要这种状况不改变，中国人就没有翻身的可能。从这个意义上说，晚清最后的70年里所带给全体中华民族的种种负债，实在太多也太沉重了。